읽는 설교 요한복음

Vol.3 · 10-21장

(주)죠이북스는 그리스도를 대신한 사신으로
문서를 통한 지상명령 성취와 하나님 나라 확장을 위해 노력합니다.

읽는 설교 요한복음 3
ⓒ 2023 노진준

• 읽는 설교 •

요한복음
John

Vol. 3 • 10-21장

• 노진준 지음 •

죠이북스

차례

- 본문에 인용된 성경 구절은 개역개정판 성경을 인용하였습니다. 그렇지 않을 경우 따로 표기하였음을 밝힙니다.
- 요한복음에서 성경 구절을 발췌하였을 경우에는 괄호 안에 따로 권 명을 표기하지 않았음을 밝힙니다.

들어가는 글

지금 우리는 팬데믹 시대의 막바지를 사는 듯합니다. 단순히 기승을 부리던 코로나19의 미약한 잔재 때문이 아니라 코로나19와 상생해야 하는 불가피함, 혹은 상생할 수 있다는 자신감 때문에 무서운 존재에서 불편한 존재로 신분이 격하된 것 같기 때문입니다. 코로나19는 우리로 하여금 이전에는 보지 못한 것들을 볼 수 있게 해주었습니다. 조급한 마음으로 정신없이 앞만 보고 달리다가 갑자기 멈추어 섰을 때, 그동안 당연시하던 것들이 이제는 당연한 것이 아니라 갑자기 사라질 수 있는 것들임을 알았습니다. 또한 앞에 있는 것만 실제가 아니라 옆에, 혹은 뒤에 있는 것들도 실제임을 알았습니다. 교회의 본질이 무엇인지, 당연시하던 예배의 현장이 왜 소중한지, 그동안 교회가 얼마나 소비 지향적이었는지를 보았습니다.

요한은 2,000년 전부터 교회를 향해, 멈추어서 가장 본질적인 것이 무엇인지 돌아보라고 외쳤지만 교회는 앞만 보고 달리느라 내용보다는 형식에, 의미보다는 행위에, 마음의 중심보다는 결과에만 치중했지요. 이제야 비로소 교회는 요한의 외침에 귀를 기울이기 시작했을까요?

현장 예배인가, 온라인 예배인가가 화두가 되었지만 결국 교회는 신령과 진정으로 드리는 예배가 무엇인지를 고민하게 되었습니다. 극단적 개인주의로 인한 자기 연민이 절정에 이르러 소비 지향적인 삶의 방식을 벗어나기 힘든 이 시대 교회가 단순히 그와 같은 이기주의를 합리화하거나 이에 편승해서 이익을 취하려 하기보다는 전혀 다른 세계관으로 자신과 세상을 보아야 한다고 말하는 요한복음은 참으로 급진적입니다. 제자가 된다는 말이 완전하고 흠이 없는 경지에 이르는 것을 의미하지는 않더라도, 분산되지 않는 신뢰를 요구하기에 급진적입니다. 그리스도를 머리로 하는 교회 공동체는 조직적인 응집력과 조직에 대한 헌신으로 견고한 체계를 갖추지 않더라도, 사랑함으로 하나가 될 것을 요구하기에 급진적입니다.

요한복음은 심오하고 본질적이지만, 추상적이거나 막연하지 않습니다. 요한복음은 영원이라는 관점에서 삶을 보기 때문에 마치 다른 세상 이야기를 하는 것처럼 보이지만 세상에 속하지 않았어도 세상에 있음을 간과하지 않기에 긴장이 살아 있습니다. 조직적이고 체계적이지만 본질에서 벗어난 듯하고, 하나 됨을 강조하지만 집단적 이기주의를 벗어나지 못한 현대 교회에 요한복음의 책망과 경고는 신랄합니다. 예수는 누구인가를 묻는 질문 앞에서, 그러면 제자는 어떤 사람이어야 하는지 집요하게 답을 요구합니다. 이제 이 시대의 교회도 예수가 누구인지, 그래서 교회가 무엇이며 제자가 어떤 이들인지 진실하게 답을 해야 합니다. 「읽는 설교 요한복음」 3권의 설교들은 시대적 상황 때문에 더욱 많은 생각을 하며 준비했습니다. 또한 「읽는 설교 요한복음」 3권의 청중은 달랐습니다. 요한의 복음서가 독자를 염두에 두고 기록되었듯이 설교자는 청중을 염두에 두고 설교를 준비합니다. 구체적인 대상이 없이, 또한 언제 할지도 모르는 설교문을 미리 작성한다는 것은 글쓰기 훈련이 아주 잘된 사람들이 할 수 있는 일입니다. 「읽는 설교 요한복음」 1, 2권은 목회를 하면서 매주일 전한 설교들을 모아서 편집한 것이기 때문에 한 편의 설교를 준비하기 위해서 일주일 동안 본문과 씨름하고, 주일에 직접 설교를 하면서 교인들에게 어떻게 적용되는지 살펴본 결과물이었습니다. 물론 그럼에도 여전히 아쉬움이 많이 남지만 그래도 긴 시간을 제법 구체적으로 요한복음 메시지에 집중할 수 있었습니다.

요한복음 후반부에 대해서도 설교하고 싶다는 간절한 마음이 있었지만 미처 요한복음을 마치지 못하고 목회에서 은퇴했습니다. 언젠가는 요한복음 후반부에 대해서도 설교를 해야겠다는 간절한 마음이 있던 차에 「읽는 설교 요한복음」 3권의 출간 의뢰를 받고 너무 감사했습니다. 하지만 막상 집필을 시작했을 때는 몇 달이 지나도록 전혀 진도가 나가지 않았습니다. 저는 설교문을 작성하는 것 말고는 글쓰기 훈련이 전혀 안 되어 있었기 때문입니다. 그래서 어느 자리든 설교할 기회가 생기면 거의 모든 경우에 요한복음 후반부를 본문으로 삼아 설교를 준비했습니다. 그리고 출판사로부터 제가 목회할 때와 마찬가지로 매주 목요일까지 설교 원고를 한 편씩 작성해서 보낼 수 있도록 허락을 받았습니다. 그렇게 일

년 가까이 매주 설교를 준비했습니다.

「읽는 설교 요한복음」 1, 2권이 제가 한길교회에서 담임 목회를 할 당시 성도들에게 했던 설교 모음이라면, 이번에 출간되는 3권은 제가 이곳 저곳을 다니면서 했던 설교 모음입니다. 그러니까 1, 2권은 한길교회 교인이라는 구체적인 대상을 염두에 두고 했던 설교들이라면, 3권은 특정한 대상이 아닌 이 시대를 살아가는 보편적인 그리스도인들, 흩어진 교회들을 염두에 두고 한 설교라고 볼 수 있습니다.

요한복음은 예수가 누구인가에 대해 소개하고 있다는 점에서 기독론적이라고 볼 수 있지만, 동시에 단순히 유대인이나 이방인이 아닌 제자들의 공동체인 교회를 염두에 두고 전한 메시지라고 볼 수 있습니다. 그렇기 때문에 교회론적이라고도 볼 수 있지요. 저는 요한복음으로 설교를 시작할 때부터 기독론적인 관점보다는 교회론적인 관점에서 접근했지만 3권은 특히 이 시대를 살아가야 하는 그리스도인들과 교회에 집중했습니다. 이 시대의 교회가 위기를 맞이했다고 생각했기 때문입니다.

매주 한 편씩 보내는 설교 원고를 받아 정리하는 것이 번거로운 일이었음에도 기꺼이 수고해 준 신현정 편집장과 원고를 꼼꼼하게 읽고 성심을 다해 편집해 준 김세나 편집자에게 깊은 감사를 표합니다. 이 책에서 흠을 발견한다면 모두 저의 미숙함 탓입니다. 저의 졸필과 사고 능력의 한계로 인해 하나님이 요한에게 말씀하신 것들과, 제게 깨닫게 해주신 것들을 제대로 전달하지 못했다는 아쉬움과 죄송함이 남기는 하지만, 부디 이 책을 통해 한국 교회와 이 시대를 함께 살아가는 믿음의 가족들에게 질문과 고민을 남겨 줄 수 있기를 바랍니다.

노진준 목사

John
요한복음

요한복음 10장 1-6절

1 내가 진실로 진실로 너희에게 이르노니 문을 통하여 양의 우리에 들어가지 아니하고 다른 데로 넘어가는 자는 절도며 강도요 2 문으로 들어가는 이는 양의 목자라 3 문지기는 그를 위하여 문을 열고 양은 그의 음성을 듣나니 그가 자기 양의 이름을 각각 불러 인도하여 내느니라 4 자기 양을 다 내놓은 후에 앞서 가면 양들이 그의 음성을 아는 고로 따라오되 5 타인의 음성은 알지 못하는 고로 타인을 따르지 아니하고 도리어 도망하느니라 6 예수께서 이 비유로 그들에게 말씀하셨으나 그들은 그가 하신 말씀이 무엇인지 알지 못하니라

1장

주님의 음성

요즘은 개인기가 한두 개쯤은 있어야 사회생활을 하는 데 편합니다. 여기서 말하는 개인기란 남을 웃기거나 즐겁게 해줄 수 있는 독창적인 재주를 가리킵니다. 노래, 춤, 성대모사, 마술, 혹은 특별한 재주 등이 이에 속합니다. 애석하게도 저에게는 이런 개인기가 단 한 가지도 없습니다. 노래도 못하고 춤도 못 추고 특별한 재주나 기술도 없습니다. 그래도 평범한 사람들이 시도해 볼 만하다고 생각하는 개인기가 성대모사입니다. 남의 말투나 목소리를 흉내 내는 것인데 목소리가 똑같지 않아도 억양이나 말투만 비슷해도 되니까 해 볼 만합니다. 이렇게 성대모사를 잘하는 사람이 팔레스타인 지방에 가서 목자들이 양을 부르는 소리를 잘 듣고 흉내 낸다면, 남의 양을 훔쳐 가는 것도 가능할지 궁금합니다. 만일 정말로 그럴 수 있고 마음을 고약하게 먹는다면 어수룩한 양들을 훔치는 것은 그리 어렵지 않을 것입니다.

실제로 이와 비슷한 실험을 한 사람이 있습니다. 어느 미국 사람이 시리아 지방을 여행하는 중에 세 명의 목자가 각기 자기 양 떼를 이끌고 시냇가로 오는 것을 보았습니다. 그 여행자가 보기에는 양들이 모두 비슷하게 생겼는데 시냇가에 도착하자 서로 섞여서 물을 마시고 목자들은 근처에 앉아 이야기를 나누며 쉬고 있었습니다. 그러다 목자 한 사람이 "므나, 므나"(Menah, Menah) 하니까 한데 섞여서 물을 마시던 양들 중 일부가 그를 따라가는데, 목자는 수를 세지도 않고 그저 자기를 따라오는 양들을 데리고 갔습니다. 그러자 다른 목자도 똑같이 "므나, 므나" 하고 자기 양을 불러 데리고 떠났습니다.

그 여행자는 몹시 신기해서 남아 있던 목자에게 터번과 겉옷을 빌려 입고는 앞에 간 목자들처럼 "므나, 므나" 하고 양들을 불러 보았습니다. 그런데 양들이 꿈쩍도 하지 않았습니다. 너무 신기해서 여행자는 목자에게 물었습니다. "당신의 양들은 당신 말고는 어떤 사람도 따라가지 않습니까? 누군가가 아무리 당신의 목소리를 흉내 내도 따라가지 않습니까?" 목자는 이렇게 대답했습니다. "양이 병들었을 때에만 다른 사람을 따라갑니다."

목자의 음성을 분별하는 양

시력도 나쁘고 자신을 보호할 만한 무기도 없어서 철저하게 목자를 의지해야 하는 양이 자신을 보호하기 위해 잘 발달시킨 것은 아무리 비슷하게 흉내를 내도 자기의 참 목자와 거짓 목자의 음성을 정확하게 구별해 내는 능력입니다. 억지스럽게 힘으로 양을 끌고 가려고 하거나 속임수를 쓰려고 하면 양들은 도망을 가지만 자기 목자가 부르는 소리에는 순순히 따라갑니다. 저녁이 되면 목자들은 자기 양을 공동 우리에 넣어 둡니다. 밖에서 야영을 하는 경우에는 돌이나 나무 등으로 만든 우리 안에 여러 목자가 자기의 양들을 두고 문지기 한 사람을 세웁니다. 그리고 이른 아침에 목자들은 그 우리에 가서 자기 양들을 부릅니다. 목자는 양들에게 이름을 지어 주고 그 이름을 부르지만 양들은 자기 이름을 듣고 나오는 것이 아니라 목자의 음성을 듣고 나오는 것입니다. 그러니까 같은 이름을 가진 양들이 섞여 있다 해도 문제되지 않습니다. 이때 목자는 문지기에게 자기 양들을 찾으러 왔다고 말하고 양들을 데려 가겠지만, 만일 강도나 도적이라면 문지기가 있는 곳과는 반대 방향에 있는 돌담을 뛰어 넘어 들어가 위협적으로 양들을 몰아내거나 닥치는 대로 안고 도망 갈 것입니다. 참 신기하기는 하지만 충분히 그럴 수 있을 거라고 생각됩니다.

여러분은 이 내용이 잘 이해되십니까? 물론 양들이 정말로 목자의 음성을 정확하게 분별할 수 있는지, 목자의 음성을 흉내 내면 정말 그렇게 기가 막히게 알아차리는지 확인하고 싶은 분이 계실지 모릅니다. 성대모사로 유명한 연예인이 시도해 본다면 어떨지 궁금한 분도 계실 겁니다. 당시 양들이 있던 우리가 어떻게 생겼는지, 정말로 도적이 많았는지 궁금한 분도 계실 겁니다. 하지만 팔레스타인 지방에서 양들을 어떻게 관리하는지 매일 보면서 살아온 사람이라면 목자와 도적의 차이나 양들의 특성에 관한 주님의 말씀이 어려울 리가 없습니다. 그래서 저는 6절 말씀이 잘 이해되지 않았습니다.

> 예수께서 이 비유로 그들에게 말씀하셨으나 그들은 그가 하신 말씀이
> 무엇인지 알지 못하니라(10:6).

비유의 내용을 몰랐을 리가 없습니다. 말하는 의도를 몰랐을 뿐이지요. 어쩌면 주님이 누구보고 들으라고 하시는 말씀 같기는 한데 그가 누구인지는 애매했다는 의미일 수도 있습니다. 저도 왜 당시 사람들이 이 비유를 이해할 수 없었는지 이해되지 않았습니다.

사람마다 견해가 조금씩 다르기는 하지만, 저는 이 비유를 요한복음 9장의 연속으로 보고 싶습니다. 그렇게 보면, 주님이 말씀하시는 강도와 도적은 당시 종교 지도자와 바리새인을 가리킵니다. 그들이 사람들의 마음을 사로잡기 위해 사용한 방법은 윽박지름과 권력이었고, 회유와 속임이었습니다. 종교 지도자니까 백성의 영적인 상태에 가장 큰 관심을 가져야 하지만, 사실은 자신의 자리와 신분을 지키는 데 더 큰 관심이 있던 사람들입니다. 그들은 거룩해 보이고, 그들의 말은 모두 백성을 위한 것 같지만, 사실은 영향력이 클수록 큰 도적일 뿐입니다. 그들의 관심은 하나님의 영광도, 백성도 아닌 자신이었기 때문입니다. 참 목자와 똑같은 옷을 입고 거의 비슷하게 목소리를 흉내 낸다 해도 그들은 도적일 뿐입니다.

병든 양이 아니면 목자를 흉내 내는 소리에 도적을 따라갈 리 없지만, 억압과 유혹에 시달려 양이 병들었다면 (양들의 병듦은 죄책의 사유가 되지 않겠지만) 도적의 죄는 훨씬 심각한 것이 됩니다. 큰 교회 목사가 되고 싶으면 '은혜', '거룩', '성령'이라는 단어를 자주 사용하고, 잠도 많이 자지 않고

기도에 힘쓰는 사람처럼 보여야 한다는 말처럼, 흉내 내기는 언제나 가능합니다. 흉내 내기를 하면서도 이는 자기를 위할 뿐 남을 해할 마음이 없었다는 말로 합리화하지만, 양이 아닌 자기를 위한 지도자는 도적일 뿐입니다.

목자와 도적의 차이

예수님과 당시 종교 지도자들이 어떻게 달랐는지 이 비유를 통해 살펴보겠습니다.

우선, 우리의 문으로 들어오지 않고 다른 데로 넘어가는 자는 강도와 도적입니다. 하나님이 정하신 방법대로 일하지 않고 편법을 써서 자신의 위치를 지키려고 하는 자는 강도요, 도적이라는 말입니다. 그들은 하나님의 뜻을 가장 정확히 알 수 있는, 계시된 말씀에 정직하지 않았습니다. 그들이 예수님을 대적한 근거는 말씀이 아니라 그들의 지위였습니다. 나면서부터 맹인 된 사람이 율법에 근거해서 예수가 혹 하나님으로부터 온 사람이 아니겠느냐고 물었을 때, 그들은 감히 죄인 주제에 가르치려 한다고 책망하며 그를 내어 쫓았습니다. 교회에서 지도자의 권위는 지도자라는 위치에서 오는 것이 아니라, 하나님의 말씀을 정직하게 다루고 실천하는 데서 오는 것입니다. 설교자의 권위는 설교자이기 때문에 주어진 것이 아니라, 하나님의 말씀을 전할 때 그 말씀의 권위로 세워지는 것입니다.

말씀에 근거하지 않고 힘으로, 혹은 그럴듯한 회유로 사람을 다스리려는 모습은 문으로 들어오지 않고 울타리를 넘어 들어온 강도나 도적과 다르지 않습니다. 편법과 힘으로 자신의 지위와 기득권을 지키려는 모습은 어떤 모양으로 합리화해도 진정한 목자의 모습은 아닙니다. 평소에는 보이지 않지만 위기 상황에서 그 차이가 드러날 것입니다. 인간의 자기중심성은 그렇게 쉽게 감추어지는 것이 아니니까요. 최근 한국 교회의 심각한 문제 중 하나가 합리화에 있다고 생각하는데, 합리화는 결국 드러나게 될 흉내 내기와 다르지 않습니다.

도적과 목자의 또 다른 차이는 도적은 양을 '집단'으로 보지만 목자는 양을 '개별'로 본다는 것입니다. 도적에게 중요한 것은 양의 건강한 상태와 수입니다. 우리 안에 건강하게 살찐 양이 몇 마리 있는지만 중요하게 생각합니다. 하지만 목자에게는 양 한 마리 한 마리가 다 소중합니다. 양을 향한 애정이 있기 때문입니다. 양이 병들어 말라 간다면 도적은 그 양을 버리겠지만, 목자는 도적이 거들떠보지 않을 그 양을 밤잠 설칠 정도로 걱정합니다. 목자에게 중요한 것은 약하면 약한 대로, 강하면 강한 대로, 각 양의 건강 상태입니다. 목자는 양들의 이름을 불러 압니다.

어떤 사람이 노르웨이에 방문했을 때, 소를 집으로 데리고 오는 어느 여인을 도와줄 기회가 있었답니다. 자기가 보기에는 그 소들이 다 비슷비슷하게 생겼는데 그 여인은 소들의 이름을 다 알고 있더랍니다. 양들을 정말로 사랑하는 목자는 무리 지어 있는 양들을 보면서 지금 양이 몇 마리 있는지를 세는 것이 아니라, 누가 있는지를 본다고 합니다. 교인 단체 사진을 어떻게 보는지를 보면 그 사람이 그 교회에 적을 두고 다니는 교인인지 아닌지를 알 수 있습니다. 교인이 아닌 사람은 "와! 교인 많네" 하고는 하나, 둘, 셋, 숫자를 셉니다. 교인인 사람은 사진을 보면서 "와, 여기 아무개 교우님도 있네. 박 집사님이 그때는 날씬했네. 어, 근데

최 선생은 왜 안 보이지?" 하며 사진에 나온 사람을 봅니다.

주님이 당시 교회 지도자들과 달랐던 점은 아무리 많은 군중이 주님을 따라다녀도 그들을 집단으로 보지 않고 한 개인으로 보고 만나셨다는 것입니다. 요한복음은 특히 이 사실을 아주 중요하게 다루고 있습니다. 사람들은 자신이 군중 속 한 명일 때 안심할지 모르지만 주님은 무리가 아닌 개인을 원하십니다. 물론 무리가 언제나 개인과 대치되는 개념은 아닙니다. 하지만 단순히 군중 심리에 의한 반응이 개인적 회심을 대신할 수는 없습니다. 찬양 중에 뜨겁게 열광하고 매우 성실하게 말씀을 묵상해도, 대속을 통한 주님의 은혜에 대한 인격적인 인정과 감사가 없다면 군중 심리에 의한 반응일 수 있습니다. 목자의 음성을 듣지 않았는데 앞에 있는 양이 뛴다고 덩달아 뛰며 따라가는 것처럼 위험하다는 말입니다.

도적과 목자의 세 번째 차이는 도적은 양을 뒤에서 몰고 가지만 목자는 양을 앞서간다는 것입니다. 한글 성경에 "인도하여 내느니라"라고 번역된 3절 단어는 "앞서간다"는 의미입니다. 목자가 양의 이름을 불러 자기 양을 골라낸 후에 두말하지 않고 앞장서서 걸어가면, 양들이 그 목자를 따라갑니다. 그러나 도적은 아무리 불러도 양들이 따라오지 않고 오히려 도망가려 하기 때문에 뒤에서 몰아야 하고 강제로 부둥켜안고 도망가야 합니다.

앞서가시는 주님

나면서부터 맹인 된 사람이 병이 나았습니다. 당시 종교 지도자들은 그를 불러 예수의 이름을 부르지도 말고 그를 따르지도 말라고 경고했습니다. 만일 말을 듣지 않으면 출교시켜 버리겠다고 협박했습니다. 그러면 나중에라도 그가 와서, 아니면 그의 부모라도 와서 애걸하며 살려 달라고 할 줄 알았을 겁니다. 그렇게 무지하고 힘이 없는 자들은 매와 채찍, 그리고 어쩌다 주는 당근이면 다스릴 수 있다고 생각했을 것입니다. 그 맹인이 인격적으로 주님을 만나기 전에는 그게 가능했으니까요. 그래서 그들은 나면서 맹인이었다가 시력을 찾고 좋아 어쩔 줄 모르는 그 불쌍한 사람의 심정은 조금도 헤아리지 않았습니다. 그 기쁨을 좌절과 슬픔으로 만들어 버리고, 그렇지 않아도 외롭게 살아온 그를 더욱 철저하게 고립시켜 버렸습니다.

당시 지도자들의 서슬 퍼런 결정으로 인해 누구와도 기쁨을 나누지 못하고 감히 접근조차 두려워하는 때에 예수님이 그를 찾아가셨습니다. 그리고 그를 만나 주시고 인격적인 관계를 시작하셨습니다. 예수님은 단 한 번도 그에게 따라오라고 강요하시지 않았습니다. 단 한 번도 힘으로 그를 제자 삼으려고 애쓰시지 않았고, 대제사장이나 당시 종교 지도자들을 따르지 말라고 말씀하시지도 않았습니다. 하지만 그는 주님 앞에 무릎을 꿇고 절하며 주님의 제자로 살 것을 다짐했습니다. 주님이 맹인이던 이 사람을 찾아가신 것은 마치 목자가 양의 이름을 각각 기억하여 그 양을 부른 것과 다르지 않습니다. 그리고 주님은 위협으로 양을 몰고 가지 않으시고 앞서가심으로 양을 인도하셨습니다.

3년이라는 짧은 시간에 하나님의 위대한 구원 역사를 이루시면서 주무실 시간도, 식사하실 시간도 없이 바쁘고 피곤하시던 주님이 전혀 보잘것없는, 나면서부터 맹인 된 사람을 따로 찾아가신 일은 시간 낭비이

자 비효율적인 일입니다. 차라리 그 시간에 더 많은 사람에게 복음을 전하고 병자들을 고치시는 것이 나아 보였습니다. 그러나 주님은 버림받은, 맹인이던 사람을 그냥 두실 수 없었습니다. 주님은 또한 그렇게 우리를 찾아오셨습니다.

저는 복음의 은혜와 그리스도의 대속의 사랑을 확실하게 드러내지 않고 너무 성급하게 제자 삼으려는 시도들이 불안합니다. 교회의 충성된 일꾼을 만들고 목사의 말을 잘 들을 사람을 만들기 위한 세뇌로 보일 정도로 획일화된 교육과, 빠져나가기 쉽지 않도록 만든 탁월한 심리적 전략들이 성공적 제자 훈련으로 보이는 것이 안타깝습니다. 한 사람의 가치가 생산 능력에 따라 결정되는 것처럼 교회에서도 소유와 신분에 집착하며 주님의 이름을 부르는 것이, 혹 흉내 내기는 아닐까 조심스럽습니다. 결과에 조급해하지 않고 그냥 그리스도의 사랑을 전하고 실천하면 좋겠습니다.

주님이 말씀하신 잃어버린 양의 비유를 기억하실 것입니다. 이 비유의 핵심은 주님이 아흔아홉 마리의 양보다 한 마리의 잃어버린 양을 소중하게 생각하신다는 것이 아닙니다. 하나가 아흔아홉보다 소중할 수는 없습니다. 그래서 하나를 찾기 위해 아흔아홉을 잃어버린다면 그것은 편애입니다. 그 비유는 하나와 아흔아홉 중 무엇이 더 소중한가를 말하는 것이 아니라, 주님은 백 마리의 양을 대하면서 '백'이라는 무리로 보시는 것이 아니라 각 양을 '하나씩' 보신다는 사실을 강조하는 것입니다. 주님은 제자들의 모임에서 전체적인 예배 분위기가 어떤지, 얼마나 많은 사람이 모였는지를 보며 만족하시는 분이 아니라 저와 여러분 각자의 필요가 무엇인지, 우리가 어떤 마음으로 예배하고 있는지를 보시며 우리 각자를 인도하시는 분입니다. 그래서 우리의 목자 되신 예수님은 다른 삯꾼이나 도적과 다르십니다.

가장 안전한 길

주님은 우리의 목자십니다. 그분은 언제나 우리를 앞서가시지만 누가 따라오는지를 알고 계십니다. 양은 목자의 음성을 들으면 목자가 어디로 인도할지 모르지만 그 목자를 따라갑니다. 저는 주님의 제자로 살기로 작정한 모든 사람의 삶이 이와 같다고 생각합니다. 우리는 주님이 찾아와 우리를 만나 주심으로 주님의 양이 되었습니다. 우리는 온전히 목자를 의지하고 그분의 음성을 따라가며 살아야 합니다. 우리는 양들보다 시력도 좋고 머리도 좋아서 주변을 둘러보다가 비옥해 보이는 땅이 보이면 그리로 인도하지 않는 목자에게 답답함과 불만을 토로하기도 하지만 그건 너무 위험한 일입니다. 비록 사망의 음침한 골짜기 같고, 절벽을 끼고 도는 위험한 길 같을지라도 우리는 주님의 음성을 듣고 앞서가시는 주님을 따라가야 합니다. 양에게는 그게 가장 안전한 길입니다.

주변에서 도적의 음성이 들리고, 위협과 회유의 소리도 들리지만 우리를 가장 사랑하시는 주님에게 귀를 열어야 합니다. 그리고 정직하게 주님의 음성을 들어야 합니다. 그분만이 우리의 목자시기 때문입니다. 우리를 뒤에서 재촉하시며 몰아가는 분이 아니라, 앞에 서서 미리 가시며 그 길을 인도하시는 분임을 알기 때문에 때로는 앞에 놓인 일들이 두렵고 떨릴지라도, 저는 느린 걸음으로라도 주님을 잘 따라가고 싶은 열망이 있습니다. 바리새인들이 율법으로 맹인이던 자를 강요하고 위협할 때 주님은 은혜로 찾아오셨습니다. 이 주님의 음성만 따르고 싶습니다. 아무런 힘도, 무기도 없는 양과 같은 우리가 목자의 음성을 분별할 수 있는 능력이나 의지조차 상실한다면 도적의 먹잇감이 될 수밖에 없기에 주님의 음성에만 집중하고 싶습니다.

John
요한복음

요한복음 10장 9-15절

⁹ 내가 문이니 누구든지 나로 말미암아 들어가면 구원을 받고 또는 들어가며 나오며 꼴을 얻으리라 ¹⁰ 도둑이 오는 것은 도둑질하고 죽이고 멸망시키려는 것뿐이요 내가 온 것은 양으로 생명을 얻게 하고 더 풍성히 얻게 하려는 것이라 ¹¹ 나는 선한 목자라 선한 목자는 양들을 위하여 목숨을 버리거니와 ¹² 삯꾼은 목자가 아니요 양도 제 양이 아니라 이리가 오는 것을 보면 양을 버리고 달아나나니 이리가 양을 물어 가고 또 헤치느니라 ¹³ 달아나는 것은 그가 삯꾼인 까닭에 양을 돌보지 아니함이나 ¹⁴ 나는 선한 목자라 나는 내 양을 알고 양도 나를 아는 것이 ¹⁵ 아버지께서 나를 아시고 내가 아버지를 아는 것 같으니 나는 양을 위하여 목숨을 버리노라

2장

풍성한 삶

미국의 많은 남성이 부러워하는 인물 중 한 명이 영화 "007 시리즈"에서 7차례나 제임스 본드 역할을 맡은 숀 코너리입니다. 그는 잘생기고 키도 크고 카리스마도 있으며, 유명한 영화배우일 뿐만 아니라 감독이요, 제작자로 돈도 많이 벌었습니다. 영화계에서는 상당한 영향력을 지닌 인물이지요. 특히 코너리 특유의 스코틀랜드 억양이 아주 매력적입니다. 유명하고 돈도 많고 유능하고 인격적인 그는 어찌 생각하면 그는 세상 사람들이 부러워하는 것을 다 가진 셈입니다.

그는 2020년에 세상을 떠났는데, 그때가 90세였습니다. 그가 62세 때, 한 인터뷰에서 이런 말을 했다고 합니다. "나는 지금의 내 모습에 만족할 수 없습니다. 좀 더 괜찮은 사람, 좀 더 매력 있는 사람이 될 수 있는 기회를 잡기 위해 아직도 연기를 합니다." 이것을 열정이라고 해야 할까요, 아니면 욕심이라고 해야 할까요? 그리고 73세의 나이에 그는 〈젠틀맨리그〉(2003)라는 영화를 찍었습니다(그래서 저도 희망을 가지고 있습니다). 저는 오래전, 중국으로 가는 비행기 안에서 그 영화를 보았습니다. 70세가 넘은 나이에 그런 액션 연기를 할 수 있다는 것과 예전의 카리스마와 매력을 그대로 유지할 수 있다는 것이 부러웠습니다.

지금 제가 65세인데 73세에 더 매력적인 사람, 좀 더 괜찮은 사람이 되려고 애쓰는 것은 가슴 설레는 일이기는 하지만 솔직히 자신이 없습니다. 코너리와 공감할 수 있는 한 가지는 현재 자신의 모습에 만족할 수 없다는 것뿐입니다. 의지는 있는데 능력이 없다는 말이기도 하고, 더 괜찮은 사람이 되는 데 큰 의미를 찾지 못하겠다는 말이기도 합니다. 더 나아지리라는 기대보다는 현상이라도 유지하려는 몸부림이라고 보는 게 맞을 겁니다.

여러분은 현재 모습에 만족하십니까? 과거와 비교해서 현재 자신의 모습에 지극히 만족하는 분도 계실지 모릅니다. 내가 지금 그런 집에 사는 게 기적 같고, 옛날에 고생하던 것을 회상하면 모든 게 감사한 것뿐이라고 생각할 수 있습니다. 내가 기대하고 꿈꿔 온 것보다 훨씬 잘됐다고 생각하며 인생을 즐기는 분도 계실 겁니다. 하지만 대부분의 사람 마음속에 깊이 뿌리내리고 있는 것은 욕심과 비교의식이고, 삶의 현실의 부족함에서 비롯된 고난과 아쉬움의 연속이라면, 사람들이 현재 자기 모습에 만족하기란 쉽지 않을 것입니다. 많은 경우, 불만족은 '부족해서' 생기기보다는 '부족해 보여서' 생기는 것이니까요.

저도 제 현재 모습에 만족하지 않습니다. 그렇다고 제가 욕심 많은 사람도 아닙니다. 저는 백만장자나 유명인이 되기를 원하지 않습니다. 물론 대형 교회 목사가 되는 것도 원하지 않고요. 다만, 지금보다 은퇴 복지 연금을 아주 조금만 더 많이 받으면 좋겠고, 체력적으로 나아져서 아주 조금만 더 오래 걸을 수 있으면 좋겠고, 지금 하는 일들을 조금만 더 오래 할 수 있으면 좋겠습니다. 정말 욕심 없지 않습니까? 이렇게 욕심 없는 사람 보셨습니까? 그러나 정작 사람을 우울하고 힘들게 만드는 것은 바로 그 '조금'입니다. 사람들의 삶을 풍요롭게 만들지 못하는 불만족은 언제나 소유의 넉넉지 못함에서 오는 것이 아니라는 말이지요. 알지만 부족함은 늘 아쉬움을 남깁니다.

"약간의 아쉬움!" 하나님의 주권과 섭리를 인정하는 그리스도인들에게 이 말은 현실에 대한 솔직한 고백일 것입니다. 하지만 그래서 현실은 치열한 영적 전쟁을 시작해야 할 곳이기도 합니다. 때로는 너무 버겁고 힘들어서, 때로는 약간의 아쉬운 마음이 들어서 쉽게 만족이 안 되는 인생을 사는 그리스도인들은 어떻게 해야 할까요?

참된 만족은 어디에서 오는가?

돈 걱정 안 하고 살면 좋겠다는 분, 많이 계시죠? 너무 쪼들리다 보면 돈이 조금만 더 있어도 걱정 없이 살 수 있을 것 같습니다. 그래서 "무엇이든지 구하라", "믿음으로 구하고 조금도 의심하지 말라", "내게 능력 주시는 자 안에서 내가 모든 것을 할 수 있다"라는 말씀들을 이런 풍성한 삶의 약속과 보장으로 이해하기도 합니다. 부자가 되고 건강하기 위해서 예수님을 믿는 사람들은 없을지라도 예수님을 믿으면 부자가 되고 건강해질 것이라는 기대는 있습니다. 하나님은 잘 믿는 사람들의 삶을 풍요롭게 하실 것이고, 기도를 열심히 하는 교인들의 교회를 부흥시켜 주셔서 형통케 하시리라는 기대가 있다는 말입니다.

아! 제가 여러분을 과소평가했는지도 모릅니다. 그래도 교회 생활을 오래하거나, 믿음 생활을 하면서 진지하게 고민해 본 분들은 부족한 것 없이, 고난이나 어려움 없이 오래 사는 것을 풍요로운 삶이라고 생각한 적이 없다고 말씀하실지 모릅니다. 그래서 어떤 분들은 아마 다른 차원에서 풍요로운 삶을 말씀하실 것입니다. 만족이란, 주어진 모든 것을 충분하다 말하며 감사하는 것이라고 생각하는 분도 계실 것입니다. 내 모습이대로 만족하고, 감사하고, 하루에 두 끼를 먹어도 충분하다 말하고, 모든 것이 아름답다, 모든 것이 감사하다 말하면 그것이 풍요로운 삶이라고 생각합니다. 풍요로운 삶은 물질에서 비롯되는 것이 아니라 마음에서 비롯되는 것이니까 긍정적이고 감사한 마음이 삶을 풍성하게 만든다고, 신앙의 위대한 힘은 그런 긍정적인 마음을 가능하게 해준다고 말합니다. 자족이란, 많든 적든 주어진 것에 대한 만족일 테니까 지금 현재의 모습에 만족하려고 애쓰고 있다고 말씀하실 수 있습니다.

그런데 솔직히 저는 그런 마음(입장)에도 동의하기가 어렵습니다. 오해 마시기 바랍니다. 저는 그런 삶의 자세가 잘못되었다고 말씀드리는 것이 아닙니다. 사실은 존경스럽습니다. 귀하고 아름답다고 생각하지만 그리스도인들의 참된 만족은 단순히 마음가짐에서 비롯되는 것이라는 말에는 쉽게 동의가 되지 않는다는 말입니다. 우선 그렇다면 풍요로운 삶을 위해 굳이 예수님을 믿어야 하는지 잘 모르겠습니다. 물론 구원을 이원화시켜서 단순히 사후에 대한 문제 해결로 여긴다면 이해되지만, 신앙적인 삶을 말한다면 어느 종교든 상관이 없을 것 같습니다(종교 없이도 요즘은 그런 사고방식이 충분히 가능합니다).

두 번째로, 저는 솔직히 그렇게 할 수가 없습니다. 가난하고 병든 모습을 아름답고 만족스러운 모습이라고, 외롭지만 모든 의료 혜택을 받을 수 있으니 참 복 받은 사람이라고 말할 수 없습니다. 아파트 임대료를 낼 수 없어서 돈을 꾸러 다니는 사람에게 그래도 길거리에서 굶어 죽지 않으니 얼마나 감사하냐고 말할 수 없습니다. 제임스 보이스 목사는 이런 모습을 "역겨운 경건"(sickly piety)이라고 불렀습니다. 고난과 부족의 현실은 결코 아름답지도, 좋지도 않습니다. 또한 그렇기 때문에 이 세상에서는 아무렇게나 취급받으면서도 이다음에 죽어서 천국에 가면 되니까 세상에서는 아무래도 괜찮다고 말한다면, 적어도 이 세상에 사는 동안에는 미래의 풍성한 삶을 소망하며 살 뿐이지 실제로 풍성한 삶을 누리지는 못하는 것입니다.

다른 복음서에서도 마찬가지지만 특히 요한복음에서는 이생과 내생을 그런 식으로 나누지 않습니다. 생명은 이 땅에서부터 누리기 시작해야 합니다. 그래서 그 생명을 가지고 살아가는 모습이 이 세상에서도 정말 보기 좋아야 합니다. 예수님은 10절에서 이것을 이렇게 표현하셨습니다.

내가 온 것은 양으로 생명을 얻게 하고 더 풍성히 얻게 하려는 것이라 (10:10).

만일 이 "생명"이 단순히 '영생'을 의미한다면, 생명을 얻게 하고 더 풍성히 얻게 한다는 말씀이 잘 이해되지 않습니다. "더 풍성히 얻게 하려

[함]"이라는 말씀을 저는 이 땅에서 누리기 시작하는 영생이라고 이해합니다. 물론 '이 땅에서 누리기 시작하는 영생'이 더 오래 살거나 더 부자로 사는 것을 의미하지는 않습니다. 생명을 가지고 살아가는 사람은 이 세상을 살아가면서 필요한 것들을 다 포기하고 살아가는 사람이 아니라, 그것들을 주님의 손에 온전히 맡기고 살아가는 사람입니다. 우리가 만족한다고 하는 것은 언제나 현재 모습이 아름다워서도 아니고, 세상을 살아가면서 필요한 것들에 아무런 애착 없이 천국만 바라보기 때문만도 아닙니다. 우리가 만족한다고 말할 수 있음은 하나님이 우리의 선한 목자가 되시어 우리의 길을 인도하신다는 믿음이 있어서 그분을 바라볼 수 있기 때문입니다. 따라서 참된 만족은 소유의 넉넉함에서 오는 것도 아니고, 단순히 아무것 없이도 마음만 편하면 된다는 심리적, 철학적 상태에서 오는 것도 아닙니다. 바울도 자족을 말할 때 상태에 대한 만족이 아니라 어떤 상황에서도 하나님의 다스림과 주권에 대한 만족을 의미했습니다.

만일 이 둘이 아니라고 말한다면, 저는 현대 그리스도인들이 놓치고 사는 아주 심각한 것 중 하나가 바로 예수 그리스도를 누리며 사는 삶이라고 생각합니다. 다시 말하면, 예수 그리스도를 구원을 주신 좋은 분이라고 믿지만 그분과 동행하지는 않는다는 말입니다. 주어진 모든 일을 바로 이 생명의 관점에서 생각하고 그분과 연합된 삶을 살아 내지 못한다는 것입니다. 압니다. 어떤 분에게는 이 말이 몹시 추상적이라서 손에 잡히지 않을 수 있습니다. 어쩌면 그 원인은 의미 없이 반복되는 종교적 행위에는 익숙하지만 그리스도와 동행하며 그리스도와 연합된 풍성한 삶을 누리는 데 익숙하지 않기 때문인지도 모릅니다.

어떤 사람이 주님과 동행하는 삶을 살고 싶었답니다. 그래서 매일 아침에 성경을 읽고 기도하며 하루를 시작했습니다. 그 집에 강아지가 있었는데 그가 성경을 읽고 기도할 때 자꾸 성가시게 했습니다. 그래서 그는 아침 경건 시간을 시작하기 전에 강아지를 침대 다리에 묶어 두었습니다. 기도에 집중하기 위해서였지요. 딸이 아버지의 그 모습을 좋게 여겨 자기도 매일 경건 시간을 가지기로 했습니다. 그래서 딸은 가장 먼저 강아지를 침대 다리에 묶어 놓고 성경을 읽었습니다. 누군가가 딸에게 왜 강아지를 먼저 묶어 두느냐고 물었습니다. "잘 몰라요. 아버지가 늘 그렇게 하시거든요." 아버지는 기도에 집중하기 위해서 강아지를 묶어 두었고, 딸은 아버지가 묶어 두니 자기도 강아지를 묶어 둔 것입니다. 기도도 하고 말씀도 읽지만 주님과 교제하고 주님을 누리고 싶은 열망이 없다면 그것을 진정 그리스도와 동행하는 삶의 모습이라고 부를 수 있겠습니까? 어쩌면 이것이 종교 생활과 신앙생활의 차이라고 말할 수 있겠는데 그렇다면 현재 우리 모습은 어디에 가까울까요? 어쩌면 우리 중에는 그렇게 주님과 동행하는 삶에 대한 간절한 마음으로 시작한 믿음 생활이 점차 그 열정과 기대를 잃어버린 채 형식적인 모습에 익숙해지면서 체념한 상태에 머무는 분도 계시지 않을까요? 저에게는 이 부분이 매일 영적 전쟁의 현장입니다.

삯꾼과 이리가 있는 현실

여러분은 넓고 푸른 초장에 양 한 마리가 편안하게 누워 있는 그림을 보신 적이 있습니까? 하늘은 맑고 초장은 푸르고 그 옆으로 맑은 소리를 내며 시냇물이 은은하게 흐릅니다. 깊은 잠에 빠진 듯, 아무것도 바랄 것이 없다는 듯, 평화롭게 누워 있는 양 곁에서 목자가 지팡이를 세워 들고 사랑스레 그 양을 바라보며 털을 쓰다듬어 주고 있습니다. 상상만 해도 마음이 차분해지지 않습니까? 그림은 아마도 시편 23편 1절을 배경으로 그렸을 것입니다.

> 여호와는 나의 목자시니 내가 부족함이 없으리로다 그가 나를 푸른 초
> 장에 누이시며 쉴만한 물가로 인도하시는도다.

하지만 저는 그 모습이 삶의 여정을 다 마친 우리의 모습일 거라고 생각합니다. 여러분은 현재 자신의 모습을 그렇게 만족해하는 평화로운 모습으로 연상하실 수 있습니까?

저는 본문에 나오는 선한 목자의 모습이 플로라 뷰엘너가 자신의 책에서 묘사한 모습에 가깝다고 생각합니다. 어릴 적 뷰엘너의 방에는 그의 인생을 바꾸어 놓은 목자의 그림이 걸려 있었답니다. 여러분 중에도 혹 그 그림을 보신 분이 계실지 모릅니다. 목자가 가파른 절벽과 같은 언덕을 내려가고 있는 그림인데, 한 손으로는 그 언덕 위에 있는 바위를 붙들고 다른 한 손은 밑에 떨어져 있는 양을 끌어올리기 위해 내밀고 있습니다. 양의 얼굴에는 두려움과 신뢰의 빛이 동시에 역력히 드러나 있습니다. 그 위로는 독수리가 날고 있습니다. 양을 내려다보느라 고개를 숙여서 목자의 얼굴은 볼 수 없지만 바위를 붙들고 있는 손에는 근육이 솟아나 있고 손과 발은 가파른 언덕을 내려가면서 가시에 찔려 피가 흐르고 있습니다. 가파른 언덕을 내려가느라 아무렇게나 휘감긴 옷자락도 찢어져

있습니다. 그냥 그 모습에서만도 목자의 힘과 양을 반드시 건져 내겠다는 양에 대한 애정, 그리고 염려를 확실히 볼 수 있습니다. 저는 처음에 말씀드린 목자와 양의 그림도 좋지만 플로라 뷰엘너의 방에 걸려 있었다는 그 그림이 더 좋습니다. 갖고 싶을 정도로요. 그 모습이 지금의 저와 목자 되신 주님의 모습을 가장 잘 표현한다고 생각하기 때문입니다.

"내가 온 것은 양으로 생명을 얻게 하고 더 풍성히 얻게 하려는 것이라"라고 말씀하신 주님이 그 다음에 하신 말씀에 주목해 보시기 바랍니다.

> 나는 선한 목자라 선한 목자는 양들을 위하여 목숨을 버리거니와 삯꾼은 목자가 아니요 양도 제 양이 아니라 이리가 오는 것을 보면 양을 버리고 달아나나니 이리가 양을 물어가고 또 헤치느니라(10:11, 12).

> 나는 선한 목자라 내가 내 양을 알고 양도 나를 아는 것이 아버지께서 나를 아시고 내가 아버지를 아는 것 같으니 나는 양을 위하여 목숨을 버리노라(10:14, 15).

주님은 우리의 선한 목자가 되시지만 양이 지금 처한 현실은 푸른 초장에 누워 있는 한가한 모습이 아닙니다. 양의 현실에는 삯꾼이 있고, 이리가 있습니다. 위험이 도사리고, 속임이 있습니다. 믿음을 지키며 살기가 왜 이렇게 힘듭니까? 단순히 믿음이 없어서가 아니라 우리의 삶이 버겁기 때문입니다. 이런 상황에서 "생명을 얻게 하고 더 풍성히 얻게 하려고 왔다"라는 주님의 말씀을 어떻게 이해해야 할까요?

신자들이 이 땅에서 누리는 풍성한 삶이란 잔잔한 시냇가와 푸른 초장에서 누리게 되는 것이 아닙니다. 물론 어느 때는 그렇게 쉬어 가게 하시지요. 하지만 잠시 쉬면 또 가자고 하실 겁니다. 우리가 누리는 풍성한 삶은 삯꾼이 아닌, 자기 목숨을 버리신 선한 목자가 우리의 인도자가 되시며, 방패가 되신다는 사실에서 비롯되는 것입니다. 넘어지지 않는다는 말이 아닙니다. 위험이 없다는 말도 아닙니다. 선한 목자가 곁에 있어서 안심이 된다는 말입니다.

"나는 양을 위해 목숨을 버리노라"라고 말씀하신 대로 주님은 저와 여러분을 위해 목숨을 버리셨습니다. 그래서 우리에게 영원한 생명을 주셨습니다. 그뿐만이 아닙니다. 주님은 그렇게 우리를 사랑하심으로 이 땅에서 고난과 고독의 삶을 살아가는 동안에도 우리가 결코 혼자가 아니며, 하나님이 끝까지 지키시며 함께하실 것이라는, 하나님의 사랑을 확증해 주셨습니다. 그리고 그 사랑과 보호의 확신으로 이 땅에서 새 삶을 시작하게 하셨습니다. 하나님이 우리와 함께하시고 우리를 사랑하셔서 우리 삶의 목적과 의미를 완전히 바꾸어 놓으셨다는 말입니다.

풍성한 삶이란 다 가져서 생기는 것, 다 해결되어서 생기는 것이 아닙니다. 다는 아니더라도 비교적 나은 형편 때문에 생기는 것도 아닙니다. 또한 소유도, 삶도 어차피 다 헛되다는 내려놓음에서 생기는 것도 아닙니다. 사망의 음침한 골짜기를 지날지라도 해를 두려워하지 않고, 까마귀가 물어다 주는 양식으로 연명하듯 아침마다 하늘을 보아야 하는 삶일지라도 소망 중에 기다릴 수 있도록 만드는 것은 바로 하나님의 사랑에 대한 확신과, 그 사랑을 확증하신 예수 그리스도의 죽으심입니다. 제가 이해하는 풍성한 삶이란 밤이면 늑대 울음소리가 들려서 두렵고, 낯선 발자국 소리에 귀를 세워야 하는 연약함 속에 있더라도 목자의 눈길을 볼 수 있어서 안심하고 여유롭게 풀을 뜯어먹는, 긴장이 있는 삶입니다.

예수 그리스도와 동행하는 삶

주님은 제자들에게 자신이 떠나면 보혜사 성령을 보내어 성령이 그들과 함께하실 거라고 하셨습니다. 보혜사 성령의 주된 사역은 바로 예수 그리스도를 기억나게 하고 바라보도록 하는 것입니다. 따라서 주님의 제자들이 이 세상에 살면서 누리게 되는 풍성한 삶은 예수 그리스도와 동행하는 삶입니다. 우리가 주일마다 예배하고, 성경을 공부하고, 아침저녁으로 기도하고, 말씀을 묵상하는 이유는 바로 그리스도와 동행하길 원하기 때문입니다. 형통과 부함에도 그 소유로 만족하지 않고, 가난과 약함에도 좌절하거나 낙심하지 않을 수 있는 이유는 우리의 관심이 주님에게 있기 때문입니다.

현대인들은 이 말을 지나치게 낭만적이라 생각할지 모르지만, 누군가를 사랑한다는 것이 어떤 것인지 경험해 본 분들은 아실 것입니다. 저는 우리 안에 이 고백이 희미해져서 주님이 말씀하시는 풍성한 삶을 누리지 못하고 있다고 생각합니다.

하는 일이 잘 안 되는데 왜 걱정이 없겠습니까? 장사가 안 되고 학교 수업에 진전이 없는데 왜 불안하지 않겠습니까? 내가 생각하던 모습과는 거리가 먼 곳에서 허송세월하는 것 같은데 왜 초조하지 않겠습니까? 가파른 절벽 앞에서 발을 내디딜 수 없어 머뭇거리며 떨고 있는 모습이 꼭 목자를 못 믿어서만은 아니지 않습니까? 그런데도 목자를 보면 여유가 생기고 힘이 생긴단 말입니다. 몹시 아파서 제자리를 뺑뺑 돌며 어쩔 줄 몰라 하다가도 목자의 눈을 보고 손길을 느끼면 차분해진단 말입니다. 날마다 이것을 경험하는 것이 신자들이 누리는 풍성한 삶입니다. 세상 사람들은 신자들이 이렇게 사는 것만 보아도 충분히 매력을 느낄 것입니다. 돈을 많이 벌고 건강해서 오랫동안 떵떵거리며 사는 모습보다 부럽고 든든하다고 생각할 것입니다. 현대인들은 풍요 속에서도 불안을 느끼며 끊임없이 안정감을 추구하니까요. 그리고 그 안정감을 위해 돈과 명예와 힘을 갖고 싶어 합니다. 결국 많이 가졌는데도 불안을 느끼게 되는 것입니다.

저는 본문을 읽으면서 주님은 어떤 마음이었을지 헤아려 보고 싶었습니다. 특히 주님이 떠나시고 난 후에 당시 주님과 함께하던 사람들이 어떤 삶을 살아야 하는지, 얼마나 힘든 길을 가야 하는지 아시는 주님이, 나면서부터 맹인 된 사람을 핍박하며 종교적 행위에 익숙해져서 자신들의 모순과 억지스러움조차 보지 못한 채 열심을 내던 당시의 종교 지도자들의 모습을 제자들 안에서 보셨을 때, 어떤 마음으로 제자들에게 이 말씀을 하셨을까요? 오늘날 교회가 주님의 이 마음을 헤아리고 있을까요? 혹시 당시 종교 지도자들의 열심에 가까운 건 아닐까요? 목사가 예수의 이름으로 목회에 성공하고, 인품이 뛰어나서 사람들에게 인정과 존중을 받고, 수입이 많아서 집을 몇 채 사 놓고, 노후 걱정 없이 편안하게 살 수 있으면 풍성한 삶을 살고 있다 말할 수 있습니까? 저도 그렇게 말할 수 없고, 여러분도 그렇게 말할 수 없습니다.

예수 그리스도를 누리는 삶이 풍성한 삶입니다. 무엇을 해서도 아니고, 무엇을 소유해서도 아닌 우리를 위해 이 땅에 오신 예수 그리스도의 주 되심으로 누릴 수 있는 있는 관계가 풍성한 삶입니다. 일상의 삶에서 그분이 우리를 얼마나 사랑하시며 얼마나 친밀히 동행하시는지를 지속적으로 경험함으로 우리 삶이 더욱 풍성해지는 것, 그것이 이 땅에서 시작하는 영생입니다. (풍족하기도 하고 부족하기도 한) 주변 환경이 보이지만, 그것을 넘어 그리스도를 보려는 간절한 열망이 바로 주를 사랑하는 모습입니다.

John
요한복음

요한복음 11장 1-4절

1 어떤 병자가 있으니 이는 마리아와 그 자매 마르다의 마을 베다니에 사는 나사로라 2 이 마리아는 향유를 주께 붓고 머리털로 주의 발을 닦던 자요 병든 나사로는 그의 오라버니더라 3 이에 그 누이들이 예수께 사람을 보내어 이르되 주여 보시옵소서 사랑하시는 자가 병들었나이다 하니 4 예수께서 들으시고 이르시되 이 병은 죽을병이 아니라 하나님의 영광을 위함이요 하나님의 아들이 이로 말미암아 영광을 받게 하려 함이라 하시더라

3장

지체하심

 사람들이 대체로 자기가 감당할 수 있는 한계 안에서 일을 계획하고 준비한다면 그 일을 수행하는 데 중요한 것은 능력보다 시간이 될 수 있습니다. 시간이 조금만 더 있었더라면 얼마든지 할 수 있는 일을 시간이 부족해서 마치지 못하는 경우가 종종 있으니까요. 신기하게도 평소에는 시간이 넉넉한데 중요하고 급한 일 앞에서는 항상 부족합니다.

 저는 누구와 약속을 하거나 비행기 예약 시간이 정해지면 미리 가서 기다리는 것이 낭비라는 생각이 듭니다. 그래서 정시에 도착하려고 하는 편이고, 그러다 보니 약속 장소에 도착할 즈음에는 늘 마음이 조급하고 바쁜 사람처럼 보입니다. 항상 바빠 보이는 사람들 중에는 정말 일이 많아서라기보다는 어쩌면 습관에서 비롯된 생활 방식 때문인 경우도 제법 많을 것입니다.

　그런 우리의 잘못된 습관 때문이 아니더라도 우리는 의식적이든, 무의식적이든 성공과 실패를 결정하고 생과 사를 결정하는 찰나의 순간을 항상 접하며 살아가고 있습니다. 모르고 지나가니까 그렇지, 순간에 의해 교통사고를 피하고 목숨을 잃을 뻔한 위험을 모면한 경우가 허다할 것입니다. 만일 모든 순간을 의식할 수 있다면, 긴장감에 숨을 쉴 수 없을지도 모릅니다. "1분만 늦었더라도 큰일 날 뻔했습니다." "아깝네요. 1분만 시간이 있었더라도 달라질 수 있었는데요." 정말 몇 초 간격으로 누구는 행복해지고 누구는 불행해져서, 누군가는 안도의 한숨을 쉬고 누군가는 절망하게 됩니다. 바로 내 앞에서 복권을 산 사람이 벼락부자가 되고, 방금 나를 추월한 차를 다른 차가 들이받아 사고가 나는 일도 있습니다.

　행복과 불행, 성공과 실패가 한순간에 결정되는 것 같습니다. 인간의 능력으로는 미리 알 수도, 극복할 수도 없어서 그것을 '운명'이라 부르고, 혹 그 운명을 미리 알거나 바꿀 수 있을까 싶어 사주와 궁합을 보기도 합니다. '운명'의 사전적 정의는 '사람의 행동을 지배하여 길흉화복을 가져다주는 큰 힘'입니다. 이것을 미리 알고 싶어 하는 사람들은 사람들과 주변에 나타나는 여러 현상을 관찰하면서 공식을 만들기도 합니다. 얼굴을 보고 만든 공식이 관상일 것이고, 자연 현상과의 조화를 보고 만든 공식이 사주나 풍수지리일 것입니다.

　물론 기독교인은 설령 그러한 공식들이 확률적으로 높다고 해도, 그 공식을 초월하는 하나님의 주권에 의한 인격적인 계획이 있다고 믿기 때문에 운을 인정하지 않으려 합니다. 즉 길흉화복을 주관하시는 분이 하나님인데, 이 하나님은 공식을 만들어 사람을 대하시는 분이 아니라, 전능과 전지하심으로 한 사람 한 사람을 향해 구체적인 계획을 가지고 인격적으로 대하신다고 믿습니다. 하지만 사실은, 그렇기 때문에 어려운 일을 당하면 더 아쉽고 원망스럽기도 합니다. 더욱이 그런 능력을 가지신 하나님이 이유 없이 지체하고 계시다는 생각이 들 때는 견디기가 힘듭니다. 앞서간 믿음의 선배들도 가장 힘들어한 것이 영국의 설교가인 알렉산더 맥클라렌이 말한 '하나님의 지체된 사랑'(delayed love)이었습니다. 나는 지금 당장 도움이 필요한데, 지금 죽을 것 같은데 침묵하시는 하나님, 악인의 형통은 이제 그만 멈추면 좋겠는데 오히려 갈수록 승승장구하도록 허용하시는 하나님, 그 하나님 앞에서 정말 많은 신앙인이 통곡하며 "언제까지이니까?"라고 부르짖으며 힘들어 한 것은 바로 지체된 사랑 때문이었습니다.

그 병은 죽을병이 아니라

이런 안타까움을 가지고 본문을 한번 생각해 보고 싶습니다.

나사로라는 사람이 있었습니다. 주님은 예루살렘에 오실 때마다 베다니에 있는 그의 집에 들르실 정도로 나사로와 그의 누이들인 마르다와 마리아를 사랑하셨습니다. 물론 그들도 예수님을 정말 사랑했습니다. 주님이 이 땅에서 지내는 마지막 기간인 줄 몰랐던 마르다와 마리아, 그리고 나사로는 주님이 유난히 힘들어하시고 어려움을 많이 겪으시는 것 같아 마음이 아팠습니다. 그런 적이 없었는데 예루살렘에서 유대인들이 예수를 돌로 쳐서 죽이려 했기 때문에 예수께서는 제자들과 함께 작별 인사를 할 겨를도 없이 그곳을 떠나셔야 했습니다.

주님이 그곳을 떠나시고 얼마 지나지 않아 나사로가 시름시름 앓기 시작했습니다. 의원을 찾아갔지만 원인도, 처방도 알 수 없었습니다. 마리아와 마르다가 예수의 능력을 확실히 믿고 있었다면 가장 먼저 예수를 떠올렸을 것입니다. 예수께서 많은 병자를 고치시는 것을 목격했을 뿐만 아니라 예수께서 나사로를 특별히 사랑하시는 것을 아는 누이들로서는 만일 예수께서 계셨더라면 당장 그를 고쳐 주셨을 것을 의심하지 않았을 것입니다.

예수께서는 그들과 약 30킬로미터가 채 떨어지지 않은 곳에 계셨습니다. 그들은 쉽사리 예수를 오시라고 할 수 없었을 것입니다. 예수께서 처한 위험을 알고 있었기 때문이지요. 하지만 멀리서라도 혹 무슨 도움을 주실지 모른다는 생각에, 아니면 몹시도 불안하고 힘들어서 두 자매는 마침내 예수께 사람을 보냈습니다. 그들이 예수께 보낸 메시지는 참 애절합니다.

주여 보시옵소서 사랑하시는 자가 병들었나이다(11:3).

나사로는 주님이 사랑하시던 자임을 특히 강조했습니다. 그러니 속히 오시라는 말은 차마 못했지만 그들이 얼마나 불안해하고 안타까워했는지는 쉽게 느낄 수 있습니다.

그런데 누이들이 예수께 사람을 보내고 얼마 지나지 않아 나사로는 숨을 거두었습니다. 너무 지체한 것입니다. 하루만 더 견딜 수 있었더라면 혹 주님이 오셨을지도 모르는데, 아니 하루만 더 일찍 사람을 주님에게 보내었더라면 주님이 나사로를 죽게 내버려 두지는 않았을 텐데 하필이면 조급한 마음으로 주님에게 사람을 보낸 그날, 나사로가 죽은 것입니다. '하루만 더 살지, 아니 진작 사람을 보낼 걸.' 자책도 하고 원망도 하지만 다 끝난 일입니다. 절차대로 장례를 치렀습니다.

그런데 나사로가 많이 아프다는 전갈을 받은 주님의 반응은 주변 사람들을 당황시켰습니다. 주님은 그 병은 죽을병이 아니라고 하셨습니다. 그러고는 계시던 곳에 이틀을 더 머무르셨습니다. 그 자리에 있던 요한은 주님의 이런 행동을 주목하고 이렇게 기록했습니다.

> 예수께서 본래 마르다와 그 동생과 나사로를 사랑하시더니 나사로가 병들었다 함을 들으시고 그 계시던 곳에 이틀을 더 유하시고(11:5, 6).

누구라도 한편으로는 예수의 행동을 이해할 수 있었을 것입니다. 상황이 정말 좋지 않았기 때문입니다. 지금도 그곳에 있는 유대인들이 예수를 죽일 음모를 계획하고 있을 텐데, 아무리 사랑하는 사람이라지만 죽을 생각이 아니라면 그리로 다시 가실 리가 없지요. 오죽하면 이틀 후에 주님이 그리로 가겠다고 하셨을 때 도마가 제자들에게 "주와 함께 죽으러 가자"(11:16)고 했겠습니까?

예수께서 죽은 나사로를 선뜻 찾아가지 않은 것은 충분히 이해되는데, 저에게는 잘 이해되지 않는 부분이 하나 있습니다. 아무리 예수께 능력이 있다고는 하지만, 그런 위험한 상황에서 마르다가 사람을 보낼 때는 나사로가 아주 심각한 병에 걸렸음이 틀림없는데 "이 병은 죽을병이 아니라"(11:4)라는 한마디 말만 하시고는 아무 행동도 취하지 않고 이틀을 지내신 것입니다. 그 말씀에 제자들도 안심했을 것이고, 소식을 전한 사람도 주님의 말씀을 듣고 희망을 가지고 돌아갔을 겁니다. 주님이 죽을 병이 아니라고 하셨으니까 곧 괜찮아질 거라는 기쁜 소식을 전할 수 있음에 가벼운 발걸음으로 돌아갔겠지요. 하지만 그가 집에 가까이 와서 문밖에서 곡하는 소리를 들었을 때 얼마나 당황했을까요? '주님도 실수를 하는구나' 하고 생각했을까요? 그렇게 실수의 가능성이 있었다면 죽을병이 아니라면서 아무 일 없는 듯 행하신 주님이 더욱 의문스럽고 야속하지 않았을까요? 예수께서 전하라고 하신 말씀을 이제 어떻게 전하면 좋겠습니까? 그 병은 죽을병이 아니라고 하셨는데 죽었습니다. 주님의 말씀은 일시적인 거짓 위로일 뿐만 아니라 주님의 능력이나 인품을 의심하게 만드는 말이 되고 말았습니다.

그 전갈을 받은 마리아와 마르다는 어땠을까요? 주님이 오시리라고 기대하지는 않았습니다. 하지만 따뜻한 위로의 말, 소망을 주는 말이라도 한마디 전해 주셨더라면 얼마나 좋았을까요? 물론 그 병이 죽을병이 아니라는 말도 위로가 되기는 하지만 이미 나사로는 죽었으니 실없는 말이 되고 만 셈입니다. 오빠를 무덤에 묻고 장례식을 다 치를 때까지 주님에게서는 아무런 연락이 없었습니다.

예비된 사건

주님이 오신 것은 나사로가 죽고 나흘째 되는 날이었습니다. 아마 오라비를 무덤에 두고 돌로 입구를 막으면서 누이들은 이 땅에서 오빠를 다시 보리라는 소망을 접었을 겁니다. 당시 유대 랍비들은 사람이 죽으면 그 영혼이 사흘 동안 자신의 시신 위를 떠다니다가 음부로 간다고 믿었습니다. 사실은 아니지만 당시 많은 사람이 그렇게 믿고 있었다면, 주님이 오신 날은 당시 사람들이나 가족이 관습에 따라서라도 그나마 가질 수 있는 실낱같은 희망조차 접어야 했던 날입니다.

이미 지나간 일이지만, '주님만 계셨더라면……, 아니 차라리 나사로를 데리고 주님을 찾아갔더라면……' 모든 것이 몹시 후회스러울 뿐입니다. 주님의 상황을 이해하지 못하는 것은 아니지만 그래도 마음 한구석에 있는 섭섭함과 허전함은 어찌할 수 없었습니다. 항상 그리워하면서도 늘 곁에 있다고 생각할 만큼 가까운 주님이 가장 필요한 그때 가까이 계시지 않았을 뿐 아니라 전혀 딴 사람으로 느껴질 만큼 냉정했다는 것이 화가 나고 속이 상해 견딜 수가 없습니다. 그런데 그 자리에 주님이 나타나셨습니다. 주님은 마리아와 마르다가 절망의 밑바닥까지 경험했을 때 오신 셈입니다. 이제는 정말 모든 게 끝났다고 생각했을 때 그들을 찾아오셨습니다.

오해하지 마시기 바랍니다. 저는 주님이 그들이 그렇게 절망하기를 기다리셨다고 생각하지 않습니다. 나중에 주님이 마리아와 마르다와 함께 우신 것을 보면, 주님은 그들의 고통을 매우 안타까워하셨지만 기다리신 것 같습니다. 단순히 절망의 밑바닥을 보아야 소망이 극대화되기 때문이 아닙니다. 나사로와 두 누이의 고난을 통해 주님이 이루셔야 할 일이 있었기 때문에 기다리신 것입니다. 다시 말해, 죽은 나사로를 살리심으로 며칠 후에 있을 주님의 죽음과 부활의 소망을 제자들에게 심어 주고, 예수를 환호하는 사람과 반대하는 사람의 입장을 분명하게 밝히는 계기를 마련하는 중대한 일을 위해 예비된 사건이었기에 기다리셨습니다. 단순히 가장 고통스러운 상태를 경험할 때까지 기다리셨다고 말할 수 없습니다. 인간이 경험하는 고통은 아주 밑바닥까지 가지 않더라도 정말 힘들기 때문입니다. 그들이 고통스러워하는 것이 안타까웠지만, 그래서 당장이라도 달려가 살려 주실 수 있었지만, 주님은 그 누구도 상상할 수 없는, 전혀 다른 계획을 가지고 계셨습니다.

사람들은 예수께서 병든 나사로를 어떤 모양으로든 고쳐 주시기를 기대했지만 주님은 나사로를 죽음에서 살릴 계획을 하셨습니다. 이 사건을 통해 다시 예루살렘에 입성하셔서 당신의 죽음을 준비하는 기회로 삼기 원하셨고, 부활의 사실을 생생하게 증거하기 원하셨습니다. 잠시 동안 말로 다할 수 없는 고통을 겪어야 함을 아셨지만 그분이 사랑하는 사람들이 주님을 믿고 잘 견뎌 주어서 주님의 계획을 온전히 드러낼 수 있도록 해주기를 원하셨습니다. 그래서 주님은 지체하셨습니다. 아니, 정확하게 말하면 주님은 조금도 지체하지 않으셨지만 주님의 계획을 모르는 제자들에게는 지체함으로 보였습니다. 바빠서도 아니고, 몰라서도 아니고, 할 수 있는 게 없어서도 아니고, 무정해서도 아닌, 다른 계획을 가지고 계셨기 때문입니다.

지체함 없는 하나님의 사랑

거의 많은 경우에 우리의 사랑이 지체되는 것은 목적이 있어서가 아닙니다. 간혹 그런 경우도 있겠지만요. 가령 제가 아들에게 장난감을 사 주기로 약속했다고 가정하지요. 제 아들은 거의 매일 조릅니다. "아빠, 언제 사 줄 거야? 내일? 모레?" 사실 제게는 하나도 급하지 않지만 제 아들에게는 매우 급하고 중대한 일입니다. 몹시 갖고 싶기 때문입니다. "자꾸 보채지 말고 조금 기다려 봐. 곧 사 줄게." 여러분은 제가 그렇게 지체하는 이유가 뭐라고 생각하십니까? 기다릴 줄 아는 인내심을 길러 주기 위해서라는 목적이 있다면 괜찮습니다. 그런데 이 경우는 제 아들의 유익을 위해서가 아니라 바빠서, 돈이 없어서, 잊어버려서, 별로 관심이 없어서, 사 주기가 싫어서 지체하는 것입니다. 그러면서도 늘 하는 말은 "때가 되면 사 줄게! 조급해 하지 말고 기다려 봐"입니다. 아빠가 보기에는 급해 보이지 않은 일이고, 때가 되면 들어주려고 일을 미루고 있는 것입니다. 솔직히 아들이 장난감을 원하는 마음을 저는 제대로 헤아리고 있는 것이 아닙니다. 사랑하지만 제 아들의 처지에서 아들의 필요를 느끼지 않기 때문입니다.

때로는 하나님이 그러신 것 같습니다. 만일 주님이 제게 "야, 그게 뭐 그렇게 중요하다고 매일 조르니? 때가 되면 들어줄 테니까 기다려 봐"라고 하신다면, 이해하지만 섭섭할 것 같습니다. 병원 응급실에 가면 지루하리만큼 오랜 시간을 기다려야 합니다. 저도 매우 아프고 힘들지만 저보다 급한 환자들이 있기 때문에 의사들이 그들 먼저 돌보아야 한다고 말하면 충분히 이해할 수 있습니다. 하지만 그러면서도 저의 아픔은 저만의 것이기 때문에 빨리 그 문제가 해결되면 좋겠다고 생각합니다. 병원은 일손이 달려 모두의 요청을 즉각 들어주지 못합니다. 그러나 하나님은 다릅니다. 하나님이 왜 지체하시는지 이해할 수가 없습니다. 때가 되면 들어주신다는 말을 듣고 기다리는 사람은 애간장이 녹는데 말입니다.

그런데 아닙니다. 하나님이 지체하실 때는 언제나 목적이 있습니다. 그 목적을 예수께서는 "하나님의 영광을 위함"이라고 표현하셨습니다. 모든 일에 우리를 위하심으로 하나님의 영광을 나타내실 목적과 계획이 있다면, 저는 지체된 하나님의 사랑이란 것은 없다고 생각합니다. 물론 우리가 원하는 때에 이루어지지 않아 지체되어 보일 때가 많지만 하나님이 계획하신 데서 지체되는 일은 없다는 말입니다. 예수께서 나사로의 죽음후 나흘째 되는 날 찾아오신 것은 주님이 그동안 바쁘시거나, 주님의 신변이 위험해서가 아니라 목적하신 일을 이루는 바로 그날이기 때문입니다. 이 하나님의 계획에는 1초의 어긋남도 없습니다. 그렇기 때문에 신앙인들에게 "아깝습니다. 1초만 빨랐더라면……"이라든지 "내가 그때 거기에만 가지 않았더라면……"이라는 말은 맞지 않습니다. 그런 말을 사용하면 안 된다는 말이 아니라 하나님이 그렇게 지체하셔서 우리가 불행해지거나 힘들어지는 일은 절대로 없을 것이라는 말입니다.

모든 것은 통제 안에 있다

마리아와 마르다는 나사로의 죽음을 못 견디게 슬퍼하는데, 주님은 "나사로가 죽은 것이 아니라 잔다"(11:11 참조)고 하십니다. 이 관점의 차이가 얼마나 큰지 우리는 압니다. 우리는 죽었다는데 주님은 잔다고 하십니다. 몸도 움직이지 않고, 말도 하지 못하고, 눈도 깜박이지 못하고, 호흡도 멎었는데 주님은 잔다고 하십니다. 다시 살릴 계획이 있어 그리 말씀하실지라도 우리의 한계에서는 그 말씀을 받아들이기가 몹시 힘듭니다. 그래서 죽었는데 잔다는 주님의 말씀이 무정하게 들리기도 합니다.

우리에게는 실패이고, 좌절이고, 다 잃어버린 상실인데, 주님은 "자는 것이다"라고 말씀하십니다. 이 두 관점의 괴리는 생각보다 커서 잔인하고 매정하게 들리기까지 합니다. 이 간격을 줄이는 것이 믿음입니다. "잔다"

라고 하시는 주님 말씀의 진실함에 대한 믿음이 필요하고, 하나님은 우리의 고통을 즐기는 분이 아니라, 그 고통 뒤에 언젠가 우리가 알지 못하는 계획을 가지고 계신 분이라는 믿음이 필요합니다. 믿음이란 하나님이 지체하지 않으시는 줄 알기 때문에 아무런 걱정 없이 살 수 있는 강한 정신력이 아닙니다. 그 순간이 아니면 안 될 것 같아서 몹시 초조하고 불안하지만 하나님은 나를 위한 목적 없이 지체하시는 일이 없음을 붙들고 견뎌 내는 것이 믿음입니다.

예수께서 마르다에게 "네 오라비가 다시 살아나리라"(11:23)라고 말씀하셨을 때 "마지막 날 부활 때에는 다시 살아날 줄을 내가 아나이다"(11:24)라고 한 마르다의 대답은 당연한 것입니다. 마르다는 분명히 부활에 대한 믿음이 있었지만 주님의 계획을 몰랐기 때문에 몹시 아프고 힘들었습니다. 저는 누구도 그 상황에서 무덤에 있는 나사로가 다시 살아서 걸어 나올 것을 기대할 수 없었다고 생각합니다. 그뿐 아니라 그 일에 어떤 하나님의 계획이 있는지는, 어쩌면 예수의 부활 사건 이후에도 몰랐을지 모릅니다. 이런 마르다의 모습은 추상적인 믿음도 아니고 하나님의 능력을 믿지 못한 것도 아닙니다. 그저 하나님의 계획을 몰랐을 뿐입니다.

우리도 하나님의 능력을 믿고, 하나님의 선하심을 믿지만 여전히 불안하고 두렵습니다. 하나님의 계획을 모르기 때문입니다. 이 간극을 채우는 긴장이 믿음입니다. 우리의 원함에는 지체함이지만 하나님의 계획에는 지체함이 없음을 믿기에 불안 중에도 초조함으로 기다리는 것이 믿음입니다. 저는 하나님의 계획을 알 수 있는 저의 능력이나 그 계획을 설명할 수 있는 저의 지성이 아니라, 저를 향한 그분의 목적을 이룸에 있어 절대로 지체함이 없는 하나님의 주권적인 약속을 믿고 싶습니다.

본문의 사건을 읽으면서 제가 듣는 주님의 음성은 "모든 것은 통제 안에 있다!"(Everything is in control!)입니다. 절망과 불안, 의심, 위험이 마구 뒤범벅된 상황이지만 그런 상황에서도 주님이 들려주시는 음성은 결국 "내가 다 안다. 그는 죽은 것이 아니라 잔다"라는 것입니다. 하나님의 계획에는 공식도 없고 유형도 없습니다. 그 이유는 그냥 무작위로 행동하시기 때문이 아니라 우리 한 사람 한 사람을 향한 섬세한 계획을 가지고 계시기 때문입니다. 그래서 저는 제가 느끼는 지체함은 있지만 하나님의 사랑에는 지체함이 없다고 믿습니다. 하나님이 지금도 일하고 계신다면 이유와 목적 없이 지체되는 일은 없을 것입니다.

요한복음 11장 11-16절

¹¹ 이 말씀을 하신 후에 또 이르시되 우리 친구 나사로가 잠들었도다 그러나 내가 깨우러 가노라 ¹² 제자들이 이르되 주여 잠들었으면 낫겠나이다 하더라 ¹³ 예수는 그의 죽음을 가리켜 말씀하신 것이나 그들은 잠들어 쉬는 것을 가리켜 말씀하심인 줄 생각하는지라 ¹⁴ 이에 예수께서 밝히 이르시되 나사로가 죽었느니라 ¹⁵ 내가 거기 있지 아니한 것을 너희를 위하여 기뻐하노니 이는 너희로 믿게 하려 함이라 그러나 그에게로 가자 하시니 ¹⁶ 디두모라고도 하는 도마가 다른 제자들에게 말하되 우리도 주와 함께 죽으러 가자 하니라

4장

도마의 믿음

큰 기업의 임원이던 한 장로님에게 어느 유능한 청년에 관한 이야기를 들은 적이 있습니다. 입사 시험 성적도 뛰어나고 유능한 젊은이인데 필기 시험에 우수한 성적으로 합격하고도 면접에서만 열 번 넘게 떨어졌답니다. 외모 때문이었습니다. 그래서 그 젊은이는 성형 수술을 했답니다. 성형 수술을 하고 본 첫 입사 시험에서 결국 면접까지 합격을 했답니다. 한마디로 인상이 좋지 않다는 이유 하나만으로 오랫동안 수난을 겪은 셈입니다. 정말 억울하지 않습니까?

여러분 중에 혹시 인상이 안 좋아서 손해 보신 분이 계십니까? 아니면 반대로 인상이 좋아서 득을 본 분은 계시지 않습니까? 면접에서 외모를 보는 것이 아주 이해하지 못할 일은 아닙니다. 첫인상이 그만큼 중요하게 각인되기도 하고, 마음속에 있는 것들이 얼굴에 드러나는 경우가 종종 있을 테니 외적인 인상과 성품이 전혀 관계가 없다고 말할 수는 없을 겁니다. 그뿐 아니라 말로 소통되는 것 못지않게 표정이나 몸짓으로도 얼마든지 소통이 가능하고, 상대방이 말을 듣기 전에 표정으로 먼저 마음을 읽게 되는 경우가 많습니다. 그러니까 평소에 불만과 분노가 깊어서 얼굴에 나타난다면 그에 대한 피해는 본인이 책임을 져야 할 일입니다. 하지만 표정에 의한 소통은 오해의 소지가 많다는 것을 전제하지 않는다면 억울한 피해자가 많을 것이기 때문에 면접에서 외모나 첫인상에 무게를 두는 것은 대단히 위험한 일이기도 합니다. 아무것도 한 것 없이 그저 생긴 것으로 판단받은 셈이니까요. 혹은 한 번의 말이나 행동이 만들어 낸 선입관 때문에 불이익을 당하는 경우도 있습니다. 원래는 그런 사람이 아닌데 한 번의 실수가 평생을 따라다니기도 하지요. 그런데 제가 생각하기에는 그보다 억울할 만한 일이 있습니다. 전혀 악한 의도가 없었음에도 자기가 한 말이나 행동에 대해 누군가가 만들어 낸 선입관 때문에 두고두고 오해를 받는 경우는 어떨까요?

의심 많은 도마

성경에 나오는 인물들의 경우에는 어떨까요? 그동안 그 당시의 정확한 상황을 알지 못하고, 의도를 확실하게 알지 못함에도 하나의 사건이나 말로 주님의 제자들의 성격과 기질을 파악하려는 시도가 종종 있었습니다. 합리적인 의심은 가능하지만, 베드로는 항상 성격이 급했다든지, 요한은 다혈질이었다든지, 바울은 고집스러웠다든지 하는 말들은 자칫 잘못된 선입관으로 성경에 나오는 인물과 사건들을 대하게 만들지 않을까 싶습니다.

제 생각에 그중 가장 억울한 사람은 도마가 아닐까 싶습니다. 여러분은 도마에 대해 어떤 이미지가 연상되십니까? 오랜 시간 동안 그를 따라다닌 수식어는 "의심 많은"이었습니다. 저는 도마가 참 억울할 것이라고 생각합니다. 우리는 사실 도마에 관해 아는 것이 거의 없습니다. '도마'는 히브리어이고 '디두모'는 히브리어를 번역한 헬라어입니다. 두 이름 모두 쌍둥이라는 뜻을 가지고 있습니다. 외경인 도마행전(The Acts of Thomas)에 따르면 도마는 예수의 쌍둥이였다고 되어 있고, 플러머라는 학자는 마태의 쌍둥이 형제라고 하지만 (대체로 쌍둥이인 경우 동생은 그냥 쌍둥이라고 불렀기 때문에) 사실 누구의 쌍둥이인지는 아무도 모릅니다. 어쩌면 실제로 쌍둥이는 아니고 그냥 이름만 그런 뜻이었는지도 모릅니다. 마태복음, 마가복음, 누가복음에서는 도마에 대해 아무것도 소개하지 않은 채 사도들의 이름을 열거하는 중에 도마의 이름이 언급될 뿐입니다. 도마의 행적을 세 번이나 소개하는 사람은 요한뿐입니다. 정말 도마에 대해서 아무것도 모르는데도 요한복음 20장에 나오는 단 한 번의 사건 때문에 2,000년 동안 도마에게는 의심쟁이라는 별명이 따라 다녔습니다. 그래서 아마 도마를 그리라고 하면 약간 눈꼬리가 올라가고 고개를 갸우뚱하면서 옆에 있는 사람들을 감시하는 모습으로 그릴 것 같습니다. 여러분은 정말 도마가 의심이 많은 사람이었다고 생각하십니까?

예수께서 십자가에 못 박혀 죽으신 후, 제자 중 어느 누구도 예수께서 다시 살아나리라고 기대하지 않았습니다. 다른 사람은 부활을 믿고 있었는데 도마만 믿지 않은 게 아닙니다. 모두 자신의 신변에 닥칠지 모르는 위험이 두려워 문을 꼭꼭 걸어 잠그고 숨어 있었습니다. 그곳에 부활하신 주님이 나타나셨습니다. 정말 애석하게도 그날 그 자리에 도마는 없었습니다. 도마가 그날 그 자리에만 있었더라면 의심 많은 도마라는 꼬리표는 붙지 않았을 겁니다. 만일 제가 그 상황에 처한다면 저도 도마와 비슷한 반응을 보였을 것 같습니다.

도마와 다른 제자들의 차이는 도마는 부활을 의심했고, 다른 제자들은 부활을 믿었다는 것이 아닙니다. 그들의 차이는 예수께서 부활의 몸을 보여 주셨을 때 그 자리에 있고 없음에 있습니다. 도마를 제외한 다른 제자들은 그 자리에 있었고, 도마는 그 자리에 없었습니다. 부활하신 주님을 본 것과 보지 못한 것에는 굉장히 큰 차이가 있습니다. "다들 허깨비를 봤겠지. 직접 만져 보지 않고는 못 믿겠어"(20:25 참조). 이 말은 그 자리에 없었다면 어느 제자든 했을 법한 말이지, 도마가 특히 의심이 많아서 보인 반응은 아닐 것입니다. 그런데도 마치 도마만 부활을 믿을 수 없어서 증거를 요구한 사람처럼 말한다면 참 억울한 일이지요. 오히려 이 사건은 사도 요한 이후에 주님을 직접 목격하지 않은 다음 세대 교회의 교인들을 향해 한 말입니다. 그러니까 당시 교회의 교인들이 요한은 주님의 부활을 직접 목격했지만 (요한이 어쩌면 유일한 생존자였을테니까) 자신들은 그렇지 못하다고 아쉬워할 수 있는 상황에서 요한은 도마의 사건을 소개함으로 보지 못하고 믿는 것의 복됨을 강조한 것입니다.

요한이 소개하고 있는 도마와 얽힌 또 하나의 사건은 14장에 기록된 사건입니다. 그때 주님은 "너희는 아무것도 걱정하지 말라. 내가 처소를 예비하러 가노니 처소를 예비하면 다시 와서 너희를 데려가겠다. 내가 가려고 하는 그곳에 가는 길을 너희도 잘 알고 있다"(14:1-4 참조)라고 하셨습니다. 사건의 전말을 알고 있는 우리는 이해할 수 있는 말이지만 당시 제자들이라면 주님의 그 말씀을 어떻게 이해할 수 있겠습니까? 집도 없이 3년 동안 떠돌아다니며 고생했을 제자들의 상황에서는 주님이 처소를 예비하러 가신다고 했을 때 큰 집을 준비해서 이제 정착할 수 있을 거라 생각했을 수도 있습니다. 실제로 그들을 걱정스럽게 만든 문제 중에는 먹을 것과 잘 곳도 포함되어 있었기 때문이지요. 그때 도마가 주님에게 여쭈었습니다.

> 주여 주께서 어디로 가시는지 우리가 알지 못하거늘 그 길을 어찌 알겠사옵나이까(14:5).

어쩌면 도마가 한 이 말이 '의심 많은 제자'라는 선입관에 부채질을 하게 된 것인지도 모릅니다. 하지만 이 당시에도 주님의 말씀을 이해할 수 없었던 것은 도마만이 아닙니다. 나중에 "아버지를 보여 달라"(14:8 참조)고 한 빌립도 주님이 무슨 말씀을 하시는지 몰랐고, 가룟 유다도(가룟 유다가 아닌 다른 유다) 몰랐습니다. 가만히 있으면 중간이라도 갈 것을 괜히 질문했다가 본전도 못 찾았다고 말할 수 있겠지만 도마의 그 질문은 도마의 성품이나 습관을 보여 주는 것이 아니라, 당시 모든 제자의 상태를 대변하는 것이라고 보는 것이 마땅하다고 저는 생각합니다.

저는 지금 도마를 위한 변론을 하고 있는 겁니다. 아무 말도 하지 말고 주님이 말씀하시려고 하는 것을 아는 척 가만히 있거나, 단체로 움직일 때는 개인행동을 하지 말았어야 했나요? 이해되지 않는다고 질문하거나, 주님이 떠나실 슬픈 상황에서 혼자 어디를 다녀오지 말았어야 했나요? 이런 것들을 문제 삼을 수 있을지는 몰라도, 그래서 도마를 워낙 의심이 많고 믿음이 없는 사람이라고 보는 것은 도마에게 정당한 일이 아닐 겁니다.

그곳에 가야 할 이유

본문의 사건은 어떻습니까? 나사로가 병들었다는 소식을 듣고 주님은 그 병이 죽을병이 아니라고 하셨습니다(11:4 참조). 함께 있던 제자들은 주님이 그렇게 말씀하시니 그런 줄 알았습니다. 나사로의 일은 잊고 있었는데 이틀이 지난 후에 주님이 제자들에게 말씀하시기를 유대 땅으로 다시 가자고 하셨습니다. 제자들은 몹시 당황스러웠습니다. 그들이 유대 땅을 떠날 당시 주님이 워낙 아슬아슬한 말씀을 많이 하시고 그곳 지도자들의 심기를 건드려서 분위기가 살벌했기 때문입니다. 그들은 정말로 주님을 죽이려고 했습니다. 그런데 주님이 다시 그곳으로 가자고 하십니다. 제자들이 물었습니다. "얼마 전에도 유대인들이 선생님을 돌로 쳐서 죽이려고 하지 않았습니까? 그런데 거기를 또 들어가려고 하십니까?"(11:8 참조) 이 질문에 주님은 나사로가 자고 있기 때문에 가야겠다고 하십니다.

요한복음에서 자주 볼 수 있는 특징인데, 주님과 대화를 나누고 있으면 가슴이 답답할 것 같지 않습니까? "나사로가 죽었는데 이제 가서 살려야겠다"고 말씀하시면 다들 쉽게 알아들을 텐데 꼭 한 번씩 되묻게 말씀을 하십니다. 제자들은 잠들었다는 말씀을 아파서 누워 있다는 의미로 이해했습니다. 이틀 전에 나사로의 집에서 찾아온 사람들을 통해 나사로가 아프다는 이야기를 들은 터라 주님의 말씀을 그렇게 이해하는 것은 당연합니다. 그들은 "잠들었으면 괜찮아지지 않겠습니까?"(11:12 참조)라고 했습니다. 이는 아직은 매우 위험하니 가지 말자는 말입니다. 나사로가 걱정되지 않는 것은 아니지만 그냥 아픈 정도라면 주님이 목숨을 걸 만큼 다급한 상황은 아니라는 합리적인 제안입니다. 그때 비로소 주님은 사실 나사로가 죽었다고 말씀하십니다. 저는 이 말을 들은 제자들의 충격도 컸으리라고 생각합니다. 주님이 나사로를 얼마나 사랑하는지 알았으니까요. 아니, 나사로의 가족은 제자들도 다 좋아하고 늘 고맙게 생각하는 사람들이었을 겁니다. 그러나 조금만 더 냉정하게 생각해 보면, 나사로가 죽었다면 사실 더욱 유다로 갈 일이 없습니다.

영화를 보면 답답한 장면이 이런 장면 아닌가요? 뒤에서 적들이 쫓아오고 옆에서 사람들이 빨리 가자고 하는데도 죽은 사람을 붙들고 하염없이 울거나 아무 대책도 없이 원수를 갚겠다고 무모하게 적진으로 뛰어들려는 장면 말입니다. 옆에 있는 사람들이 지금은 아니라고 그렇게 말리는데도 고집을 피웁니다. 논리적이고 상황 판단이 빠른 제자들이라면 이렇게 말했을 겁니다. "주님의 심정은 충분히 이해하겠습니다. 저희도 마음이 아픕니다. 하지만 나사로는 이미 죽었습니다. 지금 주님이 가셔도 죽은 지 벌써 사흘이 되어서 이미 장례도 다 끝난 후일 테고, 오히려 오라비를 여의고 슬퍼하는 식구들의 마음을 더 걱정스럽게 만들 뿐입니다.

그들도 주님의 상황을 충분히 이해하고 있을 겁니다. 그냥 사람을 보내어 위로해 주시고 나중에 찾아가심이 어떻겠습니까?" 이것이 모든 제자가 하고 싶은 말이 아니었을까요? 그런데 주님은 사실 이렇게 된 것이 제자들로 하여금 믿도록 하기 위함이라고 하셨습니다. 주님이 말씀하신 의도를 조금 풀어서 설명하자면 이런 겁니다. "사실은 그가 죽기를 기다렸다. 죽은 그를 살려야 너희에게 소망과 위로가 되기 때문이다. 나도 곧 죽을 것이지만 다시 살아날 것임을 너희로 믿도록 하기 위해서 준비된 사건이었다."

도마의 반응

제자들은 주님이 무슨 말씀을 하시는지 아직 몰랐을 것입니다. 한 번도 경험한 적이 없으니까요. 그런데 원래 계획된 일이었다고 하실 때 도마가 보인 반응은 의외였습니다. 도마가 말합니다.

우리도 주와 함께 죽으러 가자(11:16).

여러분은 이 말에서 어떤 느낌을 받으십니까? 위험하다는데도 가겠다고 우기는 주님이 몹시 답답해서 "그래, 가서 다 죽자"라고 빈정대는 말로 들리십니까? 한글 성경에는 "우리도 주와 함께 죽으러 가자"라고 되어 있지만 원어 성경에는 "우리도 그와 함께 죽으러 가자"라고 '그'라는 인칭대명사를 사용했습니다. 도마가 의심 많은 부정적인 사람이라고 생각해서 이 말을 빈정대는 것으로 이해하는 사람들은 여기에 "그"를 나사로라고 봅니다. "나사로처럼 우리도 가서 죽자. 주님이 원하시는 게 그거 아니냐?"라는 뜻으로 보는 것이지요. 도마는 의심도 많고 불평과 원망이 많은 사람이라는 선입관으로 보면, 그렇게 이해할 수 있을지 모릅니다. "주님은 우리도 나사로처럼 죽기를 원하시는 거죠? 도대체 우리가 겪을 위험은 왜 생각하지 않으십니까? 그러면 주님 원하시는 대로 우리도 다 죽죠, 뭐." 정말 이런 의미일까요?

저는 그렇게 보지 않았습니다. 도마가 의심 많은 사람이 아니라 신중한 사람이라면, 지금 장면은 제자들을 설득하는 장면이거나 적어도 저 말은 본인의 의지를 고백하는 말입니다. 그 이후에 제자들의 원망이나 그들 사이에서의 분쟁, 주님의 책망을 전혀 볼 수 없기 때문입니다. 그것 못지 않게 요한복음에 나오는 믿음의 주제 때문이기도 합니다. 요한복음에서 말하는 제자들은 오해도 많았고, 흔들리기도 했고, 서로 다투기도 했지만 그럼에도 진실한 고백이 있는 사람들이었습니다. 따라서 주님이 하시려는 일을 정확하게는 알지 못했지만 위기 상황에서 주님의 결정에 자신의 목숨을 맡길 만큼 그는 제자가 되는 일에 진지했습니다. 요한은 그것을 증거하고 싶었습니다.

그들에게 제자가 된다는 것은 언제나 영광이 있는 일도 아니고 심심풀이로 할 수 있는 일도 아니었습니다. 죽을 각오로 주님을 따라다녔습니다. 끊임없이 주님의 말씀을 오해하고 자주 연약함과 죄성을 드러냈지만 그들은 주님의 제자가 된다는 것을 생사를 나누는 진지한 일로 생각했습니다. 도마도 다른 제자들과 마찬가지로 주님을 위해 죽을 수도 있을 만큼 주님에게 그 삶을 맡겼고 주님의 제자 됨을 심각하게 생각했음을 고백하고 있는 것입니다. 주님의 제자가 된다는 것은 이럴 수 있을 만큼 진지하고 실제적인 것이었습니다.

비록 상황과 환경은 다르지만 제자 됨의 진지함에 있어서는 우리에게 요구되는 것도 다르지 않은 것 같습니다. 채찍으로 위협하기보다는 당근으로 유혹하는 소비자 지향적인 시대를 살아가고 있는 우리는 제자 됨을 부인하지는 않지만 제자 됨을 가볍게 여길 가능성에 적나라하게 노출되어 있습니다. 어쩌면 유혹은 채찍보다 훨씬 교묘해서 넘어짐이라는 결과의 관점에서 볼 때는 더 위협적일 수 있음에도 위험하게 여기지 않습니다. 위험하지 않아서가 아니라 제자 됨을 진지하게 생각하지 않기 때문입니다.

우리도 주와 함께 죽으러 가자

의심 없이 믿어야 된다고 열변을 토하고 도마는 의심이 많은 제자였다고 성토하지만, 의심 없는 믿음도 결국은 아무런 위험을 요구하지 않는 지적인 동의일 뿐입니다. 또한 목숨을 걸 만큼 제자 됨을 진지하게 생각하지 않기 때문이지요. 우리에게 이런 진지함과 확신 없이 믿음을 말한다면, 의심 없는 믿음도 결국은 자기의 안녕과 성공을 위해 흐트러짐이 없는 통일된 정신 상태를 의미할 뿐입니다.

주님의 말씀을 제대로 이해하지 못하고, 불안하고 두려웠지만 주님의 제자 됨에 그들은 진실했습니다. 도마도 예외는 아니었습니다. 주님과 함께 죽든가, 아니면 주님과 이별하든가 하는 기로에서 망설임이 있었는지 모르겠지만, 도마는 끝까지 주님과 함께하자고 동료들을 설득하고 고백했습니다.

우리는 어떻습니까? 우리는 그렇게 크지 않은 일에도 주님을 떠나고 싶고 원망하고 싶어합니다. 내가 참아야 한다는 것이 억울해서 견딜 수 없습니다. 이렇게 고생할 거면 주님을 왜 믿었나 싶기도 합니다. 물론 도마는 주님의 뜻을 전혀 이해하지 못했습니다. 이 일은 사실 죽을 일도 아니고, 더욱이 제자들이 그리 큰 해를 당할 일도 아니었습니다. 그럼에도 도마가 "주와 함께 죽으러 가자"라고 한 말은 그의 성품에서 비롯된 비관적인 말도 아니고, 지나친 영웅심도 아니었습니다. 그것은 신앙의 진지함에서 비롯된 헌신이었습니다.

저와 여러분이 처한 상황에서도 우리의 믿음을 흔드는 일이 끊임없이 발생하기 때문에 우리에게도 이런 각오가 필요합니다. 비록 실제로 주님이 십자가에 달리실 때 함께 죽을 수 있던 사람은 아무도 없었지만 도마에게는 틀림없이 진실한 믿음이 있었습니다. 도마는 사도 중 최고 지도자도 아니고 가장 영향력 있는 사람도 아니었지만 다른 제자들을 향해 "우리도 함께 죽으러 가자"라고 자신의 생각을 표명하며 설득했습니다. "우리도 주와 함께 죽으러 가자"는 도마의 고백, "내가 죽어도 주를 위하여 죽나니 사나 죽으나 나는 주의 것이라"는 바울의 고백에 담긴 진지함이 오늘날 교회에, 그리고 주님의 제자들에게 필요합니다. 물론 그 고백이나 헌신에 의해서 제자가 되는 것은 아닙니다. 우리의 헌신을 가능하게 하는 것은 그리스도의 순종이고, 그리스도의 의입니다. 하지만 헌신에 의해 제자가 되는 게 아니라는 말은 헌신을 하지 않아도 된다는 의미는 결코 아닙니다.

저는 목회를 하면서 우리의 헌신은 전인적이어야 한다는 말을 참 많이 했습니다. 그동안 교회에서 봉사하고 헌신하는 것만이 주님을 섬기는 것이라는, 즉 교회 생활이 곧 신앙생활이라는 이원화 현상에 대한 거부감 때문이었습니다. 그래서 교회 생활이 곧 신앙생활이 아니라는 말을 많이 했고 지금도 같은 마음입니다. 하지만 그래서 발생한 또 다른 극단에 대해서도 우려가 됩니다. 다시 말씀드리면, 교회 생활이 신앙생활은 아니라는 말을 신앙생활은 교회 생활이 아니라는 말로 이해해서 교회 생활의 불필요성을 강조하는 듯하는 가나안 교회 현상이 우려된다는 말입니다. 그러니까 전인적인 헌신, 삶 전체를 통한 제자 됨을 강조했는데, 결과적으로는 헌신을 추상화시킴으로 아무것도 헌신하지 않아도 되는 것으로 이해하는 것이 안타깝습니다.

로스앤젤레스에 사는 한 형제가 샌프란시스코에 사는 자매를 좋아하게 되었습니다. 몹시 좋아해서 이런 편지를 보냈습니다. "당신이 너무나도 보고 싶습니다. 맹수가 앞을 가로막지 않는다면, 태풍이 가로막지 않는다면, 사막이 놓여 있지 않다면, 이번주 목요일에 비만 오지 않는다면, …… 당신을 보러 가고 싶습니다." 전부를 드리는 것은 어렵지 않은데, 하나를 드리는 것은 아까운 역설이 이해가 되십니까? 삶은 드릴 수 있는데, 시간은 드리기가 어렵습니다. 내 모든 것을 드린다는 찬송은 가능한데, 현재 내가 있는 안전지대에서는 나오고 싶지 않습니다.

교회는 그리스도의 몸이요, 그리스도는 교회의 머리되시며, 교회의 주인은 그리스도라고 고백하지만 그 고백에 진지함이 없기 때문에 교회들이 어려움을 겪고 있습니다. 다툼이 있고 분쟁이 있습니다. 무기력함이 있습니다. 가끔 사람들이 이렇게 묻습니다. "교회에는 왜 그렇게 분쟁과 다툼이 많습니까?" 여러 이유가 있겠지만, 제가 생각하는 근본적인 이유는 고백에 진지함이 없기 때문입니다.

적어도 바울의 경우는 이방인과 유대인, 여자와 남자, 종과 자유인이 하나가 될 수 있다는 가능성을 가질 만큼 그리스도가 교회의 머리라는 고백에 진실했습니다. 저는 제자로 살아가면서 경험하게 될 어려움들과 장애들을 극복하기 위해서는 제자 됨을 진지하게 생각할 수 있어야 한다고 생각합니다. 매일 넘어지고, 흔들리고, 혼란스럽지만 주님의 제자들은 제자 됨에 진지했음을 요한은 증거했습니다. 주님의 제자가 된다는 말은 단순히 주님을 믿는다고 고백함으로 고난과 어려움을 피해갈 수 있는 알라딘의 지니를 두게 되는 것이 아닙니다. 그렇게 오해했기 때문에 하나님을 믿는 사람들은 세상에서 패배한 사람이거나 유약한 겁쟁이들처럼 보여지기도 하고, 그러니까 하나님 없이도 잘 살 수 있다고 말하기도 하는 것 같습니다.

　요한은 그렇게 말하지 않습니다. 제자들은 죽을 각오를 할 만큼 제자 됨에 진지했습니다. 우리가 살고 있는 이 시대의 그리스도인들에게도 이런 진지함이 요구됩니다. 거창하게 들릴지 모르지만 저는 여러분에게 "주와 함께 죽으러 가자"고 말하고 싶습니다. 이 말을 비아냥거리며 이렇게 할 수도 있습니다. "어디 한 번 보자! 틀림없이 다시 넘어질 걸. 한 번 잘 해 보라고 그래!" 아니요. 저는 이 말을 진실하게 할 수 있기를 바랍니다. 이 고백에 진실할 수 있다면 "주와 함께 죽으러 가자"는 말은 "주와 함께 참아 보자", "주와 함께 하나 됨을 지켜 보자", "이제 다시 한 번 일어나 보자"라는 진실한 고백이 됩니다. 저도 이 고백을 하고 싶습니다. "이제 주와 함께 죽으러 가자." 이 시대가 회복해야 할 것은 이 고백의 진실함에서 비롯된 구체적인 헌신이 아닐까요?

요한복음 11장 17-27절

17 예수께서 와서 보시니 나사로가 무덤에 있은 지 이미 나흘이라 18 베
다니는 예루살렘에서 가깝기가 한 오 리쯤 되매 19 많은 유대인이 마르다
와 마리아에게 그 오라비의 일로 위문하러 왔더니 20 마르다는 예수께서
오신다는 말을 듣고 곧 나가 맞이하되 마리아는 집에 앉았더라 21 마르다
가 예수께 여짜오되 주께서 여기 계셨더라면 내 오라버니가 죽지 아니하
였겠나이다 22 그러나 나는 이제라도 주께서 무엇이든지 하나님께 구하시
는 것을 하나님이 주실 줄을 아나이다 23 예수께서 이르시되 네 오라비가
다시 살아나리라 24 마르다가 이르되 마지막 날 부활 때에는 다시 살아날
줄을 내가 아나이다 25 예수께서 이르시되 나는 부활이요 생명이니 나를
믿는 자는 죽어도 살겠고 26 무릇 살아서 나를 믿는 자는 영원히 죽지 아니
하리니 이것을 네가 믿느냐 27 이르되 주여 그러하외다 주는 그리스도시요
세상에 오시는 하나님의 아들이신 줄 내가 믿나이다

5장

마르다의 신앙

어느 장례식에 참석한 적이 있는데, 그때 유족들 중 빨간 옷을 입고 온 분이 몇 분 있었습니다. 장례식이지만 축제 분위기여서 사람들의 웃음소리가 자연스러웠고 표정도 밝았습니다. 마침내 예배가 시작되었습니다. 찬송도 빠른 템포였고, 설교 메시지도 소망이 가득한 긍정의 메시지였습니다. 돌아가신 분의 연세가 많으셔서 그런 것일 수도 있고, 이른바 호상이라서 그런 것일 수도 있지만 장례식 분위기가 밝다는 것이 제게는 그리 익숙하지 않았습니다. 여러분은 어떠신가요? 논리적으로 생각하면 신앙 고백과 일치하는 분위기라는 생각이 들지 않나요? 어떤 사람이 죽기 전에 이런 유언을 남겼답니다. 자기 장례식 때 울지 말 것을 당부하면서 자기 손에 포크를 쥐어 주고 그 손을 사람들이 볼 수 있도록 해달라고

요. 듣던 이가 그 이유를 묻자, 사람들에게 마치 식사를 마친 후에 더 맛있는 디저트를 기대하는 것처럼 "더 나은 것은 아직 오지 않았다!"(The better is yet to come!)고 조객들에게 알리기 위해서라고 했답니다.

우리는 신자의 죽음을 인생의 절망으로 생각하지 않고, 죽은 후에 우리 영혼은 천국에 들어가 안식을 시작하며 육체의 부활을 기다린다는 믿음을 고백합니다. 그런데도 죽음 앞에서 (일시적으로라도) 분노와 절망을 느끼는 것을 어떻게 이해해야 할까요? 자식을 먼저 보낸 부모가 장례식장에서 통곡하다가 기절하고, 사랑하는 아내를 먼저 보낸 목사가 담대하게 죽음을 맞이하기보다는 미안함과 그리움에 아무것도 할 수 없어 함께하는 찬송에도 동참하지 못하는 모습을 어떻게 이해해야 할까요? 머리로는 알겠는데 복받쳐 오르는 슬픔과 그리움을 주체할 수 없어서 아무것도 할 수 없다면 어떨까요? 네 명의 딸을 한 날에 잃고도 〈내 평생에 가는 길〉(새찬송가 413장)이라는 찬송에 "내 영혼 평안해"라는 가사를 쓸 수 있었던 스패포드와 같은 평안함이 없다면 (물론 그도 진정된 마음을 갖기까지는 상당한 시간이 필요했을 거라 짐작하지만) 그건 믿음이 없기 때문일까요?

정말 부활에 대한 소망과 믿음이 있다면 슬픔과 아쉬움을 다스릴 수 있어야 하는데 그러지 못함은 아직 믿음이 부족하거나, 신앙적 인격이 미숙하기 때문이라고 말한다면 거의 대부분의 사람은 인정할 것입니다. 저도 인정합니다. 저는 만일 사랑하는 자식을 먼저 보낸다면 제가 사는 동안 마음 한구석에 뭐가 얹힌 듯 불편할 것 같은데 아무리 기도하고, 기쁨으로 승화시키려 애써도 극복할 자신이 없습니다. 어쩌면 이것이 우리가 경험하는 인간의 한계라고도 볼 수 있습니다. 그런데 저와 여러분이 궁금한 것은 '어떻게 하면 인간의 한계를 뛰어넘는 탁월한 믿음의 경지에 도달할 수 있을까'가 아니라 '한계를 가지고 긴장과 흔들림 속에 살수밖에 없는 사람들을 주님은 어떻게 생각하실까' 하는 것입니다. 여전히 제자로 생각하실까요? 탄식하시며 슬퍼하실까요? 아니면 그냥 그러려니 하실까요?

나사로가 다시 살아난 이유

이번 본문을 통해서 주님의 마음과 원하심을 헤아려 보고 싶습니다. 저는 사랑하는 가족을 잃은 마르다의 반응을 불신앙의 반응으로 보아야 하는지, 아니면 신앙의 반응으로 보아야 하는지를 고민했습니다. 마르다는 분명히 영생과 부활에 대한 믿음이 있었는데 그 믿음이 왜 가족의 죽음이라는 현실 앞에서 강력하게 작용하지 못했는지도 궁금하고, 주님은 어떤 마음이었을지도 궁금했습니다.

마침내 예수님이 오셨습니다. 하지만 안타깝게도 너무 늦으셨습니다. 당시 주님의 상황이 많이 안 좋아서 유대인들이 예수님을 죽이려고 한 것을 마르다도 알고 있었기 때문에 나사로가 병이 들었다고 전갈을 보냈음에도 지체하신 주님을 원망하고 싶은 마음은 없었을 겁니다. 하지만 너무 아쉽고 섭섭했을 겁니다. 그래서 이렇게 말했습니다.

주께서 여기 계셨더라면 내 오라버니가 죽지 아니하였겠나이다(11:21).

주님이 떠나셔야 했음을 너무 잘 알고 있었던 마르다로서는 왜 가셨느냐고 원망할 마음도 없었습니다. 원망한들 아무 의미가 없으니까요. 이미 지나간 일을 붙들고 후회하는 것보다는 가능성이 희박해도 미래에 대해 가정하는 것이 차라리 낫습니다. '만일 내가 부자가 된다면……, 만일 내가 건강하게 90살까지 살 수 있다면…….' 이러한 가정은 아주 가능성이 없는 말도 아니니까 조금이라도 희망을 가질 수 있지만 '만일 그때 내가 거기만 가지 않았더라면……, 만일 내 자식이 다시 살아날 수만 있다면……'과 같이 이미 끝나서 돌이킬 수 없는 일에 대한 가정은 희망보다 절망과 안타까움을 의미합니다. 그런 말은 차라리 안 하느니만 못하다는 말입니다. 하지만 너무 마음이 아프고 아쉬워서 마르다는 주님을 보자마자 "주님이 여기 계셨더라면 내 오라비가 죽지 않았을 겁니다"라는 말로 말문을 열었습니다. 그런데 그다음 말이 의미심장합니다.

> 그러나 나는 이제라도 주께서 무엇이든지 하나님께 구하시는 것을 하나님이 주실 줄을 아나이다(11:22).

무슨 뜻일까요? 주님이 죽은 지 나흘 된 오라비도 살려 내실 수 있음을 믿는다는 말일까요? 정말 마르다가 그렇게 믿었다면 저는 마르다가 굉장히 좋은 믿음을 가졌다고 생각되기보다는 다른 어떤 제자도 읽을 수 없었던 주님의 마음을 읽을 수 있는 신비한 능력을 가지고 있거나 조금은 이기적이고 현세적인 믿음을 가진 사람이었을 거라고 생각됩니다. 나사로가 이미 죽었다면, 그래서 그 영혼이 천국에 갔다면 솔직히 나사로 자신을 위해서는 다시 살아나는 것보다는 천국에 가는 게 낫습니다. 그가 다시 살아난 것은 순전히 주님의 나라와 영광을 위한 것이지 그 자신을 위해서는 좋을 게 하나도 없습니다. 죽었다면 더 좋은 데로 갔을 테니까요. 정말 천국이 있다고 믿었다면 말입니다. 사실 하나님이 나사로를 살리신 것도 나사로가 불쌍해서 살리신 것은 아니었습니다. 두 누이동생에게 위로가 되도록 하기 위해서였다면 그것도 의미는 있었겠지만 그것이 나사로를 위한 최선은 아니었을 겁니다. 천국이 이 세상보다 좋은 곳이고, 그래서 나사로가 다시는 죽지 않게 된 것도 아니기 때문입니다.

나사로가 다시 살아난 것은, 그리고 그가 다시 살아난 것이 요한복음에 기록된 것은 그리스도의 구속사적 사건을 예고하고 준비하기 위한 것이었다는 점에서 큰 의미가 있을 것입니다. 그가 다시 살아난 것이 결국 주님의 십자가 죽음에 도화선이 되었고, 제자들에게는 그리스도의 부활을 예고한 사건이기 때문입니다.

마르다의 반응

제가 이해하기에 마르다가 주님이 하실 수 있다고 생각한 일은 나사로를 다시 살려 원상태로 돌려놓는 일이 아니었습니다. 그렇다면 마르다가 "이제라도 주께서 무엇이든지 하나님께 구하시는 것을 하나님이 주실 줄을 아나이다"라고 한 말의 의미는 무엇일까요? 어쩌면 슬픔을 극복할 수 있는 믿음의 확신, 아니면 마음의 평화와 위로를 기대했는지도 모릅니다. 믿음을 가지고 세상을 살아가면서 고난을 당하면 믿음의 사람들은 마음의 평안과 담대함을 원하는데 마음먹은 대로 잘 안 되는 것을 안타까워하니까요. 예수님이 나사로를 다시 살리실 생각으로 무덤에 가셨을 때 무덤을 막고 있던 돌을 옮겨 놓으라고 말씀하셨습니다(11:39 참조). 그때 마르다는 이렇게 대답합니다.

주여 죽은 지가 나흘이 되었으매 벌써 냄새가 나나이다(11:39).

주님이 죽은 오라비를 살려 주시리라고는 상상도 하지 않았다는 말이 겠지요. 그래서 돌을 옮겨 놓으라고 하셨을 때 당황하고 망설였습니다. 그래서 주님이 무엇을 구하든지 하나님이 주실 거라는 말(11:22 참조)은 아마도 그들의 슬픔을 잠재울 수 있는 위로의 말씀이나 기적적인 마음의 평안이었을지 모른다고 저는 생각합니다. 마르다가 무엇을 기대하고 있었는지는 정확히 모르겠지만 제가 확실히 알 수 있는 것은 마르다의 신앙입니다. 아니, 어쩌면 마르다 자신도 그 상황에서 무엇을 기대하고 무엇을 구해야 하는지조차 몰랐을 것입니다. 오라비의 죽음이 마르다의 신앙을 죽게 만들지는 않았습니다. 젊었을 텐데 그 젊은 사람이 그렇게 갑자기 세상을 떠났다면 마르다의 마음에 왜 의문이 없었겠습니까? 왜 답답함이 없었겠습니까? 고난 앞에서 믿음의 사람들은 하나님의 존재와 섭리를 의심하지는 않지만 하나님의 사랑은 의심하게 됩니다. 그래서 "내가 뭘 잘못했을까?"를 돌아보며 섭섭함과 분노를 드러내기도 하지요. 고난 가운데 있는 사람이 하나님을 못 믿겠다고 말하면 하나님의 존재를 못 믿겠다는 말이 아니라, 하나님의 사랑과 선하심을 믿지 못하겠다는 말이고, 이 말은 고난 가운데 하나님의 임재와 의도를 알고 싶다는 간절함이 담긴 말라서 불신의 말로 들을 이유는 없습니다.

정확히는 알 수 없지만 짐작하기에는 아직 미혼이었던 것 같은데 혼인도 하지 않은 마르다와 마리아는 오빠(혹은 남동생이었다고 하더라도)가 참 큰 의지가 되었을 것입니다. 오빠가 갑자기 세상을 떠났다면 왜 두렵지 않겠습니까? 하지만 분명한 것은 그런 절망적인 상황에서 마르다는 믿음을 버리지 않았다는 것입니다. 그가 믿음을 저버리지 않았다면 지금 그는 주님 앞에서 도움을 청하고 있는 것입니다. 그는 도대체 뭐가 필요한지조차도 분명하게 알지 못했지만, 주님이 어떤 모양으로든 도와주실 수 있으리라고 믿었습니다. 그래서 도움을 청했습니다.

죽음 앞에서의 슬픔

그때 주님이 "네 오라비가 다시 살아나리라"(11:23)고 말씀하셨습니다. 그 상황에서 만일 여러분이 이 말씀을 듣는다면 어떻게 이해하시겠습니까? 저 같은 목사나 신자들이 할 수 있는, 때로는 정말 무력하게 들릴 수 있는 위로의 인사이지 않을까요? 마르다도 예상했던 말일 겁니다. 사실 세상을 떠난 사람의 가족 앞에서 기독교인이 할 수 있는 다른 위로가 뭐가 있겠습니까? "곧 다시 만날 겁니다. 좋은 곳으로 갔으니 괜찮습니다. 주님이 오시는 날 부활할 겁니다." 마르다는 주님이 뭔가 다른 말씀을 해주실 줄 알았을까요? 좀 더 실제적인 도움을 주시기를 기대했을까요? 네 오라비가 다시 살아날 것이라는 말씀에 마르다는 즉각적으로 반응합니다.

마지막 날 부활 때에는 다시 살아날 줄을 내가 아나이다(11:24).

어쩌면 주님을 신뢰하며 살아가던 마르다가 보일 수 있는 최선의 반응이었는지도 모릅니다. 저는 그의 대답이 틀렸다고 생각하지 않습니다. 그 고백이 잘못된 것도 아니라고 생각합니다. 하지만 그 고백이 힘이 없어 보이고 무기력해 보인다는 생각은 듭니다. 그리고 주님은 그런 마르다의 고백을 책망하지 않으셨습니다. 주님은 마르다가 당신이 지금 당장이라도 죽은 나사로를 살려 낼 수 있는 분이라고 믿고 살려 달라고 강청하기를 기대하지 않았으니까요.

실제로 주님은 이 사건 후에 사람들의 요청에 따라 무덤마다 다니시면서 죽은 자들을 살려 내지도 않았을 뿐만 아니라 단 한 사람도 살리지 않으셨습니다. 나사로의 사건은 단회적인 사건입니다. 이 사건을 통해 주님이 드러내기 원하신 것은 "나를 믿으면 절대로 죽지 않을 것이고 누구든지 다 살려 줄 수 있다"는 것이 아닙니다. 죽은 나사로가 주님의 능력으로 다시 살아나서 얼마를 더 살았는지는 모르지만 나사로는 다시 죽었습니다. 그뿐만 아니라 마르다도 죽었고 마리아도 죽었습니다. 따라서 "나는 부활이요 생명이니 나를 믿는 자는 죽어도 살겠고 무릇 살아서 나를 믿는 자는 영원히 죽지 아니하리니"(11: 25, 26)라는 말씀은 문자 그대로 주님을 믿으면 죽지 않을 것이고 죽은 자들도 지금 당장 다 살아나게 되리라는 의미는 틀림없이 아닙니다. 마지막 날에는 부활할 것이라는 확실한 믿음이 있었지만 죽음을 통한 이별의 슬픔 앞에서 주님을 보자마자 설움이 복받쳐 울고 있는 마르다의 신앙이 왠지 무기력해 보였습니다.

하지만 그의 고백은 진실한 것이었습니다. 사도 요한은 제자들이 비록 약하고 흔들렸지만 그 고백이 진실했음을 요한복음 곳곳에서 보여 주었습니다. 무기력해 보이지만 진실한 고백! 이 역설이 세상에 있으나 세상에 속하지 않은 그리스도인의 모습이고 교회의 모습입니다. 고난 중에 여전히 흔들리고 아파하지만 그리스도만이 유일한 소망이라는 고백은 진실해서 다시 그리스도를 바라보는 제자들의 모습입니다. 세상을 바꿀 만한 유능함이 없어도, 세상 사람들이 보기에는 보잘것없어 보이는 자리에 있다 할지라도 고백을 붙들고 살아 내는 모습이 바로 제자들의 모습니다. 그래서 저는 주님의 눈물이 고맙습니다. 나사로가 죽기를 기다려 나흘 만에 나타나신 주님, 죽은 그를 다시 살리실 구체적인 계획을 가지고 계시던 주님이 마르다와 마리아의 슬픔에 함께 우셨습니다. 왜 우셨을까요? 어떻게 우실 수 있지요? 연기인가요? 틀림없는 것은 주님이 그때 느끼신 슬픔 때문에 갑자기 마음이 동해서 나사로를 살리기로 하신 것은 아니라는 것입니다. 어떤 사람은 예수님께서 우신 것은 아직도 예수님을 믿지 않고 있는 당시 유대인들, 바리새인들이 불쌍해서였다고 말하기도 합니다. 주님이 우신 것이 논리적으로 이해가 되지 않아서 하는 주장이겠지만 그렇게 볼 만한 근거는 없어 보입니다. 저는 이것이 죽음 앞에서 절망적인 인간 실존에 대한 주님의 마음이었다고 생각합니다.

주님은 십자가의 길을 가시고 부활하심으로 사망 권세를 이기셨습니다. 우리에게 죽음이 가져다주는 절망감과 슬픔은 여전히 남아 있지만 우리는 부활의 소망을 가지고 견딜 뿐입니다. 그래서 우리는 부활을 믿는다고 해서 생명을 아무렇게나 여기지 않고, 겁 없이 죽음을 향해 뛰어들지 않습니다. 천국 입성이 가장 확실해 보인 스데반의 죽음에 초대 교회의 경건한 사람들이 많이 슬퍼하며 울었던 것은 죽음 앞에서 드러나는 어쩔 수 없는 인간의 나약함과 한계 때문입니다. 믿음은 그 슬픔을 극복하게 해주는 것이고 더불어 살게 해주는 것이지, 그 슬픔을 기쁨으로 바꾸거나 없애 주는 것이 아닙니다.

교회가 회복해야 할 고백

19세기 초 철학자 키르케고르는 부유한 가정의 막내아들로 태어났습니다. 아주 엄격한 기독교 교육을 받으면서, 특히 아버지에게서 그리스도가 당한 고난에 관해 귀에 못이 박히도록 들으면서 자랐습니다. 하지만 그는 주변에 있는 기독교인들이 예수 그리스도의 고난과 부활에 관해 몹시 좋은 이야기를 많이 하면서도 실제 삶에서는 전혀 변화를 경험하지 못하는 정체된 믿음을 가지고 있다고 생각했습니다. 그래서 그런 당대의 신자들을 풍자하는 이런 글을 남겼습니다.

> 교인들은 집 거위들과 같다. 거위들은 매주일 뒤뚱거리며 교회에 들어와 설교를 듣는다. 설교자는 비행의 경이에 관해 자주 말한다. 그러면 꽥꽥거리며 아멘을 외치고 흥분한다. 그러고는 다시 뒤뚱거리며 집으로 간다.

저도 전에는 이런 말을 들으면 괜히 화를 낸 적이 있습니다. 그리스도인들의 무기력함이 답답하게 여겨져서 비행의 경이에 관해 설교한다면 비행하는 삶을 보여 줄 수 있어야 한다는 생각도 했습니다. 그런데 요즘 제 생각은 다릅니다. 아마 그건 수십 년 동안 신앙생활을 하면서도 여전히 뒤뚱거림을 해결할 수 없는 저 자신의 한계에서 비롯된 것일지도 모릅니다. 언젠가 비행할 날이 있음을 분명히 믿지만 아직은 뒤뚱거릴 수밖에 없습니다. 하지만 제가 지금 뒤뚱거리기 때문에 비행에 대한 소망과 확신이 거짓이라고 말한다면 그건 너무 억울합니다. 비록 여전히 연약의 한계와 죄성을 가지고 살아가지만 우리의 유일한 소망은 생명의 주이신 예수 그리스도의 순종을 통해 우리에게 주신 생명에 있음을 분명히 믿기 때문이고, 마지막 순간까지 그 믿음을 가지고 살고 싶기 때문입니다. 저도 제가 강하면 좋겠고, 모든 슬픔과 고난 앞에 의연하면 좋겠지만 그럴 수 없는 경우에도 저를 주님의 제자가 되게 만드는 것은 저의 돋보이는 믿음이 아니라 예수 그리스도의 순종이고, 그것만이 저의 소망이라는 고백이 진실하기 때문입니다. 결국 주님과의 대화는 마르다의 입에서 엄청난 고백을 하게 만들었습니다.

> 주여 그러하외다 주는 그리스도시요 세상에 오시는 하나님의 아들이신 줄 내가 믿나이다(11:27).

어디서 많이 들어 보던 고백 아닙니까? 마태복음 16장에 나오는 베드로의 고백과 같습니다. 주님이 그 고백 위에 교회를 세우겠다고 하셔서 교회의 초석이 된 고백입니다. 그런데 요한은 이 고백을 마르다의 입을 통해서 기록합니다. 특히 오라비의 죽음 앞에서 절망과 슬픔을 감추지 못한 채, "주께서 여기 계셨더라면 내 오라버니가 죽지 아니하였겠나이다"라고 했던 마르다의 입을 통해서 말입니다. 이것이 바로 제자들의 고백이고 교회의 고백이었습니다.

주님의 제자들은 단순히 사도라는 직분과 특별한 신분에 의해 된 것이 아닙니다. 흔들리지 않는 완벽한 믿음에 의해서 된 것도 아닙니다. 그들은 연약함과 흔들림 중에도 주님을 온전히 바라보고 고백함으로 제자가 된 사람들입니다. 죽음 앞에 슬퍼하는 건 괜찮습니다. 아니, 어쩔 수 없습니다. 고난 앞에서 흔들리는 것도 괜찮습니다. 아니, 어쩔 수 없습니다. 불안하고 두렵고 걱정스럽고 답답합니다. 하지만 그래도 괜찮습니다. 사랑하는 사람의 장례식장에서 기절할 만큼 슬픔을 견디지 못해도 괜찮고, 병세가 심상치 않다는 진단을 받고 불안함과 허무함에 눈물을 주체할 수 없어도 괜찮습니다. 주님이 도움이심을 알지만 사업이 어려우면 잠을 이룰 수 없을 만큼 불안하고, 자식이 힘들어하면 내가 모든 것을 잃은 듯 힘이 빠지게 마련이지만, 그래도 괜찮습니다. 주님은 그런 마음을 진정해서 평온한 상태를 유지해야 한다고 말씀하시기보다는 그래도 주님을 보아야 한다고 말씀하시니까요.

"이제라도 주께서 무엇이든지 하나님께 구하시는 것을 하나님이 주실 줄을 아나이다"라는 고백은 주님만이 유일하게 남은 소망이라는 고백입니다. 우리의 상황은 괜찮지 않지만 그래도 괜찮습니다. 무정해서도 아니고, 천국에 가면 되기 때문도 아닙니다. 주님이 십자가 죽음의 길을 가시고 부활하셨기 때문에 괜찮은 것입니다. 이 사건에서 우리가 반드시 기억해야 할 것은 나사로가 살아났다는 것이 아니라 "주는 그리스도시요, 세상에 오시는 하나님의 아들이신 줄 내가 믿나이다"라고 한 마르다의 고백, 교회의 고백입니다. 주님이 마르다에게 기대하신 것도 단지 슬퍼하거나 울지 않는 것이 아니라 바로 그 진실한 고백이었습니다.

제자들은 이 고백을 붙들고 살았던 사람들입니다. 오늘날 교회가 회복해야 할 고백이며, 험한 세상을 살아가는 성도가 회복해야 할 것도 바로 이 고백의 진실함입니다. 이 고백은 이 땅에서 고난을 당하지 않기보다는 고난 중에 견디게 해줍니다. 이 고백은 힘든 일이 일어나지 않도록 하지는 않지만 힘든 일 중에도 소망을 잃지 않게 해줍니다. 사도 요한이 이 사건을 통해서 우리에게 들려주는 하나님의 말씀은 이 땅에서 살아 내야 하는 하나님의 사람들은 이 고백을 진실하게 붙들어야 한다는 것입니다. "주는 그리스도시요, 세상에 오시는 하나님의 아들이신 줄 내가 믿나이다." 교회는 바로 이 고백 위에 세워졌습니다.

우리의 감정은 요동치고 안정됨 없이 변화무쌍하지만 우리는 하나님의 약속을 믿고 진지하게 고백을 붙들고 살아가는 제자들입니다. 그리고 그 제자들의 모임이 교회입니다. 오늘날 교회가 회복해야 하는 것은 능력이 아니라 진실함입니다. 세상이 교회를 손가락질하는 것은 교회의 무기력함이나 무능함 때문이 아니라 진실하지 못함 때문입니다. 그래서 저는 여러분과 함께 한 가지만 확인하고 싶을 뿐입니다. "주는 그리스도시요, 살아계신 하나님의 아들이신 것을 내가 믿나이다"라는 이 고백이 진실로 그러하십니까? 만일 그렇다면, 아직도 이해할 수 없는 일들이 주변에 있고 우리 마음을 뒤흔드는 과거의 슬픔과 아픔이 있을지라도 이 고백을 붙들고 다시 일어서야 합니다. 그렇게 믿음으로 살아 내기 위해서 주님은 우리에게 교회라는 공동체를 주셨고 교회라는 공동체를 통해서 이 고백을 붙들고 살아 내도록 하셨습니다.

교회를 교회 되게 하는 것은 성장이 아닙니다. 부흥이 아닙니다. 교인들이 일사분란하게 움직이는 조직력도 아니고, 왕성한 선교 활동도 아니고, 모일 때마다 감동을 주는 설교자의 설교도 아닙니다. 교회를 교회 되게 하는 것은 "주는 그리스도시요, 살아계신 하나님의 아들이심을 내가 믿나이다"라는 고백의 진실함입니다. 그 고백을 마태복음은 베드로의 입을 통해 하고 있다면, 요한복음은 슬픔과 절망 중에 있지만 주를 믿었던 마르다의 입을 통해 하고 있습니다.

요한복음 11장 32-35절

³² 마리아가 예수 계신 곳에 가서 뵈옵고 그 발 앞에 엎드리어 이르되 주께서 여기 계셨더라면 내 오라버니가 죽지 아니하였겠나이다 하더라 ³³ 예수께서 그가 우는 것과 또 함께 온 유대인들이 우는 것을 보시고 심령에 비통히 여기시고 불쌍히 여기사 ³⁴ 이르시되 그를 어디 두었느냐 이르되 주여 와서 보옵소서 하니 ³⁵ 예수께서 눈물을 흘리시더라

6장

눈물의 의미

미국에는 '남성의 계명'(The Commandments of Masculinity)이라는 것이 있습니다. 그중 몇 가지만 소개하겠습니다.

그는 울지 말아야 할지니라. 그는 약함을 보이지 말아야 할지니라. 그는 부드러움, 따뜻함, 애정을 필요로 하지 말아야 할지니라. 그는 위로할 것이요, 위로를 받지 말아야 할 것이니라. 그는 다른 사람을 만질 수는 있지만 다른 사람이 만지도록 허락하지 말아야 할지니라.

달라스 신학교 총장이었던 찰스 스윈돌 목사님은 이 계명을 지키는 남자들은 진정한 사랑을 모르는 사람이라고 했습니다. 이 계명이 잘못된 생각이라는 말이지요. 한국에서도 남자들은 강해야 한다는 압박을 은근히 받으면서 자랍니다. 저도 남자는 평생에 세 번만 우는 것이라는 말을 들으면서 자랐고 억울하거나 힘들어서, 때로는 슬프거나 미안해서 눈물을 보이려고 하면 "남자가 울기는 왜 울어"라는 말을 듣기도 했습니다. 자라면서도 남자들 사이에서는 (당시에는 여자들이 열등하다는 의식을 전제로) 울면 여자라는 말을 들었고 싸움을 해도 피가 나거나 눈물을 보이면 자동으로 진 것이 되기 때문에 코하고 눈만 가리고 싸웠습니다. 남자는 어떤 힘든 상황에도 쉽게 눈물을 보이면 안 되는 분위기였습니다. 슬픈 이야기를 듣거나 영화를 보면서 눈물을 보이는 것은 상상도 못할 일이었습니다. 저는 유난히 눈물이 없어서 슬픈 이야기를 듣거나 영화를 보면서 울었던 기억이 거의 없는데 요즘에는 제 아내보다 눈물이 많아졌습니다. 이렇듯 눈물은 약함을 의미했습니다.

눈물에는 여러 종류가 있습니다. 원하는 것을 할 수 없어서 흘리는 눈물과 감당할 수 없을 만큼 힘들어서 흘리는 눈물은 약함 때문에 흘리는 눈물입니다. 하지만 눈물이 언제나 약함을 의미하는 것은 아닙니다. 뉘우치는 눈물도 있습니다. 잘못에 대해 용서를 구할 때와 잘못으로 인해 심히 후회할 때에도 눈물이 나옵니다. 물론 몹시 기뻐도 눈물이 난다고 하는데 그런 눈물은 이번 본문 말씀에는 해당되지 않는 눈물입니다.

또 다른 종류의 눈물이 있다면 생리적 현상으로 흐르는 눈물입니다. 결혼 전 아내와 연애할 때 저는 설교를 하면서 아내가 눈물을 훔치는 모습을 여러 번 보았습니다. 그때마다 저는 감동을 받았습니다. 미숙한 신학생으로서 누군가가 제 설교를 들으면서 눈물을 훔치는 모습을 본다는 것은 정말 힘이 되는 일이었으니까요. 그러나 아내의 눈물샘이 고장 나서 시도 때도 없이 눈물이 난다는 것을 나중에야 알게 되었습니다.

하나 더 생각해 볼 수 있는 눈물은 가식적인 눈물일 겁니다. 흔히 악어의 눈물이라고 부르는 것이 여기에 속합니다. 정말로 슬프거나 후회스럽지 않아도 그렇게 보이기 위해, 혹은 자기에게 필요한 것을 얻어 내기 위해 흘리는 눈물입니다.

장례식에 참석해 보면 한 사람의 죽음 앞에서 참 많은 사람이 눈물을 흘리지만 눈물의 의미는 장례식에 참석한 사람의 수만큼이나 다양할 수 있습니다. 잘못을 뉘우치는 눈물도 있고, 아쉬움의 눈물도 있고, 남이 우니까 까닭 없이 흘리는 눈물도 있고, 앞으로 자신이 살아갈 것이 너무 걱정되어 흘리는 눈물도 있고, 몇 년 전에 돌아가신 부모님이 생각나서 흘리는 눈물도 있습니다. 눈물이 사람의 마음을 움직이는 최고의 무기임은 틀림없지만 눈물의 의미를 찾는 것은 그 사람의 마음을 헤아려 아는 것만큼 어렵습니다.

마리아와 유대인들의 울음

그렇다면 본문에 나오는 주님의 눈물은 어떤 눈물이었을까요? 나사로의 죽음 앞에서 많은 사람이 울었을 텐데 요한복음 11장 33-35절에는 세 가지 경우가 기록되어 있습니다. 마리아가 울었고, 유대인들이 울었고, 예수님이 울었습니다. 저는 특히 예수님이 흘리신 눈물의 의미가 잘 이해되지 않습니다.

예수님이 오셨다는 말을 듣고도 마리아는 나가지 않았습니다. 마르다는 급히 예수님을 뵈러 나갔지만 마리아는 나가지 않았습니다. 글쎄요.

마르다의 성격 때문일까요? 예수님을 초대했을 때에도 마르다는 분주했지만 마리아는 별로 상관하지 않았는데, 주님이 근처에 오셨다는 말을 듣자 마르다는 급하게 예수님을 맞이하기 위해 나가고 마리아는 주님이 오실 때까지 기다리고 있었습니다. 왜 마리아가 마르다와 함께 주님을 맞으러 가지 않았는지는 잘 모르지만 화가 나거나 너무 슬퍼서 주님을 만나고 싶지 않기 때문이라는 생각은 들지 않습니다.

마르다가 주님을 만난 후 마리아에게 주님이 찾으신다는 소식을 전했습니다. 성경에는 주님이 마리아를 찾으신 기록이 없지만 그렇다고 마르다가 삐져 있는 마리아를 설득하기 위해 거짓말을 했다고 보기는 어렵습니다. 주님은 마르다가 집으로 가고 난 후 마을로 들어오지 않으시고 마르다와 이야기하시던 곳에 그대로 앉아 계셨으니까 마리아를 기다리고 계셨다고 보는 것이 맞을 겁니다.

주님이 찾으신다는 말을 듣자마자 마리아는 급하게 일어나 주님에게 갔습니다. 나사로가 죽어 장사 지낸 지 벌써 나흘이 되었지만 그때까지도 마리아는 슬픔을 견디지 못하고 많이 울었나 봅니다. 마리아가 급하게 일어나 나가자 그 방에 함께 있던 유대인들은 마리아가 또 나사로의 무덤으로 울기 위해 가는 줄 알고 따라 나왔으니까요. 마리아는 주님을 보자마자 주님의 발 앞에 엎드려 마르다와 똑같은 말을 했습니다.

주께서 여기 계셨더라면 내 오라버니가 죽지 아니하였겠나이다(11:32).

그러고는 흐느껴 울었습니다. 원문에 사용된 단어는 조금 소리를 내어 우는 흐느낌을 의미합니다. 주님을 뵙고 나니까 갑자기 설움이 복받쳤을까요? 주님을 보니까 갑자기 오빠 생각이 더 났기 때문일까요? 주님이 그 어려운 순간에 계시지 않았다는 것이 몹시 속상하고 안타까워서 울었던 것일까요? 그 이유야 알 수 없지만 저는 그 눈물이 무기력으로 인한 절망의 눈물임이 틀림없었을 것이라고 생각합니다. 오라비가 죽어 가는데 아무것도 할 수가 없었습니다. 너무 안타깝고 답답해서 살려 달라고 기도했지만 아무 소용이 없었습니다. 이다음에 다시 볼 것을 알지만 당장은 그것이 그리 큰 위로가 되지 않습니다. 죽음 앞에서 아무것도 할 수 없다는 현실에 절망하여 흐느꼈습니다.

그렇게 우는 것을 보면서 함께 있던 유대인들도 울었습니다. 그 유대인들이 예수님을 돌로 쳐서 죽이려 했던 이들이었는지는 확실치 않지만 마리아의 눈물 앞에서 적어도 그 당시에는 그들도 주님 때문에 소란을 피울 수 없었습니다. 오히려 마리아와 함께 울었습니다. 그들도 소리를 내어 울었습니다. 마리아를 따라 나온 사람들은 장례식 때 곡을 해 주는 사람들인데 마리아가 무덤으로 가는 줄 알고 따라 나왔다가 예수님을 만나서 마리아가 흐느껴 우니까 곁에서 함께 곡을 해준 것이라고 말하는 학자도 있습니다. 그렇다면 그들의 눈물은 슬픔을 돋우는 의도된 눈물입니다. 가까운 친척도 아닌데 장례를 하고 나흘째 되는 날까지 그 집에 남아 일주일 동안 계속되어야 하는 장례 절차를 지키고 있던 사람들로서 그렇게까지 흐느껴 소리를 내어 울 일이 없다고 생각하기 때문입니다. 남들이 우는 것을 보면 거의 자동반사적으로 울 수 있다고 볼 때 그들의 눈물을 굳이 형식적인 것이라 볼 이유는 없겠지만 그렇다고 마리아와 같은 심정으로 흘린 눈물이었다고 보기도 어렵습니다. 아마 동정의 눈물일 것입니다. 아니, 마리아가 우니까 괜히 슬퍼졌을 것입니다. 그런 눈물을 저도 많이 흘려 보았으니까 충분히 이해할 수 있습니다.

주님은 왜 우셨을까?

하지만 예수님의 눈물은 어떻게 이해해야 합니까? 혹 예수님의 눈물이 가식적인 눈물로 보이지는 않습니까? 눈물이 감정의 변화로 인해 나타나는 현상이라면 지금 이 상황에서 적어도 주님의 경우는 눈물보다는 웃음이 나와야 하는 것이 자연스럽지 않을까요? 아니, 웃음까지는 아니더라도 냉정하거나 담담하셔야 하는 것은 아닐까요?

예수님은 나사로가 아프다는 말을 듣고 이틀을 더 기다리셨습니다. 그래서 예수님이 마르다와 마리아를 찾아오셨을 때는 나사로가 죽은 지 이미 나흘이 지난 후였습니다. 일부러 나흘을 기다리셨습니다. 제자들과의 대화에서 나타난 대로 주님은 처음부터 나사로를 살릴 계획을 가지고 계셨습니다. 그래서 죽기를 기다린 것은 아니더라도 서두르지 않으시고 주님의 때에 찾아오셨습니다. 그리고 마르다와 대화를 나눌 때만 해도 오라비의 죽음으로 슬퍼하며 막연한 신앙으로 힘들게 견디던 마르다 앞에서 주님은 참으로 의연하셨습니다. 저는 마르다와의 만남에서 주님의 감정이 흔들린 것 같은 흔적을 찾아볼 수가 없습니다.

네 오라비가 다시 살아나리라(11:23).

예수께서 이르시되 나는 부활이요 생명이니 나를 믿는 자는 죽어도 살겠고 무릇 살아서 나를 믿는 자는 영원히 죽지 아니하리니 이것을 네가 믿느냐(11:25, 26).

이 말씀은 막연한 위로로 하신 것이 아니라 확신에 차서 하신 것이라는 생각이 듭니다. 주님은 나사로를 살리시는 일에 혹 안 될지도 모른다는 의심도 없었고 변심의 가능성도 없었습니다.

그리고 마리아가 주님 앞에 와서 마르다와 똑같은 말을 했습니다. 마르다는 울지 않았는데 마리아는 울었기 때문일까요? 마리아가 울고 주변에 있던 유대인들이 울자 주님도 우셨습니다. 물론 주님이 우셨다고 할 때 사용된 동사는 마리아나 유대인들이 울었다고 할 때 사용된 동사와 달라서 흐느껴 울었다기보다는 눈물을 조금 보였다든지, 속으로 슬픔을 삼키신 거라고 말하기도 합니다. 그렇지만 아무튼 주님이 눈물을 보이신 것은 사실입니다. 주님은 나사로가 죽은 것이 아님을 아시고, 곧바로 다시 살리실 계획과 능력을 가지고 계신데, 우셨다면 그 눈물을 어떻게 이해해야 합니까? 그럴 때도 눈물이 나올까요? 혹시 우는 척하신 것은 아닐까요? 마르다에게 보이신 의연한 모습이 더 자연스러운 것 아닙니까?

저는 주님의 눈물은 마리아의 눈물과 그 의미가 달랐다고 생각합니다. 주님의 눈물은 무기력해서 흘리는 눈물도 아니고, 절망해서, 혹은 죄로 인한 후회로 흘린 눈물도 아닙니다. 저는 이 눈물이 바로 나사로를 살릴 수 있었고 마침내 우리를 위해 십자가를 질 수 있게 했다고 생각합니다.

이 눈물은 행동을 가능케 만드는 사랑의 눈물입니다. 만일 눈물이 단순히 절망적인 상태에서 비롯되는 것이라면 곧 다시 살리실 나사로의 죽음 앞에서 흘리는 눈물은 가식입니다. 하지만 이 눈물이 그렇게 절망할 수밖에 없는 인간에 대한 긍휼과 연민에서 비롯된 것이라면 그것은 사랑입니다. 주님의 눈물은 단순히 죽은 나사로에 대한 그리움이나 안타까움이 아니라 죽음 앞에 놓여 있는 인간들을 향한 연민의 눈물입니다.

행동을 가능하게 하는 눈물

저는 드라마를 보고 우는 일이 거의 없었습니다. 제 아내는 티슈 한 통을 다 쓸 정도로 울 때도 있었지만요. 그 이유가 저는 남자이고 제 아내는 여자이기 때문은 아닙니다. 물론 어느 정도 남자라는 강박관념에서 오는 의지적인 절제도 있겠지만, 제 아내는 연속극에 몰입해서 현실처럼 보기 때문에 슬퍼하고 분노하는 반면, 저는 의지적으로 '저건 쇼다! 저건 작가가 일부러 시청자들을 울리려고 만들어 낸 이야기에 불과하다'라고 생각하며 드라마에 몰입하지 않기 때문입니다.

그런데 요즘은 드라마를 보면 자꾸 눈물이 납니다. 아니, 사실은 손녀들 사진만 봐도 가슴이 짠하고 눈물이 날 때가 있습니다. 물론 물리적인 이유들도 있으리라고 생각합니다. 그런데 요즘은 이전과 달리 그게 만들어 낸 이야기든, 저와 상관이 없는 사람들의 이야기든 슬픈 이야기를 들으면 슬퍼집니다.

요즘은 그냥 사람들이 불쌍합니다. 아니, 산다는 게 불쌍합니다. 왜 그렇게 사느냐고 야단을 치기보다는 덧없는 인생을 살아 내는 모습이 안쓰럽다는 생각이 많이 듭니다. 저는 주님의 눈물이 그런 종류의 것이었다고 생각됩니다. 나사로의 죽음 때문만이 아닌, 인간의 상태에 대한 연민입니다. 마리아가 우니까 감정이 동해서 저절로 눈물이 나온 것이 아니라, 그래서 너희를 위해 내가 고난과 십자가의 길을 간다는 사랑의 표현입니다.

아무리 세상에서는 그럴듯하게 살고, 사람들 앞에서 소유와 신분을 자랑하지만 그 인생의 결국은 불행입니다. 죽음 앞에서 모든 것은 불에 타버릴 지푸라기 같습니다. 인생이 그렇게 끝나는 것이라면 체념하고 맘껏 즐기자고 할 수 있지만, 만일 다시 살 수 있다면 생명을 소유하지 못함이 곧 최고의 불행이고 가장 불쌍한 인생이 되니까요. 부활이 없다면 부활을 믿고 즐기지 못한 사람들이 가장 불쌍한 사람이 되겠지만, 부활이 있다면 어떤 인생을 살았든 부활에 참여하지 못하는 사람이 가장 불쌍한 사람이 되는 것입니다.

주님은 바로 그런 인간의 상태를 보시고 연민과 사랑의 눈물을 흘리셨습니다. 그리고 우리 주님은 십자가의 길을 가셨습니다. 포악을 떨고 교만으로 가득 찬 눈먼 자들을 주님은 불쌍히 여기셨습니다. 저는 하나님의 사람들도 이 땅에 사는 동안 이 눈물이 마르지 않으면 좋겠습니다. 이 눈물이 바로 행동을 가능하게 하는 눈물이기 때문입니다.

현대인들은 눈물이 메말랐습니다. 불쌍한 사람을 보아도 눈물이 없습니다. 남들이 어떤 어려움을 당하면 먼저 자신의 처지를 생각합니다. 그리고 자신이 더 불쌍하다고 생각합니다. 또한 마음이 무뎌져서 웬만한 말을 들어서는 감정이 동하지도 않습니다. 감정이 동해서 마음이 움직여도 손이 나가지 않습니다.

저는 중국에 가서 처음 탈북자를 보았을 때 가슴이 메어 무슨 말을 해야 할지 몰랐습니다. 그런데 저를 데리고 간 분들은 정말 담담하게 그분들과 대화하고 눈물 한 방울 흘리지 않았습니다. 그러니까 제가 더 정이 많은 걸까요? 두 번째 가서 그들을 다시 보았을 때는 마음이 찡하기는 했지만 울지는 않았습니다. 똑같은 상황에서 항상 울 수 있는 감정의 상태를 말씀드리는 것이 아닙니다. 이기심과 체념에서 비롯된 냉정함을 말하는 것입니다.

아무 소망도 없이 그냥 사는 게 인생이라면 다른 사람의 고난 앞에서도 눈물이 마를 것입니다. 소용없고 부질없는 일이니까요. 그러나 예수 그리스도를 통해 생명을 얻은 그리스도인들은 세상을 보며 울어야 합니다. 바로 그 소망 때문에 아무것도 체념할 수 없어서 세상의 부조리와 슬픔과 절망 앞에서 울어야 합니다.

아픈 사람들과 공감대를 만들어 함께 우는 것도 중요하지만, 예수님의 눈물은 단순히 그런 눈물이 아니었습니다. 그렇다면 나사로를 다시 살리실 것을 알고, 이를 위해 오신 주님이 웃지 않고 울었다는 것이 전혀 자연스럽게 다가오지 않기 때문입니다. 주님의 눈물은 인간을 향한 눈물, 인생을 향한 눈물이었고 십자가 고난의 길을 걸어가게 한 눈물이었습니다. 그만큼 우리 주님은 인생을 불쌍히 여기시고 사랑하셨습니다.

John
요한복음

47 이에 대제사장들과 바리새인들이 공회를 모으고 이르되 이 사람이 많은 표적을 행하니 우리가 어떻게 하겠느냐 48 만일 그를 이대로 두면 모든 사람이 그를 믿을 것이요 그리고 로마인들이 와서 우리 땅과 민족을 빼앗아 가리라 하니 49 그중의 한 사람 그해의 대제사장인 가야바가 그들에게 말하되 너희가 아무것도 알지 못하는도다 50 한 사람이 백성을 위하여 죽어서 온 민족이 망하지 않게 되는 것이 너희에게 유익한 줄을 생각하지 아니하는도다 하였으니 51 이 말은 스스로 함이 아니요 그해의 대제사장이므로 예수께서 그 민족을 위하시고 52 또 그 민족만 위할 뿐 아니라 흩어진 하나님의 자녀를 모아 하나가 되게 하기 위하여 죽으실 것을 미리 말함이러라 53 이날부터는 그들이 예수를 죽이려고 모의하니라

7장

전혀 다른 죄

여러분 주변에 혹시 굉장히 유능하면서 굉장히 착한 사람이 있나요? 제가 오래전에 아주 재미있게 본 드라마 중 하나가 〈대장금〉(2003)입니다. 너무 오래된 드라마라 예화로 적절할지 모르겠지만 저에게는 몇몇 장면이 아직도 생생합니다. 장금이는 참 착하고 총명합니다. 그 마음에 악의가 없어서 남을 해하려고 하지 않고 항상 동기가 순수해서 사람의 병을 낫게 하려면 어떻게 해야 할까, 맛있는 음식을 만들려면 어떻게 해야 할까만 고민합니다. 또한 참으로 총명해서 선한 마음이 어려움에 처한 사람들에게 실제적인 도움이 될 수 있도록 합니다.

저나 여러분은 철저하게 남으로서 시청하니까 그런 장금이의 모습이 너무 보기 좋습니다. 하지만 장금이와 함께 살아가야 하는 처지가 된다면 그렇게 좋지만은 않을 것입니다. 함께 수련을 받고 궁에서 살아온 친구들은 우선 열등감을 느낄 것입니다. 질투심도 생길 것입니다. 저라면 그럴 것 같습니다. 한 번쯤은 장금이를 이겨 보고 싶을 것 같고 장금이가 실수해서 당황해하는 모습도 보고 싶을 것 같습니다. 일단 마음속에 열등감과 질투심이 생기면 괜히 얄미워지니까요. 전혀 그런 의도에서 한 행동이 아닌데도 잘난 척하는 것 같고 나를 무시하는 것 같습니다. 우연이라도 장금이를 이길 수 있는 기회가 주어진다면 속임수를 쓰고 싶은 충동이 순간적으로 생기기도 할 겁니다. 아마 그래서 아우구스티누스도 이렇게 말한 것 같습니다.

> 남이 잘되는 것을 보고 진심으로 기뻐할 수 있는 유일한 사람은 자식을 바라보는 부모뿐이다.

그런데 저는 순간적으로는 자식들이 저보다 잘하는 것에도 질투가 납니다. 정말 어렵다가 잘 풀리면 그 사람을 보고 모두 기뻐하지만, 하는 일마다 나보다 잘되면 불편해집니다. 동정과 애정은 '그래도 내가 낫다'고 생각할 때 생기는 것이고, 나의 위치가 흔들리면 애정은 질투로 바뀐다는 말입니다. 그런 의미에서 저는 열등감이나 질투심이 죄임은 인정하지만 동시에 그 마음이 아주 이해되지 않는 것은 아닙니다.

그런데 정말 나쁜 경우는 그냥 미워서 한 사람을 깎아내리기로 한 경우입니다. 잘되는 게 싫은 게 아니라 그냥 그 사람이 싫은 경우겠지요. 부러움과 더 잘해 보겠다는 마음에서 비롯된 질투심이 아니라, 자신의 존재감을 의미하는 기득권에 위협이 느껴져서 그 사람이 싫은 경우입니다. 혹시 여러분은 그런 경험을 하신 적이 있나요? 이런 경우에는 그 어떤 것으로도 마음을 바꾸기가 힘듭니다. 다 포기하고 그들이 원하는 대로 되어 주는 것밖에는 그들의 미움을 삭힐 길이 없습니다.

남이 잘되는 것을 보고 괜히 화가 나고 속상해서 마음에도 없는 말을 하는 것과 의도적으로 한 사람을 잡겠다고 음모와 계획을 세우는 것은 아주 다릅니다. 물론 둘 다 인간의 죄성에서 비롯된 같은 죄임은 인정합니다. 하지만 죄의 질은 아주 다르다고 생각합니다. 모든 것이 같은 죄라는 말은 사소한 것들에 대해 민감하게 반응함으로 경건을 독려하기도 하지만, 그 반대로 심각한 것들에 대해 무디게 반응함으로 경건에 방해가 되기도 합니다. 살인이 죄냐고 하면 죄라고 말하겠지만, 우발적인 살인과 치밀하게 계획된 살인은 죄의 질에서 다르게 취급되어야 합니다.

엄청난 일을 본 사람들

예수님이 앞을 보지 못하던 사람의 눈을 뜨게 하셨을 때 많은 사람이 예수님 주변에 모여들었습니다. 그들 중에는 정말 그 일을 신기하게 생각하며 모인 사람도 있었고, 안식일에 사람을 고쳤다는 사실을 못마땅하게 생각하는 사람도 있었습니다. 주님이 가시는 곳에는 항상 이렇게 생각을 달리하는 두 종류의 사람들이 있었습니다. 그 후에 주님은 유대 땅을 떠나셨지만 유대인들 사이에서는 아마 이 문제로 논쟁을 많이 했을 것입니다. 그리고 주님이 다시 예루살렘에 오셨을 때 사람들은 주님을 붙들고 "당신이 정말 메시아입니까, 아니면 메시아를 기다려야 합니까? 분명히 좀 밝혀 주시오"(10:24 참조)라며 재촉했습니다. 그렇게 재촉하던 사람들 중에도 예수가 메시아일 거라고 믿는 사람들과 믿지 않는 사람들이 섞여 있었습니다. 이들은 그냥 좀 더 분명하게 주님의 말씀을 들어보자고 모인 사람들이었습니다.

그때 예수님은 아주 밝히 자신이 하나님의 아들이라는 것과, 하나님과 하나라는 것을 증거하셨습니다. 그 말씀에 유대인들은 예수님을 돌로 쳐서 죽이려고 했습니다(10:25-31 참조). 이들이 원래 주님을 찾아온 것은 주님을 죽이기 위해서가 아니었습니다. 잘 납득되지 않는다 할지라도 그냥 주님의 말씀을 좀 더 들어보고 싶어서였습니다. 그들에게는 그날 주님에게 해를 입히겠다는 생각이 전혀 없었습니다. 그런데 주님이 하신 말씀이나 견해가 너무 다를 뿐만 아니라 이단적이었기 때문에 순간적인 충동에 의해 돌을 들었던 것입니다. 이럴 때는 피하는 것이 상책입니다. 일상생활에서도 순간적인 충동에 혈기를 부리는 사람을 설득하겠다고 자꾸 말을 하는 것은 불에 기름을 끼얹는 것입니다. 그렇게 분노가 솟을 때는 잠깐 자리를 피하고 스스로 감정을 가라앉힐 수 있도록 시간을 주어야 합니다. 주님은 그렇게 분노하는 군중을 피하셨습니다(10:39 참조).

그리고 나사로가 죽었고 나흘 후에 주님이 다시 예루살렘 근처에 나타나셨습니다. 마리아의 집에 모여 있던 사람들은 모두 예수님의 측근이 아니었습니다. 잘 모르겠지만 얼마 전 주님을 향해 돌을 들었던 사람도 적지 않게 있었을 것이라 짐작됩니다. 하지만 그들은 이미 이성을 되찾았습니다. 아무도 그곳에서 주님을 향해 다시 돌을 들려고 하지 않았습니다. 그리고 거기서 그들은 어떤 말로도 설명하기 어려운 엄청난 일을 보았습니다.

마리아 앞에서 눈물을 보이신 주님은 눈물을 훔치시고는 마리아와 마르다에게 나사로의 무덤으로 가자고 했습니다. 그 집에 와 있던 유대인들 뿐 아니라 예수님이 다시 나타나셨다는 말을 들은 주변에 있던 많은 유대인이 몰려들었습니다. 주님은 무덤의 돌을 옮겨 놓도록 하시고 눈을 들어 하늘을 보시며 기도하셨습니다(11:41, 42 참조). 그 기도의 내용은 전에 유대인들이 죽이려고 했을 때 하신 말씀과 일맥상통하는 것이었습니다. 하지만 그들은 감히 주님에게 손을 댈 수 없었습니다. 그리고 주님은 아무도 상상할 수 없는 엄청난 일을 하셨습니다. 큰 소리로 나사로를 부르니 죽었던 나사로, 온몸을 베로 감아 움직일 수 없었던 나사로가 걸어 나온 것입니다(11:43, 44 참조). 가족이나 제자들은 말할 것도 없고 무덤 주위에 있던 모든 사람이 너무 놀라고 두려워서 짧은 탄성 외에는 어떤 말도 할 수 없었습니다.

예수를 죽이기 위한 모의

이쯤 되면 부인할 수 없게 되는 걸까요? 여러분은 천사가 나타나고 죽은 자가 살아나면 세상 사람들이 모두 주님을 믿을 것이라고 생각하십니까? 정말 많은 사람이 주님을 믿었습니다. 메시아로 인정했습니다. 돌을 들었던 사람들 중에도 그 사건 때문에 예수님을 메시아로 믿은 이들이 있었을 겁니다. 그런데 그중 일부는 그 자리를 빠져나와 바리새인들을 찾아갔습니다. 그리고 그들이 본 것을 그대로 말했습니다. 바리새인들은 당시의 대제사장인 가야바를 설득해서 급하게 회의를 소집했습니다. 이들의 회의에 나타난 노골적인 의도를 한번 보시기 바랍니다. 가짜 표적으로 사람들을 현혹한다는 것이 아니었습니다. 도대체 어찌된 일인지 그

연유를 알아보자는 것이 아니었습니다. 저런 엄청난 표적을 자꾸 행해서 많은 사람이 그를 믿고 있으니 이러다가 모든 유대인이 그를 믿게 될 판인데 이걸 도대체 어떻게 하면 좋을지에 대한 의논이었습니다. 그래서 이 회의의 목적은 어떻게 하면 그를 막을 수 있겠는가 하는 것이었지요.

우리를 당황스럽게 만드는 것은 그들이 제법 열심이 있고, 모든 사람이 잘 아는 경건한 종교인이라는 것입니다. "정말 그가 메시아가 아닐까요? 혹 하나님이 보내신 선지자는 아닐까요? 그의 말에 어떤 신학적인 문제들이 있는 것입니까? 우리 중에도 안식일에 병자를 고칠 수 있다고 생각하는 사람들이 있는데 그것은 어떻게 이해해야 하나요?" 이미 이런 질문들은 아무 의미도 없습니다. 그가 점점 메시아처럼 보이는 것이 불안한 것입니다. 대제사장 가야바가 마침내 결정을 내렸습니다.

> 한 사람이 백성을 위하여 죽어서 온 민족이 망하지 않게 되는 것이 너희에게 유익한 줄을 생각하지 아니하는도다(11:50).

비록 그 말이 예수님의 메시아적 죽음의 예언이 되긴 했지만 가야바가 이 말을 한 의도는 악했습니다. 이보다 확실한 명분이 어디 있습니까? 예수가 자꾸 메시아라고 주장하고 표적을 보여 많은 사람이 그를 따르면 마치 폭동이라도 일으키려는 줄 알고 로마 군대가 쳐들어와 무참히 학살할 텐데 차라리 예수 한 사람을 없애서 민족을 살리는 것이 낫지 않겠냐는 것이지요. 그가 죄가 있든 없든 우리에게는 그를 없애는 것 말고는 다른 선택의 여지가 없다는 데야, 민족과 나라를 위해서는 예수를 죽이는 것이 불가피한 선택이라는 데야 이보다 그럴듯한 명분이 어디 있겠습니까? 안타깝게도 이는 우리에게도 매우 익숙한 명분입니다. 그동안 힘들게 성장시킨 교회의 안정을 위해서라는 데야, 한국 교회를 위해서는 어쩔 수 없다는 데야 신사 참배가 못할 일이며 세습이 못할 일이겠습니까?

이것은 위선입니다. 대제사장을 비롯한 모든 유대인이 메시아를 고대하며 산 것은 바로 그 로마로부터 해방시킬 수 있는 분이 메시아라는 확신이 있었기 때문입니다. 그렇게 가르쳤고 그렇게 기도했습니다. 그런데 이제 와서 그가 정말 메시아라면 우리 모두가 위험할지 모르니 우리가 먼저 그를 처치하자고 말하는 것은 그럴듯해 보이지만 위선입니다. 이만큼 보호해 준 로마 제국에 충성하고 감사해야 한다고 말하는 매국적인 사람들의 말보다 가증스러운 것입니다. 53절을 주의 깊게 보시기 바랍니다.

이날부터는 그들이 예수를 죽이려고 모의하니라.

저는 이날 예수님은 이미 죽었다고 생각합니다. 이제는 어떤 기적이나 표적도 의미가 없습니다. 어떤 설명도 통하지 않습니다. 이제부터 그들의 행동은 충동에 의한 것이 아닌 계획된 것입니다. 그들은 이때 드디어 그들의 마음속 깊은 곳에 자리 잡고 있던 불신을 노골적으로 드러냅니다. 여기에는 망설임도 없고, 옳고 그름에 대한 고민도 없습니다. 그들의 계획 때문에 이제는 예수님의 말씀을 들으면서 느끼는 충동적인 뉘우침도 쉽게 자제할 수 있을 것입니다. 분노가 생겨도 전혀 내색하지 않고 속으로만 이를 갈 것입니다. 너그러운 척하기도 쉬울 것입니다.

고의로 지은 죄

저는 신앙인으로서 정말 못할 짓이 바로 이런 짓이라고 생각합니다. 사기를 쳐서 남의 돈을 빼앗겠다고 일단 계획하면 그 이후에 보이는 모든 행동은 다 조작된 것입니다. 기도하는 것도, 함께 예배를 하는 것도, 심지어 너그러운 듯이 보이는 미소도 다 거짓입니다. 너무 화가 나서 순간적인 충동을 못 이겨 소리를 지른 사람이 다음날 기도하고 있는 모습을 본다면 저는 그것을 위선이라고 보지 않을 것입니다. 그런데 미워해서 한 사람을 아주 파멸시키기로 작정하고 계획을 세워 놓은 사람이 아무렇지도 않은 듯이 기도하고 있다면 그것은 위선입니다. 지은 죄를 회개할 수는 있지만 지을 죄를 회개할 수는 없습니다.

물론 한 사람의 행동이 충동적인 것인지 계획된 것인지 구별하기는 그리 쉬운 일이 아닙니다. 하지만 신앙인의 양심상 계획된 죄는 치명적인 것입니다. 죄를 계획하고 죄를 지을 때까지 그 긴 시간 동안 하나님과는 상관없는 삶을 사는 것이니까요. 그동안 그 삶을 다스리는 것은 하나님의 말씀과 뜻이 아닌 죄니까요.

"그렇게 하지 말아야지 하는데도 자꾸 실수를 하네요. 하나님을 의식하며 살아야겠다고 생각하는데도 자꾸 잊어버리네요. 미워하지 말아야지 하고 생각하는데도 자꾸 미움이 생기니 이걸 어떻게 하면 좋지요?" 아마 이것이 대체로 우리가 가지고 있는 생각일 것입니다. 약하고 미숙해서 그런 것이겠지만 그래도 정말 잘해 보고 싶은 마음이 있을 것입니다. 상당히 오랫동안 말하지 않고 지내는 사람이 있다 하더라도 그건 두렵고 불편하기 때문일 겁니다. 성경에서 신앙인들이 흠이 없어야 한다고 하는 말은 제가 이해하기에는 이런 것들조차 없어야 한다는 말이 아닐 것입니다. 없으면 좋겠지만 거의 대부분의 사람은 섭섭함이나 미움, 열등 감이나 질투가 아예 없이 살 수 없습니다.

저는 흠이 없어야 한다는 말은 계획적이고 지속적으로 짓는 죄가 없어 야 한다는 말이라고 이해합니다. 너무 미워서 못 견디겠지만 그 미움이 내 마음에 뿌리를 내려 음모를 꾸미기 시작할까 봐 두려워 괴로워하는 모습은 한 사람을 매장시키기로 작정하고 계획적으로 중상과 거짓을 말 하는 모습과는 분명히 다른 모습입니다. 베드로가 예수님을 부인한 것은 유다가 예수님을 배신한 것과는 다른 종류입니다. 베드로의 부인은 충동 적이었지만 유다의 배신은 계획된 것이기 때문입니다. 다윗은 시편 19편 에서 이렇게 고백했습니다.

> 또 주의 종으로 고의로 죄를 짓지 말게 하사 그 죄가 나를 주장하지 못 하게 하소서 그리하면 내가 정직하여 큰 죄과에서 벗어나겠나이다(시 19:13).

제가 이해하기에 다윗은 고의로 죄를 지은 적이 있습니다. 밧세바를 보 고 성적인 충동을 느끼고 그의 남편인 우리아를 전쟁터로 보내 죽도록 살인을 계획했습니다. 그렇게 그 남편을 죽인 후에 밧세바를 아내로 맞 이했습니다. 그렇게 치밀하게 죄를 위한 계획을 세우는 동안에 그는 기도 할 수 없었습니다. 아니, 기도는 할 수 있었을 겁니다. 그러나 정직한 기 도는 할 수 없었을 것입니다. 적어도 그렇게 계획하고 계획대로 움직이는 동안에는 그의 삶의 주인이 하나님이 아닌, 죄였습니다. 너무나 끔찍스럽고 비참한 죄의 종 된 상태를 경험했기 때문에 다윗은 계획된 죄를 짓지 말게 하사 죄가 그를 주장하지 못하도록 하게 해달라고 기도한 것입니다.

죄가 둥지를 틀지 않도록

죄가 뿌리를 내려 우리 삶을 주관하도록 해서는 안 됩니다. 미움이 생기더라도 그 미움이 지나가도록 해야지 둥지를 틀어 두고두고 중상하고 비방해서 한 사람을 잡겠다는 계획을 세우도록 해서는 안 됩니다. 물론, 그러니까 충동적인 죄는 지어도 좋다는 말이 아닙니다. 그것조차도 다스릴 수 있도록 절제하는 훈련이 필요하지만 더욱 경계하고 두려워해야 할 것이 작정하고 짓는 죄라는 것입니다. 영혼을 메마르게 하고 파멸시킬 수 있기 때문입니다.

제 생각이 틀리지 않다면 주님을 죽이겠다고 모의한 날부터 그렇게 모의에 가담한 사람들은 주님이 무슨 말씀을 하시든, 어떤 표적을 보이시든 절대로 넘어가지 않았을 것입니다. 고의적인 죄가 용서받을 수 없는 죄는 아닙니다. 하지만 죄를 계획해서 짓는 동안에는 용서를 구하지도, 필요로 하지도 않을 것입니다. 그래서 용서를 받을 수가 없는 것입니다.

어떤 모양의 죄든지 죄가 저와 여러분의 삶에 뿌리를 내려 우리 삶을 주관하는 일이 없기를 바랍니다. "충동적인 죄만도 감당하기가 어렵사오니 어떤 경우에도 오랜 시간 동안 죄를 계획하는 일은 제 생애에 없게 하소서." 다윗처럼 기도하며 살기를 원합니다. 결국 주님을 십자가에 못 박을 수 있었던 것은, 그래서 모든 불법적인 재판을 자행할 수 있었던 것은 상당히 긴 시간 동안 치밀하게 세운 계획 때문이었습니다. 그 계획 앞에서는 빌라도의 노력도 제자들의 눈물도 소용이 없었습니다. 그들의 관심은 자신의 위치와 기득권을 지켜 부와 명예를 누리는 것이었고, 그들의 모든 종교적 행위와 지식은 그것을 얻고 지키기 위한 수단에 불과했기 때문입니다.

잡히시던 날 밤에 주님은 제자 중 한 사람이 주님을 팔 것이라고 했습니다. 그때 모든 제자가 두려워하며 주님에게 물었습니다. "주님, 나입니까?" 베드로도 물었고, 유다도 물었고, 요한도 물었습니다(13:21-25 참조). 두려웠기 때문입니다. 다른 제자들의 두려움은 자신이 정말 주님을 팔지도 모른다는 연약함에 대한 두려움이었고, 유다의 두려움은 계획이 발각될지도 모른다는 것에 대한 두려움이었습니다. 저는 여러분에게 묻고 싶습니다. 여러분은 진실로 주님과 동행하고 싶으십니까? 진실로 주님 앞에서 살고 싶으십니까?

요한복음 12장 9-19절

9 유대인의 큰 무리가 예수께서 여기 계신 줄을 알고 오니 이는 예수만 보기 위함이 아니요 죽은 자 가운데서 살리신 나사로도 보려 함이러라 10 대제사장들이 나사로까지 죽이려고 모의하니 11 나사로 때문에 많은 유대인이 가서 예수를 믿음이러라 12 그 이튿날에는 명절에 온 큰 무리가 예수께서 예루살렘으로 오신다는 것을 듣고 13 종려나무 가지를 가지고 맞으러 나가 외치되 호산나 찬송하리로다 주의 이름으로 오시는 이 곧 이스라엘의 왕이시여 하더라 14 예수는 한 어린 나귀를 보고 타시니 15 이는 기록된 바 시온 딸아 두려워하지 말라 보라 너의 왕이 나귀 새끼를 타고 오신다 함과 같더라 16 제자들은 처음에 이 일을 깨닫지 못하였다가 예수께서 영광을 얻으신 후에야 이것이 예수께 대하여 기록된 것임과 사람들이 예수께 이같이 한 것임이 생각났더라 17 나사로를 무덤에서 불러내어 죽은 자 가운데서 살리실 때에 함께 있던 무리가 증언한지라 18 이에 무리가 예수를 맞음은 이 표적 행하심을 들었음이러라 19 바리새인들이 서로 말하되 볼지어다 너희 하는 일이 쓸데없다 보라 온 세상이 그를 따르는도다 하니라

8장

나귀를 타신 왕

2022년, 한국은 대통령 선거라는 엄청난 소요의 시간을 지나야 했습니다. 정말 박빙이었기 때문에 결과에 대한 예측도 난무했습니다. 이처럼 박빙인 경우도 있지만 어렵지 않게 결과가 예측되는 경우도 있습니다. 그럴 때 전문가들이 하는 말이 있습니다. "이변이 일어나지 않는다면……" 바로 그런 이변을 기대하면서 후보자들은 순식간에 전세를 뒤집거나 확정지을 수 있는 한 방을 준비하고 비방전, 폭로전을 벌이기도 합니다. 그래서 선거철에 터지는 사건 사고들은 의도된 것이 많아서 신빙성이 떨어지기도 하고, 가짜 뉴스를 난발해서 진영론으로 몰고 가려는 아주 고약한 시도로 보이기도 합니다. 이럴 때는 남에게 약점이 잡히지 않도록 신중하게 행동해야 하지만 그보다 중요한 것은 속임수라 할지라도 선동적인 작전을 잘 짜는 것입니다. 그러면 나중에 욕은 먹을지 몰라도, 당장은 불가능해 보이는 일도 되게 만들 수 있습니다.

저는 가끔 어떻게 이런 일이 가능할까 생각합니다. 뻔히 눈에 보이는 거짓말이고, 결국은 다 들통날 일인데도 아무렇지도 않게 발뺌하고 속이는 것이 너무 신기합니다. 여러 이유가 있겠지만 가장 중요한 이유 중 하나는 선거에 종사하는 사람들이나 후보자들은 국민이 단순하다고 생각한다는 것입니다. 좋게 말하면 착한 거지요. 국민은 너무 단순해서 선동에도 잘 넘어가고, 어리석을 만큼 착해서 잘 잊어버리기도 하고, 어느 순간에는 불처럼 타올랐다가 또 어느 순간에는 갑자기 냉랭해지기도 합니다. 국민이 얼마나 감성적이고, 얼마나 이기적이고, 얼마나 즉흥적인지 잘 알아서 아주 냉철하게 국민의 이런 심리를 이용할 수 있는 사람들이 노련한 정치가가 될 수 있습니다. 대한민국 국민은 정치가의 말은 믿지 말라는 만국 통상의 상식을 잘 알고 있으면서도 4년 혹은 5년에 한 번씩 속을 만큼 순진합니다. 저는 그런 사람이 아닙니다. 저는 절대로 국민을 속이지 않겠습니다. 그러니 다음 총선에 꼭 저를 국회로 보내 주십시오(제가 이렇게 말하면 여러분 중에는 또 속는 분이 계실 것입니다).

예수를 떠나는 사람들

이번 설교에서는 예수님이 예루살렘에 입성하실 때의 상황을 나름대로 각색해 보겠습니다. 예수님이 공적인 사역을 시작하신 지 3년째 되던 해에는 예수님과 유대 지도자들 사이에 정말 팽팽한 긴장감이 돌고 있었습니다. 유대 지도자들은 처음에는 나사렛이라는 시골 동네에서 무슨 대단한 인물이 나올까 싶어서 방심했다가 아주 난감한 상황에 처하게 되었습니다. 갈릴리 출신의 시골 청년이 3년 사이에 유대 땅 전역을 뒤흔들 만큼 영향력 있는 유명 인사가 되고 만 것입니다. 유대 지도자들은 불안하기도 하고 화가 나기도 했습니다. 그들이 생각하기에는 말도 안 되는 이단인데 예수에 관해 말하는 사람이 점점 늘어나고, 그가 진짜 메시아일지 모른다고 말하는 사람들이 생겼으니까요(요즘에도 그런 경향이 있지만 기득권에 도전해서 기존 질서를 흔드는 사람들이 이단으로 정죄되는 경우는 역사에서도 허다했습니다. 물론 그래서 기득권이 언제나 이단이라는 말은 아니니까 오해가 없기를 바랍니다. 이단을 결정하는 기준이 진리가 아닌, 힘의 원리라면 합당치 않다는 말입니다). 게다가 예수님은 노골적으로 당시 지도자들을 비난하셨고, 오랫동안 쌓아 놓은 전통을 무너뜨리는 듯 행동하셨습니다. 그러면서도 엄청난 카리스마와 약하고 소외된 사람들에 대한 사랑으로 군중의 마음을 사로잡았으니까 당시 지도자들이 예수님을 사이비로 여길 수 있는 여건들은 다 갖추어진 셈이지요.

적어도 요한복음의 기록을 시간순으로 본다면 예수님이 한 시각 장애인의 눈을 뜨게 하신 후, 유대 지도자들이 보기에 상황이 갑자기 그들에게 불리하게 전개되었습니다. 예수님이 가는 곳마다 모여드는 군중이 두려웠고 군중을 선동하듯이 거침없이 행하는 표적들은 정말 속수무책이었습니다. 하지만 정치적으로 노련한 지도자들이 아는 군중은 비겁하고 소심하고 이기적입니다. 속으로는 어떨지 몰라도 먹고사는 일에 손해가 된다 싶으면 웬만해서는 선뜻 나서지 못하는 것이 군중이지요. 아니나 다를까 정치 9단의 종교 지도자들이 누구든지 예수님과 함께 다니는 자는 출교시키겠다고 엄포를 놓고 예수를 따르는 자들을 위협하기 시작했습니다.

역시 강공책이 최선의 방어입니다. 유대 지도자들이 그렇게 강하게 공격하자 예수는 갑자기 어디론가 사라져 버렸고 혹 이 예수가 우리의 지도자가 아닐까 생각하던 사람들, 예수가 우리의 지도자가 되면 좋겠다고 바라던 사람이 모두 예수를 떠나기 시작했습니다. 지도자가 없는 백성은 아무리 수가 많아도 흩어지게 되어 있으니까요. 유대 지도자들은 겨우 한숨을 돌릴 수 있었습니다. 일단은 정국이 진정되기 시작했습니다. 군중이라는 게 원래 힘과 권력 앞에서는 맥을 못 추는 법이니까 애당초 웅성거리고 따라다녀도 크게 겁나는 일은 아니었을 겁니다.

힘이 있는 사람들이 가지고 있는 이런 생각이 현실에서 언제나 그럴듯하게 들어맞는 것 같다는 것이 화가 나기도 합니다. 교인들은 단순해서 교회가 세습을 하든, 횡령을 하든 힘으로 위협하거나 회유하면, 혹은 시간을 벌어서 당장의 위기만 넘기면 다 괜찮아질 것이라는 목사나 지도자들의 말이 적중하는 것이 서글픈 현실인 것처럼 말입니다. 무슨 짓을 하든지 일 년만 잘 견디면 평생이 편하다는 말, 내 생전에만 편안할 수 있다면 죽은 후에 무슨 말을 하든 상관없다는 인식은 하나님의 존재와 섭리를 인정하지 않는, 철저하게 무신론적인 것인데 어떻게 교회에서 대놓고 이런 무신론적인 행동들이 용납되는지 당황스럽습니다.

군중이 다시 술렁이다

그런데 이런 상황을 완전히 반전시키는 일이 터지고 말았습니다. 나사로의 죽음입니다. 베다니에서 예수님을 끔찍이 좋아하던 나사로라는 사람이 갑자기 죽었는데 그 장례식에 유대 지도자들의 위협이 두려워 도망간 줄 알았던 예수님이 다시 나타나셨습니다. 그리고 죽은 지 나흘이나되는 그를 무덤에서 살려 냈습니다. 부인하기에는 너무나 명백한 사실이었습니다. 자기 무리 중에도 나사로가 죽어 장사 지내는 것을 목격한 사람들이 있었고 그가 죽을 당시에는 예수가 그 자리에 있지도 않았는데죽은 자를 살렸으니 이제 이 사태를 어떻게 수습해야 합니까?

군중은 다시 술렁거리기 시작합니다. 지도자들은 급하게 모여 회의를했습니다. 그리고 결론을 내렸습니다. 이제는 군중을 위협하는 것만으로는 문제가 해결될 것 같지 않으니 문제의 주범인 예수를 죽이자는 쪽으로 의견이 모아졌습니다. 물론 명분이 뚜렷한 것은 아니지만 다른 대안이 없었습니다. 명분은 만들면 됩니다. 그들이 예수님을 죽이기 위해서만든 명분이 무엇인지 아십니까? 많은 사람이 예수님을 좇고 그를 왕으로 세우려고 하면 로마 군대가 쳐들어와서 유대 민족 전체와 예루살렘이 위험해진다는 것이었습니다. 정말 그럴듯하지 않습니까? 그래서 당시대제사장이던 가야바는 "한 사람이 죽어서 민족을 구할 수 있다면 한사람이 죽는 게 마땅하다"(18:14 참조)라는 말로 권고했는데, 이게 무슨 대단한 지혜라도 되는 것처럼 비장하게 예수님을 제거함에 동의했습니다.

예수님이 죽어서 많은 사람을 구원할 것임은 하나님이 정하신 계획이기 때문에, 가야바가 한 말의 의도는 틀렸지만 그 말은 맞아 떨어진 예언처럼 되었습니다. 만일 그들이 진정으로 그리 생각했다면 그들의 판단은어리석은 것이었고(하지만 그럴 가능성은 낮습니다), 요한복음에서 지속적으로보는 것처럼 자기들의 기득권을 지키기 위한 명분으로 한 말이었다면 그들은 사악한 자들입니다. 그들은 예수님만 죽으면 민심이 진정될 수 있다고 믿었습니다. 처음에는 군중이 분노도 하고, 열을 내기도 하겠지만 절대 오래가지 않고 먹고사는 일에 바빠서 다 잊어버릴 것입니다. 이제 예수님을 처치하려는 그들의 음모는 아주 구체적이 되었습니다.

그런 그들의 계획을 아셨는지 예수님은 흥분한 군중을 남겨 둔 채 또 어디론가 피하셨습니다. 아주 영리했던 당시 지도자들은 지금은 사라진 예수님이 얼마 남지 않은 유월절에 예루살렘에 다시 나타날 것이라고 짐작했습니다. 그들이 짐작한 대로 예수님은 정말 유월절 엿새 전에 예루살렘 근처에 다시 나타나셨습니다. 그런데 그렇게 피신했던 예수님이 다시 나타나도 이번 명절에는 크게 위협이 되지 않을 것이라고 생각한 유대 지도자들의 짐작은 완전히 빗나갔습니다. 예수님이 피신하신 기간이 그리 길지 않아서였는지 몰라도 이 어리석고 건망증 심한 군중이 예수님을 보자 다시 흥분했습니다. 예수께서 나사로를 죽음에서 살리신 사건의 여파가 그렇게 클 줄을 몰랐습니다. 예수님이 가시는 곳에는 나사로가 있었고 사람들은 그들을 보기 위해 각 곳에서 몰려들었습니다. 게다가 명절이라 각 지역에서 온 수많은 유대인과 이방인이 모이기만 하면 예수 이야기를 하느라 분주했습니다.

베다니에서 안식일을 지내신 다음날 예수님이 드디어 예루살렘 성전으로 들어오셨습니다. 그런데 희한하게도 나귀 새끼를 타고 들어오셨습니다. 그 모습은 우습기 이를 데 없었지만 유대 지도자들이 보기에는 최대 위기였습니다. 요한은 그때 상황을 이렇게 기록합니다.

그 이튿날에는 명절에 온 큰 무리가 예수께서 예루살렘으로 오신다는 것을 듣고 종려나무 가지를 가지고 맞으러 나가 외치되 호산나 찬송하리로

다 주의 이름으로 오시는 이 곧 이스라엘의 왕이시여 하더라(12:12, 13).

백성의 마음이 완전히 돌아선 것입니다. 수많은 무리가 예수님을 맞으러 나갔습니다. 그러고는 그를 이스라엘의 왕이라고 부릅니다. 누가 시킨 것도 아닌데 군중이 이제 예수님을 왕으로 추대하려고 합니다. 예수님이 나귀를 타고 우스운 모습으로 예루살렘에 입성하시는데도 아랑곳하지 않았습니다. 그들은 그만큼 진지했습니다. 노련한 정치가들은 압니다. 이쯤 되면 가장 무서운 것이 군중이라는 것을요. 이제는 윽박질러도 안 되고 구슬려도 안 됩니다. 이런 상황에서는 예수님의 말씀 한마디면 무슨 일이든 가능해집니다. 그만큼 군중은 단순하니까요. 예수님이 이겼고 유대 지도자들이 졌습니다. 싸움은 끝났습니다. 군중도, 제자들도, 유대 지도자들도 대세를 알았습니다. 19절 말씀을 주목해 보시기 바랍니다

바리새인들이 서로 말하되 볼지어다 너희 하는 일이 쓸데없다 보라 온 세상이 그를 따르는도다 하니라.

이 말은 자기들끼리 하는 말입니다. 이제 다 틀렸다는 말입니다. 온 세상이 예수를 좇으니 이제는 무슨 계략을 써도 그를 잡을 수는 없다는 말입니다. 바리새인들의 이 말은 패배를 인정하는 말입니다. 정말 기가 막힌 반전의 반전 끝에 마침내 백성의 지지를 받은 주님이 승리하신 것입니다.

비록 나귀를 타고 볼품없는 모습으로 예루살렘 성에 입성하셨지만 그는 틀림없이 당시 이스라엘 백성의 왕으로 추대된 모습이었습니다. 이제

취임사만 하시면 됩니다. 이미 온 백성의 마음을 사로잡고 있는 분으로 한마디만 하시면 군중은 무슨 일이든 할 수 있습니다. 요한은 이때의 상황을 새로운 감회를 가지고 기록한 것 같습니다. 요한에게도 참으로 숨막히는 순간이었을 것입니다. 요한이 누구입니까? 이 일이 있기 며칠 전에 주님을 찾아와서 주님이 왕위에 오르시거든 자기를 주님의 오른편에 앉게 해달라고 청을 넣었던 사람입니다. 주님이 항상 위기에 몰렸지만 언젠가는 그 위기가 기회가 될 것이라고 생각했던 요한은 이미 예루살렘에 들어오기 전에 백성이 주님을 왕으로 삼으려고 하는 날이 올 것이라고 짐작하고 자기를 그 권세의 우편에 앉게 해달라고 부탁한 것입니다. 그리고 그날이 왔습니다. 요한이 예상했던 것보다 일이 훨씬 잘 풀렸습니다. 제자들, 특히 요한은 얼마나 설렜을까요? 이제 상황을 반전시키는 것은 가능하지 않습니다.

주님이 세상을 이기신 방법

그런데 또다시 정말 엄청난 반전이 생겼습니다. 주님이 움직이지를 않으시는 겁니다. 오히려 실패의 가능성을 말씀하시고 자꾸 당신의 죽음에 관해 말씀하시는 것입니다. 다 끝난 일인데, 지금 주님이 약해지면 안 되는데 주님이 움직이지 않자 바리새인들은 다시 움직이기 시작했고 결국 주님을 십자가에 못 박을 수 있었습니다. 제자들로서는 말할 수 없는 상실감, 실망감을 경험해야 했습니다. 나귀를 타고 왕으로 입성하실 때 주님은 드디어 마음을 정하셨다고 생각했는데 주님의 지체함, 망설임이 다시 적들에게 반전의 기회를 만들었고, 뜨거웠던 군중의 마음에 찬물을 끼었고 말았습니다. 제자들은 조급했고 실망했습니다. 예수님은 하나님을 바라보고 있었고, 하나님의 뜻을 염두에 두고 있었지만, 이를 잘 알지 못하는 제자들은 세상을 보고 있었고, 눈에 보이는 현상들을 보고 있었습니다. 주님이 아무리 말씀하셨어도 극복하기 어려웠던 제자들의 한계입니다.

지나고 나서 하는 이야기지만 제자들은 조급해하지도, 실망하지도 말았어야 합니다. 저는 이 사실을 주목할 수 있을 때 비로소 우리에게도 배움이 가능하다고 생각하는데 주님이 하신 말씀, 주님이 하실 일을 이해했다면 그들은 주님이 만왕의 왕으로 십자가를 지고 가기 위해 나귀를 타고 우스꽝스러운 모습으로 입성하시는 모습을 보면서 백성이 열광하며 환호할 때에도 함께 동요하지 말았어야 합니다. 아니, 당시 제자들은 그렇다 해도, 주님이 왕이 되지 않음이 무엇을 의미하는지 알고 있는 우리는 예수님이 상황이나 현상을 보고 움직이시지 않고 약속된 말씀을 성취하며 하나님의 뜻을 이루고 계심에 실망하거나 낙심하면 안 됩니다. 그날 주님이 왕이 되셨다면 유대 지도자들에게는 이겼을지 몰라도 사단과 사망의 권세는 물리칠 수 없었습니다. 그날 주님이 왕이 되셨다면 그곳에 모였던 백성의 왕이 되셨을지는 몰라도 온 세상에 흩어진 수많은 하나님의 사람의 왕이 될 수는 없었습니다.

왕 되신 주님이 세상을 이기신 방법은 힘과 권력이 아닌, 희생과 죽음이었습니다. 그래야 죽음의 권세를 깨뜨리는 부활이 있으니까요. 이것이 부활을 기다리는 제자들이 세상을 사는 법입니다. 이것이 전능하신 하나님을 믿는 성도가 이 세상에서 하나님의 통치를 드러내는 길입니다. 주님의 이 낮아지심, 그리고 부활을 목격한 요한은 남은 생애를 살면서 "주의 영광 중에 나를 우편에 앉게 해주소서"라고 했던 그 말을 얼굴이 화끈거리게 만드는 가장 부끄러운 말로 평생 기억했을 것입니다. 그는 남은 생을 살면서 절대로 그가 주님에게 요구했던 그런 영광을 승리나 성공이라고 생각하며 살지 않았을 것입니다.

제가 주님의 고난과 영광을 안다면, 힘과 권력을 가진 목사, 목회에 크게 성공해서 남은 생애를 돈 걱정 없이 마음껏 누리고 즐기며 대접받는 목사가 되게 해달라는 말이 가장 부끄러운 말임을 알아야 할 것입니다. 제가 사람들 위에 군림하려고 한다면, 힘을 가지고 편안하고 쉬운 목회를 하려고 한다면, 십자가의 길을 가기 위해 나귀를 타고 예루살렘에 입성하신 주님의 마음을 모르는 자입니다. 예수님이 십자가에 달리기보다 백성을 선동해서 그 백성의 왕이 되기를 원하고, 그런 후에 나를 오른편에 앉혀 주시기를 바란다면, 이 땅의 영광만 알지 하늘의 영광은 모르는 자입니다. 교회가 힘들다고 낙심하고, 목회에 발전과 성장이 없다고 타협한다면, 단순히 성장을 성공인 양 자랑하고, 그런 자신처럼 되라고 말한다면 나귀를 타고 입성하셔서 십자가를 바라보고 계시는 예수님의 마음을 아는 자가 아닙니다. 아직은 십자가와 부활을 경험하지 못하고, 성령을 받지 못했던 제자들일 뿐입니다. 주님을 따르는데도 여전히 세상에서의 영광에 울고 웃던 제자들 말입니다. 주님이 완성하신 일의 영광스러움을 미처 알지 못한 채 끊임없이 오해했던 제자들 말입니다.

우리가 바라볼 한 분

세상 사람들은 자기 인생의 주인이 되려고 하고 왕이 되려고 합니다.

주변에 있는 모든 사람이 사랑의 대상도 아니고 섬김의 대상도 아닌 경쟁의 대상, 경계의 대상일 뿐입니다. 아내나 남편도 내가 눌러야 할 사람입니다. "신혼에 잡아야 해." "나이 들고 기운 빠지면 그때 어떻게 하나 보자." "마누라 기를 너무 살려 놨더니 사는 게 고달파." 이런 말들의 저의가 뭔지 물어야 하지 않겠습니까? 목사와 교인의 관계는 어떤가요? "교인들이 목사를 가볍게 보지 못하도록 거리를 둬야 해." "장로들은 목사 말 잘 듣는 사람들로 세워야 해." "목회를 편하게 하려면 재정권, 인사권을 확보해야 해." 모두가 왕이 되려고만 합니다. 아니, 여전히 주님을 믿고 난 후에도 왕 됨을 포기하지 않으려고 합니다. 주님이 십자가에서 죽으심이 처절한 패배인 것 같았지만 그 길이 영광의 길이고 승리의 길이었음을 모르지 않는데, 그 길을 가려고 하기보다는 백마 탄 왕이 되고 싶어 합니다.

나귀를 탄 모습까지는 용납이 되는데 지체하심을 참을 수가 없습니다. 겸손한 것도 좋고, 낮아지는 것도 좋은데, 그러면 이제 올라가야 되는 게 아닌가 싶어서 십자가까지 가고 싶지는 않습니다. 이 말은 우리는 아직도 우리가 주인이라는 의식에서 벗어나지 못한다는 말입니다. 주님이 나귀를 타신 것은 단순히 겸손한 모습을 보이시기 위한 행동이 아닙니다. 우리도 그렇게 낮아지면 높이실 것이라는 교훈을 주기 위한 것도 아닙니다. 주님이 나귀를 타신 것은 예언을 성취하기 위해서입니다. 다시 말하면, 그가 세상을 구원하기 위해 이 땅에 오셔서 하나님의 약속을 성취하신 메시아임을 드러내기 위해서였습니다. 나귀를 타심은 결국 고난과 죽음을 의미하는 것이고, 이는 우리가 아니라 주님이 왕이라는 모든 제자의 고백의 근거가 되는 것입니다.

저도 그랬지만 많은 분이 목사가 되면서 교만하고자 하는 마음을 가지진 않습니다. 저도 높아져서 대접받고 편안하게 살자는 마음이 없었습니다. 그렇지만 그냥 열심히 하면 주님이 알아서 높여 주시리라 기대는 한 것 같습니다. 그래서 생각해 보면, 목회를 하면서 제가 실망하고 힘들어 했던 시간은 모두 인정받지 못하거나, 노력한 만큼의 보상을 받지 못한 시간들이었습니다. 이런 저의 모습을 돌아보면서 저는 문득 나귀를 타고 입성하면서도 십자가의 길을 가지 않으려는 모습이 아닐까 싶었습니다. 나귀를 타도 좋으니까 내가 내 인생의 주인 됨은 포기하고 싶지 않다는 욕망의 모습 말입니다. 나귀를 타신 예수님을 보면서 비웃기보다는 종려나무 가지를 흔들고 겉옷을 벗어 길을 만들며 호산나를 외칠 수는 있지만, 십자가의 길을 가시는 주님을 보고는 실망하는 모습 말입니다. 이처럼 낮아지신 주님의 겸손을 칭찬하기도 하고, 예수님의 희생에 찬송을 부르기도 하지만 십자가, 즉 대속의 죽음을 통해 왕 되심을 인정하지 않는 것이 우리의 모습일지도 모릅니다.

나귀를 타도 좋으니까 왕이 되어 달라고 했던 제자들이나 군중처럼 겸손하게 섬길 테니까 성공하게 해달라는 마음이 아니라면 우리는 주님의 말씀을 따라 주님과 동행하며 살아감으로 우리 주 예수 그리스도의 왕 되심을 인정하며 만족할 수 있어야 합니다.

상황이 반전되었다고 흥분할 것도 아니고, 또 상황이 뒤집혔다고 낙심할 것도 아닙니다. 물론 우리의 마음은 그야말로 조석지변이지요. 상황을 보면서 반응할 수밖에 없는 게 우리입니다. 하지만 바람에 배가 흔들리는 것과 뒤집어지는 것은 다릅니다. 결국 우리가 바라볼 분은 우리 주 예수 그리스도밖에 없습니다. 우리는 그분이 완성하신 하나님 나라가 온전히 실현되도록 다시 오실 예수 그리스도를 바라보며 주님이 부르시는 날까지 그분의 원하심을 묵상하고, 순종하며 따라가야 할 것입니다. 나귀를 타신 왕은 우리 인생의 주인이었습니다.

요한복음 12장 9-19절

9 유대인의 큰 무리가 예수께서 여기 계신 줄을 알고 오니 이는 예수만 보기 위함이 아니요 죽은 자 가운데서 살리신 나사로도 보려 함이러라 10 대제사장들이 나사로까지 죽이려고 모의하니 11 나사로 때문에 많은 유대인이 가서 예수를 믿음이러라 12 그 이튿날에는 명절에 온 큰 무리가 예수께서 예루살렘으로 오신다는 것을 듣고 13 종려나무 가지를 가지고 맞으러 나가 외치되 호산나 찬송하리로다 주의 이름으로 오시는 이 곧 이스라엘의 왕이시여 하더라 14 예수는 한 어린 나귀를 보고 타시니 15 이는 기록된 바 시온 딸아 두려워하지 말라 보라 너의 왕이 나귀 새끼를 타고 오신다 함과 같더라 16 제자들은 처음에 이 일을 깨닫지 못하였다가 예수께서 영광을 얻으신 후에야 이것이 예수께 대하여 기록된 것임과 사람들이 예수께 이같이 한 것임이 생각났더라 17 나사로를 무덤에서 불러내어 죽은 자 가운데서 살리실 때에 함께 있던 무리가 증언한지라 18 이에 무리가 예수를 맞음은 이 표적 행하심을 들었음이러라 19 바리새인들이 서로 말하되 볼지어다 너희 하는 일이 쓸데없다 보라 온 세상이 그를 따르는도다 하니라

9장

변하면 다른 게 보입니다

"위기는 기회"라는 말이 있습니다. 위기라 생각되는 상황에 처하면 말한마디도 조심하고, 행동도 조심해야 합니다. 한 번의 잘못된 결정이 완전한 실패를 가져올 수도 있고, 한 번의 제대로 된 결정이 더할 수 없는 역전의 기회를 가져올 수 있기 때문입니다. 40대 초반에 명예퇴직을 당한 인생의 위기에서 퇴직금으로 무엇을 하며 살 수 있을지 고민하는 사람이 많습니다. 어떤 사람은 정말 대수롭지 않게 생각하고 시작한 사업이 번성해서 명예퇴직이 오히려 제2의 인생을 누리게 만들기도 하고, 어떤 사람은 그렇게 시작한 사업이 망해서 순식간에 인생의 비참함을 경험하기도 합니다. 그렇게 생각하면 이른바 인생의 성공과 실패는 종이 한장 차이인 것 같고, 성공의 비결에 관한 거창한 이야기들도 사실은 그리 대단한 것이 아닌 것 같습니다.

지난날을 돌이켜 보면 몇 번의 위기에서 힘들게 내린 결정이 현재 우리의 모습을 만들어 냈음을 부인하기 어려울 겁니다. 물론 거기에 하나님의 주권적인 섭리가 있었음을 부인할 수 없기 때문에 후회나 자만심은 없지만, 제 경우에는 위기라 할 만한 것은 아니더라도 전혀 다른 길을 가게 되었을 거라 짐작되는 중대한 결정은 몇 번 있었던 것 같습니다. 학교에 남지 않고 목회하기로 한 결정, 17년간 목회한 교회를 떠나 LA로 사역지를 옮기기로 한 결정, 60세에 목회를 은퇴하기로 한 결정……. 사역에 있어서는 중요한 결정들인데 어느 것 하나 잘했다는 생각이 드는 결정이 없습니다. 항상 아쉬움이 남고, '만일 다르게 했더라면……'이라는 생각이 들면서 왠지 더 나은 선택을 했을 것만 같습니다. 지나온 길에는 늘 더 잘했을 것 같은 아쉬움이 남는 법이니까요. 그럼에도 하나님의 주권적인 섭리가 그 모든 결정 가운데 있었음을 부인할 수 없습니다. 사실은 그런 결정 자체보다는 결정을 한 후에 어떻게 행동하고 처신했는가가 성공과 실패를 나누었다고 생각하기 때문에 결정 자체로 제 삶이 잘못되었다는 생각은 별로 들지 않습니다.

하나님의 주권적인 섭리를 전제할 때, 결정이 가져온 결과보다 결정을 하게 된 동기와 의도가 중요해집니다. 위기니, 기회니, 성공이니 실패니 하는 말들은 모두 어떤 관점에서 보느냐에 따라 그 의미가 결정되기 때문입니다. 그러니까 우리가 위기 상황에서 실수했다는 말은 어느 관점에서 보느냐에 따라서 실패가 될 수도 있고, 유혹에 넘어진 모습이 될 수도 있습니다. 교회가 위기 상황에서 취한 행동이 교회를 성장시키는 계기가 될 수도 있지만, 그 말은 곧 비윤리적이고 비인간적인 죄성을 묵인한 것이 되기도 한다는 말입니다. 그래서 우리의 시선이 어디를 향하는지가 무엇보다 중요합니다.

겁 많은 백성이 움직이다

예수님과 유대 지도자들 사이에는 정말 팽팽한 긴장감이 돌고 있었습니다. 당시의 상황에 관해서는 8장 "나귀를 타신 왕"을 참고 하시기 바랍니다. 간단하게 요약하자면, 주님은 시각 장애인을 고쳐 주시고, 나사로를 살리시는 사건을 통해서 온 유대 땅에 주목받는 인물이 되셨고, 주님의 출현은 당시 지도자들에게 최대의 위기였습니다. 이는 억압과 가난에 지쳐 있던 백성을 흥분시키기에 충분한 이유가 되었습니다. 가난해서 불행하다 생각하지는 않아도 가난이 가져다주는 불편과 열등감은 불행을 느끼도록 하기에 충분했습니다. 또한 기득권의 횡포와 억압은 욕을 하면서도 저항할 수 없어 무력함을 느끼도록 하기에 충분했습니다.

몹시 미우면서도 두려운 존재는 주변 사람들을 우울하게 만듭니다. 약하고 소외된 백성에게 예수님의 출현은 가뭄 끝에 단비와 같았습니다. 이제 바뀔 수 있습니다. 못된 지도자들은 물러날 것이고, 로마의 압제에서 해방될지도 모르고, 공평한 세상이 될 수도 있습니다. 예수님은 노골적으로 당시 지도자들을 비난하고, 약자에게 불리한 오래된 전통과 관습을 무너뜨리는 듯한 행동을 하셨습니다. 그러면서도 엄청난 카리스마와 소외된 사람들에게 보이는 그분의 애정과 관심은 백성을 들뜨게 하기에 충분했습니다. 그래서 그들은 예수님이 예루살렘에 다시 나타나셨을 때 용기를 내어 행동했습니다.

소심하고 미약한 군중이 움직이는 것은 쉬운 일이 아닙니다. 불평을 말하고, 원망을 토로하고, 모이면 웅성거리지만 그래도 잘 움직이지는 않습니다. 약하기 때문입니다. 무섭기 때문입니다. 그런데 그런 그들이 행동하기 시작했습니다. 보란 듯이 나귀를 타신 예수님의 주변으로 몰려들었고, 호산나를 부르며 행진을 시작했습니다.

예수님은 비록 백마 대신 나귀를 타고 오시고, 백성은 겉옷을 벗어 양탄자를 대신하고, 목소리로 군악대의 나팔을 대신했지만 백성이 그렇게 자발적으로 행동한다는 것은 대단한 용기였습니다. 드디어 사람들이 몰려들기 시작했습니다. 이런 상황에 당시의 지도자들이 이제 다 끝났다 싶어 두려워하는 것은 당연한 일입니다. 단순하고 겁 많은 백성이 움직이기 시작했으니까요. 정말 다 끝났습니다. 지도자들도 알았고, 백성도 알았고, 제자들도 알았습니다.

움직이지 않는 예수님

그런데 문제가 생겼습니다. 주님이 움직이시지 않는 겁니다. 이런 긴박한 상황에서 선동된 백성의 흥분은 그리 오래가지 않는데 주님이 움직이시지 않는 겁니다.

미국에서 대부흥 운동이 일어났을 때, 사람들은 흥분했습니다. 여러 현상을 목격하면서 집회 때마다 수많은 사람이 몰려들었습니다. 하지만 그것이 참된 회심의 역사인지, 아니면 군중 심리 현상인지는 시간이 지나야 알 수 있습니다. 심리적 현상으로서의 흥분은 결코 오래가지 않기 때문입니다. 바울이 에베소에서 사역할 때에도 정말 놀라운 현상들이 있었고(바울이 손수건만 얹어도 병이 낫고 귀신이 나갔으니까요) 수많은 사람이 복음을 들었지만, 데메드리오의 선동으로 폭동이 일어났을 때 폭도의 외침은 에베소 교회의 부흥을 멈추게 했습니다. 물론 그 폭동 역시 그리 오래가지 않아서 다시 참된 복음의 역사가 일어났지만 말입니다. 아무튼 거사를 위해서는 백성이 움직이기 시작할 때가 최고의 기회인데 주님이 움직이지 않으신 겁니다.

왜 그랬을까요? 그것은 주님이 예루살렘에 오신 이유가 달랐기 때문입니다. 그렇습니다. 주님은 죽으러 예루살렘에 오신 것입니다. 그래서 군중의 환호와 유대 지도자들의 패배 인정은 승리가 아니라 유혹이고 시험이었습니다. 그날 주님이 왕이 되셨다면 유대 지도자들에게는 이겼을지 몰라도 사단과 사망의 권세는 물리칠 수 없었을 것입니다. 그날 주님이 왕이 되셨다면 그곳에 모여 있던 백성의 왕이 되실지는 몰라도 온 세상에 흩어진 수많은 하나님의 사람의 왕은 되실 수 없었을 것입니다. 예수님은 죽어서 많은 열매를 맺는 한 알의 밀알이 되셔서 수많은 사람으로 하여금 그분의 왕 되심을 찬양하며 순종하게 만드셨습니다. 그날 그 자리에서의 왕위가 아니라 죽음이 바로 승리였습니다. 주님은 세상을 다스리는 하나님이고, 역사의 주관자가 되시지만 하나님의 거룩하신 계획이 이루어지려면, 지금은 승리 이전에 대속을 이루셔야 할 때였습니다. 양자삼기 위해 먼저 죄를 용서하셔야 했고, 그 백성이 하나님 나라에 들어가기 위해 먼저 그 백성의 죄를 사하셔야 했습니다. 심판이 있기 전에 자비와 용서가 있어야 하기에 지금은 왕좌에 앉으실 때가 아니라, 십자가에 달리셔야 할 때였습니다.

그리고 지금 우리는 바로 이 '이미'와 '아직'의 긴장 가운데 살고 있습니다. 예수님이 십자가의 길을 가심으로 우리는 대속의 은혜를 입었지만 예수님이 승리의 왕으로 오셔서 온 백성이 염원하던 그 자리에 앉으시기까지 우리는 긴장 가운데 살고 있는 것입니다. 그렇다면 우리는 어떻게 살아야 합니까?

우리가 예수님처럼 대속의 죽음의 길, 주님이 가신 십자가의 길을 갈 수는 없겠지만, 이것이 주님이 우리에게 가르쳐 주신 세상을 이기는 법임이 틀림없습니다. 우리가 궁극적으로 소망하며 바라보는 것이 변했기 때문입니다. 주님이 어떻게 일시적인 영광의 유혹을 물리치시고 영원한 영광 가운데 들어가셨는지를 아는 제자들은 어떤 것이 진정한 승리인지 확실하게 알았을 것입니다.

승리자의 모습

요한은 주님과 함께 다니면서 주님을 오해해서 실수를 참 많이 한 사람입니다. 그중에서도 "주의 영광 중에 나를 우편에 앉게 해주소서"(막 10:37 참조)라고 했던 그 말은 돌이켜 생각할수록 얼굴이 화끈거리게 만드는 부끄러운 말로 평생 기억했을 것입니다. 그는 남은 생을 살면서 절대로 그가 주님에게 요구한 그런 영광을 승리나 성공이라고 생각하지 않았을 것입니다.

그런데도 교회는 자꾸 세상을 힘으로 이기려고 합니다. 때로는 복음화라는 이름으로, 때로는 축복이라는 말로, 때로는 성공과 성장이라는 말로 어떻게 세상을 이길 수 있는지를 말하고, 사례들을 자랑합니다. 백성을 선동하여 예수님을 최고의 경영인으로 만들고, 세상의 지도자들과 맞서는 탁월한 정치적 지도자로 만듭니다. 교회의 훌륭한 지도자가 되는 노하우를 예수님에게 배우려고 합니다. 그런데 틀렸습니다. 주님은 처참하게 실패했습니다. 기회가 있었음에도 살리지 못하고, 때를 놓쳤습니다. 예수님은 최고의 경영인도 아니고, 때를 놓치지 않고 위기를 기회로 만들 수 있는 지도자도 아니었습니다. 예수님에게는 세상에서 성공할 수 있는 노하우를 배울 게 없습니다. 결과적으로는 실패했으니까요.

그런데 그건 관점의 문제입니다. 의도와 계획의 문제입니다. 그것은 실패도 아니고 실수도 아닙니다. 주님은 죽기 위해, 십자가의 길을 위해 오셨기 때문입니다. 그래서 십자가는 실패가 아니라 성공입니다. 주님의 의도와 계획에서 보면 다른 게 보입니다. 실패도 성공으로 보이고 성공도 실패로 보입니다. 그런데 어떻게 교회가 세상에서 성공하는 법을 말할 수 있단 말입니까? 어떻게 남들보다 쉽고 편하게 사는 것을 최고의 성공인 양 자랑할 수 있단 말입니까? 열심히 사는 게 문제라는 말이 아니라, 많이 소유하고 높은 신분이나 위치에 올라가는 게 문제라는 말이 아니라 그것들에 궁극적인 가치를 두고 있는 것이 문제라는 말입니다. 세상적인 방법으로 왕이 되려고 하고 섬김을 받는 것에 궁극적인 목적을 두고, 그 목적을 위해 예수님을 이용하려고 하는 것이 문제라는 말입니다.

주님이 십자가에서 죽으신 것이 세상에서의 야망을 버리지 못했을 때는 패함이고 실패였지만 거듭나고 난 후에, 새 생명을 알게 된 후에는 성공이고 진정한 승리였습니다. 사도 요한은 그 이야기를 하고 싶었습니다. 이것이 복음을 통한 회심의 결과입니다. 복음이란, 단순히 죽어서 천국에 들어가는 입장권을 받는 수단이 아니라 우리 삶의 이유, 목적, 욕망을 완전히 바꾸는 전인적인 것입니다.

아내나 남편 앞에, 자식이나 병약하신 부모님 앞에, 형제들과 이웃들 앞에 모든 경쟁을 물리치고 군림하듯 서 있는 모습은 승리자의 영광스러운 모습 같으나 사실은 주의 영광에 나로 하여금 우편에 앉게 해달라고 청했던 요한의 모습만큼이나 초라하고 부끄러운 모습임을 하나님의 사람들은 인정하고 살아야 합니다. 바로 그 청을 드렸던 요한에게 주님이 하신 말씀입니다.

> 너희 중에는 그렇지 않을지니 너희 중에 누구든지 크고자 하는 자는 너희를 섬기는 자가 되고 너희 중에 누구든지 으뜸이 되고자 하는 자는 모든 사람의 종이 되어야 하리라(막 10:43, 44).

숨 막히는 역전의 역전 끝에 드디어 승기를 잡았다고 생각되는 때에 그 자리를 슬며시 피해 가시는 주님이 말할 수 없이 답답하고 화가 났지만 그것은 실패자의 모습이 아니라 승리자의 모습이었습니다. 그 목적이 죽음과 부활을 통한 대속에 있었기 때문입니다. 이제 이 땅을 살아가는 우리의 목표, 목적은 무엇입니까? 우리는 무엇을 위해 오늘을 사는 사람들입니까? 그 목적과 목표가 분명해질 때, 그리고 그 목표의 관점에서 우리 삶을 볼 때 성공과 실패의 정의도 분명해질 것입니다.

요한복음 12장 20-26절

20 명절에 예배하러 올라온 사람 중에 헬라인 몇이 있는데 21 그들이 갈릴리 벳새다 사람 빌립에게 가서 청하여 이르되 선생이여 우리가 예수를 뵈옵고자 하나이다 하니 22 빌립이 안드레에게 가서 말하고 안드레와 빌립이 예수께 가서 여쭈니 23 예수께서 대답하여 이르시되 인자가 영광을 얻을 때가 왔도다 24 내가 진실로 진실로 너희에게 이르노니 한 알의 밀이 땅에 떨어져 죽지 아니하면 한 알 그대로 있고 죽으면 많은 열매를 맺느니라 25 자기의 생명을 사랑하는 자는 잃어버릴 것이요 이 세상에서 자기의 생명을 미워하는 자는 영생하도록 보전하리라 26 사람이 나를 섬기려면 나를 따르라 나 있는 곳에 나를 섬기는 자도 거기 있으리니 사람이 나를 섬기면 내 아버지께서 그를 귀히 여기시리라

10장

희생과 투자

제가 목사가 되고 난 직후에, 들을 때마다 기분이 좋고 흐뭇하던 단어가 하나 있습니다. 교회 어르신들이 기도하면서 그 단어를 사용하면 괜히 우쭐해지고 저와 아내가 함께 있을 때 누군가가 그 단어를 사용하면 제가 남들과는 다른, 보람 있는 일을 하고 있다는 생각이 들었습니다. 특히 갓 결혼한 20대 후반에는 여러 어른이 제 아내에게 이 단어를 사용하면, 그때는 왠지 제가 아내보다 중요한 사람이라는 생각이 들었던 기억이 납니다. 과연 이 단어는 뭘까요? 바로 '내조'라는 단어입니다.

내조라는 단어가 마치 제가 주연이고 아내는 조연이라는 뜻으로 들렸습니다. 그 단어를 들을 때마다 저는 아내의 존재 가치는 저를 위해 희생함에 있는 것이고, 궂은일, 힘든 일을 마다하지 않고 남편이 잘되도록 하기 위해서라면 무슨 일이든 해야 한다는 의미로 이해했습니다. 아내의 내조를 위한 성도의 기도의 힘으로 저는 목에 힘을 주며 살 수 있었고 제 아내는 저를 위해 썩어져 가는 밀알이 되는 것을 최고의 행복과 즐거움으로 알며 살 수 있었습니다. 어느 분이 내조를 강조하면 그날 밤 저는 꼭 그 사실을 제 아내에게 다시 상기시켰습니다. "나를 잘 받드는 것이 당신의 본분이야. 그러니 내가 다른 일에 신경 쓰지 않도록 알아서 나를 잘 섬겨."

물론 제 아내는 그 단어를 싫어했습니다. 아니, 단어 자체를 싫어했다기보다는 그 단어에 함축된 신학적인 의미에 동의할 수 없었다고 말하는 게 맞습니다. 실제로도 예순을 넘기면서는 이제 제가 아내를 위해 썩어지는 밀알이 되어야 할 부담을 느끼고 있습니다.

사실 내조라는 말이 여성의 희생을 강요하고 여성의 행복이 남자의 성공에 있다는 의미라면, 성경적이라고 볼 수 없습니다. 성경에서 여성을 '돕는 자'로 만드셨다고 할 때에도 이 '돕는 자'는 열등함을 의미하는 것이 아니라, 남자가 의존해야 할 대상이라는 의미가 강했으니까요. 하나님이 우리의 돕는 자이지만, 그래서 하나님이 우리보다 열등하다 말할 수 없습니다. '돕는 베필'이라는 말을 열등하다는 의미로 해석하는 것은 원래의 창조 질서보다는 타락의 질서를 따르는 것입니다. 타락 후에 여자가 받은 저주가 남자의 주관을 받는 것이었기 때문입니다.

여성은 절대로 열등하지 않습니다. 여성은 열등하고 남자의 보조 역할을 하는 존재라는 의식이 바뀌지 않은 채, 기능의 차이가 창조 질서라고 말하는 것은 기득권을 지키기 위해 합리화한 말일 수 있습니다. 저는 들을 때마다 참 못마땅하게 여겨지는 말이 있는데, 평화를 위해 자신을 희생하라는 말입니다. 가정의 평화를 위해 죽어지내고 교회의 평화를 위해 죽어지내라는 말이 왠지 불의가 성행하는 사회에서 힘 있는 자들이 만들어 낸 말 같고, 힘없는 자들이 살아남기 위해 터득한 처세술을 의미하는 말 같아서 그런 희생이라면 별로 가치가 없다는 생각이 들기 때문입니다.

자기 생명을 미워하다

썩어져 가는 밀알, 죽어서 많은 열매를 맺는 밀알이 된다는 것은 무엇을 의미할까요? 모든 희생이 썩어져 가는 밀알이 되는 것은 아닙니다. 무조건 참고 침묵하는 것이 많은 열매를 맺도록 자신을 죽이는 것은 아닙니다. 적어도 주님의 말씀에 따르면 밀알은 썩어서 귀한 것이 아니라 썩음으로 많은 열매를 맺을 수 있어서 귀한 것이니까, 희생은 나를 위한 희생이나 무조건적인 희생이 아닌 남에게 유익을 줄 수 있는 희생을 의미합니다. 저는 주님이 "자기의 생명을 사랑하는 자는 잃어버릴 것이요 이 세상에서 자기의 생명을 미워하는 자는 영생하도록 보전하리라"(12:25)라고 하신 말씀이 잘 이해되지 않았습니다. 자기 생명을 미워한다는 말이 무슨 말일까요?

우선 자기 생명을 미워한다는 말은 자기비하를 의미하지 않습니다. 태어난 것을 후회한다든지 현재 자신의 모습과 처지에 만족할 수 없어서 "난 내가 너무 싫어"라고 말하는 사람이 영생을 소유하고 살아가는 사람이라는 말이 아닙니다. 또한 자기 생명을 미워한다는 말은 생명 자체에 애착이 없어서, 산다는 것에 그리 큰 미련이 없는 상태를 가리키는 것도 아닙니다. 물론 천국에 소망을 두고 살아가는 사람이 죽음을 절망이나 끝으로 생각하지 않는 만큼 죽음을 크게 두려워하지 않을 수는 있습니다. 그렇다고 생명을 소홀히 여기지는 않습니다. 천국에 소망을 가진 사람이 죽음이 두렵지 않다고 해서 길거리에 떨어진, 세균이 득실거리는 음식을 마구 먹고, 우범 지역에서 활개 치며 걸어 다니지는 않습니다. 이런 사람은 자기 생명을 미워하는 사람이 아니라 생명을 소홀히 여기는 무책임한 사람입니다.

역설로 들리지만 생명을 미워할 수 있는 사람은 정말로 생명을 사랑할 수 있는 사람입니다. 자기 생명을 몹시 사랑해서 그것을 어떻게 의미 있는 것으로 만들 수 있을까를 진지하게 고민할 수 있는 사람, 영원히 의미 있게 사는 일에 깊은 관심을 가지고 있는 사람만이 자기 생명을 미워할 수 있습니다.

여기서 미워한다는 말은 희생한다는 의미입니다. 과감하게 버릴 수 있다는 의미지요. 매우 아깝고 아쉽지만 떠나보내는 것을 의미합니다. 무엇을 위해서요? 궁극적으로는 주님을 위해서지만, 주님의 원함이 이웃 사랑이라면 "다른 사람을 위해서"라고 말해도 크게 다르지 않습니다. 돈을 싫어하는 사람이 돈이 싫어서 그 돈을 남에게 주면 희생이라고 부르지는 않습니다. 정말 좋아하는데도 그 돈을 남에게 주는 것이 희생입니다. 하지만 돈을 남에게 줄 때 돌아올 것을 기대하고 더 많아지는 득을 생각하고 준다면 그것은 희생이라고 부르지 않고 투자라고 부릅니다. 나에게는 매우 아깝지만 남에게 필요한 것이기에 남을 섬기려고 주는 것을 우리는 희생이라고 부릅니다. 저는 이런 희생이 주는 생동력과 즐거움을 경험한 사람들은 마치 중독되듯이 다른 것에는 기쁨을 느끼지 못하는 것을 많이 보았습니다. 주님이 말씀하신 자기 생명을 미워함으로 썩어져 가는 밀알이 되는 삶이란 바로 이런 희생의 의미와 즐거움을 아는 삶입니다.

예수 뵙기를 청한 헬라인들

예수께서 성전에 가셨을 때 몇 사람의 헬라인이 예수 뵙기를 청했습니다. 여러 신을 섬기던 외국인이 오직 여호와 하나님만 섬기겠다고 고백하고 할례를 받으면 개종할 수 있습니다. 예수를 찾아온 헬라인들은 아직 그렇게 개종하지는 않았지만 유대교를 선호해서 유대인의 명절 때면 예루살렘에 찾아와 예배를 드리던 외국인인 것 같습니다.

외국인들은 성전에서 이방인의 뜰이라 불리는 곳까지만 들어갈 수 있는데, 예수께서 그 뜰 안에 계셨는지 밖에 계셨는지는 모르겠지만 믿음에 관심이 많았던 이 헬라인들은 예수님을 만나고 싶어 했습니다. 그래서 빌립을 찾아가 주님을 만나게 해달라고 요청했습니다.

이 헬라인들이 왜 빌립을 찾아가 예수님을 만나게 해달라고 요청했는지 정확한 이유는 알 길이 없습니다. 하지만 예수님의 열두 제자 중에서 헬라식 이름은 빌립과 안드레 둘 뿐인 것으로 보아(베드로라는 이름도 헬라식 이름이지만 이는 예수께서 그에게 지어 주신 이름이고, 그의 원래 이름은 시몬입니다) 아마 이름 때문에 빌립을 찾아갔을 수 있습니다. 또한 이들이 왜 주님을 보고 싶어 했는지도 모릅니다. 다만 유대인의 명절에 성전까지 찾아올 정도라면 유대인의 종교에 상당한 관심을 가진 사람들이 틀림없을 테니 주님의 가르침을 듣고 싶어서 주님을 만나고 싶어 했다고 짐작해 볼 수는 있습니다.

이런 부탁을 받은 빌립은 대단히 난처했습니다. 우선은 예수께서 이방인을 만나 주실지 몰랐고, 특히 당시 유대인들이 예수님을 잡으려고 혈안이 되어 있는데 성전에서 이방인을 만난 것이 빌미를 제공할 수도 있다고 생각했기 때문입니다. 그래서 안드레에게 자문을 구했고 빌립은 안드레와 함께 그들의 요청을 주님에게 전했습니다.

그런데 주님이 보이신 반응은 뜻밖이었습니다. 느닷없이 "인자가 영광을 얻을 때가 왔도다"(12:23)라고 하시고는 "한 알의 밀이 땅에 떨어져 죽지 아니하면 한 알 그대로 있고 죽으면 많은 열매를 맺느니라"(12:24)고 하셨습니다. 그 이방인들 때문에 고난을 당하게 되신 것도 아닌데 이방인들이 찾아와 만나기를 요청했다고 이런 말씀을 하신 것은 조금 과민 반응을 보이신 것 아닙니까? 이방인들이 주님을 찾아온 것이 무슨 징조라도 되는 걸까요?

요한은 주님의 생애 가운데 이 일주일간의 고난 주간이 가장 중요했다고 생각했습니다. 그래서 12장부터 마지막 21장까지, 고난 주간에 있었던 일과 주님이 하신 말씀을 집중적으로 다루고 있습니다. 고난 주간 이야기의 서두에 다른 복음서에는 기록되어 있지 않은 이방인들의 면담 요청을 다루었고, 이들의 면담 요청에 주님이 당신의 죽음에 관해 공공연하게 말씀하신 것을 기록했습니다. 요한은 여기에 중요한 의미가 있다고 말하고 싶었던 거라고 저는 생각합니다.

간단히 요약하면, 주님은 당신의 죽음을 통한, 썩어져 가는 밀알 사역이 단순히 유대인뿐만 아니라 이방인에게도 구원을 가져다주는 사건임을 증거하신 것입니다. 드디어 이방인들에게도 구원의 길이 열리는 사건이 며칠 남지 않았다는 말씀입니다. 주님의 죽으심은 유대인뿐만 아니라 이방인까지 포함해서 누구든지 그분을 믿는 자에게는 영생을 주기 위한 하나님의 사랑의 행위였습니다. 주님은 이렇게 구원의 문을 활짝 열어 놓으셨음을 제자들에게 말씀하시면서 이 구원을 모든 이방인에게도 전해야 함을 강조하셨습니다.

더 귀한 것을 주었으니

주님은 이방인들을 위해서도 당신의 생명을 버리셨습니다. 주님은 한 알의 썩어져 가는 밀알이 되셨습니다. 이것을 주님은 자기의 생명을 미워함이라고 표현하셨습니다. 그러고는 그분을 따르고자 하는 모든 사람에게 이런 삶을 살라고 말씀하셨습니다. 자기의 생명을 혐오하고 싫어 한다는 말이 아니라, 억지로라도 미워하지 않고는 포기할 수가 없는 소중한 것이지만 수많은 사람의 유익을 위해 미워하기로 했다는 말입니다. 그러니까 "미워하기로 했다"라고 말하려면 먼저 끌리고 애착이 있어야 합니다. 저는 저를 사랑합니다. 물론 제가 워낙 잘나고 출중해서 누구도 저를 사랑하지 않을 수 없을 것이라는 나름대로 엄청난 확신을 가지고 있지만 저 자신도 저를 아주 좋아합니다. 저를 편하게 해주고 싶고, 제가 대접받도록 해주고 싶고, 제가 풍요롭고 부유하게 살도록 해주고 싶습니다. 기회만 주어진다면 저를 위해 무엇이든 쌓아 두고 싶습니다. 저만 그런 것이 아니라 세상에 있는 모든 사람이 그런 욕구를 가지고 있습니다.

이것이 인간의 본성입니다. 그렇기 때문에 저를 기쁘게 해주려면 어쩔 수 없이 다른 사람들과 경쟁해야 합니다. 양보하면 내가 가질 수 없고, 내가 쥘 수 없으니까요. 나누어 가지면 가장 좋겠는데 그런 생각이 통할 만큼 인간의 마음은 믿을 만한 것이 못 됩니다. 주님은 그것을 자기 것에 대한 애착이 지나치게 강하기 때문이라고 말씀하셨습니다. 그리고 자기를 미워하라고 하셨습니다.

하지만 어떻게 자기를 미워할 수 있습니까? 주님이 그것을 요구하시는 것은 인간의 기본적인 욕구나 필요를 몰라서 그러신 것 아닙니까? "나를 섬기려면 나를 따르라"라는 말씀은 주님이 "자, 이렇게 하는 거야"라고 본을 보이신 후에 우리에게 따라하라고 하신 말씀이 아닙니다. 주님의 희생은 단순히 본을 보이신 것이 아니라 대신할 수 있는 생명, 영생을 주신 유일무이한 사건입니다. 주님이 말씀하신 대로 살면 남는 게 하나도 없을 수 있습니다. 다시 말씀드리면 이런 겁니다. 주님은 당신의 생명을 미워하고 십자가에 죽으심으로 수많은 제자를 얻었고 인류의 역사를 바꾸어 놓으셨습니다. 그러고는 주님이 이렇게 말씀하십니다. "봤지? 이렇게 사는 거야. 너희도 나처럼 살면 사람들에게 인정받고 크게 될 수 있어." 이런 말씀이 아니라는 것입니다.

어느 소년이 닭을 키웠습니다. 닭이 알을 낳았는데 알이 매우 작아서 실망스러웠습니다. 이 소년은 시장에 가서 무엇인가 사서는 큰 상자에 넣어 닭 앞에 두었습니다. 타조 알이었습니다. 그 소년은 닭에게 "이것을 잘 보고, 다시 알을 낳아 봐!"라고 했습니다. 닭이 타조 알을 보고 노력한다고 타조 알을 낳겠습니까? 주님은 우리가 감당할 수 없는 일을 이루도록 본을 보이신 것이 아닙니다. "내가 너희를 위하여 생명을 버리노니 너도 남을 위해 생명을 미워하라"라고 하신 말씀은 그런 의미가 아닙니다. 오히려 그보다는 "내가 너에게 더 귀하고 영원한 것을 주었으니 이제 다른 것은 나누며 살 수 없겠느냐"라는 말씀입니다.

남을 위해서 살고자 하는 마음

희생은 투자가 아닙니다. 썩어져 가는 밀알이 되는 삶의 끝에는 영생밖에 남지 않을 수 있습니다. 물론 보람도 있고 즐거움도 있겠지만 그것 못지않은 불편과 손해가 있을 테니까 그 끝에는 가난과 병약해진 몸만 남을 수도 있습니다. 그런데도 썩어져 가는 밀알이 되어야 한다면 그것은 순전히 다른 사람을 위한 것이기 때문입니다. 예수 믿는 사람이 자기가 잘되고 잘 살자고 열심히 살면 믿음과 생활에 모순을 보일 수밖에 없습니다. 희생은 은혜에 대한 반응이지, 은혜를 받기 위한 수단도, 은혜로 인한 축복과 능력을 받기 위한 수단도 아닙니다. 수단이라면 투자일 겁니다.

오래전에 미국에서 있었던 일입니다. 어느 부부가 아이를 입양하기 위해 고아원에 갔습니다. 고아원 원장은 그 고아원에서 가장 착하고 똑똑한 아이들, 누구라도 쉽게 입양할 것 같은 아이들을 그 부부에게 소개했습니다. 그런데 부인이 그 아이들을 별로 마음에 들어 하지 않다가 "이 고아원에는 이 아이들밖에 없습니까?"라고 물었습니다. 원장은 당혹스러워하면서 "다른 아이들도 있기는 하지만 말을 안 듣고 다루기가 힘이 들어 입양을 권하고 싶지 않습니다"라고 대답했습니다. 부인은 다른 아이들을 보기를 원했습니다. 다른 아이들을 보면서 유난히 등이 굽은 한 여자아이에게 관심이 쏠렸습니다. 원장에게 아이에 관해 물었더니 원장이 이렇게 말했습니다. "그 아이의 이름은 그레이스인데 몸이 너무 약하고 성질이 나빠서 울기도 잘하고 짜증도 잘 부립니다." 그러나 이 부부는 유난히 못생기고, 등이 굽은 그 아이를 입양하기로 했습니다.

35년 후, 미국 교회 학교 교사 협회장 앞으로 교사들의 현황 보고서가 우송되었는데 거기에 한 장의 편지가 끼어 있었습니다. 그 편지에는 이런 내용이 적혀 있었습니다. "회장님, 저는 많은 교회를 다니며 교회 학교 현황을 살펴보고 보고를 드렸습니다. 많은 훌륭한 교사가 교회마다 있었지만 그중 가장 아름답고 감동적인 교사 한 명을 소개하고자 합니다. 그는 참으로 인자하고 아름다운 분이었습니다. 그 인상이 몹시 포근하고 부드러워 그의 굽은 등까지도 아름답게 보였던 그레이스라는 분입니다."

이 부부는 그레이스의 가능성을 보고 입양한 것이 아니었습니다. 그 아이에게 가장 도움이 필요할 것 같아서 입양했을 뿐입니다. 앞에서 말씀드린 대로 결과를 보고, 혹은 결과를 기대한다면 희생이 아닌 투자입니다. 나를 위해서가 아니라 남을 위해서 살고자 마음먹었을 때에만 볼 수 있는 열매를 맺어야 합니다.

예수께서는 유대인만을 위해 오시지 않았습니다. 하나님의 뜻에 순종함을 기쁨으로 받아들였지만 그 길은 당신의 유익을 위한 길이 아니라, 인간의 유익을 위한 길이었습니다. 그래서 희생입니다. 이제 제자들은 자기 민족의 유익을 위한 투자가 아니라 복음을 위한 희생을 준비해야 합니다. 마음에 내키지 않고, 불편하고 힘들어도 그리스도의 복음을 위해, 다시 말하면 이 복음을 통해 생명에 이르게 될, 심지어 이름 모르는 사람들을 위해 썩어져 가는 밀알이 되어야 합니다. 선교가 당장 우리 교회에 유익이 없고, 결실이 없는 것 같아도, 구제가 밑 빠진 독에 물을 붓는 것처럼 우리에게 돌아오는 것이 없어도 우리는, 교회는 그것을 정당한 희생이라고 불러야 합니다.

다른 모든 사람이 나를 위해 존재해야 하는 것처럼 살 때는 생명이 보장되지 않아서 불안할 것입니다. 하지만 이제 주님이 저와 여러분을 위해 귀하고 영원한 생명을 주셨음을 믿는다면 이제 다른 사람들을 위해서 살고자 마음먹어도 괜찮을 것 같습니다. 돌아오는 게 하나도 없어서 억울할 것 같아도 다른 사람을 위해 사는 것이 마땅하다고 마음먹고 살면 견딜 수 있습니다. 이런 삶은 언제나 그렇게 거창한 삶도 아니고 엄청나게 큰일을 해야 하는 삶도 아닙니다. 사실은 여기저기서 우리가 알게 모르게 밀알이 되었던 사람들 덕에 그 열매로 저와 여러분이 여기에 있는 것입니다. "이제는 남을 위해서 살아 보자!" 이렇게 마음먹고 내가 아끼고 좋아하는 나만의 시간, 물질, 권리라 여겨지는 것들을 조금만 포기하고 양보한다면 밀알이 될 수 있습니다.

주님은 이방인들의 면담 요청을 그분이 감당해야 할 궁극적인 복음의 사역, 고난과 죽음을 통한 구원을 설명하는 기회로 삼으셨습니다. 이는 당시 유대인들에게는 이방인을 사랑한다는 것이 몹시 어려운 일이었기에 땅에 떨어져 썩을 밀알의 희생의 유익을 설명하는 좋은 기회가 될 수 있었습니다.

요한복음 12장 37-43절

37 이렇게 많은 표적을 그들 앞에서 행하셨으나 그를 믿지 아니하니 38 이는 선지자 이사야의 말씀을 이루려 하심이라 이르되 주여 우리에게서 들은 바를 누가 믿었으며 주의 팔이 누구에게 나타났나이까 하였더라 39 그들이 능히 믿지 못한 것은 이 때문이니 곧 이사야가 다시 일렀으되 40 그들의 눈을 멀게 하시고 그들의 마음을 완고하게 하셨으니 이는 그들로 하여금 눈으로 보고 마음으로 깨닫고 돌이켜 내게 고침을 받지 못하게 하려 함이라 하였음이더라 41 이사야가 이렇게 말한 것은 주의 영광을 보고 주를 가리켜 말한 것이라 42 그러나 관리 중에도 그를 믿는 자가 많되 바리새인들 때문에 드러나게 말하지 못하니 이는 출교를 당할까 두려워함이라 43 그들은 사람의 영광을 하나님의 영광보다 더 사랑하였더라

11장

엉터리 신자

이 세상에는 참 헌신적으로 사는 사람이 많습니다. 세계 각처의 가난한 사람들을 위해 일생을 바친 테레사 수녀나 나병 환자들과 살다가 결국 나병에 걸려 세상을 떠난 다미안 신부 같은 분들의 삶은 듣기만 해도 숭고함이 느껴지고 마음이 따뜻해집니다. 우리 주변에도 장애를 가진 아이를 입양한 분이라든지 편안하게 살 수 있는 기회를 포기하고 위험한 선교지에 가서 가난과 핍박과 싸워 가며 복음을 전하는 많은 선교사가 있습니다. 그렇게 평범함 가운데 비범함을 드러내는 분들을 보면, 일반인도 용기 있는 결단을 한다면 누구나 이런 삶을 살 수 있겠다는 생각이 들기도 합니다. 이분들은 모두 천성이 매우 착하거나, 남들에게 없는 타고난 부와 재능이 있거나, 특별한 하나님의 은혜를 입어서 그런 일들을 한 것이 아닙니다. 모두 예수님을 만나고 예수님 안에서 새로운 삶의 의미를 찾은 후에 연약한 중에도 그런 헌신적인 삶을 살아 낸 것입니다. 그렇게 생각하면 믿음으로 산다는 것은 평범해 보이면서도 엄청난 가능성을 지닌 것임이 틀림없습니다.

반면 엉터리 신자도 많습니다. 요즘에는 누구나 이런 말에 공감하는데, 한국 교회 교인들이 자꾸 줄어드는 이유 중 하나가 비리에 연루된 사람들 중에는 꼭 기독교인이 있어서 기독교에 대한 반감이 커지고 있다는 것입니다. 세상에는 훌륭하고 모범이 되는 신자도 많지만 이른바 엉터리 신자, 나일론 신자, 입만 신자, 날라리 신자라 불리는 사람도 참 많습니다. 엄밀히 말하면 신자로서는 불명예스러운 호칭임이 틀림없습니다. 그런데 진짜 문제는 많은 경우에 자신을 엉터리 신자라고 칭하는 분들이 그것을 부끄러워하거나 벗어나 보려고 애쓰는 것이 아니라, 오히려 은근히 그런 상태를 원하는 것 같다는 생각이 들 정도로 자신이 엉터리 신자라는 것을 심각하게 여기지 않는다는 것입니다.

물론 대단한 은혜와 사랑을 받고 헌신적인 삶을 사는 신자인 것처럼 말하면서도 사고방식이나 생활 방식이 매우 이기적이고 혐오스러운 사람들을 빗대어, 자신은 차라리 그런 위선적인 사람이 아니라는 것을 강조하기 위해서 엉터리 신자임을 자처하는 경우도 있을 겁니다. 하지만 그보다는 테레사 수녀나 다미안 신부처럼 살지 못할 바에는 적당히, 편하게 믿어 보자는 의도가 더 크지 않을까 생각되기도 합니다.

애석하게도 이런 신앙생활을 가능케 한 원인 중 하나는 오직 믿음으로만 구원을 받는다는 말과 우리의 공적이나 행위가 아닌 무조건적인 하나님의 은혜로 우리가 하나님의 자녀가 된다는 가르침에 있습니다. 즉 예수를 구주로 믿기만 하면 영생을 얻을 수 있다는 사실에 대한 왜곡이 예수 믿는 것을 마치 천국에 들어가는 입장권을 구입하는 일 정도로 생각하게 만들어 버렸다는 것입니다. '오직 믿음으로'란 인간에게는 아무것도 내세우거나 자랑할 것이 없다는 의미인데, 자신이 아무것도 할 수 없다는 것을 오히려 자랑하는 우스운 모습이 된 셈이지요. 그러니까 어떤 사람들은 예수를 믿는다는 것이 어떤 것인지 진지하게 생각하지 않고 "공짜야? 공짜라면 손해 볼 일이 없는데 믿어야지" 하고 받아들입니다. 어쩌면 교세 확장이라는 목표를 위해서 교회가 그런 싸구려 은혜를 용납했는지도 모릅니다. 그러니까 내가 신앙인이라는 사실을 진지하게 생각하지 않을 뿐만 아니라 경우에 따라서는 신앙인이라는 정체성도 포기할 만큼 애매한 상태에서 엉터리 신자이기를 자처하는 사람이 많다는 말입니다.

싸구려 은혜

독일의 신학자 본회퍼는 그런 모습을 히틀러를 추앙하던 독일 교회에서 보았습니다. 그는 「나를 따르라」(Nachfolge)라는 책에서 공공연하게 예수를 믿는다고 말하는 경우에 지불해야 하는 값이 무엇인지를 진지하게 생각하지 않고 히틀러의 꼭두각시 노릇을 하던 독일 교회를 가리켜 싸구려 은혜를 받은 교회라고 했습니다. 그는 이렇게 말했습니다.

싸구려 은혜란, 회개를 요구하지 않고 용서를 말하는 것이고, 교회의 치리를 말하지 않고 세례를 말하는 것이며, 고백이 없이 성찬에 참여하는 것이다. 싸구려 은혜란, 제자도가 빠진 은혜, 십자가가 없는 은혜, 살아 계시고 성육신하신 예수님이 없는 은혜다. 반면에 값진 은혜란, 들에 감추어진 보물이다. 사람은 기쁘게 자기가 가진 것을 팔아 그것을 산다. 그것은 상인이 자기가 가진 모든 물품을 팔아서라도 사고 싶은 값진 진주이며, 자기를 넘어지게 만드는 것이라면 눈이라도 뽑을 수 있을 만큼 그리스도의 다스림을 존귀히 여기는 것이다. 그것은 죄를 정죄하는 값진 것이며, 또한 동시에 죄인을 의롭다 하는 값진 것이다. 무엇보다도 그것은 하나님이 당신의 아들로 하여금 생명을 버리게 하신 값진 것이다.

본회퍼가 60년 전에 본 문제를 저는 오늘날에도 볼 수 있다고 생각합니다. 저는 예수를 그리스도라 고백하고 믿으면 (오직 그 믿음에 의해서만) 틀림없이 영생을 얻을 수 있다고 믿습니다. 따라서 구원의 확신은 얼마나 선행이 많은가에 달려 있지 않고 얼마나 죄인인가를 알아서 하나님의 은혜와 도우심을 구하는 것이라고 믿습니다. 그렇기 때문에 누구든 복음을 듣고 예수를 그리스도라 고백하면 그 사람이 구원을 받았다는 확신이 있습니다. 구원은 '우리의' 순종의 결과로 주어지는 것이 아니라 '그리스도의' 순종의 결과로 주어지는 것입니다. 따라서 저는 죽음 앞에서 한없이 관대해져서 모두 하나님의 자녀라 하고, 혼수상태에서라도 고백만 하면 구원을 받았다고 희망을 가지고 싶을 정도로, 사람의 행위와는 상관없이 그리스도의 보혈이 누구에게나 필요함을 믿습니다. 하지만 인생의 궁극적인 의미를 구원받음에서 찾는다는 것이 문제입니다. 인생의 궁극적인 의미가 하나님의 자녀 됨을 회복함으로 하나님을 영화롭게 하는 데 있음에도 말입니다.

가령 누군가는 이렇게 말합니다. "예, 제가 그리스도를 구주로 영접하겠습니다. 하지만 그리스도를 구주로 영접한다고 해서 지금 제가 즐기고 있는 것들(노름, 마약, 정욕적인 삶)을 포기하라고 하면 저는 싫습니다." 또 어떤 사람은 이렇게 말합니다. "믿기만 하면 구원을 받는다면 믿겠습니다. 하지만 그래서 지금 제가 즐기고 있는 삶의 방식을 바꾸어야 한다면 저는 싫습니다. 제게 희생을 요구해도 싫고 헌신을 말해도 싫습니다." 그러면 우리는 속으로 '그래, 처음에는 다 그런 마음으로 시작하지만 시간이 지나면 헌신하지 않고는 못 배길 거다'라고 생각하면서, 겉으로는 "아이, 그럼요. 무조건 공짜입니다. 하나님은 무척 사랑이 많은 분이라 당신에게 아무것도 요구하시지 않습니다. 그냥 믿기만 하면 됩니다. 교회에 나오시면 더 좋고요"라고 말합니다.

많은 분이 그렇게 속아서 여기까지 왔습니다. 아니, 좀 더 정확하게 말하면 그렇게 속아서 신자지만 아직 제자는 아닌, 그래서 입만 신자, 나일론 신자, 엉터리 신자라 자칭하면서도 차라리 그 상태를 선호하게 되었는지도 모릅니다.

저는 솔직히 이런 상태도 정말 구원을 받은 상태인가 묻는다면 어떻게 답해야 한지 모르겠습니다. 제가 다른 사람의 구원 여부를 결정할 수 있는 위치에 있는 것은 아니지만, 정말 그렇게 생각하고 그렇게 살아도 구원을 받기는 받는 것인지 모르겠습니다. 제가 이 답을 잘 모르는 이유는 본문에 나오는 사람들을 성경은 어떻게 평가하고 있는지가 애매하기 때문입니다.

속으로만 믿는 믿음

　주님은 정말로 많은 표적을 사람들 앞에서 행하셨습니다. 시각 장애인의 눈을 뜨게 하시고 죽은 자를 살리시는 가시적인 기적을 통한 표적뿐만 아니라 구약에 예언된 것들을 성취하심으로 보여 주시는 표적, 공공연히 당신을 하나님과 동일시하는 권세 있는 가르침을 통한 표적은 예수님이 하신 말씀이나 행적을 도저히 부인할 수 없도록 만들기에 충분했습니다. 주님을 따라다니던 요한은 그렇게 해도 믿지 않는 사람들을 보면서 매우 놀라워했습니다. 그래서 어떻게 죽은 자가 살아나도 믿지 않을 수 있는지, 정말 하나님이 그들의 마음을 아주 완악하게 만들어 놓지 않고서는 가능하지 않은 일이라고까지 말할 정도였습니다. 물론 하나님이 그들을 못 믿도록 만드셨다기보다는 그들의 마음을 열어 주지 않으시니 절대로 주님을 인정하지 않으려고 할 만큼 그들의 마음이 완악했다는 의미입니다. 그런데 모두 안 믿은 것은 아니었습니다. 당시 관원들 중에도 믿은 사람이 많았다고 했습니다. 하지만 관원 중 많은 사람이 믿었다는 게 무슨 말일까요? 도대체 그들의 믿음은 어떤 것이었을까요?

　예수께서 구약에 예언된 메시아라고 생각했다는 의미일 것입니다. 예수님은 정말로 하늘에서 온 하나님의 아들임이 틀림없음을 인정했다는 의미일 것입니다. 예수님을 좋아하고 예수님을 사랑했다는 의미일지도 모릅니다. 하지만 이들은 바리새인들이 두려웠습니다. 공공연히 예수를 믿는다고 했다가 출교당할 것이 두려웠습니다. 그래서 쉬쉬하면서 자기들끼리는 신앙을 고백했지만 공식 석상에서는 믿음의 고백을 드러내지 않았습니다. 부활을 믿고 영생을 믿는데 죽음이 두려워서, 핍박이 두려워서 속으로만 믿고 겉으로는 신앙을 고백할 수 없어도 그것을 믿음이라고 말할 수 있습니까?

일제 치하에 있을 때, 일본은 우리 조상들에게 신사 참배를 강요했습니다. 여호와 하나님 외에는 그 누구도 섬길 수 없다고 신사 참배를 반대해서 핍박받고 순교한 사람들이 있는가 하면, 신사 참배는 일본 황제에 대한 경의일 뿐이라는 말을 받아들여 절을 한 기독교인도 많았습니다. 저는 당시에 절을 한 많은 사람이 겉으로는 절을 하지만 마음으로는 여호와 하나님만 섬긴다는 고백을 하면서 절했을 것이라고 생각합니다. 하지만 그런 모습도 목숨을 걸고 신앙을 지킨 사람들이 보기에는 배교자의 모습이고 불신자의 모습이었을 겁니다. 그들은 절하는 것이 하나님을 향한 신앙을 포기하는 것이라고 생각해서 고난을 당한 것이니까요.

저는 이런 경우에 주님이 어떻게 생각하셨을지가 궁금합니다. 용서하셨을 것 같기도 합니다. 죽음이 두려워 주님을 세 번 부인한 베드로를 찾아가 그를 용서하신 것이나 주님을 버리고 도망간 제자들을 찾아가신 것을 보면 주님은 그들을 틀림없이 용서하셨을 겁니다. 그러나 제자들의 경우는 진심으로 주님을 믿지만 연약해서 범죄한 경우입니다. 신사 참배를 했던 우리 조상도 마찬가지였을 거라고 생각합니다. 이들은 진심으로 주님을 사랑했지만 당시의 두려움을 극복할 수 없었을 뿐입니다. 그래서 저는 이런 경우 명백한 죄라고 인정하지만, 그래서 안타까움과 아쉬움이 있지만, 그들이 제자들인지를 의심하지는 않습니다.

하지만 만일 애당초 주님을 섬기고 따른다는 것을 한 번도 진지하게 생각해 본 적이 없는 경우는 어떻습니까? 믿음이란 것이 만약 필요할 경우를 대비해서 살짝 발을 걸쳐 놓은 것 정도였다면 어떻습니까? 그래서 주님이 피를 흘려서 주신 은혜를 싸구려 은혜로 생각하면서도 믿는다고 고백한 경우는 어떻습니까? 주님의 말씀대로 살겠다는 의지가 전혀 없이 공짜 은혜라니까, 사회생활을 하는 데 필요할 것 같으니까 사후를 위한 보험 정도라고 생각해서 믿는다고 고백하고 세례를 받은 경우는 어떻습니까? 그래서 말씀대로 행하지 못하는 것을 안타까워하는 것이 아니라 먹고살기 위해서는 말씀대로 살지 못하는 것이 당연한 것이라 생각하고 전혀 아무런 부담도 느끼지 않는 경우는 어떻습니까? 마음은 원이로되 육신이 약해서 감당하지 못하고 속상해하는 것은 이해하겠는데 마음에 원함이 없는 경우는 어떤가 말입니다. 그래도 신자입니까?

누가 신자인가?

요한이 언급하고 있는 관원들이 제자들과는 달랐을지 모른다고 생각하게 만드는 것은 43절 말씀 때문입니다.

그들은 사람의 영광을 하나님의 영광보다 더 사랑하였더라.

이 말씀이 제게 몹시 절실하게 다가오는 이유는 단순히 오늘날 신자라고 불리는 사람들 중에도 이런 사람이 많아서가 아니라 저도 그런 사람일 수 있을 거라는 생각이 들기 때문이고, 그렇다면 제 구원도 점검해 봐야 할 것 같은 마음이 들기 때문입니다. 사람의 영광을 하나님의 영광보다 사랑하는 사람, 믿기는 하지만 돌아올 불이익이나 조롱이 두려워서 믿지 않는다고 말하는 사람, 이런 사람도 신자이고 제자입니까?

어떤 사람은 밤중에 주님을 찾아온 니고데모나 아리마대 사람 요셉이 고위 관직에 있으면서도 믿는다고 말하기를 두려워했던 사람들이었을 것이라고 합니다. 만일 그렇다면 요한은 미숙하기는 했지만 당시 관원들 중에 신자가 있었다는 보고를 하고 있다고 볼 수 있습니다. 반면에 어떤 사람들은, 이들은 도저히 부인할 수 없는데도 사람의 영광에 대한 욕심 때문에 주님을 믿을 수 없었던 사람들을 가리킨다고 말합니다. 즉 주님에게서 아무런 혐의도 찾을 수 없었지만 자신의 위치를 지키기 위해 주님을 못 박도록 한 빌라도 같은 사람이지요. 그렇다면 이들은 맛을 보고도 다른 것에 대한 애착으로 취하지 않은 사람들입니다. 머리로는 알지만 마음으로는 받아들일 수 없었던 불신자입니다.

저는 아직도 요한이 이들을 신자로 소개하고 있는지, 불신자로 소개하고 있는지 잘 모르겠습니다. 하지만 저로 하여금 많은 생각을 하도록 만드는 말씀입니다. 저는 이 고민을 여러분과 함께 나누고 싶습니다.

두 사람이 같은 날 세례를 받고 같은 교회에 출석하고 있었습니다. 한 사람은 믿음을 진지하게 생각했습니다. 하나님을 믿기로 했으니까 이제 하나님의 영광을 위해서 살아야겠다고 다짐했습니다. 그래서 과거의 못된 죄의 습관을 끊어 버리려고 참 많이 애쓰는데 노력할수록 자신의 약함이 더 드러날 뿐입니다. 때로는 내가 진짜로 믿는 게 아닌가 싶어 답답하기도 하고, 때로는 그냥 포기해 버리고 싶을 만큼 힘이 듭니다. 그래서 자신이 신자라고 말하는 것이 부끄럽고 사람들이 뒤에서 욕할 것 같아서 난 그냥 엉터리 신자라고 말하고 다닙니다. 이 사람은 신자입니까?

다른 한 사람은 세례를 받아 두어서 나쁠 게 없다는 생각도 들고, 기왕 교회에 다니기로 했으면 세례를 받고 교인이 되는 게 낫겠다는 생각이 들어 세례를 받았습니다. 마음에 크게 공감되는 것은 아니었지만 그렇다고 딱히 거부감이 생기는 것도 아니라서 다 믿는다고 했습니다. 하지만 자기의 원함에 방해가 되면 싫습니다. 교회 생활을 하는 데 불편해서 성경을 들춰 보기는 했지만 말씀대로 살아야겠다는 마음은 거의 가져 본 적이 없습니다. 아니, 자꾸만 헌신과 희생을 요구하는 것 자체가 부담스럽습니다. 신자라고 하면 더 열심히 해야 할 것 같아서 자신은 그냥 엉터리 신자라고 말하고 다닙니다. 이 사람은 신자입니까?

저는 솔직히 잘 모르겠습니다. 한 사람의 구원이나 믿음의 상태에 관해서 감히 논할 수 있는 자격이 제게 없기 때문이기도 하지만 저의 마음의 상태가 그리 일관되지 않기 때문이기도 합니다. 어떤 것이 저의 진심인지도 잘 모를 만큼 자그마한 희생에도 망설임이 생기고, 손해 보는 것을 싫어하고, 여전히 이기적이고 자기중심적이기 때문입니다. 물론 그래서 아무렇지도 않은 것은 아닙니다. 정말 그냥 엉터리 신자니까 내버려두라고 말할 만큼 죄송하기도 하고 부끄럽기도 합니다. 이 설교의 의도는 누가 참 신자이고 누가 엉터리 신자인가를 규정할 수 있는 기준을 제시하기 위한 것은 아닙니다.

요한이 스스로가 신자인 것을 밝히기 두려워한 관원들을 어느 쪽에 속한다고 말하는지 잘 모르겠지만, 저는 신자 쪽에 속한다고 믿고 싶습니다. 그러나 그렇더라도 부끄러운 모습임이 틀림없습니다. 어쩌면 저와 여러분이 가지고 있는 딜레마는 이런 것이 아닐까 싶습니다. 이런 신자는 되고 싶지 않다는 마음이 우리 안에 있어서 잘하고 싶은 마음이 생긴다면 저는 감히 신자임이 틀림없을 것이라고 생각합니다. 참 신자와 엉터리 신자의 구분은 자기 합리화나, 능력 혹은 결과에 의해서가 아닌 진실함에 의해서 결정되어야 한다고 생각하기 때문입니다. 그래서 오직 은혜로만 구원이 가능함을 인정하고, 그 은혜가 어떤 것보다 귀한 것임을 알기에 결코 소홀히 여기지 않고 제자답게 살고 싶은 마음으로 항상 다시 일어서려고 해야 합니다.

우리는 우리의 고백을 다시 진지하게 붙들어야 합니다. 우리의 순종적 의지의 가능성이 아닌 그리스도의 순종에 대한 진실한 믿음으로 말입니다. 그래서 저는 '할 수 있느냐'는 질문보다 '하고 싶으냐'는 질문 앞에 서고 싶습니다. 비록 구원은 우리의 행위나 공적에 의해서 주어지는 것이 아니지만 그렇게 주어진 은혜가 매우 소중하고 아름답고 감격스러워서 우리의 모든 허물과 죄를 씻기에 충분하고 우리 인생에 새로운 의미와 참된 자유를 주기에 충분한 것인지를 알기 때문입니다. "주님, 저는 정말로 형편없습니다. 하지만 진실로 제자답게 살고 싶습니다. 제가 믿사오니 저의 믿음 없음을 도와주소서."

John
요한복음

요한복음 12장 44-50절

44 예수께서 외쳐 이르시되 나를 믿는 자는 나를 믿는 것이 아니요 나를 보내신 이를 믿는 것이며 45 나를 보는 자는 나를 보내신 이를 보는 것이니라 46 나는 빛으로 세상에 왔나니 무릇 나를 믿는 자로 어둠에 거하지 않게 하려 함이로라 47 사람이 내 말을 듣고 지키지 아니할지라도 내가 그를 심판하지 아니하노라 내가 온 것은 세상을 심판하려 함이 아니요 세상을 구원하려 함이로라 48 나를 저버리고 내 말을 받지 아니하는 자를 심판할 이가 있으니 곧 내가 한 그 말이 마지막 날에 그를 심판하리라 49 내가 내 자의로 말한 것이 아니요 나를 보내신 아버지께서 내가 말할 것과 이를 것을 친히 명령하여 주셨으니 50 나는 그의 명령이 영생인 줄 아노라 그러므로 내가 이르는 것은 내 아버지께서 내게 말씀하신 그대로니라 하시니라

여러분 중에 법정에서 재판을 받아 보신 분이 계십니까? 저는 미국에서 과속으로 티켓을 받고 처음 판사 앞에 섰을 때의 기억이 지금도 생생합니다. 몹시 걱정되어서 전날 한잠도 못 자고 갔습니다. 혹 아직 교통 위반으로 법정에 가 보지 않은 분들을 위해서 제가 상황을 조금 설명해 드리겠습니다(지금은 달라졌는지 모르지만 당시에는 이랬습니다). 판사 앞에 서면 처음에 받는 질문이 "유죄"(guilty), "설명이 필요한 유죄"(guilty with explana-tion), "무죄"(not guilty) 이 셋 중에 하나를 택하라는 것입니다. "무죄"라고 말하는 경우는 잘못한 것이 없는데 티켓을 받아 억울하니 판사가 정황을 살펴서 정당한 판결을 내려 달라고 말하고 싶은 경우입니다. 따라서 "무죄"라고 하면 선서를 하고 즉석 재판을 하게 됩니다. "설명이 필요한 유죄"라고 하면 잘못은 인정하지만 당시 상황이 어쩔 수 없었음을 설명하고 선처를 부탁한다는 말입니다. 재판을 받지 않고 어쩔 수 없는 상황을 고려한 판사의 재량으로 죄가 없다는 판결을 받고 싶은 경우입니다. "유죄"라고 하면 무조건 잘못했지만 너그럽게 봐 달라는 말입니다. 대체로 당시의 어쩔 수 없는 상황이 정상 참작되면 집행유예를 받거나 벌금을 줄일 수 있습니다. 유죄를 인정하면서도 재판관 앞에 서는 이유는 앞으로는 조심할 테니까 한 번만 너그럽게 봐 달라고 간청하기 위해서이거나 어쩔 수 없었던 상황을 설명하기 위해서입니다. 어쩔 수 없는 상황이었더라도 교통 법규를 어긴 것은 명백하기 때문에 판사 앞에 섰을 때에는 억울함을 호소하는 피해자로서가 아니라 선처와 자비를 구하는 가해자로 섭니다. 그러니까 그 죄에 준하는 처벌을 받아도 할 말이 없는 것이지요. 그런데도 처벌을 받으면 정당하지 않다고 생각되거나 정상을 참작하지 않는 모습이 무자비하다는 생각이 듭니다.

사람들이 복음을 듣고 하나님을 심판자라고 생각할 때에 드는 마음은 두려움이나 부끄러운 마음보다는 부당함과 거부감일지도 모릅니다. 죄를 지었다는 것은 인정하지만 그럴 수밖에 없는 상황을 고려하지 않았다는 것과, 잘못한 것에 비해 처벌이 너무 크고 그 처벌에 일관성이 없다고 생각하기 때문입니다. 정말 하나님이 존재하는가에 대한 의문은 뒤로 하고서라도 '하나님이 뭔데 나를 심판하시는가' 하는 생각이 들 수 있습니다. 하나님을 창조주로 인정하지 않으면 심판주로도 인정이 안 되니까요. 설령 하나님을 창조주요, 심판주로 인정한다 할지라도 사실 보통 사람들의 경우는 지옥에 갈 만큼 남에게 큰 피해를 주고 산 사람이 그렇게 많지 않습니다.

강압적이고 조건적인 사랑

여러분이 제 외모를 보면 느끼시겠지만 저는 어릴 적부터 참 착했습니다. 제가 기억하고 있는 제 어린 시절의 나쁜 짓이 있다면 부모님 말씀을 안 듣고 하지 말라는 딱지치기, 구슬치기로 세월을 보낸 것입니다. 아, 또 있군요. 초등학교 6학년 때 옆 반 학생들이 바닥을 깨끗하게 청소해 놓으면 제가 친구와 함께 구정물을 바닥에 붓고 도망갔던 장난스러운 일이 있습니다. 혹 어떤 분이 이 이야기를 듣고 "정말 못됐네. 지옥 갈 만하네"라고 말씀하신다면 저는 정말 억울합니다. 그때 저는 초등학교 6학년이었고 그저 장난이 심했을 뿐이지 악의는 없었으니까요. 동생들을 때렸던 일도 기억이 나는군요. 하지만 형으로서 가정의 질서를 지키기 위해 어쩔 수 없는 일이었습니다.

여학생 치마를 들춘 일, 실수로 로켓탄을 어떤 학생에게 쏜 후 사과도 하지 않고 도망간 일, 성적표를 조작해서 부모님을 속인 일, 목사님 아들을 때려서 이를 부러뜨린 일, 저를 좋아하던 여학생 한 300명쯤을 울린 일, 돈이 없어서 버스 요금을 안 내고 슬쩍 탄 일……. 생각해 보니까 잘못한 게 많긴 하네요. 하지만 이런 죄들 때문에 펄펄 끓는 지옥 불에서 영원히 형벌을 받아야 한다고요? 그게 정당한 죗값입니까? 공정한 재판입니까? 단순히 제가 너무 뻔뻔해서 그런 엄청난 죄를 짓고도 죄의식이 없는 걸까요? 저의 이런 잘못들로 영원히 지옥에 가야 한다면 그건 전능하신 하나님의 횡포라고 생각하는 제가 잘못된 겁니까? 하나님이 그렇다 하시면 할 말이 없지만 (단지 그분의 주권적인 위치와 능력 때문에) 저는 공정하다는 생각이 들지 않을 것 같습니다. 이것은 마치 55마일 속도 제한 지점에서 60마일로 갔다는 죄 때문에 무기징역형을 받은 것과 같습니다.

그런데 이것보다 황당한 경우가 있습니다. 예수님을 믿지 않았기 때문에 지옥에 보낸다는 말입니다. 남들보다 비교적 정직하게 살려고 애쓰고, 비교적 청렴하게 살았어도 예수님을 믿지 않았다면 지옥에 갈 수밖에 없다는 것은 상당히 억울한 일입니다. 반면, 많은 사람의 손가락질을 받으며 온갖 악을 행했어도 예수님을 믿었다면, 죽기 직전에라도 믿는다고 인정만 하면 천국에 갈 것이라는 말도 참 부당하고 불의하다고 생각됩니다. 그리고 이렇게 말하면서 하나님이 우리를 사랑하셔서 독생자 예수를 주셨다는 말을 듣는다면 모순이고 억지라고 생각됩니다.

천국이 아무리 좋은 곳이라 할지라도 하나님이 예수님을 보내시면서 이제 그를 믿으면 천국에 보내 주고 안 믿으면 지옥에 보내겠다고 말씀하신다면, 그것은 인간의 자유 의지를 무시한 독재자의 횡포입니다. 예를 들면 이런 겁니다. 저는 지금 달라스 근교의 아담한 집에 살고 있습니다. 큰 집은 아니지만 아늑한 집이고 아쉬운 점들이 있기는 하지만 나름대로 만족하며 살고 있습니다. 그런데 어떤 돈 많고 권력 있는 사람이 나타났습니다. 그러고는 저를 너무 사랑한다고 합니다. 그냥 무조건 저를 위해서 뭐든지 하고 싶다며 진심으로 저를 아껴 줍니다. 하루는 저에게 아주 크고 멋진 집을 주며 거기 가서 살라고 합니다. 수도세, 전기세, 뭐든지 다 공짜니까 몸만 가면 된다고 합니다. 세상에 이런 횡재는 없을 것입니다. 하지만 제가 워낙 주변이 없고, 게으르고 의심이 많아서 그 진심을 무시한 채 그냥 살던 집에 있겠다고 거절했습니다. 그랬더니 그분이 그렇게 좋은 곳이 있는데 왜 안 가느냐고, 본인을 못 믿느냐고 매우 섭섭해하면서 그 집으로 이사하면 평생 행복하게 살 것이지만 만일 이사하지 않으면 지금 제가 살고 있는 집을 다 부숴 버리겠다고 합니다. 만일 그렇다면 저를 위해 아무리 좋은 집을 장만했다 하더라도 저의 의사와 의지를 무시한 행동입니다. 이쯤 되면 사랑이 아닌 집착이지요. 스토킹입니다.

나를 사랑해서 당신의 몸을 십자가에 달아 영생을 주셨다는 말과 믿지 않으면 영원히 지옥에 간다는 말이 모순으로 들리는 것은 바로 이런 이유에서일지 모릅니다. 일단 그 좋은 집으로 이사한 사람들은 여전히 옛날 집에 살고 있는 모습이 어리석게 보일지 모르지만 그렇지 않은 사람들에게는 이사를 안 갔기 때문에 지금 살고 있는 집을 부수고 거리로 내쫓겠다는 말이 너무 부당하게 느껴집니다. 한 인간이 가지고 있는 의지와 권리를 신적인 권위로 억누르는 것 같아서 그 사랑이 얼마나 크든 간에 강압적이고 조건적이라는 데 거부감을 느끼게 되는 거지요. 그렇게 좋은 집을 준다는데 거절하는 게 이해가 안 된다 하더라도 말입니다. 혹시 여러분 중에 그런 거부감을 느껴 보신 분이 계십니까? 정말 그게 복음일까요?

절박한 상황

저는 여러분과 함께 주님이 말씀하시는 심판과 영생이 어떤 것인지 다시 한 번 생각해 보고 싶습니다. 요한복음을 크게 두 부분으로 나눈다면 1-12장과 13-21장으로 나눌 수 있습니다. 1-12장은 예수님의 3년간의 공생애를 다루고 있습니다. 그러니까 이번 설교 본문인 44-50절 말씀은 1-12장의 결론이라고 할 수도 있고 요약이라고 할 수도 있습니다. 여기서 강조하고 있는 것은 주님이 세상을 심판하러 오신 것이 아니라는 사실입니다. 저는 어쩌면 여기에서 많은 사람이 오해했을지 모른다는 생각을 했습니다. 예수를 안 믿으면 지옥에 간다는 말은 예수가 심판을 하러 오신 분이라는 말로 들리니까요.

예수를 '안 믿으면' 심판을 받는다는 말과 예수를 '안 믿어서' 심판을 받는다는 말에는 차이가 있습니다. 예수를 안 믿어서 심판을 받는다는 말은 예수를 안 믿는 것이 심판받는 이유가 됩니다. 하지만 이번 본문에서는 분명하게 주님이 심판자로 세상에 오신 것이 아님을 강조합니다. 즉 "나를 안 믿으면 지옥으로 보내겠다"라고 말씀하지 않는다는 것입니다. 만약 하나님이 당신을 안 믿어서 저를 심판하신다면, 그리고 심판 날 "넌 나를 안 믿었으니까 지옥에 가"라고 말씀하신다면, 창조자의 횡포와 독재의 희생물이 되는 한이 있어도 제 의지를 포기하지 않을 것 같습니다. 게다가 예수 그리스도의 복음을 한 번도 들어 본 적이 없는 사람들은 그 판결이 몹시 억울할 것입니다. 요한복음은 그렇게 말하지 않습니다. 요한복음에서 예수를 안 믿으면 심판을 받는다는 말은 예수를 믿는 것이 심판을 피할 수 있는 기회가 된다는 말이고, 이는 복음입니다.

여러분은 요한복음 3장 16-18절을 기억하시나요?

하나님이 세상을 이처럼 사랑하사 독생자를 주셨으니 이는 그를 믿는 자마다 멸망하지 않고 영생을 얻게 하려 하심이라 하나님이 그 아들을 세상에 보내신 것은 세상을 심판하려 하심이 아니요 그로 말미암아 세상이 구원을 받게 하려 하심이라 그를 믿는 자는 심판을 받지 아니하는 것이요 믿지 아니하는 자는 하나님의 독생자의 이름을 믿지 아니하므로 벌써 심판을 받은 것이니라.

안 믿으면 안 믿었다는 이유로 심판을 받게 된다는 것이 아니라, 안 믿으면 심판을 받고 있는 상태를 벗어날 수 없다는 것입니다. 이 말씀은 현재 인간이 이미 심판 가운데 놓인 상태임을 전제할 때에만 이해됩니다.

조금 전에 말씀드린 예를 이번 본문에 따라 각색하면 이런 겁니다. 저는 지금 달라스 근교의 아담한 집에서 살고 있습니다. 큰 집은 아니지만 아늑한 집이고 부족한 점들이 있기는 하지만 나름대로 만족하며 살고 있습니다. 그런데 어떤 돈 많고 권력 있는 사람이 나타났습니다. 저를 너무 사랑한다고 합니다. 하루는 저에게 아주 크고 멋진 집을 주면서 저에게 그리로 이사하라고 합니다. 그가 말하기를 제가 살고 있는 집은 그럴듯해 보이지만 모래 위에 세워지고 기초가 너무 약하기 때문에 곧 무너져 버릴 거라고 했습니다. 그러니 집이 무너지기 전에 나를 믿고 빨리 내가 장만한 집으로 이사하라고 합니다. 그런데 저는 괜찮다고 하면서 이사 가기를 망설입니다. 이 경우에 그의 선의의 제안을 받아들이지 않은 것이 집이 무너진 이유는 아닙니다. 집이 무너지는 것은 이미 주어진 상태일 뿐입니다. 하지만 그를 믿지 않은 것이 기회를 놓치도록 만든 것임은 틀림없습니다.

누가 이런 제안을 받아들이지 않을까요? 현재 상태가 바로 심판 가운데 있는 상태임을 심각하게 받아들이지 않는 사람들입니다. 저는 주님의 복음을 바로 이해하기 위해서는, 그래서 또한 주님의 사랑에 진정으로 감격하기 위해서는 어쩌면 주님이 무엇을 하셨는가를 보기 전에 우리가 어떤 상태에 있는가를 먼저 직시할 수 있어야 한다고 생각합니다. 현재 자신이 심판받은 상태에 놓여 있음을 모르면, 사면되었다는 기쁨이 있을 리가 없습니다.

저는 당이 조금 높고 콜레스테롤 수치가 조금 높습니다. 하지만 그래서 생활하는 데 불편함을 주는 것은 아니기 때문에 심각하게 생각하지 않습니다. 주변의 많은 분이 지금 관리하지 않으면 큰일 난다고 겁을 주지만 저는 솔직히 겁나지 않습니다. 상태의 절박함을 모르기 때문입니다. 만일 제 상태가 점점 악화되어 심각한 지경에 이른다면 그분들이 말할 것입니다. "내가 그렇게 말했는데도 듣지 않더니 결국 저렇게 되었네." 그런데 제가 그분들에게 "당신들이 자꾸 안 좋아질 거라고 말해서 이렇게 된 겁니다"라고 오히려 그분들을 원망한다면 그건 정당하지 않습니다. 마찬가지로 예수님이 "나로 말미암지 않고는 아버지께로 올 자가 없다. 나를 믿으라 그러면 구원을 얻으리라" 하고 말씀하신 것이 독선이며, 편협함이라고 말하는 것도 정당하지 않은 것이지요.

틀림없는 사랑이자 은혜

성경에서 사람이 심판 아래 있음을 보여 주는 가장 분명한 증거는 죽음입니다. "왜?"라는 질문은 대단히 중요하고 이 질문에 대한 논쟁은 얼마든지 가능하지만 사람이 죽는다는 사실 앞에 놓인 해결책에 비하면 그리 큰 무게를 차지할 수는 없을 것입니다. 성경은 죽음이 단순히 영혼과 육체가 분리되는 것일 뿐만 아니라 하나님을 떠남으로 영원히 하나님의 저주와 심판 아래 놓이게 된 인간의 상태를 보여 주는 표시가 된다고 말합니다.

인간의 모든 문제는 죽음에서 비롯됩니다. 죽음 때문에 사람이 살아가면서 행하는 모든 것, 모든 논의가 사실은 별 의미가 없어집니다. 그리고 예수님은 이 문제를 해결하기 위해 이 땅에 오셨습니다. 하나님의 공의를 만족시켜 드림으로 이 땅에서 겪는 모든 일에 새로운 의미를 부여하셨을 뿐만 아니라 하나님의 자녀로 영원히 살 수 있는 길을 열어 주셨습니다. 이 문제를 별로 심각하게 생각하지 않는 분들, 죽음과 관련하여 인생의 문제를 진지하게 생각해 보기를 원치 않는 분들에게는 예수님이 십자가에 못 박히심으로 우리에게 영원한 생명을 주셨다는 복음이 그리 대단한 것이 아닐 수 있습니다. 내가 그걸 어떻게 믿을 수가 있을까, 도저히 믿어지지가 않는다고 말할 만큼만 생명과 죽음의 문제를 진지하게 생각해 보시기 바랍니다.

그러나 애석하게도 많은 사람은 그 문제에는 어차피 어떤 해결책도 없는 것처럼 체념한 채 살아갈 뿐입니다. 아니, 마치 단 것을 조심하라고 그렇게 성화하는 가족의 말을 전혀 심각하게 받아들이지 않고, 그저 알았다고 하고는 몰래 단 것을 먹고 즐기다 이제는 약을 4종류나 먹어도 당이 잘 잡히지 않는 상태까지 이른 제 경우처럼 남의 일인 듯, 아직은 심각하게 생각할 일이 아닌 듯 별로 관심이 없는 상태에 놓여 있는 것이지요.

예수께서 사람들에게 영원한 생명을 주시기 위해 이 땅에 오셨음을 믿을 수 없거나 믿고 싶지 않을 수 있습니다. 안 믿어진다고 말해서 벌을 받을 이유는 없습니다. 그러나 죽음은 현실입니다. 또한 심판도 현실입니다. 죽음 이후의 상태를 성경은 그렇게 우리에게 알려 줍니다. 그래서 예수님은 안타깝게 애걸하듯이 우리에게 말씀하시는 것이고, 많은 복음 증거자가 이 예수님의 말씀을 소개하는 것입니다. "나는 세상을 심판하러 온 것이 아니라 구원하러 왔으니 나는 너희에게 영생을 주기 원하노라." 사람들이 이 말씀을 심각하게 생각하지 않는 이유가 본인의 상태를 현재 정죄된 상태가 아니라 중립 상태로 생각하기 때문이라면, 당장 누리고 있는 쾌락과 소유의 만족으로 인해 궁극적인 운명을 망각하고 있기 때문이라면 이건 정말 심각하고 애석한 문제입니다. 다시 말씀드립니다. 비록 모든 사람이 다 가야 하는 길이라 할지라도 죽음은 우리의 상태가 결코 중립이 아님을 증명합니다.

인간은 심각한 위기에 처해 있습니다. 그 위기를 극복하는 임시적인 길이 체념이었고, 체념한 상태를 유지하는 길이 쾌락을 통한 망각이었습니다. 자신의 삶에 진지했어도 길이 없다고 생각했습니다. 차라리 70년이나 80년쯤 살다가 그냥 흙이 되는, 영혼 없는 동물이 될 수밖에 없다고 생각했습니다. 이것이 어둠입니다. 절망에서 비롯된 칠흑 같은 어둠입니다. 그 상태가 이미 정죄된 상태입니다. 여기에 그리스도께서 빛이 되셨습니다. 희망이 되셨고 생명이 되셨습니다. 그분을 믿고 의지하는 자는 영원히 살게 될 것이라고 했습니다. 안 믿으면 지옥에 보내시는 것이 아니라 안 믿으면 현재 우리가 처한 그 절망에서 벗어날 길이 없습니다.

지금 우리가 처한 상태가 심판의 상태이며, 우리는 그것을 의식할 수 있든 없든 절망을 향해 가고 있음을 인정해야 합니다. "누구 없습니까?"를 외칠 수 있을 때, 주님이 하신 말씀의 의미를 이해할 수 있고 주님이 하신 일이 무조건적인 은혜임을 알게 됩니다. 그러니까 주님이 오셔서 지속적으로 하신 말씀은 "너, 빨리 치료해야 해. 그냥 그대로 두면 멀쩡한 것 같지만 곧 죽어. 내 말 절대로 허투루 들으면 안 돼"라는 말씀입니다. 의사가 속이 다 썩어 가던 환자에게 죽음의 위기를 알리고 신속한 치료를 요구했지만 그 말을 듣지 않아 환자가 죽었다면 그것은 의사가 환자를 죽게 한 것이 아닙니다. 이 말이 냉정하게 들릴 수도 있지만 "넌 지금

이대로 가면 죽어"라고 하신 말씀은 틀림없는 사랑이자 은혜입니다.

요한복음 13장 1-11절

1 유월절 전에 예수께서 자기가 세상을 떠나 아버지께로 돌아가실 때가 이른 줄 아시고 세상에 있는 자기 사람들을 사랑하시되 끝까지 사랑하시니라 2 마귀가 벌써 시몬의 아들 가룟 유다의 마음에 예수를 팔려는 생각을 넣었더라 3 저녁 먹는 중 예수는 아버지께서 모든 것을 자기 손에 맡기신 것과 또 자기가 하나님께로부터 오셨다가 하나님께로 돌아가실 것을 아시고 4 저녁 잡수시던 자리에서 일어나 겉옷을 벗고 수건을 가져다가 허리에 두르시고 5 이에 대야에 물을 떠서 제자들의 발을 씻으시고 그 두르신 수건으로 닦기를 시작하여 6 시몬 베드로에게 이르시니 베드로가 이르되 주여 주께서 내 발을 씻으시나이까 7 예수께서 대답하여 이르시되 내가 하는 것을 네가 지금은 알지 못하나 이 후에는 알리라 8 베드로가 이르되 내 발을 절대로 씻지 못하시리이다 예수께서 대답하시되 내가 너를 씻어 주지 아니하면 네가 나와 상관이 없느니라 9 시몬 베드로가 이르되 주여 내 발뿐 아니라 손과 머리도 씻어 주옵소서 10 예수께서 이르시되 이미 목욕한 자는 발밖에 씻을 필요가 없느니라 온몸이 깨끗하니라 너희가 깨끗하나 다는 아니니라 하시니 11 이는 자기를 팔 자가 누구인지 아심이라 그러므로 다는 깨끗하지 아니하다 하시니라

13장

요즘 어떻게 섬기십니까?

사람이 멀리 떠날 때가 되면 행동이 이상해진다고 합니다. 깐깐하던 사람이 갑자기 너그러워진다든지, 매사에 욕심 많던 사람이 큰 욕심을 부리지 않고 거의 체념한 듯이 관대해진다든지 하면 우리가 종종 하는 질문이 있습니다. "어디 아파?"입니다. 제가 이해하기에 어디 아프냐는 말은 정신이 혼미해져서 분별력이 없어진 것이 아니냐는 의미도 있겠지만 그보다는 "죽을병에 걸렸느냐? 아주 떠나느냐?"는 의미도 포함되어 있는 것 같습니다. 엄밀히 말해 정말 죽음의 임박을 실감할 수 있어서 너그러워지거나 욕심을 버리게 된다면 그건 이상해진 게 아니라 비로소 제정신이 든 거라고 말하는 것이 맞을 것 같습니다. 떠나야 하는 것을 아는데도 떠나지 않을 것처럼 집착하는 것이 사실은 더 부자연스럽습니다.

죽음은 가장 현실적인 것임에도 사람들은 죽음을 가장 비현실적인 것으로 여깁니다. 이는 죽음의 절망과 두려움을 대면하고 싶지 않은 인간의 심리를 잘 대변한다고 말할 수 있을 것입니다. 그래서 누가 죽음에 관한 이야기를 하면 "왜 쓸데없는 이야기를 하느냐?"라든지 "그런 말도 안 되는 이야기하지 말라"라고 무시해 버리기도 합니다. 가장 확실한 현실이라 할지라도 살아 있는 동안에는 가장 비현실적인 것으로 여기고 싶어 합니다.

예수님은 죽음에 관한 이야기 혹은 이별에 관한 이야기를 자주 하셨습니다. 제자들은 늘 '설마'라고 생각하거나, 주님의 말씀을 진지하게 생각하지 않았을 겁니다. 그런데 정말 그 시간이 하루 앞으로 다가왔습니다.

이번 본문의 사건은 주님이 십자가에 달리시기 전날 밤에 일어났던 일이니까 3년 동안 함께 생활한 제자들과 보낸 마지막 저녁 시간에 일어난 일입니다. 주님은 이미 죽음에 관해 몇 번 진지하게 말씀하셨지만 제자들은 예수님의 죽음을 전혀 실감할 수 없었습니다. 주님이 며칠 동안 열이 올라 몹시 아프셨다든지, 식은땀을 흘리며 자주 기절하셨다든지 하는 증상과 함께 "이제 며칠 안 남았다"라고 말씀하셨다면 제자들이 주님의 말씀을 심각하게 받아들였을지 모릅니다. 마지막 날 밤, 주님은 전보다 심각하고 비장하게 말씀하셨습니다. 그렇지만 그날 밤도 역시 이전처럼 목소리도 카랑카랑하시고 불편한 것도 없는 건장한 청년의 모습이었습니다. 그래서 주님이 하신 죽음 혹은 이별에 관한 말씀을 심리적 불안 상태의 표현이나 사색이 깊은 선생으로서 인생에 대한 철학적 사변 정도로 들었을지도 모릅니다. 비현실적으로 보이는 죽음을 생각하기에는 현실의 문제들이 훨씬 커 보였을 테니까요. 주님은 당신의 죽음을 당장의 현실로 말씀하셨는데 제자들은 주님의 마음이 약해져서 말씀하시는 가능성 정도로 생각했으니, 주님과 제자들의 대화가 동문서답이 되는 것은 당연한 일일 것입니다.

행동으로 남기신 유언

그날 저녁의 일입니다. 주님은 열두 명의 제자를 따로 모아 마지막 식사를 하시면서 이제 다시는 이 땅에서 식사를 할 수 없을 것이라고 하시고 떡과 포도주를 주시면서 항상 주님을 기억하고 기념하라고 하셨습니다. 주님이 그렇게 마지막 유언과 같은 말씀을 하시고 얼마 지나지 않았을 거라고 짐작합니다. 제자들이 누가 더 큰가를 두고 다투기 시작했습니다. 저는 제자들이 그런 심상치 않은 상황에서 주님이 떠나시면 누가 그 뒤를 이어서 무리를 이끌 것인가를 가지고 다툴 정도로 비인간적이었을 거라고는 생각하지 않습니다. 제자들이 다툰 것은 아마 주님이 그중 한 사람이 예수님을 팔 거라고 하신 말 때문이었을 겁니다. 누군가 선생님의 심기를 불편하게 해서 자꾸 떠나겠다고 말씀하신다고 생각했을 겁니다. "선생님이 너보고 하신 말이야", "네가 가장 빼질거리니까 주님이 속이 상하셔서 저런 말씀을 하시잖아", "어제 저녁에 주님이 설교하실 때 네가 졸았잖아?", "네가 삐진 것처럼 며칠 동안 주님과 말을 안 하더라. 그러니까 주님이 속이 상하셨잖아!" 이렇게 싸우기 시작하다가 서로의 공로를 말하기 시작하고 그래서 누가 더 큰가를 다투기 시작했다고 생각하고 싶습니다. 그래도 주님과 3년을 함께한 정이 있는데요.

그렇게 다투는 모습을 보면서 제가 예수님이었다면 그럴 때 아마 책상을 주먹으로 치면서 벌떡 일어났을 것 같습니다. 그리고 소리를 질렀을 것입니다. "도대체 뭣들 하는 짓이야. 내가 내일 떠난다니까. 오늘이 마지막이라는데 내 말이 말 같지 않아?" 그런데 주님은 아무 말씀도 하지 않으셨습니다. 그냥 식사하시던 자리에서 일어나 겉옷을 벗으시고 대야에 물을 담아 오셔서는 제자들의 발을 씻겨 주기 시작하셨습니다. 영어 표현 중에 "Actions speak louder than words"(행동이 말보다 큰소리로 말한다)라는 말이 있지요. 이런 상황에서 제자들에게 아무리 말해 봐야 효과가 없다고 생각하셨나 봅니다.

주님은 행동으로 유언을 남기셨습니다. 아마 틀림없이 제자들이 충격을 받았을 것입니다. 당시 관습대로라면 어느 집에 가든지 반드시 발을 씻고 들어가야 합니다. 더구나 유월절 만찬을 하는 자리에 발을 씻지 않고 앉았을 리가 없습니다. 이들은 집 안에 들어오면서 이미 발을 씻었을 겁니다. 그런데 식사 중간에 예수님이 대야에 물을 떠다가 제자들의 발을 씻기십니다. 이미 다 씻은 사람들의 발을 식사 중에 주님이 다시 씻기신다는 것도 이해되지 않는 일이지만 원래 하인이나 하는 일을 선생이신 예수님이 하려고 하셨다는 것도 상상할 수 없는 일이었습니다. 지금 예수님이 취하시는 행동은 청결을 목적으로 하신 것이 아니라, 서로 누가 큰가 다투는 제자들에게 유언을 남기시는 상징적인 의미가 있는 겁니다.

제자들은 주님이 왜 이런 행동을 취하시는지 짐작했을 것입니다. 특히 누가복음의 기록처럼 제자들이 서로 누가 더 높은가 다투었고 그래서 주님이 대야에 물을 담아다가 제자들의 발을 씻기셨다면 웬만한 눈치가 있는 사람이라면 주님이 왜 그런 행동을 취하고 계시는지 쉽게 짐작할 수 있지 않겠습니까? 아마 그래서 주님이 발을 씻기시는데도 다른 제자들은 아무 말도 하지 못했을 것입니다. 서로 다투었다는 데 부끄러움을 느꼈을 테니까요. 그 행동은 그 어떤 말보다도 엄한 책망으로 받아들이기에 충분했습니다.

제 손과 머리도 씻겨 주십시오

주님이 몇 번째로 베드로에게 오셨는지는 모르겠습니다. 어떤 사람은 첫 번째였다고 하고 어떤 사람은 마지막이었다고 하지만 제가 읽는 대로라면 첫 번째는 아니었을 거라는 생각이 듭니다. 베드로는 마음이 불편해서라도 주님이 그렇게 제자들의 발을 씻기시는 것을 가만히 보고 있을 수 없었습니다. 그는 주님에게 이렇게 말합니다. "주님, 주께서 제 발을 씻기시나이까?" "주님이 내 발을요?" 역시 베드로입니다. 어쩌면 이 말은 다른 제자들도 주님에게 하고 싶었던 말일 겁니다. "주님, 주님이 제 발을 씻기십니까? 주님, 그럴 수는 없습니다. 어떻게 주님이 제 발을 씻기십니까? 저는 주님을 존경합니다. 주님을 사랑합니다." 베드로가 주님이 하시는 일을 막아섰습니다.

주님은 베드로에게 "나의 하는 일을 이제는 알지 못하나 이후에는 알리라"라고 역시 애매하게 대답하셨습니다. 주님이 취하신 행동 중에 베드로가 모를 일이 있겠습니까? 싸우지 말라는 말 아닙니까? 섬기는 사람이 되어야 한다는 말 아닙니까? 그리고 베드로가 주님에게 하고 싶었던 말은 "이제 다 알았으니까 주님, 그만하십시오"라는 말 아니겠습니까? 그런데 주님이 "나의 하는 일을 이제는 알지 못하나 이후에는 알리라"라고 하셨다면 주님은 지금 다른 일을 생각하고 계신 것 아니겠습니까? 주님이 하신 이 말씀의 궁극적인 의미는 주님의 섬김의 극치는 제자들의 발을 씻기는 데 있는 것이 아니라 십자가에서 죽으심에 있다는 것입니다. "내가 네 발 씻기는 것을 말릴 수 있을지 몰라도 내가 너를 위해 죽는 것은 말릴 수 없을 것이다"라는 말씀을 하시는 겁니다. 주님이 제자들의 발을 씻기는 것보다 얼마나 낮아지셨는가를 나중에 알게 될 때가 오리라는 말씀입니다. 베드로는 그 사실을 아직 실감나게 깨달을 수 없었습니다. 그래서 이렇게 말합니다.

내 발을 절대로 씻지 못하시리이다(13:8).

저는 이 말을 한 베드로의 심정을 이해할 수 있습니다. "주님, 제가 왜 주님의 마음을 모르겠습니까? 제 발은 씻기지 않으셔도 제가 다 알아들었습니다. 잘못했습니다. 그러니 주님, 제발 이제 그만하세요." 저라도 그렇게 말했을 것입니다. 너무 민망하고 죄송해서 그랬을 것입니다.

그런데 그다음 주님의 말씀이 베드로에게 충격적이었습니다. "내가 너를 씻기지 아니하면 내가 너와 상관이 없느니라." 주님이 오해하셨다고 생각했을까요? 아니, 베드로는 그보다 지금 주님에게 자신의 발을 씻길 수 없다고 고집하는 이유가 바로 주님을 아끼고 사랑하기 때문임을 보여 드리고 싶었겠지요. "내가 너를 씻기지 아니하면 너와 상관이 없다"라는 말에 "만일 그렇다면 주님, 내 발 뿐만 아니라 내 손과 머리도 씻겨 주세요"라고 말합니다. 베드로가 너무 오버하는 건 아닌가요? 갑자기 웬 머리와 손도 씻겨 달라고 합니까? 가만히 있으면 중간이라도 가는데, 요즘 유행하는 말로 표현하면 '갑분싸'입니다. 베드로의 이 말과 행동은 정말 분위기를 썰렁하게 만들었습니다. 무슨 말인가하면 바로 이런 겁니다. 수치, 당황, 혼동으로 침묵이 흐르는 가운데 주님은 말없이 제자들의 발을 씻기셨고 베드로에게 이르렀을 때 마침내 베드로가 정적을 깨고 "주님, 제 발은 안 됩니다"라고 말하며, 주님이 하시는 일을 막으셨습니다. 그때 베드로의 모습은 역시 용기 있는 사람 같았습니다. '내가 네 발을 씻기지 아니하면 너와 상관이 없다'고 주님이 말씀하실 때 당시 분위기로 보아서는 주님에게 "그 말이 무슨 뜻입니까?"라고 물었을 법합니다. 아니, 따졌어야 합니다. 3년을 함께 다녔는데 발을 못 씻기게 한다고 상관이 없다니요? 이건 주님의 평소 모습과는 다른, 어깃장을 놓는 모습입니다. 그런데 베드로가 "그래요? 그럼 내 머리하고 손도 좀 씻겨 주세요"라고 했습니다. 옆에 있던 제자들이 '으잉?'(썰렁) 그랬을 것 같지 않습니까? 그때 주님은 이미 목욕은 하고 왔으니까 발만 씻으면 된다는 요한복음 특유의 심오한 말씀을 하셨습니다.

여러분은 랍비가 제자들의 발을 씻기는 이 엄숙하고 비장한 사건 중에 나눈 이 대화가 정말 죽음을 눈앞에 두고 하는 진지한 대화처럼 느껴지십니까? 보기에 따라서는 너무 코믹하게 느껴지기까지 하지 않습니까? 저는 그렇게 느껴집니다. 이 대화가 제게 코미디처럼 들리는 이유는 주님과 베드로(혹은 제자들)가 동문서답을 하고 있기 때문입니다. 주님은 십자가와 십자가를 통한 죄 사함을 마음에 두고 섬김을 말씀하고 계시고 베드로는 십자가 없이 주님과의 관계를 말하고 있습니다. 베드로는 고난의 과정 없는 사랑을 말하고 있고 주님은 고난을 통한 사랑을 말하고 계십니다. 다른 관점에서 다른 관심을 가지고 말하니까 서로 다른 말을 하는 것처럼 말이 잘 통하지 않습니다.

하지만 그런데도 저는 베드로의 말을 이해할 것 같습니다. 주님이 무슨 말씀을 하시는지는 잘 모르겠지만 베드로가 하고 싶은 말은 "내가 주님을 사랑한단 말입니다. 난 주님과 상관없다는 말이 너무 싫단 말입니다. 발을 씻어 주님과 상관이 있는 것이라면 내 손도, 내 머리도 씻겨 주십시오." 투박하기는 하지만 주님과 상관없다는 말에 상처를 받은 베드로의 심정을 느낄 수도 있습니다.

아마도 이 대화를 나누고 얼마 지나지 않아서였을 거라고 짐작됩니다. 주님이 또 죽음에 관한 말씀을 하셨을 때 베드로는 주님을 위해서 목숨을 버릴 수 있다고 했습니다. 그때 주님이 하신 말씀입니다.

> 네가 나를 위하여 네 목숨을 버리겠느냐 내가 진실로 진실로 네게 이르노니 닭 울기 전에 네가 세 번 나를 부인하리라(13:38).

내가 주를 위해 목숨을 버리겠다는 말과 내 머리와 손도 씻겨 달라는 말은 제가 이해하기에는 결국 같은 말입니다. 주님과 상관없어지는 것은 싫다는 말이지요. 어디든지 주님과 함께하고 싶다는 고백입니다. 하지만 베드로는 그날 새벽에 주님을 세 번 부인하고 말았습니다.

베드로가 위선자입니까? 그의 관심이 주님을 이용해 부귀영화를 누리는 것이었기 때문에 실제로 목숨의 위험을 느끼자 뒷걸음질한 것입니까? 저는 그렇지 않다고 생각합니다. 그가 끊임없는 유혹을 받았는지는 모르지만 주님과 상관있는 일이라면 손도 머리도 씻겨 달라고 할 만큼 주님과의 관계를 소중하게 생각했던 사람입니다. 그는 약하고 즉흥적인 면을 보이기는 했지만 주님의 제자가 되는 일에 진지했던 사람입니다. 사실 생각해 보면 베드로가 주님을 세 번 부인하게 된 것도 사실은 주님을 향한 관심 때문에 일어난 일이었습니다. 다른 제자들처럼 도망갔더라면, 그리고 어디엔가 숨었더라면 아마 그런 일을 당하지 않았을 겁니다. 하지만 베드로는 두려우면서도 주님이 걱정되어 견딜 수가 없었습니다. 그래서 주님이 재판받고 계신 대제사장의 집에 들어갔다가 그런 일을 당한 겁니다. 약하고 부족하지만 사랑하지 않고는 할 수 없는 일입니다.

하지만 주님이 말씀하신 의도는 분명합니다. 이 관계를 지속되고 확실하게 만드는 것은 베드로의 진실함이 아니라 예수님의 진실함입니다. 베드로의 열심이 아니라 우리 주님의 열심입니다. 베드로의 헌신이 아니라 주님의 십자가입니다. 인간의 순수한 열정만으로 될 일이 아닙니다. 십자가가 빠지면, 대속적 죽음의 은혜를 입고 그 은혜에 의지해서가 아니면 주님과의 관계는 지속될 수 없습니다. 우리의 열심과 사랑, 선하게 살려는 강력한 도덕적 의지와 예수님을 본받아 섬기는 사람이 되겠다는 겸손에 십자가의 은혜가 빠지면 "발뿐 아니라 내 온몸을 씻겨 주세요"라고 고백할 수 있다 하더라도 그 관계를 유지할 수는 없습니다. 결국 베드로처럼 주님을 부인할 수 있는 것이 우리이기 때문입니다.

십자가와 섬김의 관계

제가 믿음으로 살겠다고, 주님을 사랑한다고 고백할 때마다 그다음에 제가 무슨 짓을 하는지 다 아시는 주님은 그런 저의 고백을 어떻게 받아들이실까요? "믿음으로 살겠습니다. 욕심부리지 않고 혈기부리지 않고 주님을 의지하며 너그럽게 살겠습니다." 제가 이렇게 기도하면 다음날 제가 얼마나 신경질을 부리고 남이 잘되는 것을 보면서 샘을 낼지 잘 아시는 주님이 뭐라고 하실까요? "그래, 나를 사랑하며 살겠다는 네 말이 참 감동스럽구나"라고 비아냥거리듯 말씀하실까요? 아니면 "입에 침이나 바르고 그런 말을 해라. 네 주제도 모르고. 너무 오버하지 말아라"라고 하실까요?

저 자신의 약함과 죄성을 알고 있는 저로서는 절대로 주님을 사랑한다든지, 믿음으로 살겠다는 말을 못할 것 같습니다. 그건 언제나 오버라는 것을 잘 아니까요. 그럼에도 저는 그렇게 고백하고 싶습니다. 그리고 그렇게 고백할 것입니다. 제가 그렇게 고백할 수 있는 이유는 이미 저의 온몸을 씻기신 주님이 매번 저의 발을 씻기실 것임을 알기 때문입니다. 부족하지만 누군가의 발을 씻겨야겠다는 마음이 생기고 그 마음을 행동으로 옮길 용기가 생기는 이유는 저의 겸손함 때문이 아니라 주님의 겸손함 때문입니다. 베드로의 고백은 진실했지만 그 고백을 의미 있고 가능하게 만드는 것은 주님의 진실하심 때문이었습니다.

주님이 돌아가시기 전날 밤의 사건을 요한은 특이하게 기록하고 있습니다. 다른 복음서들(공관복음)에서는 예수께서 십자가에 달리시기 전날 밤에 제자들과 함께 만찬을 하시면서 주님의 죽음에 관한 예식을 행하셨습니다. 요한복음은 유일하게 성만찬의 의미에 관한 주님의 가르침 대신에 제자들의 발을 씻기신 사건을 다루고 있습니다. 이는 틀림없이 서로 사랑하며 섬길 것을 가르치는 내용입니다. 특히 요한복음에서는 주님의 지상 사역 마지막에 제자들이 서로 사랑해야 할 것을 강조합니다. 하지만 그럼에도 그 근거는 주님이 이미 온몸을 씻기셨다는 사실에 있음을 요한은 간과하지 않았습니다. 요한은 다른 복음서와 다른 말을 하는 것이 아니라 조금 더 발전된 모습을 말하고 있는 것입니다. 우리가 주님을 위해 무엇을 할 수 있는가는 주님이 우리를 위해 무엇을 하셨는가에 근거합니다. 발을 씻기심이 섬김의 본을 보여 주신 사건임은 틀림없더라도 그 사건은 십자가 사건을 전제로 합니다.

저는 베드로의 신앙이 순수했다고 생각합니다. 주님을 향한 그의 열심은 진심이었습니다. 주님이 자기의 발을 씻기시는 것을 정말 견딜 수 없을 만큼 송구스러워했고, 주를 위해 목숨을 바칠 각오도 되어 있었습니다. 주님과의 관계도 그만큼 중요해서 온몸과 머리도 씻겨 달라고 말한 것입니다. 그런데 그런 베드로를 주님이 멈추십니다. 그리고 십자가에서 완성될 주님의 사랑, 진정한 낮아짐을 기억하도록 하십니다. 그리고 요한은 그런 주님의 마음을 그의 교회에 전하고 있습니다.

이제 우리도 돌아보아야 할 것입니다. 다시 생각해 보아야 할 것입니다. 우리의 열심도, 우리의 헌신도, 아니 우리의 좌절과 우리의 상실감도 주님의 십자가를 놓치고 있는 것은 아닌지 말입니다. 참된 섬김, 진정한 낮아짐은 그리스도의 십자가의 낮아지심에 근거해야 하는 것을 말입니다. 그동안 교회는 헌신을 강조했고, 섬김을 말했고, 비전과 성장을 말했지만 십자가를 잊어버렸습니다. 아니, 그 반대의 현상도 있었습니다. 십자가만 말하고 섬김과 헌신에 관해서는 말하지 않았습니다. 요한은 이 둘이 불가분의 관계에 있음을 강조합니다. 섬김은 십자가를 근거로 해야 합니다. 그리고 십자가는 섬김을 가능케 해야 합니다.

요한복음 13장 12-17절

12 그들의 발을 씻으신 후에 옷을 입으시고 다시 앉아 그들에게 이르시되 내가 너희에게 행한 것을 너희가 아느냐 13 너희가 나를 선생이라 또는 주라 하니 너희 말이 옳도다 내가 그러하다 14 내가 주와 또는 선생이 되어 너희 발을 씻었으니 너희도 서로 발을 씻어 주는 것이 옳으니라 15 내가 너희에게 행한 것같이 너희도 행하게 하려 하여 본을 보였노라 16 내가 진실로 진실로 너희에게 이르노니 종이 주인보다 크지 못하고 보냄을 받은 자가 보낸 자보다 크지 못하나니 17 너희가 이것을 알고 행하면 복이 있으리라

14장

섬김을 위한 대야

    피츠버그 제일장로교회 담임 목사였던 브루스 틸레만은 교회를 아주 열심히 다니는 교인과 대화를 나누는 중에 이런 이야기를 들었다고 합니다. "목사님들은 구제하고 남을 돕는 것에 관해서 항상 말을 많이 하시는데 정말 도와주어야 하는 때가 되면 꼭 '대야 신학'에 이르게 됩니다." 목사님은 대야 신학에 대해서는 들어 본 적이 없기 때문에 의아해하면서 '대야 신학'이라는 게 무엇인지를 물었습니다. 그 교인이 대답하기를, "본디오 빌라도가 예수님을 사면할 수 있는 기회가 있지 않았습니까? 그때 그는 대야를 가지고 오라고 해서는 그 문제와 자기는 상관이 없다는 의미로 손을 씻었습니다. 십자가에서 돌아가시기 전날 밤 예수께서도 대야를 가져오라고 하셨습니다. 그러고는 그 대야에 손을 넣어 제자들의 발을 씻겨 주셨습니다. 목사님이라면 어떤 대야를 사용하시겠습니까?"

대야 자체는 선하거나 악하지 않다고 하더라도 선하게 사용될 수도 있고 악하게 사용될 수도 있습니다. 돈도 선한 사람 손에 있으면 선한 목적을 위해 사용되어 많은 사람에게 유익을 줄 수 있지만 악인의 손에 들어가면 사치와 착취의 수단이 될 수 있습니다. 명예도 의로운 자에게 주어지면 영광이 되고 기쁨과 소망을 주지만 미련한 자에게 주어지면 자기와 남을 해치는 위험한 것이 됩니다. 권세도 능력도 은사와 달란트도 하나님 나라와 이 사회를 위해 유익하게 사용될 수도 있고 무익하고 유해하게 사용될 수도 있습니다. 제법 많은 것이 그 자체로 선과 악이 되지 않는다 하더라도 선과 악을 이루는 수단이 됩니다. 그러니까 그 자체로 악하지 않다고 해서 합리화하는 것은 대단히 위험한 일입니다. 교회 성장도 하나님을 영화롭게 하며, 하나님 나라를 확장하는 수단이라서 그 자체가 악하지 않으니 문제가 없다고 말하면 안 됩니다. 재물도 그 자체가 나쁘지 않다고 해서 수단을 합리화하면 대단히 위험합니다. 수단 자체에 어떤 선한 요소가 있는 것이 아니라 할지라도 그것을 사용하는 사람의 자세와 태도가 그 용도의 선함을 결정한다면 무조건 중립적이라고 합리화하는 것은 마땅치 않다는 말이지요.

물론 세상에 있는 모든 것이 다 중립적이고 매개체에 불과해서 결국 모든 것이 다 사람의 마음에 달린 것이라고 말하기는 곤란합니다. 사람의 마음을 바꾸기 위한 목적으로 만들어진, 본질적으로 선한 것과 본질적으로 악한 것들도 있으니까요. 예를 들면, 성경이나 교회는 본질적으로 선한 목적을 위해 만들어진 선한 것이고 부모와 자식의 관계, 부부간의 관계도 선한 목적을 위해 만들어진 것입니다. 하지만 선한 목적으로 만들어졌고, 원래는 악한 사람의 마음을 변화시키고 사랑을 느끼게 해주자는 목적에서 만들어졌다고 해도 부분적으로 혹은 일시적으로 악하게 이용당하는 경우도 있기 때문에 결국 결정적인 것은 사람의 태도와 자세라는 생각이 듭니다. 그렇기 때문에 윤리학에서는 '중립'이 없다고 하지요. 심지어 신발 끈을 묶는 행위조차도 중립적이지 않다고 말합니다. 사람을 죽이러 가기 위해 신을 신는 것이라면 악하고, 사람을 구하기 위해서 신을 신는 것이라면 선하다는 말입니다.

더러운 발을 씻기던 대야

제가 이번 본문을 통해 생각해 보고 싶은 것은 대야와 교회입니다. 요한복음에는 기록되어 있지 않습니다마는 누가복음에 의하면 예수께서 제자들과 이 땅에서 생애 마지막 저녁 식사를 하시던 자리에서 제자들 간에 다툼이 있었습니다. 누가 더 헌신적이고 누가 더 높은 자인가 하는 문제를 놓고 서로 다툰 것입니다. 그와 같은 제자들의 언짢은 분위기를 아시고 행하신 것인지 아니면 아직 제자들이 다투지는 않았지만 미리 앞을 내다보시고 행하신 것인지는 분명치 않습니다마는 예수께서는 집주인에게 대야에 물을 담아 가져오라 하셨습니다. 제자들은 의아해했습니다. 우선은 예수님이 그것을 어디에 쓰실지 몰라서 의아해했을 것이고 다음에는 예수님의 행동이 너무 어처구니가 없어서 당황했을 것입니다.

유대인들은 밖에 나갔다 들어오면 꼭 손과 발을 씻었습니다. 먼지가 많던 나라이기에 위생상 샌들을 벗고 발을 씻은 후 집 안으로 들어가는 것은 지극히 당연한 일이었습니다. 발에서 냄새가 나고 먼지가 묻어 있는

데도 씻지 않고 맨발로 그냥 집 안으로 들어가 식탁에 앉는다면 기분도 좋을 리 없을 겁니다. 그것뿐만이 아닙니다. 종교적 예의로서도 외출했다가 들어오면 유대인들은 반드시 손을 씻었습니다. 부정한 것을 만졌을지 모르기 때문입니다.

예수께서 이날 만찬을 하러 가신 집에서 푸대접을 받았다고 주장하는 분들도 있습니다. 손님으로 가신 예수님과 그의 제자들에게 발 씻을 물도 주지 않고 발도 씻겨 주지 않았기 때문에(원래는 그 집의 하인이 손님의 발을 씻겨 주게 되어 있습니다) 예수님이 직접 제자들의 발을 씻기신 것이라는 주장이지요. 하지만 저는 그 주장이 그리 설득력이 없다고 생각합니다. 우선은 그날 만찬을 베푼 주인이 예수님과 그의 제자들을 초청한 사람들이 아니라, 예수님이 제자들을 보내 갑자기 잔칫상을 준비하게 했던, 하나님이 미리 예비하신 사람이었던 것으로 보아 주님의 제자이거나 하나님을 경외하는 사람이었을 가능성이 큽니다. 따라서 예수님과 제자들을 위해 갑자기 식사 자리를 베푼 사람이 예수님과 제자들이 들어올 때 발 씻을 물을 준비하지 않았다는 것은 이해되지 않습니다. 또한 만일 정말로 발 씻을 물을 준비하지 않았다면 예수님이나 제자들이 대단히 불쾌했을 것이고 당시의 규례를 어기신 적이 없던 예수님은 스스로라도 손과 발을 씻고 집 안으로 들어가셨을 것이고, 아니면 들어가면서 제자들의 발을 씻겨 주셨을 것입니다.

하지만 본문에 나오는 제자들의 발을 씻기신 행동은 식사 중간이나 식사 후에 하신 일이었습니다. 따라서 예수님이 푸대접을 받았다기보다는 제자들과 예수님은 이미 들어오면서 발을 씻었다고 보는 것이 더 타당해 보입니다. 그래서 제자들은 더욱 의아했을 것입니다. 이미 발도 씻고 식사도 잘 했는데 예수님이 갑자기 일어나셔서 대야에 물을 담아 가지고 오셔서는 제자들의 발을 씻기기 시작한 것입니다. 그렇다면 예수님의 그 행동은 어떤 교훈이 담긴, 의도적인 행동이었다고 보아야 합니다. 특히 그 자리에서 서로가 높다고 다투는 장면을 연상한다면 주님의 이 행위는 섬기는 자가 되라는 교훈, 낮은 자가 되라는 교훈을 주기 위한 것입니다. 사람들의 더러운 발을 씻기는 흔한 대야지만 예수님이 그 대야를 들고 다니며 제자들의 발을 씻기신 후에는, 그리고 섬김에 관한 말씀을 하신 후에는 그 대야가 매우 뜻 깊고 의미 있는 소중한 물건이 되었습니다. 이 사건이 있고 약 40-50년이 지난 후에 요한이 요한복음을 기록하면서 그때 그 대야를 다시 상기했음도 그날 예수님이 들고 서 계시던 대야가 얼마나 인상적이었는가를 보여 주지 않나 생각하게 됩니다.

양심의 은신처로서의 대야

바로 다음날 새벽, 전혀 다른 용도에서 사용된 대야가 또 있었습니다. 예수께서는 제자들의 발을 씻겨 주신 다음날 새벽에 유대인들에게 체포되어 그날 이른 아침 빌라도의 법정에 서게 되었습니다. 유대인들의 성화에 합법적인 절차를 거치지 않고 불법적으로 급하게 재판을 거행하던 빌라도는 어디에서도 예수님의 범죄 혐의를 찾을 수 없었습니다. 그는 예수님이 무죄하다고 확신했습니다. 예루살렘에 와서 전혀 다른 문화와 언어권에 있는 사람들을 통치하던 로마 관리로서 때로는 무모하다 싶었던 유대인들의 종교적 열정을 보면서 예수도 그와 같은 유대인들의 종교적 열정의 희생 제물이라고 생각했습니다. 그런 빌라도의 마음을 흔들어 놓고 당황하게 만든 말이 있었습니다. "당신이 그를 놓아 주면 당신은 황제의 신하가 아니니이다"(19:12 참조). 이 말은 예수님을 처벌하지 않으면 탄원을 하겠다는 이야기이고 보복을 하겠다는 협박입니다. 자칭 메시아라 하는 그까짓 유대인 한 명 때문에 출세에 지장을 받을 수는 없는 일이었습니다. 하지만 그것 못지않게 심기가 불편했던 것은 양심의 가책 때문이었습니다. 예수님에게는 죄가 없었으니까요. 그래서 그는 부하들에게 대야를 가져오라고 했습니다. 총독부에 있는 대야이니 멋있고 화려한 것이었겠지요. 빌라도는 그 대야의 물에 손을 씻으며 유대인들을 향해 말했습니다. "너희들이 알아서 하라. 나는 이 일에 상관도 없고 그 사람의 피에 책임도 없다"(마 27:24 참조).

물론 그런다고 그가 그 책임을 회피할 수 있는 것도 아니고 무죄하게 된 것도 아닙니다. 하지만 심리적으로 양심의 가책을 어느 정도 감소시킬 수 있는 제스처였고, 나중에라도 자신에게는 책임이 없었노라고 발뺌할 수 있는 좋은 구실은 되었을지 모릅니다. 빌라도는 예수님이 생각나서 양심의 가책을 느낄 때마다 그 대야를 보면서 그날 그 대야에 자신의 손을 씻었음을 계속 상기했을지도 모릅니다. 그 대야는 양심의 은신처였고 거짓된 위로와 평안의 제공자였습니다. 손을 씻었으니까 별일 없을 거라고 생각했습니다. 그건 내 잘못이 아니었고 그곳에서 손을 씻는 내 모습을 본 모든 사람이 증인이라고 생각했을 것입니다.

오늘날 교회가 든 대야

이 두 대야 중 오늘날 교회는 어떤 대야의 모습을 취하고 있을까요?

예수 그리스도의 죽음을 설교하기 때문에 낮아짐으로 그리스도의 고난에 동참하지 않아도 된다고 생각하거나, 매주일 교회에 나와서 예배하면서 주님을 사랑한다고 고백하기 때문에 약하고 가난한 사람에 대해 소홀함을 합리화한다면 (가끔 양심의 가책을 느끼기는 하겠지만) 교회는 예수님이 손을 담그신 대야가 아니라 빌라도가 손을 담근 대야를 들고 있음이 틀림없습니다.

교회를 부흥시키고, 교회에서 열심히 봉사하고, 교인들끼리 하나가 되어서 사이좋게 지내는 것은 하나도 나쁠 것이 없지만 그것이 세속적인 가치관을 합리화하는 것이라면 그 열심은 양심의 가책으로부터의 은신처가 될 수 있습니다. 아무 일을 하지 않아도 손을 씻었다는 사실만 기억하면 마음이 평안해지고 안심이 됩니다. 허리를 굽히거나 다른 사람의 냄새나는 발을 만지지 않아도 됩니다. 그것을 요구하는 것은 율법적인 것이고, 그런 삶을 추구하는 것은 금욕적 경건주의에 빠질 우려가 있기 때문에 자기의 의를 위해서 하는 것보다는 차라리 아무것도 하지 않는 게 낫다는 것이지요.

저는 전적으로 동의합니다. 하지만 너무 맞는 말이기 때문에 너무 위험할 수 있습니다. 그리스도를 설교하기만 하면 됩니까? 피 흘리기까지 싸워서 오직 그리스도만 선포되도록 하고, 그리스도를 설교하지 않는 사람들을 냉정하게 비판하면 됩니까? 저는 틀림없이 그래야 한다고 믿습니다. 그리스도가 전파되지 않고, 그리스도를 높이지 않는다면 그건 거짓된 복음, 거짓된 교회일 수 있습니다. 예수님이 지적하신 대로 의롭게 살아도 자기의 의를 드러내려고 하는 것은 훨씬 위험합니다. 저는 그리스도를 전하는 것이 너무 맞기 때문에 자칫 바른 복음의 선포가 복음을 살아 내지 않는 합리화의 안식처가 될 수 있다는 위험을 인식하는 일이 매우 필요하다고 생각합니다. 교회 역사를 보면 정통적인 교회가 잘못 가르쳤기 때문에 진보적인 입장들이 소리를 낸 경우보다는 말한 대로 행하지 않았기 때문에 정통적인 신학을 비판하는 경우가 많았습니다. 주님이 들고 계셨던 대야가 어떻게 그리스도의 죽음을 통한 대속의 섬김이 되는가를 설명함에는 깊은 통찰을 보였지만 실제로 그 대야에 손을 담근 적은 없었다는 것입니다. 그러니까 세상이 보기에는 교회가 예수님이 들고 계셨던 대야에 대해서는 열심히 설명하고 강조하는데, 정작 교회의 손에 들린 대야는 빌라도가 들고 있던 대야였다는 것입니다.

오늘날 교회는 사람들의 은신처요, 피난처가 된 것처럼 보입니다. 절망과 죽음, 환란을 피하는 은신처가 되었다는 말이 아닙니다. 죄와 세상의 유혹을 피하는 피난처가 되었다는 말이 아닙니다. 하나님의 백성으로서의 책임과 의무를 회피하는 은신처가 되었다는 말입니다. 교회에 나왔으면 섬김을 받아야 한다고 생각합니다. 교회 출석이 모든 사회적, 도덕적 책임을 대신하게 되었습니다. 교회에 나오니까 하나님에 대한 기본적인 의무는 이행한 셈이요, 그러니까 나는 그래도 꽤 바르게 살려는 의지가 있는 사람이고 삶의 의미와 목적을 생각하는 사람이라고 생각합니다. 교인들끼리 모여 예배당을 크게 짓고 서로 사랑하고 즐겁고 유쾌한 시간을 가지면 그것이 곧 하나님에게 영광이 되는 것이요, 세상에 있는 상하고 병든 사람들에 대한 책임은 교회당 짓는 것으로 대신했다고 생각합니다.

세상을, 그리고 사람을 섬기지 못하는 교회는 빌라도의 손에 든 대야에 불과합니다. 그 겉모습이 아무리 화려하고 번지르르해도, 아무리 그럴듯하게 꾸며 구실과 핑계를 댄다 해도 섬기는 자리를 찾아가는 곳이 아니라 섬기지 않기 위해 피하는 곳이라면 그곳은 틀림없이 예수님의 저녁 식탁이 아닌 빌라도의 법정일 것입니다. 거짓된 확신과 평안을 줄 뿐입니다. 거짓된 위로를 줄 뿐입니다. "교회에 나와 하나님의 백성이 되었으니 이젠 영생을 얻었습니다. 그러니 이젠 아무 걱정 없습니다. 아무것도 하지 않아도 괜찮습니다. 하나님이 도와주셔서 만사형통할 것이고 수많은 사람이 당신 앞에 허리를 굽히고 당신을 섬길 것입니다. 손끝에 물도 안 묻히고 살게 될 것입니다. 그러니 보세요. 교회에 나오니까 그게 얼마나 큰 축복입니까? 그냥 믿는다고 말하고 반대하지만 않으면 됩니다." 빌라도의 대야를 든 교회는 하나님의 교회가 아닙니다. 그것은 빌라도의 교회입니다.

말로 대신할 수 없는 섬김

그리스도의 교회는 그리스도의 대야를 들어야 합니다. 더 많은 것을 희생해야 합니다. 절대로 섬김을 받으려고 해서는 안 됩니다. 용서해야 합니다. 사랑해야 합니다. 죄인도 부둥켜안아야 하고 상하고 병든 자들도 감싸 안아야 합니다. 내 주머니가 비는 것 같아도 자꾸 나누어 주어야 합니다. 그래야 참 평안이 있고 하나님의 위로가 무엇인지 알게 되는 겁니다. 물론 그 근거는 예수 그리스도의 죽으심과 부활입니다. 선하게 살 수 있는 인간의 능력 때문이 아니라 대속하신 어린양에 대한 믿음 때문입니다.

순교한 독일의 목사요, 신학자였던 본회퍼는 고난받는 종으로서의 하나님의 교회를 이렇게 묘사했습니다.

자유와 정의를 위한 열정 때문에 흑인들을 위해 우는 자들, 도시 빈민가와 시골 오두막집에 있는 가난한 자들을 위해 애통하는 자들, 전쟁과 재앙에 희생된 사람들의 고난에 동참하는 자들, 그리고 이 사회에서 버림받고 철저하게 소외되어 외롭게 사는 사람들의 측량할 수 없는 상처를 안고 사는 사람들과 함께하는 자들, 그러면서 찬송과 기도를 통해 하나님에게 영광을 돌릴 수 있는 자들만이 하나님의 고난받는 종의 참된 교회를 대변한다.

이것이 오늘날 교회를 향한 선지자의 음성이라고 생각합니다. 저는 개혁주의 목사로서 우리가 믿고 고백하는 신조와 신앙 고백이 얼마나 소중하며 얼마나 사실인지를 분명히 알고 있다고 자부합니다. 저는 제가 개혁주의 신앙을 배우고 알 수 있었다는 것이 얼마나 복된 일인지 시간이 지날수록 절감하고 있습니다. 또한 저는 예수 그리스도를 드러내는 그리스도 중심적인 설교와 목회가 참된 목회와 설교의 방법임을 전적으로 동의합니다. 저는 구원이 사람의 행위나 공적이 아닌 오직 예수 그리스도의 순종을 통해서 임하는 것이라서 이를 믿는 것이 구원에 이르는 유일한 길임을 또한 확신합니다. 이 모든 것이 제게는 너무 소중한 것입니다. 그런데 제가 가지고 있는 확신이 자칫 은신처가 될 수 있음을 목회를 마감하면서 느꼈습니다. 너무 귀하고 맞는 말이기 때문에 그것을 강조하느라 삶을 통해서 실천하지 않으면서도 제가 옳다고 합리화할 수 있다 싶었기 때문입니다. 물론 완벽하게 실천할 수 있는 가능성을 말하는 것이 아닙니다. 결과로 보여 주지 않으면 동기나 의도는 다 가짜라는 말씀을 드리는 것도 아닙니다. 전혀 그렇지 않습니다. 다만 우리가 믿고 확신하는 것에 진지하고 진실하다면 섬기는 자가 되라는 주님의 말씀을 허투루 듣지는 않을 것이라는 말씀을 드리고 싶습니다. 워낙 거짓된 것이 많고 의도적으로 사람들을 속이려는 것이 많은 세상이라 참된 것을 알고 말한다는 것만으로도 소중하고 귀함은 틀림없지만 그것이 행동하지 않는 교회를 합리화하는 구실이 될 수는 없습니다. 이를 경계하지 않는다면 예수님의 대야를 말하면서 빌라도의 대야를 들고 있는 것도 얼마든지 가능합니다.

어쩌면 우리는 이미 그 현실을 목격했는지 모릅니다. 그리스도의 복음을 많은 사람에게 전해서 교회가 부흥하고 기독교적인 세계관에 사람들이 익숙해지는 것은 너무도 귀한 일입니다. 그런데 그 일이 귀하다는 것 때문에 부흥을 향한 염원에 세속적인 생각이 들어가고, 기독교적 세계관에 제국주의적 힘의 논리가 적용되는 것을 눈치채지 못했다면 몹시 아쉬운 일입니다. 교회는 본질을 말하기 때문에 본질에서 떠났다는 위기조차 느끼지 못한 것이 저의 모습이었습니다. 주님을 따라다니면서 주님을 향한 열심 때문에 누가 더 높은가를 따지던 제자들의 발을 조용히 씻겨 주시던 주님의 모습과 주님의 마음을 헤아려 보고 싶습니다.

John
요한복음

요한복음 13장 31-32절

31 그가 나간 후에 예수께서 이르시되 지금 인자가 영광을 받았고 하나님도 인자로 말미암아 영광을 받으셨도다 32 만일 하나님이 그로 말미암아 영광을 받으셨으면 하나님도 자기로 말미암아 그에게 영광을 주시리니 곧 주시리라

15장

또 한 번의 기회

1985년 9월 7일 오클라호마시티에서 열여섯 살이 된 숀 셀러스라는 소년이 친구와 함께 한 가게에 들어갔습니다. 숀은 점원과 잠시 대화를 나누다가 갑자기 권총을 꺼내 점원의 머리에 쏘았습니다. 머리에 세 방을 쏘아 점원을 죽이고는 친구와 함께 웃으면서 유유히 가게를 빠져나왔습니다. 그 다음해 3월 어느 날 밤 그는 마치 무슨 예식을 거행하듯 자기 방에 켜 두었던 두 개의 촛불을 끄고는 살며시 방을 빠져 나와 그의 부모가 자고 있는 방으로 들어갔습니다. 잠들어 있는 어머니와 아버지를 조용히 내려다보던 그는 권총을 꺼내 부모의 머리에 쏘았습니다. 그러고는 강도가 든 것처럼 위장했습니다. 이번에도 거의 완전 범죄가 될 뻔했지만 그가 다니던 학교의 교장 선생님이 그가 쓴 작문을 경찰에 넘기면서 붙잡히게 되었습니다. 그의 작문은 이렇게 시작했습니다.

> 사단은 나로 하여금 다른 사람의 유익보다는 자신의 유익과 쾌락을 위해 사는 법을 가르쳐 주었다. 내가 이제 왜 다른 신을 섬기겠는가? ……
> 나는 자유하다. 나는 아무런 가책도 없이 사람을 죽일 수 있다. 나는 어떤 말로도 묘사할 수 없는 공포를 보았고 쾌락을 경험했다.

재판에서 변호사는 이 열여섯 살 된 소년이 자신의 의지가 아닌 사단에게 사로잡혀서 그런 살인을 했다고 했습니다. 변호사의 변론에 의하면 셀러스가 사단 교회를 다니기 시작하면서 악령을 부르는 예식에 참여했고 실제로 악령을 부를 수 있게 되었다는 것입니다. 그래서 그가 부른 악령이 그를 사로잡으면 자신도 모르게 사람을 죽이게 되기 때문에 그는 악령에 의한 피해자이거나 아니면 적어도 '해리성 정체감 장애'(자신을 다수의 인격으로 경험하는 장애)라는 일종의 정신 분열증을 앓고 있는 환자라고 했습니다. 판사는 그가 사단에 사로잡혀서 그런 일을 저지를 수 있음을 인정했지만 그럼에도 사형을 언도했습니다.

가룟 유다는 가해자인가, 피해자인가?

사단이 사람의 몸속에 들어와서 개인의 의지와 상관없는 행동을 하게 한다면 그 행동을 한 사람은 가해자입니까, 피해자입니까? 만일 피해자일 수 있다고 생각한다면 가룟 유다의 경우는 어떻게 보아야 할까요? 요한복음 13장 2절에는 이렇게 기록되어 있습니다.

마귀가 벌써 시몬의 아들 가룟 유다의 마음에 예수를 팔려는 생각을 넣었더라.

"너희 중 하나가 나를 팔리라"(13:21) 하고 주님이 말씀하시고 요한이 그게 누구냐고 물었을 때 주님은 이렇게 대답하셨습니다.

내가 떡 한 조각을 적셔다 주는 자가 그니라 하시고 곧 한 조각을 적셔서 가룟 시몬의 아들 유다에게 주시니 조각을 받은 후 곧 사탄이 그 속에 들어간지라(13:26, 27).

이 기록들을 보면 마치 유다는 다른 제자들과 마찬가지로 연약하기는 하지만 주님을 몹시 사랑하던 자인데 주님과의 마지막 만찬 때에 갑자기 사단이 그 속에 들어가서 유다의 의지와는 상관없이 사단의 힘에 의해서 주님을 배신한 것처럼 보입니다. 만일 그렇다면 유다가 예수님을 팔 때는 제정신이 아니었을 겁니다. 나중에 제정신이 들어 보니 자신이 예수님을 팔아넘긴 것을 깨닫고는 몹시 괴로워서 그가 대제사장에게 받았던 돈을 돌려주고, 그래도 마음이 괴로워 결국 목매달아 자살한 것이 됩니다. 이렇게 보면 엄밀히 가룟 유다도 피해자임이 틀림없어 보입니다.

유다는 심각한 이중 성격, 혹은 다중 성격 정신 질환을 앓고 있던 사람이었을 수도 있고, 아니면 숀 셀러스처럼 순간적으로 마귀에게 붙잡혀서 자신의 의지와는 상관없는 행동을 한 경우였을지도 모릅니다. 어쩌면 그보다 심각한 문제는 예수님도 미리 알고 계셨던 것처럼 유다가 예수님을 팔도록 예정되어 있던 사람이며, 그의 배신은 단지 사단에 의한 것이 아니라 성령께 사로잡혀서 하나님의 뜻을 이룬 것이라고 볼 수 있는가 하는 것이지요. 만일 그렇다면 그의 배신에 대한 책임을 유다에게 묻는 것은 부당해 보인다는 것입니다. 비록 악역이기는 하지만 그도 하나님의 뜻을 이룬 사람인 셈이니까요.

그가 배신하지 않았더라면 예수님은 십자가를 통한 구원을 이루지 못했을 것이라고 볼 수도 있지 않겠습니까? 물론 하나님의 주권적인 예정과 인간의 자유 의지가 어떤 상관관계를 가지고 있는가를 아는 것은 가능하지 않습니다. 제게는 하나님은 절대적으로 주권적이시며, 인간은 그 행동에 스스로 책임을 져야 할 만큼 의지적으로 자유하다는 두 개의 명제를 독립적으로 인정하는 역설적 입장이 가장 그럴듯해 보일 뿐입니다. 그러니까 인간의 이성으로는 이해할 수 없는 영역이라고 말할 수 있겠는데, 요한은 본문에서 왜 이렇게 기록했는지가 궁금합니다. 다시 말하면, 본문의 의도가 유다의 행위에 대한 하나님의 주권적인 계획이었음을 강조하기 위한 것인가 하는 점인데 저는 그렇게 볼 수 없었습니다. 본문과 관련된 기록에서 가룟 유다는 자신의 자유 의지를 강제적으로 눌러서 하나님의 뜻을 이루시는 신학적인 전제를 설명하기 위한 구절로 보기 어렵다는 말입니다.

그럼 어떻게 보아야 할까요? 요한복음에서 사단이 들어갔다, 혹은 사단이 그런 생각을 넣었다고 기록한 것은 그리스도의 고난과 죽으심에 사단이 적극적으로 관여했다는 사실과 그리스도의 고난과 죽으심이 단순히 정치적인 문제가 아니라 영적인 문제였음을 강조하기 위함일 뿐입니다. 한계가 있기는 하지만 사단은 우리 일상에서 틀림없이 강력하게 역사합니다. 사단은 제게도 교만한 생각을 집어넣습니다. 제가 아무리 잘났어도 그걸 지나치게 자랑하려고 하면 안 됩니다. 그런데도 사단은 자꾸만 저의 출중한 외모를 자랑하고 싶게 만듭니다(제가 어느 교회에서 이런 말을 했더니 너무 썰렁하다고 저를 막 때릴 것처럼 했습니다. 아직 제게 세뇌가 안 된 불쌍한 사람들입니다). 하지만 저는 말도 안 되는 자랑을 해놓고 갑자기 정신이 들어 제가 무슨 말을 했는지 기억이 나지 않았던 경우는 한 번도 없습니다. 그것이 착각이든 사실이든 제가 교만하게 행동할 때는 언제나 저의 의지적인 행동이었습니다. 그런 마음이 들도록 유혹한 것은 사단이었다 할지라도 말입니다.

계획된 행동

저는 유다가 처음부터 주님을 사랑하지 않았다고 생각합니다. 마태복음이나 누가복음의 기록을 보면 가룟 유다가 예수님을 팔기로 작정하고 흥정을 시작한 것은 "조각을 받은 후 곧 사단이 그 속에 들어간지라"(13:27)라고 기록된 사건이 있기 전입니다. 그는 철저한 계산에 의해 주님과 동행했습니다. 물론 다른 제자들도 성공과 출세에 관심이 있었고, 메시아적 사역을 심각하게 오해하기도 했고, 충동적인 욕망에 흔들렸시만 유다처럼 음흉한 의중으로 계산된 것은 아니었습니다. 결과적으로는 달라 보이지 않아도 이 차이는 엄청납니다. 죄를 짓고 나서 죄 지은 것을 슬퍼하는 것과 단지 죄 지은 것을 들킨 것을 속상해하는 것의 차이라고 할까요?

그렇게 3년을 따라다닌 막바지에 유다는 중요한 결정을 해야 했습니다. 당시 유대 지도자들과 예수님 사이의 갈등이 극에 달한 상태에서 예수님과 함께 예루살렘으로 왔는데 군중의 열광적인 반응으로 보아서는 예수님이 더 유리한 것 같았습니다. 하지만 예수님의 미온적인 태도나 유대 지도자들의 살기등등한 모습을 보아서는 예수님이 불리해 보이기도 했습니다. 다른 제자들의 비교적 순진한 견해와는 달리 유다는 예리하게 상황을 판단했습니다. 이런 팽팽한 대립과 긴장을 해결할 수 있는 열쇠를 쥐고 있는 사람은 뜻밖에도 유다였습니다. 그는 예수님이 불리하다고 판단했습니다. 그뿐만 아니라 자신의 생명도 위험할 수 있다고 생각했습니다. 그래서 노예 한 사람의 값이라고 알려진 은 30세겔이라는 돈에 예수님을 팔기로 작정했습니다. 그의 이런 행동은 다른 제자들의 경우처럼 순간적인 충동에 의한 것이 아니라 치밀하게 계획된 것임이 틀림없습니다.

그렇게 유대 지도자들과 합의하고 주님과의 마지막 만찬에 참석했습니다. 그 식사 자리에 참석한 13명 중에 그날 그 식사가 마지막 식사가 될 것임을 알았던 사람은 예수님과 가룟 유다뿐이었습니다. 주님이 죽음에 관해 말씀하실 때마다 유다는 가슴이 철렁했을 겁니다. 주님이 마치 뭔가 아는 것처럼 말씀하셨기 때문입니다. 도둑이 제 발 저리다는 말이 있듯이, 뭔가 잘못한 게 있으면 내색하지 않으려고 해도 말이나 표정에서 드러나는 법입니다. 유다가 얼마나 강심장을 가졌는지 몰라도 아마 주님의 말끝마다 안색이 달라지고 어색하게 행동하는 것을 주님은 눈치채셨을 겁니다. 그쯤 되면 유다도 알았겠지요. 결국 모든 정황을 알고 있는 주님과 유다가 보이지 않고 들리지 않는 교통을 하고 있고 베드로를 비롯한 다른 제자들은 들러리를 하고 있는 셈입니다.

주님은 제자들의 발을 씻기셨습니다. 물론 유다의 발도 씻기셨습니다. 사람이 마음을 굳게 닫으면 어떤 선행도 그 닫힌 마음을 열지 못하는가 봅니다. 예수님이 선생으로서 제자들의 발을 씻기시자, 제자들이 너무 당황해서 몸 둘 바를 모르고 있는데, 주님이 친히 섬김의 본을 보이심에 모두 몹시 감동해서 어쩔 줄 몰라 하는데, 이때 가장 감동받고 찔림받아야 할 사람은 사실 유다가 아닐까요? 웬만하면 3년간의 정 때문에라도 이쯤에서는 주님의 손을 붙들고 눈물이라도 흘릴 법하지 않습니까? 그만큼 온유와 겸손의 본을 보이시면 '내가 너무 몹쓸 짓을 했구나' 싶어 마음을 바꿀 만도 하지 않습니까? 인간의 완악함은 끝이 없나 봅니다. 그는 용서를 구하지 않았습니다. 공개적으로 용서를 구하는 것은 기대하기 어려워도 생각은 바꿀 법한데 그는 마음과 생각도 돌이키지 않았습니다. 아마 더 독하게 마음을 먹었을 겁니다.

주님도 이런 유다가 자꾸 마음에 걸리셨나 봅니다. 베드로의 발을 씻기시다가 베드로에게 "너희가 모두 온몸이 깨끗한데 한 사람은 그렇지 않다"고 말씀하셨습니다. 유일하게 유다는 이 말씀의 의미를 알았습니다. 주님은 베드로에게 말씀하셨지만 사실은 직접적으로 유다에게 "나는 네가 무슨 생각을 하고 있는지 안다"라는 의미로 하신 말씀입니다. 저는 이 말씀이 유다에게 또 한 번의 기회를 주신 말씀이라고 생각합니다. 물론 모든 것을 아시는 주님이 그렇게 말씀하신다고 해도 유다가 돌이키지 않을 것임을 아셨다면 별로 의미 없는 말씀이었다고 볼 수도 있지만(그렇게 말하면 주님이 하신 어떤 말씀도 사실은 별 의미가 없겠지요) 적어도 이 땅에서 사역하시면서 제자들과 인격적인 교제를 가졌다면 그의 모든 말씀은 윤리적이라고 볼 수 있습니다. 베드로에게 "네가 나를 세 번 부인하리라"라는 말씀도 부인하지 않을 수 없을 것이라는 운명적인 결과를 선언하신 것이 아니라, 부인할 수밖에 없을 정도로 너무 약하니 시험에 들지 않도록 해야 한다는 은혜에 근거한 권면이 내포되어 있었으니까요. 하지만 그때도 유다는 돌이키지 않았습니다.

주님의 부름을 거절하다

예수님은 발을 씻기신 후 다시 제자들과 식사하셨습니다. 식사하시는 중에 주님은 또다시 너희 중에 한 사람이 나를 팔 것이라고 말씀하셨습니다. 이번에는 제자들이 불안했습니다. "도대체 누가 주님을 판다고 자꾸 그러십니까? 그게 누구입니까?" 제자들은 돌아가면서 주님에게 물었습니다. "주님, 나입니까?" 가룟 유다는 참 뻔뻔한 사람입니다. 아니, 사실은 그렇게 하지 않을 수 없었을 겁니다. 유다도 주님 앞에 물었습니다. "주님, 접니까?" 주님은 떡을 한 조각 떼어 유다의 입에 넣으시며 말씀하셨습니다. 아마 그의 눈을 똑바로 쳐다보며 안타깝게 말씀하셨을 것 같습니다. "네가 잘 알지 않느냐? 네 하는 일을 속히 하라." 요한은 이때 사단이 유다에게 들어갔다고 했습니다. 물론 그때 비로소 사단이 유다의 마음을 사로잡았다는 말도 아니고, 주님의 그 말 때문에 유다가 예수님을 배신하게 되었다는 말도 아닙니다. 그보다는 그럼에도 유다는 마음을 바꾸지 않고 사단의 뜻을 따르기로 했다는 의미일 것입니다.

조금 더 설명드리자면 이런 겁니다. 이제 유다로서는 다시 마음을 결정해야 하는 상황에 이르렀습니다. 설마 했는데 주님이 알고 계셨던 겁니다. 그냥 짐작하고 하시는 말씀이거나 마음이 답답해서 "꼭 제자 중 하나가 나를 팔 것 같다"고 말씀하시는 것이 아니라 유다를 향해서 직접적으로 "네가 무슨 일을 하고 있는지 내가 알고 있다"라고 말씀하신 겁니다.

인간적으로 유다 입장에서는 마지막 기회인 셈입니다. 이제라도 돌이키면 됩니다. 주님만 아시는 일이니까 많은 사람 앞에서 공개적으로 회개하는 것이 부끄럽고 용기가 나지 않으면 잘못했다는 눈길만 보내도 됩니다. 손수 발을 씻기시면서, 손수 떡을 떼어 입에 넣어 주시면서 유다와 그렇게 눈을 마주치시면 거기서 멈추어야 마땅합니다. 그런데 유다는 주님의 눈길을 외면했습니다. 주님의 말씀에 귀를 막았습니다. 마음을 더 독하게 먹었습니다. 그리고 밖으로 나갔습니다. 이제는 지체하면 자신이 위험해집니다. 주님이 알고 있는 이상 빨리 처리해야 합니다. 그래서 그날 밤 유다는 예수님을 팔아넘기고 말았습니다.

여러분은 유다가 사단에게 사로잡혀 무의식중에 이런 일을 하고 있다고 생각하십니까? 다음날 깨어나 보니 이미 예수를 팔아넘긴 후라 충격을 받았을 거라고 생각하십니까? 그렇지 않습니다. 그는 의지적으로 사단의 뜻을 따른 겁니다. 이 사건은 유다를 향한 주님의 마지막 부름입니다. 3년을 따라다니며 무수히 많은 설교를 들었고 무수히 많은 이적을 보았고 주님에게서 무수히 많은 사랑과 감동적인 사건들을 경험했지만 그는 인간적으로도 주님에게 끌리지 않을 만큼 자기중심적이고 탐욕스러운 사람이었습니다. 마치 최후의 만찬은 유다를 위해 준비된 것처럼 느껴질 만큼 주님은 집중적으로 유다에게 관심을 보이시면서 마지막으로 그를 부르시지만 유다는 주님의 부름을 거절했습니다. 요한은 이것을 사단이 유다에게 들어갔다고 표현한 것입니다.

우리는 유다의 사건을 종종 결과론적으로, 혹은 운명론적으로만 접근하려고 합니다. 그러니까 유다는 예수님을 팔 수밖에 없는 운명이었기 때문에 그가 죄를 짓는 것은 어쩔 수 없었다고 보는 것입니다. 복음서의 기록, 특히 요한복음의 기록은 그렇게 생각하도록 만드는 경향이 있는 것도 사실입니다. 하지만 저는 요한이 유다의 사건을 운명론적 사변으로 소개하고 있거나, 철학적 논제를 다루기 위해서 기록했다고 생각하지 않습니다. 오히려 당시 배교의 위험이 높았던 교회에 배교의 참담함과, 그것을 아시는 주님의 마음을 소개하고 있다고 생각합니다. 유다가 돌이킬 수 있었는가 없었는가의 가능성을 논하는 것이 아니라, 배교의 위험과 이를 바라보는 주님의 마음을 소개하고 있다는 말입니다.

우리 중에 유다와 같은 사람은 없을지 모릅니다. 하지만 우리도 끊임없이 죄의 유혹을 받고 있다는 점에서는 유다와 크게 다르지 않다고 생각합니다. 그러나 우리가 비록 오랫동안 주님의 눈길을 피하며 살았다 할지라도 유다와 달리 지금 우리는 주님의 부르심에 응답하여 회개하고 주님에게 돌아왔습니다.

쉽게 포기하지 말라

주님을 영접하고 하나님의 자녀가 되어 살아가는 사람들에게도 죄의 유혹은 끊임없습니다. 주님을 알면서도 주님의 눈을 피하면서 지속적으로 범하는 죄들이 항상 그 삶을 불안하고 부끄럽게 만드는 경우가 허다할 것입니다. 우리는 이런 죄들과 치열하게 싸워야 합니다. 이 싸움을 위해 기억해야 할 사실이 있습니다. 우리가 범한 죄 중에 사단에게 그 책임을 전가시킬 수 있는 죄는 하나도 없다는 것입니다. 불가피해 보이는 어떤 상황에서 얼마나 간교하게 사단이 우리를 유혹하든지 결국 죄는 우리가 지은 것입니다. 사단이 우리로 하여금 죄를 짓도록 했다는 말은 강제적으로 우리의 의지와 반하여 행동하도록 만들었다는 말이 아니라 유혹을 했다는 말일 뿐입니다.

사단이 우리보다 훨씬 강한 것은 사실이지만 아무리 강해도 그가 할 수 있는 일은 결국 유혹뿐입니다. 그때 사단이 유다에게 들어갔다는 말은 죄를 향한 확고한 그의 의지를 보여 주는 말일 뿐입니다. 그는 우리의 의지에 손을 대 강압적으로 우리가 원치 않는 일을 하도록 만들 수는 없습니다. 만일 그럴 수 있다면 저는 적어도 그래서 짓는 죄에 대한 책임은 우리에게 없다고 생각합니다. 그렇지만 우리는 죄를 짓지 않을 수 없는 본성을 가지고 있더라도 동시에 무슨 죄든지 이길 수 있습니다. 돌아보면 무슨 죄든지 안 지을 수도 있다는 말입니다. 약해서 쉽게 지기는 하지만 절대로 안 된다고 생각하고 포기할 싸움은 아니라는 말이지요. 그렇게 살면 재미없을 것 같고, 망할 것 같고, 모욕과 멸시를 당할 것 같아서 죄를 짓지 않고는 살 수 없다는 말에 너무 쉽게 싸움을 포기하지 말아야 합니다.

몸부림치다가 결국은 쓰러지고 다시 죄의 수렁에 빠진다 해도 우리는 다시 일어나 싸워야 합니다. 무능과 연약, 그리고 죄악과 부패에도 불구하고 우리는 그리스도의 은혜를 입은 자들이기 때문입니다. 야구 선수이자 전도자였던 빌리 선데이가 이렇게 고백했습니다.

> 발이 있는 한은 끊임없이 발버둥을 칠 것이며 주먹이 있는 한은 주먹을 휘두를 것이고 머리를 움직일 수 있는 한 들이받을 것이고 이가 있는 한 물어뜯을 것이다. 이도 빠지고 다리도 못 움직일 만큼 늙으면 그때는 잇몸으로라도 물어뜯으며 영광에 이를 때까지 죄와 싸우리라.

죄는 이길 수 있다는 전제하에서만 가능한 고백입니다. 이것은 되는가 되지 않는가의 가능성을 따지는 실용주의적 문제가 아니라, 그럴 수 있는가 없는가를 따지는 은혜에 근거한 윤리적 문제이기 때문입니다.

저는 가룟 유다의 배신을 종종 하나님의 예정이니 사단에게 사로잡힘이니 하는 말로 추상화시키는 말을 들을 때마다 죄의 본질을 왜곡시킨다고 생각했습니다. 적어도 이번 본문에서 주님이 너무 안타깝고 답답해서 유다에게 하신 말씀들은 이제 우리도 깊이 생각해 보아야 할 말씀입니다. 주님을 배신하면 안 됩니다. 주님을 떠나면 안 됩니다. 아무리 세상이 좋아도, 아무리 세상이 힘들어도 우리는 그러면 안 됩니다.

John
요한복음

요한복음 14장 1-6절

1 너희는 마음에 근심하지 말라 하나님을 믿으니 또 나를 믿으라 2 내 아버지 집에 거할 곳이 많도다 그렇지 않으면 너희에게 일렀으리라 내가 너희를 위하여 거처를 예비하러 가노니 3 가서 너희를 위하여 거처를 예비하면 내가 다시 와서 너희를 내게로 영접하여 나 있는 곳에 너희도 있게 하리라 4 내가 어디로 가는지 그 길을 너희가 아느니라 5 도마가 이르되 주여 주께서 어디로 가시는지 우리가 알지 못하거늘 그 길을 어찌 알겠사옵나이까 6 예수께서 이르시되 내가 곧 길이요 진리요 생명이니 나로 말미암지 않고는 아버지께로 올 자가 없느니라

16장

예수의 독선

　제가 교회에 막 발을 들여놓을 즈음에 한국에서 통일교가 대대적으로 포교 활동을 한 적이 있습니다. 완장을 두른 외국인들이 길거리에서 웃는 얼굴로 전도했습니다. 그 규모가 매우 크고 당당한 모습이라 저와 같은 초신자도 통일교에 대해 알게 되었고 궁금증을 갖게 되었습니다. 아마 그것이 두려웠을 것입니다. 교회의 열심 있는 청년들은 그런 이단 종파가 길거리를 활보하며 사람들을 호도하는 것을 그대로 두어서는 안 된다고 생각했을 겁니다. 포교 활동을 하는 통일교 교인들을 기습해서 구타하는 사건이 일어났고, 길거리에서 욕을 하는 교인들도 종종 볼 수 있었습니다. 하나님의 뜻에 어긋난 것을 용납할 수 없다는 소신에서 비롯된 행동이었습니다.

여러분은 한국 교회 교인들이 가지고 있는 진리에 대한 이런 호전적인 열정을 어떻게 생각하십니까? 오래전에는 기독 청년들이 단군상에 똥을 칠해 놓은 적이 있고, 사찰에 가서 불상의 목을 부러뜨리기도 했고 천하대장군 팻말을 뽑아 버리기도 했습니다. 스님들이 염불하는 동안 큰소리로 찬송가를 부르기도 하고, 부처님상에 방뇨를 하기도 했습니다. 사람을 호도하는 악한 마귀의 장난이라고 생각했기 때문이지요. 사실 이런 일들은 성경 어디에서도 볼 수 없는 일인데 말입니다. 기드온이 바알의 우상을 훼파한 것은 블레셋 사람들의 처소가 아닌 자기 아버지의 집에 있던 우상을 훼파한 것이었으니 굳이 이 사건을 적용하자면 교회의 순결을 말해야지 다른 종교와의 전쟁을 말하는 것은 합당하지 않습니다.

　하지만 이 경우는 다릅니다. 우상에 절하면서 하나님을 거역하고, 그래서 지옥 가는 사람들을 보면 너무 답답하고 불쌍해 견딜 수가 없어서 확성기를 들고 "예수 천당, 불신 지옥"을 외치는 사람들의 경우입니다. 그래서 지나가는 사람들을 깜짝깜짝 놀라게 하는 이들의 안타까운 마음을 여러분은 이해할 수 있습니까? 저는 솔직히 그들처럼 유별나게 믿는다고 틀렸다고 말할 수는 없을 것 같습니다. 그만큼 답답함을 느끼는 것이니까요. 누군가가 정말로 위험에 처해 있음을 확실하게 안다면, 그게 정직하고 용기 있는 행동일지도 모릅니다. 잘못된 판단으로 죽어 가고 있는 사람을 보면서 이렇게 말한다면 어떨까요? "글쎄, 그 선택은 당신의 자유 의지에 달린 문제겠지만 이성적 사고를 초월해서 실존할 가능성이 있는 사실에 대한 인식은 계시에 의존하는 수밖에 없는데, 결국 믿음의 도약을 통해 계시를 받아들이게 되고 실존적 자아를 발견하게 되는 것이 아닐까요?" 이렇게 무슨 말인지 모를 말로 설득하려고 하기보다는 그냥 목덜미라도 확 잡아서 끌어당기고 싶은 충동을 느낄 수도 있다는 말입니다.

다만, 진리라는 객관적 실체에는 관심이 없고 (그런 것이 있다고 믿지 않기 때문에) 주관적인 선택을 중요하게 생각하는 현대인에게는 "예수 천당, 불신지옥"이라 외치는 행동이 자기 소신을 다른 사람들에게 강요하는 독선이고, 남의 권리를 침해하는 심각한 비윤리적 행위로 받아들여질 것임이 틀림없습니다. 따라서 문제는 기독교인들의 이런 배타적이고 독선적인 자세에 대해 많은 비기독교인이 갈수록 심한 거부감을 느끼고 있다는 것입니다. 왜 예수 믿는 사람들은 그토록 배타적일까요? 왜 교인들은 다른 사람들의 신앙을 인정하지 못하고 대화를 통해 화합하는 모습을 보이지 못하는 것일까요? 비기독교인들이 교인들을 보며 분석한 결과, 내린 결론은 오직 예수를 통해서만 구원을 받는다는 교리 때문이라는 것이었습니다. 기독교가 호전적일 수밖에 없는 것은 예수님의 가르침이나 바울의 독선적인 신학 때문이라는 것입니다. 여러분도 그렇게 생각하십니까?

기독교가 독선적인 이유

저는 기독교가 단지 주님이 가르치신 내용 때문에 호전적 혹은 독선적이 된 것은 아니라고 생각합니다. 그게 정말 진리라서 수많은 사람에게 희망을 주고 혼탁한 세상에서 뭔가 다른, 모범적인 삶의 모습을 보여 준다면 오히려 우리가 믿는 건 뭔가 다르다고 그들이 먼저 말할 것입니다. 다시 말하면, 단순히 예수님의 말씀 때문이 아니라 예수님의 말을 전하는 사람들이 그 말의 의미와 무게를 제대로 드러내지 못하기 때문에 독선적으로 보인다는 말이지요. 가령 어떤 사람이 기막히게 맛있는 음식을 먹고 난 후에 하루 세 끼 그 음식만 먹으며, 매우 행복해하면서 "이 음식이 세상에서 가장 맛있는 음식이에요. 꼭 한번 먹어 보세요"라고 말한다면 선택은 상대방에게 있겠지만 그 모습을 독선, 혹은 권리 침해라는 말로 비난하지는 않을 겁니다. 자기는 좋아하지 않는 음식을 가지고 유난 떠는 모습을 조롱할 수는 있지만 말입니다. 그런 의미에서 진리에 대한 일부 교인의 열심은 인정하더라도 결국 그 열심이 다른 사람들로 하여금 진리의 능력을 부인하고 예수의 이름을 더욱 노골적으로 반대하게 만들었습니다. 메시지 자체가 아닌 그 태도에서 독선을 느꼈다는 말이지요.

그러면 이제 어떻게 해야 합니까? 누가 뭐라고 해도 예수만이 길이요, 진리요, 생명이니까 지금과 같은 일들은 말세에 일어나는 적그리스도의 자태라 믿고 더욱 담대하게 "예수 천당, 불신 지옥"을 외치며 타종교를 향해 전쟁을 선포해야 합니까? 구원이라는 가장 큰 선물을 주기 위해서는 무지하고 완고한 사람들과의 전쟁도 합리화해야 합니까? 아니면 다른 종교나 심지어 불신도 인정해서 "나는 내 하나님이 옳다고 믿고 그 하나님을 진심으로 사랑하지만 내 하나님만 언제나 옳은 것은 아니니까 다른 하나님도 옳고 본받을 게 많은 좋은 하나님이야"라고 말하며 이제는 서로 전도하려고 하지 말아야 합니까? '내 하나님'과 '네 하나님'을 대화로 서로 알아 가자는 입장을 취해야 합니까?

오래전에 캐나다 레지나 대학에 있는 오강남 교수라는 분이 「예수는 없다」(현암사)라는 책을 출간해서 기독교계가 시끄러웠던 적이 있습니다. 그는 책에서 캐나다 연합 교회라는 큰 교단의 총회장인 빌 핍스 목사가 1997년도에 한 일간지와 인터뷰한 기사를 소개했습니다. 그 기사에는 기자와 핍스 목사의 문답이 실려 있습니다. "예수님을 믿지 않으면 구원받을 수 없다고 교회는 말합니다. 정말 그렇게 믿으십니까?" "아니오. 저는 그렇게 믿지 않습니다." "목사님은 예수님이 부활하셨다고 믿으십니까?" "저는 예수님이 사람들의 마음속에 살아 계시다고 믿습니다." "그렇지만 그가 돌아가셔서 죽은 상태로 사흘간 지내다가 다시 살아나셔서 땅을 밟고 다니셨다고 하지 않았습니까?" "아니오. 저는 그것을 과학적 사실로 믿지는 않습니다. 저는 그런 일이 실제로 일어났는지 알지도 못할 뿐더러 우리와 상관이 없는 문제입니다." "그러니까 그리스도가 하나님이셨습니까?" "아니오. 저는 그리스도가 하나님이었다고 믿지 않습니다. 성경 이야기 전체는 하나님이 조건 없이 우리를 사랑하신다는 이야기입니다. 하나님을 배반한 사람, 하나님이 아니라고 말한 사람, 불의했던 사람을 받으셔서 되돌려 놓으시는 것, 변화시키시는 이야기입니다. 모세도 이런 사람 중 하나였고 예수도 그런 사람 중 하나였습니다."

오강남 교수는 이 인터뷰의 내용을 평하면서 핍스 목사야말로 이 시대를 위한 지도자로 존경받아 마땅하다고 했습니다. 충분히 그렇게 생각할 수 있습니다. 예수님을 그냥 훌륭한 성인으로 보든지, 미친 사람으로 보든지, 혹은 정치적 선동자로 보든지, 아니면 후대 사람들이 꾸며 낸 가상의 인물로 보든지 그걸 가지고 누가 옳다 그르다를 논할 수 있는 이성적인 공통 전제는 없을지 모릅니다. 하지만 그게 정말 예수님이 말씀하신 의도를 정직하게 다룬 것일까 하는 점에서는 의문이 생깁니다.

그분이 곧 생명

이번 장에서 저는 예수님을 어떻게 보아야 하는가보다 요한이 예수님을 어떻게 증거했을까를 여러분과 함께 생각해 보고 싶습니다. 만일 13장과 14장을 이어서 생각할 수 있다면 주님의 말씀은 병 주고 약 주는 식입니다. 주님은 당신의 죽음에 관해 자주 언급하시고 그 죽음이 제자들 중 한 사람의 배신에 의해 이루어질 것이라고 말씀하셨습니다. 그 말씀에 당시 제자들이 얼마나 불편하고 불안했을지 쉽게 짐작할 수 있습니다. 주님은 그렇다 치고 그럼 제자들은 어떻게 되는 겁니까? 주님은 제자들이 어떻게 처신하기를 원하시는 겁니까? 주님과 함께 죽기를 원하시는 겁니까? 아니면 제자들이 생각하고 있던 그런 거사는 성공할 수 없으니 빨리 피신해야 하는 겁니까? 지금 이들이 당한 문제는 죽느냐 사느냐의 문제입니다. 불안으로 인해 긴장된 마음은 제자들의 얼굴에도 역력히 드러났습니다. 그런 그들에게 주님이 말씀하셨습니다.

너희는 마음에 근심하지 말라 하나님을 믿으니 또 나를 믿으라(14:1).

우리가 잘 아는 것처럼 근심이나 염려는 하지 말라고 해서 안 하게 되는 게 아닙니다. 근심하지 말라고, 하나님을 믿으니 나를 믿으라고 하신 이 말씀은 무슨 의미일까요? 이들의 근심을 덜어 줄 수 있으려면 이 말은 이런 뜻이어야 합니다. "야! 너무 겁먹지 마. 내가 누구냐? 죽은 사람도 살리는 거 보지 않았냐?" "너무 방심하지 말라고 그냥 해 본 말이야." "내가 너희 믿음을 시험해 보려고 한 말인데 아직도 나를 그렇게 못 믿느냐?" 아마 이러면 제자들이 비록 믿음이 없다고 책망을 들었어도 "에이, 주님, 진짜 겁먹었잖아요" 하고 안심했을 것입니다. 그러나 주님이 "마음에 근심하지 말라. 하나님을 믿으니 또 나를 믿으라"라고 하신 말씀이 그런 뜻이 아닌 것은 그다음에 하신 말씀을 보면 알 수 있습니다.

> 내 아버지 집에 거할 곳이 많도다 그렇지 않으면 너희에게 일렀으리라
> 내가 너희를 위하여 거처를 예비하러 가노니 가서 너희를 위하여 거처를
> 예비하면 내가 다시 와서 너희를 내게로 영접하여 나 있는 곳에 너희도
> 있게 하리라(14:2, 3).

저는 부활을 보지 못한 제자들이 주님의 이 말씀을 제대로 이해했을
것이라고는 생각하지 않습니다. 그러니 위로가 되는 말씀으로 받아들이
지도 못했을 겁니다. 제자들은 아직도 주님이 죽으실 것이라는 말씀으로
받아들일 수 없었습니다. 그래서 도마가 묻습니다. "도대체 어디로 가시
는지도 모르는데 우리가 그 길을 어떻게 알아서 주님이 계신 곳으로 가
겠습니까?" 여러분은 주님이 어디로 간다고 말씀하시는 건지 아시겠습니
까? 주님은 죽음을 말씀하시고 그 죽음이 끝이 아님을 말씀하고 계시는
겁니다. 그러니까 근심하지 말라는 말씀이 위로가 될 수 있는 유일한 경
우는 죽음이 끝이 아니라는, 주님이 궁극적으로 죽음의 문제를 해결하
셨다는 그 말씀을 이해할 수 있을 때뿐입니다. 주님이 의도하신 것이 죽
음이고 주님이 가실 곳이 천국이라면 그 길을 묻는 도마에게 하신 6절
말씀은 어떻게 이해해야 할까요?

> 내가 곧 길이요 진리요 생명이니 나로 말미암지 않고는 아버지께로 올
> 자가 없느니라(14:6).

예수님만이 하나님에게 갈 수 있는 유일한 길이요, 방법이라는 말씀입니다. 예수 그리스도에게만 생명이 있다는 말씀입니다. 예수님은 생명에 이르는 여러 방법 중 하나를 알고 계시거나, 그래서 그 방법을 가르쳐 주시는 분이 아니라 그분이 곧 생명이라는 말씀입니다. 저는 지금 여러분에게 예수님이 하신 이 말씀을 듣고 달리 해석할 수 있는 방법이 있는지를 묻고 싶습니다. 적어도 이 말씀을 대하면서는 예수님도 인정하면서 동시에 다른 이름을 통한 구원도 가능하다는 말을 하기가 어렵습니다. 그러니까 다른 이름으로도 구원이 가능하다면 예수님의 이 말씀이 틀렸거나, 주님은 원래 그런 말씀을 하신 적이 없는데 요한이 만들어 낸 이야기여야 합니다. 차라리 그렇게 말하는 것이 정직하고 일관성이 있습니다. 빌 핍스 목사는 그렇다고 말할 것입니다.

최근에는 일반인들 가운데 신이 없다고 확신하는 무신론적 견해를 취하는 사람이 많지 않습니다. 그보다는 오히려 신은 유일하지 않다는 다신론적 견해나 신의 존재는 아무도 모른다는 불가지론적 견해를 취하는 사람이 많습니다. 이런 관점에서 보면 자기가 믿는 하나님만 진짜 하나님이고 다른 종교의 신들은 다 가짜라는 말은 분명 독선적으로 들립니다. 다시 말씀드리면 전에는 복음을 전하면 "그는 만유의 아버지가 아니다"라는 견해를 취하던 사람들이 이제는 "그만이 만유의 아버지는 아니다"라는 견해나, "어차피 아무도 확실히 모른다면 불확실한 것을 지나치게 주장하지 말자"라는 견해를 취한다는 것입니다.

따라서 현대인들이 여전히 예수님을 존경하고 소중하게 생각하려면 예수님을 모든 사람의 하나님, 그 어떤 것보다 인류가 하나 되기를 가장 원하시는 하나님, 서로 사랑하라는 도덕적 가르침에 최고의 가치를 두고 실천하신 하나님으로 이해해야 하는 겁니다. 그래서 미국은 이미 오래전부터 기독교를 버리고 예수를 택했다고 말하면서, "오직 예수"라는 말에 함축된 의미는 예수를 통해서만 구원이 가능하다는 것이 아니라, 기독교가 말하는 독선적인 예수가 아닌 모든 종교를 아우르는 성인 예수로 만족한다는 것이라고 말합니다. 그래서 절대적인 진리가 존재하지 않는다고 생각할 뿐만 아니라 무엇이든 '절대'를 말하는 사람들은 어쩔 수 없이 독선적이 된다고 생각합니다. 그렇기 때문에 구원과 영생을 말하는 교인들은 어쩔 수 없이 호전적으로 보일 수밖에 없습니다. 또한 그런 이미지가 현대 사회에서는 교회 성장에 도움이 되지 않는다고 생각합니다.

생명에 이르는 길

요한은 교회란, 결국 인간 문제의 궁극적인 해결은 오직 예수뿐이라는 것을 말하고 싶었습니다. 교회가 아니라 예수라는 말이 아닙니다. 교회는 예수의 이름으로, 예수의 이름을 위해, 예수께서 십자가와 부활을 통해 주신 생명에 근거해서, 그 생명을 드러내는 사람들의 모임이라는 것을 말하고 싶었습니다. 단순히 예수를 믿지는 않지만 그는 훌륭한 분이므로 인격적으로 존경하고 존중하면 되는 것이 아니라, 그를 통하지 않고는 인생의 의미를 찾을 수 없음을 고백하는 사람들의 모임이 바로 교회라는 말을 하고 싶었습니다. 예수님은 단순히 이 세상에서의 의미 있는 삶을 가르쳐 주시기 위해서 희생의 본을 보이신 것이 아니라, 인생의 궁극적인 문제를 해결하기 위해서 십자가의 길을 가셨다고 말하고 싶었습니다.

우리는 주님이 하신 말씀이 독선적으로 들릴지라도 진실이라고 믿습니다. 또한 저는 사람들이 '예수님이 곧 생명에 이르는 길'이라는 메시지를 불편해하는 것이 아니라, 그 메시지에 맞는 구분된 삶을 살지도 않으면서 그 메시지만 목이 터져라 외쳐 대는 독선적인 모습을 불편해하는 것이라고 생각합니다. 수많은 사람에게 삶에 대한 진정한 고민과 질문이 있고, 혼란과 당황함이 있다면, 그래서 문제의 해결을 진정으로 원하고 있다면 "너희는 마음에 근심하지 말고 나를 믿으라. 내가 길이요, 진리요, 생명이라"라고 하신 주님의 말씀을 진지하게 듣고 싶을 것입니다. 믿게 되든지 믿지 않든지, 단순히 그 말을 했기 때문에 독선적이라고 생각하지는 않는다는 말입니다.

그리스도의 교회가 "예수만이 생명은 아닙니다"라고 말하는 것은 단순히 복음의 내용을 타협한 것이 아니라 차별화된 희생과 사랑의 삶을 타협한 것일지 모릅니다. "교회를 봐. 교인들의 얼굴을 봐. 그들의 너그러움과 포용력을 봐. 기독교는 단순히 화합을 추구하는 사회적인 현상이 아니야. 저기에는 생명이 있고 변화가 있어"라고 말하며 세상으로 하여금 다른 것 같다고 말하도록 하는 것보다는 "꼭 예수를 믿어야만 달라지는 것도 아니고 구원을 얻는 것도 아닙니다. 여기도 그저 그래요. 계신 곳에서 뭘 믿든지 잘 믿어 보세요"라고 말하는 것이 훨씬 쉬우니까요. 하지만 그것은 비겁한 모습입니다. "다른 종교에 대해서는 저는 잘 모릅니다. 하지만 주님 때문에 저는 분명히 달라졌습니다. 이제 그 주님 없이는 살 수가 없어서 이 좋은 것을 함께 나누고 싶을 뿐입니다"라는 말이 "하나님이 누구인지가 뭐 그리 중요하겠습니까? 누구를 믿는지가 무슨 큰 차이가 있겠습니까? 결국 자기 마음이 중요하지요"라는 말보다 훨씬 하기 어려운 말입니다. 그 말에는 책임이 따르기 때문입니다.

저는 "예수만이 길이요, 진리요, 생명"이라는 고백이 편협하고 독선적이지 않다고 생각합니다. 예수님이 "내가 길이요, 진리요, 생명이라"라고 하신 말씀은 여러 길 중에 하나를 말씀하신 것이 아니라고 생각합니다. 이 말은 모든 사람이 들어야 할 말입니다. 다만, 사람들은 이 말씀이 진리인가를 이 말씀을 전하는 사람들의 말과 삶이 얼마나 진실되고 진지한가를 통해서 확인하려고 할 뿐입니다. 이 말이 다른 사람들을 향한 정죄로 들려야 할 이유는 없습니다. 오히려 다른 사람들을 향한 진심 어린 애정과 관심으로 들리면 좋겠습니다. 그릇된 길을 가고 있는 자식에게 "너 그렇게 살면 네 인생 망쳐"라는 말을 하지 않고 "네 인생이니 망가지는 것도 네 선택이야"라고 말하는 것은 애정이 아닙니다. "너 그렇게 살면 네 인생 망쳐"라고 말하고 싶지만, 혹 마음을 닫을까 두려워 조심스럽게 기회를 보며 기다리는 것, 정말 망치게 될까 봐 안타까운 마음으로 정죄가 아닌 호소를 하는 것이 애정입니다.

오늘날 교회가 바꾸어야 하는 것은 예수님이 말씀하신 그 메시지 자체가 아니라, 그 메시지를 전하는 자세와 심정입니다. 맞는 말이기 때문에 아무렇게나 말해도 된다고 생각하는 게 아니라면, 그리고 틀린 말을 너무 친절히 말해 주는 것이 얼마나 위험한 일인지 안다면, 맞는 말을 더욱 친절하게 말하지 않고 있음을 반성해야 합니다. 우리가 하고자 하는 말이 맞는 말이라는 확신이 있기 때문이고, 제발 그 말을 믿어 주었으면 좋겠다는 안타까움이 있기 때문입니다. 요한은 교회 공동체가 단지 이 말을 얼마나 담대하게 외쳐야 하는가보다 이 고백에 목숨을 걸 만큼 진지했는가를 말하고 싶었습니다. 오직 예수님만이 길이요, 진리요, 생명임을 제자들은 진실로 믿었기에 주님을 따랐음을 말하고 싶었습니다.

요한복음 14장 12-15절

12 내가 진실로 진실로 너희에게 이르노니 나를 믿는 자는 내가 하는 일을 그도 할 것이요 또한 그보다 큰일도 하리니 이는 내가 아버지께로 감이라 13 너희가 내 이름으로 무엇을 구하든지 내가 행하리니 이는 아버지로 하여금 아들로 말미암아 영광을 받으시게 하려 함이라 14 내 이름으로 무엇이든지 내게 구하면 내가 행하리라 15 너희가 나를 사랑하면 나의 계명을 지키리라

"제 남편이 진찰을 받았는데 얼마 살지 못한답니다.""사기를 당해서 쫄 딱 망하게 생겼습니다.""아들이 가출했습니다." 제가 목회를 하면서 교인 들에게 들었던 이야기들입니다. 이런 이야기들을 들으면, 마치 제가 사업 이 망하고, 제 자녀들이 문제를 일으키고, 제 몸에 병이 난 것처럼 한동 안은 정신이 멍해지기도 하고 가슴 아프기도 합니다. 물론 그 사건을 객 관화하는 데는 그리 긴 시간이 필요하지 않습니다. 잠깐의 충격과 아픔 이라서 당사자들이 느끼는 것과는 비교도 되지 않습니다. 사실 남의 아 픔과 어려움을 누군가 똑같이 느낄 것이라고 기대하는 것은 무리입니다. 본인들의 아픔을 공감하기 어려울 것임을 알면서도 사람들은 그런 아픔 을 목회자에게 말합니다. 사람들이 그런 이야기들을 나누는 것은 때로는 지혜와 도움을 구하기 위해서이기도 하지만 그보다는 그냥 너무 답답하거나 혹 기적적인 방법으로 하나님의 도우심을 경험할 수 있는 방법이 있지 않을까 기대해서이기도 합니다. 그때 제가 자주 한 말은 "기도하겠습니다"와 "하나님이 함께하실 겁니다", 그리고 "제가 혹 도울 수 있는 일이 있다면 뭐든지 하겠습니다. 연락 주세요"라는 말이었습니다.

하지만 저는 그런 말을 하면서도 제 말이 정말 위로가 되기보다는 인사말 정도로 받아들여질 거라는 생각이 들 때가 더 많았습니다. 그래서 저는 가끔은 그런 공허한 위로의 말보다는(위로의 말이 전혀 쓸데없다는 의미는 아니고 말로는 해결이 안 되는 현실의 절박함이 있다는 의미입니다) 제가 실제적인 도움을 줄 수 있다면 좋겠다는 생각을 정말 자주 했습니다. 가출한 아들의 행방을 금방 알아내서 알려 줄 수 있다든지, 사기당한 것을 배상받을 수 있는 길을 알려 줄 수 있다든지, 이렇게 실제적인 도움을 줄 수 있도록 직접 행동할 수 있다면 저를 찾아온 분들에게 큰 힘이 될 것 같았습니다. 배가 고파 찾아온 사람에게 저도 가진 돈이 없어서 어느 음식점이 가장 저렴한가를 알려 주는 정도라면 공허하다는 말입니다. 매정한 현실을 살아 내는 사람들에게 따뜻한 위로의 말을 할 수 있는 정도가 종교의 역할이라면 그런 말이라도 듣고 싶은 사람들의 심정이 오죽 답답할까 싶습니다. 그래서 그런 위로의 말로 사람들을 현혹해서 자기의 이득을 챙기는 종교인들의 성공과 누림은 더욱 혐오스럽습니다. 기독교가 단순한 인간 심리의 문제를 다루는 종교가 아니라면 하나님의 약속은 막연한 희망이 아닌 실제적인 것이어야 합니다. "하나님이 함께하십니다"라는 말은 사실이어야지, 심리적 위안을 주기 위한 좋은 말 정도로는 부족하다는 말입니다.

어려움 중에 저를 찾아오시는 많은 분이 원하는 것은 실제적인 도움보다는 믿음의 확신과 확인인 경우가 많습니다. 다시 말하면, 그것이 사실임을 믿지만 현실에서는 제대로 그 영향력을 드러내지 못하는 것 같기 때문에 저를 찾아온 많은 교인은 이 괴리를 해결할 수 있는 방법을 원했습니다. "정말 하나님이 도와주실까요?" "정말 거기에 하나님의 계획이 있는 것일까요?" "혹 제가 잘못하고 있는 것이 있어서 회개를 원하고 계시는 것은 아닐까요?" 하나님이 함께하심을 확신할 수 있다면 힘들기는 하지만 견딜 수 있을 것 같기 때문입니다.

따라서 목회자에게 하나님의 실재와 약속에 대한 확신이 없다면 그가 전하는 위로의 말, 혹은 노하우는 모두 사기입니다. 어쩌면 이 부분이 목회자로서 제가 경험한 딜레마 중 하나였던 것 같습니다. 실제적인 도움을 드릴 수는 없지만 (함께 아파하고, 함께 머리를 맞대고 해결 방안을 찾아볼 수는 있겠지만) 목회자의 역할은 주님이 하셨던 약속의 말씀들을 상기시키고, 주님의 사랑을 확인시키고, 소망에 대한 확신을 붙들 수 있도록 도와드리는 것입니다. 그런데 문제는 과연 얼마나 진실하게 하나님의 약속을 틀림없는 사실로 받아들일 수 있는가 하는 것이고, 오직 그때만 하나님의 약속은 위로가 된다는 것입니다.

확신이 필요한 자들

제자들도 확신이 필요했을 것입니다. 그렇지 않아도 주님을 따르는 일은 대단한 모험이었습니다. 생업도 포기하고 가족도 뒤로한 채 3년을 따라다녔습니다. 물론 수많은 사람이 열광하는 현장에서 주목받는 쾌감도 경험했습니다. 병들어 괴로워하던 사람들을 고쳐 주고 그 가족들이 마치 한을 푼 듯이 통곡하는 모습을 볼 때는 가슴이 뭉클할 만큼 보람도 있었습니다. 하지만 미래가 보장되지 않은 상태에서 누리는 인기와 관심은 그들을 불안하고 외롭게 만들기에 충분했습니다. 아무런 대가도 누리지 못하는 그 길은 정말 외롭고 어려운 길이었으니까요. 잘 곳도 마땅치 않고 먹을 것도 없이 다니면서 경험하던 육체의 피곤함도 힘들었지만 환호하는 사람 못지않게 대적하는 사람들의 살벌한 눈길이 항상 그들 주변에 있었습니다. 언제 어떤 큰일을 당할지 모르는 데서 오는 불안과 두려움의 긴장은 정신적으로도 말할 수 없이 피곤하게 만들었습니다. 그런데도 주님은 한 번도 적당히 따르라고 말하지 않았습니다. 사람에게는 직감이라는 게 있지 않습니까? 그렇게 지쳐 있던 제자들을 가장 힘들게 만든 것은 몇 번에 걸쳐 주님이 말씀하신 '죽음'에 대한 예고였습니다. 왠지 실제일 것 같은 예감이 들면서 불안하기까지 했습니다.

그렇게 제자들이 느끼는 불안과 근심을 주님도 아셨는지 그들에게 주님은 아무것도 염려하지 말고 나만 믿으라고 하셨습니다. 이미 다루었지만 14장에 나오는, 주님이 하신 첫 번째 위로와 약속의 말씀입니다. 그런데 그 말씀이 그렇게 위로가 되지 않았나 봅니다. 빌립이 말합니다.

주님 아버지를 우리에게 보여 주소서 그리하면 족하겠나이다(14:8).

생각하기에 따라서 이 말은 참 섭섭한 말입니다. 3년 동안 그들과 함께 하셨던 주님이 지금 하시는 말씀보다는 천사가 직접 나타나 그 말을 전한다면, 하나님이 초자연적인 방법으로 음성을 들려주신다면 마음이 놓이겠다는 의미인 것 같습니다.

여러분도 답답할 때 하나님을 보고 싶지 않으십니까? 하나님의 음성을 듣고 싶지 않으십니까? 기적을 경험하고 싶지 않으십니까? 성경에 약속들이 나와 있고, 믿음의 선배들이 그 약속의 말씀들을 상기시키지만 하나님이 직접 나타나 말씀하시면 모든 게 선명해질 것 같지 않으십니까? 보고 믿는 것보다 보지 않고 믿는 것이 복되고, 믿음은 바라는 것들의 실상이요, 보이지 않는 것들의 증거라고 말하지만 내가 제대로 가고 있는지 확실치 않아서 뭐라고 보고 싶지 않으십니까? 빌립도 몹시 불안하고 답답해서 한 말입니다. 솔직한 고백이지요. 주님은 이 고백을 책망하지 않으셨지만 마음이 많이 아프셨을 것입니다. 주님이 이렇게 말씀하십니다. "빌립아, 내가 이렇게 오랫동안 너와 함께 있었는데도 너는 나를 모르느냐? 아버지께서 내 안에 계셔서 내가 지금까지 한 일이 아버지의 일이고 내가 지금까지 한 말이 아버지의 말인데 진짜 아버지의 말을 듣고 싶다고 하니 그게 무슨 말이냐?"(14:9, 10 참조) 그리고 주님은 두 번째 위로와 약속의 말씀을 하셨습니다.

> 나를 믿는 자는 내가 하는 일을 그도 할 것이요 또한 그보다 큰일도 하리니(14:12).

여러분은 이 약속을 믿으십니까? 어떻게 이 약속을 믿을 수 있지요? 주님은 병자를 고치셨습니다. 주님은 죽은 사람도 살리시고 물을 포도주로 만드셨습니다. 보리떡 다섯 개로 5천 명을 먹이시고 바람을 꾸짖어 잔잔케 하시고 물 위도 걸으셨습니다. 그런데 예수를 믿는 저와 여러분의 모습, 주님보다 큰일을 할 것이라는 약속을 받은 저와 여러분의 모습은 어떻습니까? 우리를 괴롭히는 육신의 불편함도 물리칠 수 없어서 평생 병에 끌려다니듯 살고 있지 않습니까? 감기라도 물리칠 수 있는 능력이 있습니까? 매달 집 대출금도 갚기 어려워 쩔쩔매고 항상 쫓기듯 살고 있는 분이 죽을 때까지 마음껏 써도 남을 만큼의 돈을 쌓아 놓고 사는 분보다 훨씬 많을 것입니다.

주님보다 큰일을 하는 자들

여러분 중에 주님보다 큰일을 하며 사는 분이 계십니까? 약속은 있는데 현실은 그렇지 않습니다. 뭐가 문제입니까? 어떤 분들은 믿음이 문제라고 말합니다. 믿음이 부족해서 누리지 못하고 있다는 것입니다. 14절에서 주님은 내 이름으로 무엇이든지 구하면 주겠다고 하셨는데도, 믿음이 부족해서 기도하지 않으니까 그런 것들을 누리지 못하고 있다는 것입니다. 하늘에서 집까지 수도 파이프가 연결되어 있는데도 믿음으로 수도 꼭지를 트는 기도의 행위가 없기 때문에 하늘의 보화와 복이 파이프를 타고 집 안까지 들어오더라도 꼭지가 잠겨 있어서 받을 수 없다는 것입니다.

이제라도 믿음으로 기도하면 모든 질병과 고통의 문제가 해결되고 주님보다 큰일을 할 수 있을 것이라고 합니다. 정말 그런 겁니까? 또 어떤 분들은 이 약속을 사도들에게만 하신 것이라고 합니다. 오순절 이후에 사도들이 베푼 기적도 주님이 베푸신 기적에 못지않으니까 사도들을 통해 이 약속이 성취되었다고 합니다. 만일 그렇다면 이 약속은 오늘날 우리에게는 적용되지 않는 약속입니다.

하지만 이 약속을 사도들만을 위한 약속이라고는 볼 수 없습니다. 우리는 아무리 큰 은혜를 받아도 주님보다 큰 일을 할 수 없다면, 주님의 약속은 기적과 능력을 염두에 두고 하신 말씀도 아니고, 우리의 소원 성취의 보장도 아니었다고 보아야 합니다.

우선 우리는 여기서 확인해야 할 것이 있습니다. 주님이 말씀하신 더 큰 일이란 무엇인가 하는 것입니다. 그것은 기적의 행함을 통한 문제 해결이 아니라 그를 믿는 자들을 통해서 이루실 천국의 확장이고 복음의 역사입니다.

더 큰일이란, 이 세상에서 성공적으로 풍요롭게 잘사는 것을 의미하지 않습니다. 그렇다고 못 살아야 한다는 말씀을 드리는 게 아닙니다. 아픔과 고통이 없는 삶을 사는 것만이 하나님의 은혜가 아니라는 말씀을 드리는 것도 아닙니다. 더 큰일이란 그렇게 사는 것을 의미하는 것이 아니라는 말씀을 드리는 것입니다. 평생을 돈 걱정하며 살아도, 몸에서 병이 떠나지 않아도 그 삶이 위대할 수 있다는 말씀을 드리는 것입니다. 주님은 당신의 제자들과 그 이후의 모든 신자에게 '나를 믿으면 어려움 없이 잘살 수 있다'는 말씀을 하시는 것이 아닙니다. 이 말은 더 큰일을 위해 더 많은 희생과 헌신도 합당하고 충분히 가치 있는 일이라는 의미로 보는 것이 맞습니다. 아버지를 보여 달라는 빌립과 제자들에게 더 큰 고난과 어려움이 있을지라도 그 길은 하나님의 뜻을 이룸으로 충분히 가치 있고 의미 있는 일이 될 것이라는 약속으로 보는 것이 맞습니다.

무엇이든 구하라

주님이 하신 세 번째 위로와 약속의 말씀은 13절에 나옵니다.

너희가 내 이름으로 무엇을 구하든지 내가 행하리니.

기도하면 다 주겠다는 말씀입니다. 기도할 때 예수님의 이름으로 구하면 다 주겠다는 말씀이지요. 하지만 이 약속도 제가 이미 설명드린 문맥에서 이해해야 합니다. 다시 말씀드리면 이 말씀은 우리가 원하는 것들을 얻을 수 있는 비결이 아닙니다. 저는 이 기도에 신앙인의 인격과 진정한 회심이 걸려 있다고 생각합니다. 우리가 예수님의 이름으로는 구할 수 없는 것들이 있기 때문입니다. 우리는 예수의 이름으로 구하기 때문에 우리가 사랑하는 예수님의 명예와 성품에 맞게, 그리고 주님이 완성하신 구원의 은혜에 합당하게 구해야 합니다.

제임스 보이스 목사님이 소개한 한 예화입니다. 뉴저지에 '콜로니 오브 머시'(Colony of Mercy)라는 알코올 의존자들을 위한 구제 기관이 마을을 이룬 곳이 있습니다. 그 기관의 창설자는 윌리엄 로우라는 사람인데 그는 인근 지역에서 덕망이 높고 모든 사람의 신뢰와 존경을 받던 사람이었습니다. 그 기관에서는 술로 인생을 망친 사람들에게 그리스도를 증거하고 주님이 그들을 치유하실 수 있도록 말씀으로 양육하는 사역을 했습니다. 그런데 가령 어떤 사람이 그 구제 기관의 까다로운 규칙과 제재가 싫어서 도망을 쳤다고 가정해 보지요. 그는 술이 너무 마시고 싶었습니다. 그래서 인근 동네의 술집을 찾아갔습니다. 돈이 없던 그는 술집에 들어가 말했습니다. "로우의 이름을 달아 놓을 테니 술 한 잔만 주십시오. 나중에 그가 돈을 지불하겠다고 했습니다." 로우를 신뢰한 종업원이 말했습니다. "당신은 거짓말쟁이요. 로우는 절대로 당신을 여기에 보냈을 리가 없습니다. 그러니 술은 줄 수가 없소."

주님이 제자들에게 무엇이든지 주님의 이름으로 구하라고 하셨습니다. "정말이요? 그럼 저 10억만 주세요." "정말이요? 그럼 저 원수 같은 인간이 운영하는 앞집 가게가 망하게 해주세요." 주님은 이런 것들을 주겠다는 약속을 하신 게 아닙니다. 그런 약속이었다면 제자들은 기회를 놓친 겁니다. "그럼 주님이 떠난 후에 우리가 제대로 대접받게 해주세요." "3년의 고생이 족하오니 이제는 누리게 해주세요. 집 걱정 돈 걱정 없이, 생명의 위협을 느끼지 않고 살게 해주세요." 이렇게 했으면 좋았을 텐데요. 그럼 제자들은 주님이 그런 것들을 해주실 수 있다는 믿음이 부족해서 구하지 않은 것입니까? 그래서 남은 평생을 그렇게 고생한 것입니까? 그렇지 않습니다. 적어도 당시 제자들이 처한 상태에서 그들이 가장 원한 것은 주님이 죽지 않는 것이고, 주님이 이스라엘의 왕이 되는 것이고, 그들에게 부귀영화를 안겨 주는 것임을 주님이 아시는 데도, 바로 그런 것들이 그들의 근심을 순식간에 제거해 버릴 수 있는 것임을 주님이 아시는 데도 주님이 무엇이든지 주님의 이름으로 구하라고 하셨다면 주님이 염두에 두고 계셨던 것은 바로 조금 전에 하신 더 큰일을 하기 위해 필요한 것들이었을 것입니다. 정말 중요한 것은 내 문제가 해결되어 행복하고 안정된 삶을 사는 것보다 주님에게 붙들려 주님의 뜻을 이루며 살아 내는 삶에 더 큰 의미와 가치를 둘 수 있는가 하는 것입니다.

그러면 주님은 더 큰일을 위해 무엇을 구하라고 말씀하신 것일까요?

복음 전파를 위해, 세계 복음화를 위해 기도하면 그 기도를 들어주시겠다는 말씀일까요? 교회의 부흥과 성장을 위해 기도하면 하나님이 그 기도를 들어주실 것이라는 약속일까요? 만일 그렇다면 이 말씀이 당시 근심하고 있던 제자들에게 그리 큰 위로나 힘이 되지는 않았을 것 같지는 않습니다. 그렇게 이해함으로 종교적인 것과 일상적인 것을 나누는 이원화의 문제는 차치하고라도 말입니다. 저는 이 복잡한 주님 말씀의 부분적인 결론이 15절에 있다고 생각합니다.

> 너희가 나를 사랑하면 나의 계명을 지키리라(14:15).

13장 34절에서 말씀하신 것처럼 요한복음에서 말씀하시는, 제자들을 향한 계명은 서로 사랑하라는 것입니다. 그렇다면 주님이 두려움 가운데 심히 근심하던 제자들에게 하신 위로는 이런 겁니다. "내가 지금은 아버지께로 가지만 나중에 다시 와서 너희를 나 있는 곳으로 데려 가리라. 그 동안에 나는 너희를 통하여 복음을 전파하고 하나님의 영광을 나타내리라. 이제 너희가 할 일은 내가 한 일보다 큰일이 될 것이다. 그렇게 복음으로 사는 것이 어려울 때마다 너희는 나에게 구하라. 내가 떠나가지만 보혜사 성령을 보내어 언제나 너희와 함께하리라. 이제 너희가 나를 사랑한다면 내 말을 명심해서 서로 사랑하며 하나가 되어 아버지의 위대한 일을 성취함에 쓰임받기를 원한다." 따라서 이 말씀이 위로가 될 뿐만 아니라 능력과 승리의 약속이 되는 때는 우리가 복음에 합당한 생활을 할 때입니다.

믿음의 확신을 가지고 복음에 합당한 삶을 살라는 준엄한 요구가 오히려 위로가 되는 아이러니가 주님의 말씀에 있습니다. 기도는 우리가 이 세상에서 잘살고 복받기 위해서 필요한 것이 아니라 말씀을 붙들고 살아가기 위해 필요한 것입니다. 물론 우리의 일상에서 필요한 것들을 위해 기도하면 안 된다는 의미가 아닙니다. 그런 것들을 위해 당연히 기도해야 하지만 그 모든 기도에 우리가 놓치지 말아야 하는, 제자로서의 존재적 의미가 있다는 말입니다. 편안하게 잘사는 것이 아니라 아버지께서 큰일을 이루어 가심에 동참하는 것이 천국을 바라보며 이 땅을 살아가는 제자의 모습임을 잊으면 안 됩니다.

우리 삶을 통해 이루실 큰일

제자들도 근심했지만 주님도 근심하셨습니다. 제자들의 근심이 그들이 당하게 될 불이익과 고난 때문이었다면 주님은 그런 불이익과 고난 가운데 제자들이 믿음을 지키지 못하게 될까 봐 근심하셨습니다. 따라서 그들에게 하신 약속들은 이 세상에서 주님의 제자로 살아가고자 한다면 더할 수 없이 소중한 무기이고 힘입니다. 하나님이 우리 삶을 통해서 이루고자 하시는 큰일이 있다는 사실은 우리가 살아가는 모든 순간을 의미 있게 만드는 것이니까요. 자신이 없고 약해질 때 기도할 수 있다는 것, 그 기도를 통해 하나님이 필요한 힘을 공급하신다는 사실은 하나님의 사람들에게는 정말 큰 힘이 됩니다.

이 거룩한 싸움을 혼자 하는 것이 아니라 함께하는 사람들이 있고 모두가 적으로 보일 때 내 편에서 나를 응원하는 사람들이 있다는 사실을 아는 것은 사막의 오아시스와 같이 갈증을 해소해 줍니다. 이 말씀이 세게 복음화를 위한 거창한 헌신만을 의미하는 것이 아니라고 저는 생각합니다. 이 약속들은 복음을 위한 전문적인 사역에 뛰어든 사람들에게만 하신 말씀도 아닙니다.

여러분은 이 땅에서 정말로 하나님의 사람으로 살기를 원하십니까? 지극히 평범하고 일상적이지만 그 가운데 늘 하나님의 음성을 들으며 하나님에게 순종하는 삶을 살기 원하십니까? 그렇다면 이 약속들은 그렇게 살기를 원하는 저와 여러분을 위한 것입니다. 비록 여러분을 지치게 만드는 일이 몹시 많지만 낙심하지 마시기 바랍니다. 현재 여러분이 행하고 있는 일들이 너무 초라하고 볼품없어 보인다 해도 극복하시기 바랍니다. 아니, 여러분이 자주 넘어져서 하나님 앞에 서는 것조차 부끄럽게 느껴지는 때가 허다할지라도 하나님이 포기하지 않은 것을 여러분이 먼저 포기하지 마시기 바랍니다.

주님의 약속대로 여러분은 지금 하나님의 큰일에 동참하고 계신 겁니다. 이 땅에 모든 제자의 모든 모습이 하나님 아버지의 일을 완성하는 일이 될 거라는 주님의 약속을 붙들고 살아 내시기 바랍니다. 이 땅에서 하나님의 사람으로 사는 것은 우리 힘으로는 감당하기가 몹시 버겁고 힘든 일입니다. 그래서 주님은 기도하라고 하셨습니다. 서로 사랑하라고 하셨습니다. 그런데 이 기도를 혼자 하지 말고 함께하라고 하셨습니다. 그리고 주님이 반드시 듣고 시행하겠다고 말씀하셨습니다. 그래서 요즘 제가 기도하며 치열하게 씨름하는 것은 얼마 되지 않는 짧은 인생을 어떻게 하면 편하고 쉽게 살 수 있을까를 추구하는 사람처럼 근심하지 않는 것입니다.

순간순간 어려운 현실에서 마음이 흔들리고 무너지지만 약속의 말씀을 붙들고 매일매일 다시 일어서고 싶습니다. 주님은 절대로 이 외롭고 힘든 싸움을 혼자 하도록 두지 않겠다고 하셨습니다. 그래서 기도하라고 하셨고, 서로 사랑하라고 하셨습니다. 이 주님의 약속은 저와 여러분이 제자로 이 세상을 살고자 할수록 생생하게 다가올 것이고 이 세상에서의 평안과 안녕을 추구하며 살고자 할 때에는 먼 산의 무지개처럼 느껴질 것입니다.

이 약속은 복음을 위해 이 땅에 세워진 교회 공동체, 다시 말하면 교회를 이루는 제자들을 향한 약속입니다. 이것은 나의 이야기가 아니라 우리의 이야기이며 우리의 사명입니다. 부흥보다 위대한 것이 사랑하는 것이고 함께하는 것입니다. 용서하고 이해하는 것입니다. 가난하고 약한 자들의 편이 되어 주어 동행하는 것이 교회의 사명이고, 이를 통해 주님은 주님의 뜻을 이루시겠다고 약속하셨습니다.

요한복음 14장 25-31절

²⁵ 내가 아직 너희와 함께 있어서 이 말을 너희에게 하였거니와 ²⁶ 보혜사 곧 아버지께서 내 이름으로 보내실 성령 그가 너희에게 모든 것을 가르치고 내가 너희에게 말한 모든 것을 생각나게 하리라 ²⁷ 평안을 너희에게 끼치노니 곧 나의 평안을 너희에게 주노라 내가 너희에게 주는 것은 세상이 주는 것과 같지 아니하니라 너희는 마음에 근심하지도 말고 두려워하지도 말라 ²⁸ 내가 갔다가 너희에게로 온다 하는 말을 너희가 들었나니 나를 사랑하였더라면 내가 아버지께로 감을 기뻐하였으리라 아버지는 나보다 크심이라 ²⁹ 이제 일이 일어나기 전에 너희에게 말한 것은 일이 일어날 때에 너희로 믿게 하려 함이라 ³⁰ 이 후에는 내가 너희와 말을 많이 하지 아니하리니 이 세상의 임금이 오겠음이라 그러나 그는 내게 관계할 것이 없으니 ³¹ 오직 내가 아버지를 사랑하는 것과 아버지께서 명하신 대로 행하는 것을 세상이 알게 하려 함이로라 일어나라 여기를 떠나자 하시니라

18장

보혜사 성령

요즘은 별로 볼 수 없지만 한때 유행하던 것이 자동차 범퍼 스티커입니다. 자동차 범퍼 스티커를 보면 재미있는 게 많았습니다. 범퍼 스티커와 관련된 재미있는 예화를 보이스 목사님이 소개한 적이 있습니다. 처음 주님을 믿고 나서 너무 기쁘고 감사했던 한 교인이 있었답니다. 자를 운전하던 중에 앞차 범퍼에 붙어 있는 스티커를 읽게 되었습니다. "만일 당신이 예수 믿는 사람이면 빵빵하고 눌러 주세요. 우리는 가족입니다." 처음 하나님을 믿을 때는 그렇게 열심히 믿는 사람을 보기만 해도 좋습니다. '앞에 있는 사람도 예수 믿는 사람이구나' 생각하고 반가운 마음에 "빵빵" 하고 자동차 경적을 울렸습니다. 그러고는 차를 옆으로 댔습니다. 앞차에 있던 사람이 활짝 웃거나 손을 흔들어 줄 거라고 기대했지요. 곧 창문을 열었습니다. 그런데 인상을 쓴 한 사람이 "앞에 빨간 불인 게 안 보이시오. 지금 여기서 날보고 어떻게 하라고 빵빵거리는 거요?" 하고는 화를 냈습니다. 그는 자기 차 뒤에 그런 스티커가 붙어 있다는 사실을 까맣게 잊어버리고 있던 것입니다. 예수를 믿으면서도 삶의 현장에서는 예수 믿는다는 사실을 까맣게 잊고 사는 것과 마찬가지입니다. 사람들은 꼭 거짓되어서가 아니더라도 급하고 힘든 일을 당하면 자기가 말하고 고백한 것을 깜박 잊어버리게 됩니다. 고백을 기억하면서 그에 합당한 삶을 살려면 상당한 의식의 훈련이 필요합니다. 그래서 믿음 생활은 긴장일 수밖에 없습니다.

성령을 받으셨습니까?

교회 안에서, 특히 개혁주의 교회 안에서(제가 개혁주의에 속해 있어서 이렇게 말할 수 있습니다) 이와 비슷한 현상을 볼 수 있는데 바로 성령에 대한 관점입니다. 여러분은 일상의 삶에서 성령을 의식하며 사십니까? 일반적으로 교회에 다니는 대부분의 사람이 삼위일체를 믿습니다. 많은 교회에서 매주일 예배 때마다 사도신경을 암송하면서 "성령을 믿사오며"라고 고백합니다. 교인들은 성령이 인격체이심을 믿고 하나님임을 믿습니다. 그런데 그런 고백을 하면서도 누가 '성령'을 말하면 경직됩니다. 성령의 역사, 성령의 인도, 성령 충만……, 이런 말들을 들으면 마치 아주 잘못된 신앙관을 가진 광적인 신자라고 생각하기도 합니다. 물론 사람들이 이렇게 생각하도록 일부 교인이 원인을 제공했다고도 볼 수 있습니다. 성령을 말하면 구원의 서정보다는 현상을 강조했고, 열매보다는 은사를 강조했으며,

은사 중에도 계시적인 은사를 성령과 관련해서 많이 말했습니다. 왠지 성령이 하시는 일은 반지성적이고 초이성적이라는 생각도 들고 성령의 일은 일상적인 일과 역행하거나 초월하는 것이라서 일반적이고 일상적인 것들을 소홀히 여기게 만드는 경향도 있었습니다.

어떤 목사님이 몹시 바빠서 설교를 준비할 시간이 없었답니다. 그것을 교인들 앞에 정직하게 고백했습니다. "제가 이번 주에는 정말 바빴습니다. 그래서 설교를 제대로 준비하지 못했습니다. 오늘은 그냥 성령에 의지해서 설교를 하겠습니다. 하지만 다음 주에는 꼭 잘 준비하겠습니다." 워낙 준비가 안 되어서 성령의 특별한 도우심을 구한다는 의미겠지만 듣기에 따라서는 설교를 준비하는 일상적인 일은 성령을 의지하지 않고 자기 힘으로 하는 것이라는 인상을 줄 수 있습니다. 설교를 잘 준비한 목사님도 갑자기 준비한 설교문을 덮고는 "오늘은 제가 준비한 것 말고 성령의 인도하심으로 설교하겠습니다"라고 말하는 것을 저도 여러 번 들었는데 그때마다 성령의 일을 너무 초자연적인 것으로만 생각하는 것은 아닌가 하는 생각이 들었습니다. 물론 초월적인 경우도 있음은 부인하지 않습니다. 아마도 그렇기 때문에 제가 여러분에게 "성령을 받으셨습니까?"라고 묻거나, "성령이 여러분 안에 계십니까?"라고 물으면 그렇다고 대답하기 망설여지는 분이 많을지도 모릅니다. 성령을 받았다는 말을 특별한 은사나 능력이 있다는 말로 이해하거나, 성령이 그 안에 있다는 말을 성령의 감동과 인도하심을 생생하게 느끼며 산다는 말로 이해하기 때문입니다.

성령의 인격적 실존

요한복음에는 성령에 관한 이야기가 많이 나옵니다. 예수님이 세상을 떠나시기 직전에 하셨으리라 짐작되는 말씀 가운데 특히 성령에 관한 말씀이 많이 나옵니다. 요한복음 14장에서 주님이 성령에 관해 말씀하시면서 강조하신 것은 주님이 비록 세상을 떠나시지만 제자들만 두고 떠나시는 것이 아니라는 점입니다. 하늘 아버지께서 아들을 보내신 것같이 이제 아들이 가면 아들과 함께 성령을 보내겠다고 약속하셨습니다.

저는 이 말씀을 이렇게 이해해 보았습니다. 몇 년 전에 조기 유학 붐이 일었던 적이 있습니다. 엄마가 어린 아들을 설득합니다. "앞으로 네가 살아갈 세상은 지금보다 경쟁이 심할 텐데 영어는 필수가 될 거란다. 너의 장래를 위해서는 미국에 가는 게 더 좋겠다. 그러니 미국에 있는 이모 집으로 가자." 비행기를 타고 가면서도 어린 아들은 아직 모든 게 혼란스럽고 실감이 나지 않습니다. 하지만 아직은 엄마와 함께 있으니 괜찮습니다. 미국 공항에 도착했습니다. 차를 타고 가면서도 엄마는 계속 아들에게 다짐을 시킵니다. "엄마가 여기 있어도 좋지만 너를 위해서는 엄만 한국으로 돌아가는 게 낫겠다. 이모는 미국에 오래 살았고 너를 사랑하니까 잘 돌봐 줄 거야. 힘들더라도 이모 말 잘 듣고, 엄마가 다시 올 때까지 열심히 공부해야 한단다." 어린 아들을 혼자 두고 떠나는 것이 너무 마음이 아프지만 미국 생활을 위해서는 이모에게 맡기는 것이 아들에게 낫다는 것을 잘 알고 있었습니다. 그렇다고 아주 헤어지는 것도 아니지만 아들이 참 안쓰러웠습니다. 어린 아들은 아직도 실감이 나지 않습니다. 너무 불안하고 무섭기도 하고 어안이 벙벙하기도 합니다. 한 번도 만난 적이 없는 이모에 대한 두려움도 있습니다. 엄마도 아들이 안쓰럽기는 하지만 이모가 잘 돌봐 줄 것을 알고 있기 때문에 안심하고 아들을 미국에 남겨 둔 채 한국으로 돌아갔습니다. 그렇게 엄마를 떠나보내는 어린 아들은 이모 손을 붙들고 있으면서도 너무 무서워서 엉엉 울었지만 이모는 정말 엄마처럼 잘 돌봐 주었습니다.

삼위의 관계를 설명하기에는 그리 적절치 않은 비유이지만 제자들을 두고 떠나시는 주님의 심정을 이해하는 데는 도움이 된다고 생각합니다. 제가 여러분에게 방금 이야기해 드린 조기 유학생의 심정이나 엄마의 마음을 생각하면서 주님이 하신 말씀들을 다시 읽어 보시기 바랍니다.

내가 아버지께 구하겠으니 그가 또 다른 보혜사를 너희에게 주사 영원토록 너희와 함께 있게 하리니(14:16).

보혜사 곧 아버지께서 내 이름으로 보내실 성령 그가 너희에게 모든 것을 가르치고 내가 너희에게 말한 모든 것을 생각나게 하리라(14:26).

내가 너희에게 실상을 말하노니 내가 떠나가는 것이 너희에게 유익이라 내가 떠나가지 아니하면 보혜사가 너희에게로 오시지 아니할 것이요 가면 내가 그를 너희에게로 보내리니 그가 와서 죄에 대하여, 의에 대하여, 심판에 대하여 세상을 책망하시리라(16:7, 8).

진리의 성령이 오시면 그가 너희를 모든 진리 가운데로 인도하시리니(16:13).

이번 설교에서는 14장 26절 이후의 말씀을 집중적으로 보겠지만 이 말씀들을 통해 나타난 것은 주님이 성령을 자신을 대신해서 제자들과 함께 하며 그들의 길을 인도하고 지키실 '인격체'로 소개하신다는 사실입니다.

다시 조금 전의 예로 돌아가 볼까요? 엄마가 어린 아들을 이모 집에 맡기는 것이 아니라 아무도 아는 사람이 없는 기숙사에 맡기면서 이렇게 말합니다. "내가 비록 떠나지만 나는 너와 함께 있는 거나 마찬가지란다. 멀리 있어도 늘 마음은 함께 있으니까 너도 내가 늘 곁에 있다고 생각하고 어렵고 힘들어도 꾹 참아라. 내가 곧 올 테니까." 이 경우는 실제로 자기편이 되어서 도와줄 사람은 아무도 없지만 마음으로 엄마를 느끼면서 용기를 얻어야 합니다. 이때 엄마의 존재는 허상입니다. 미국 땅에 덩그러니 혼자 떨어져 있는 것입니다. 믿음으로 살고자 하는 저와 여러분에게 성령의 존재는 이렇게 허상일 수 있습니다. 그냥 엄마가 멀리서나마 지켜보고 있다는 느낌이 주는 위로이고 멀리서라도 힘이 되는 엄마의 영향력에 불과합니다.

성령을 인격체라고 말할 때 강조하는 것 중 하나는 '인격적 실존'입니다. 제자들에게 있어서는 예수님이 곁에 계셔서 함께 이야기 나누고 지시하고 훈계하고 위로하시던 것과 같은 일을 하실 분이 제자들과 함께 있을 것임을 의미합니다. 그 임재를 느낄 수 있든 없든 이것은 주님의 약속입니다. 성령을 실존하는 인격체로 믿는가 믿지 않는가의 문제는 대단히 중요한 문제입니다. 제자들은 정말 두려웠습니다. 주님이 떠나신다면 그들은 오합지졸입니다. 그뿐만 아니라 그들의 인생은 아무런 의미가 없어집니다. 3년 동안 주님과 함께 다니면서 그들은 주님이 없는 시간을 상상해 본 적이 없습니다. 힘들고 억울하고 속이 상해도 주님이 곁에 계시기 때문에 든든하고 견딜 수 있었습니다. 그런데 이제 주님이 떠나신답니다. 불안해 죽겠는 제자들에게 주님이 주신 위로의 말씀은 "나는 가지만 나를 대신할 보혜사가 와서 너희를 도와주리라"는 것이었습니다.

보혜사로 번역된 이 단어는 '도움을 주는 자', '위로자', '대변인' 등 그 의미를 이해하는 데 여러 의견이 있지만, 확실한 것은 눈에 보이지 않지만 그들과 함께할 인격체를 보내 주겠다고 주님이 약속하셨다는 사실입니다. 제자들은 그 약속을 믿을 수 없었습니다. 저라도 믿을 수 없었을 것입니다. 그래서 그들은 주님이 돌아가신 후, 심지어 부활의 모습을 목격한 후에도 방황했습니다. 주님이 부활하셨더라도 그들과 함께 계시지는 않았기 때문입니다.

그들이 완전히 달라진 것은 오순절 성령 강림 사건을 체험한 후입니다(요한복음에는 예수님이 부활하셔서 제자들을 만나셨을 때 "성령을 받으라"라고 말씀하셨다고 기록되어 있어서, 약속하신 보혜사 성령을 부활 후에 보내신 것으로 봅니다). 신기한 체험 때문에 그렇게 된 것이 아닙니다. 기적을 행하고 보았기 때문이 아닙니다. 그런 거라면 주님의 생전에도 수없이 목격했습니다. 보이지 않았지만 약속대로 인격체이신 성령께서 그들과 함께하면서 그들에게 용기를 주고 할 일을 가르쳐 주시고 감당할 힘을 주셨기 때문입니다. 실제로 동행하시며 그 입에 할 말을 주시고, 갈 길을 인도하시고, 위로와 확신을 주시는 인격적인 분의 실재를 경험했기 때문입니다.

성령이 하시는 일

본문에는 성령께서 하실 일 두 가지가 소개되어 있습니다. 그중에 하나는 가르치는 일이고, 또 다른 하나는 주님이 제자들에게 하셨던 말씀들을 생각나게 하는 일입니다. 이 말은 주님이 하신 일과 성령이 하시는 일이 다르지 않다는 의미입니다. 제자들은 사역을 하면서 성령의 인도하심을 받는다고 확신하는 일이 주님이 평소에 하셨던 말씀과 상충되어서 혼란스러워한 적이 단 한 번도 없었을 것입니다.

제자들에게 하셨던 이 약속은 오늘날 우리에게도 유효합니다. 저는 이 말씀을 준비하면서 성령이 인격체라는 사실을 진지하게 묵상했습니다. 그게 무슨 뜻일까 생각해 보았습니다. 비록 제가 지금 여러분을 보는 것처럼 그렇게 생생하게 느끼고 볼 수 없다고 하더라도 하나님 성령께서는 실제로 저와 함께 하십니다. 2,000년 전 주님이 이 땅에 오셨을 때 약속하신 말씀을 기억하면서 저 혼자 끙끙거리고 있는 것이 아니라 실제로 제 안에 계셔서 때로는 저를 책망하시고 때로는 저를 위로하시고 제가 이 순례자의 길을 가기 위해 필요한 힘을 주십니다. 비록 우리는 성령을 근심케 하는 행동을 하기도 하지만 성령께서는 절대로 우리를 떠나지 않으시고 우리를 붙들어 주십니다.

저는 제자들이 사역을 하면서 어느 때는 너무 힘이 들어서 예수님을 그리워하거나, '주님이 곁에 계셨더라면' 하는 생각을 한 적도 있으리라 짐작합니다. 하지만 그들이 사역을 마감하고 주님의 부르심을 받을 즈음에는 모두 "내가 떠나는 것이 너희에게 더 유익이다. 그래야 보혜사 성령이 오신다"라는 주님의 말씀에 깊이 공감했을 것이라고 확신합니다. 성령께서는 끝까지 신실하게 제자들과 동행했기 때문입니다. 이 성령을 현재 우리와 함께하시는 인격체로 믿는다면 우리가 행하는 크고 작은 모든 일에 성령의 간섭과 인도하심이 있음을 알 수 있습니다. 저와 여러분이 이렇게 예배하는 중에도 성령께서는 감동을 주시고 세상에서 살면서 억울하고 힘든 일이 있을 때에도 여러분이 읽고 들었던 주님의 약속들을 생각나게 해주실 것입니다.

물론 때로는 그 행하심이 마치 바람과 같아서 어디에서 어디로 가는지 잘 알지 못하지만, 깃발이 흔들리는 것을 보면 바람의 실재를 알듯이 주변을 살피면 틀림없이 그 실재를 인정할 수 있습니다. 당장은 확실하지 않은 것 같아도 지나고 나면 그분이 거기에 계셨음을 알게 됩니다. 우연히 된 일 같지만 여러분이 경험하는 모든 일 가운데서 성령을 느낄 수 있습니다. 성령께서는 우리가 새롭게 느낄 수 없을 만큼 우리와 가까이 계십니다. 예수님은 제자들을 홀로 두시고 믿음을 지키며 하나님 나라를 위해 살라고 하지 않으셨습니다. 항상 그들 곁에서 그들을 지키실 성령을 보내셨습니다.

우리도 다르지 않습니다. 때로는 우리가 홀로 힘든 세상을 사는 것 같습니다. 아무도 없는 것 같습니다. 물론 하나님이 우리를 지키신다는 것은 알고 믿지만 왠지 멀리서 바라보고 계시는 분이라는 생각이 더 강하게 듭니다. 아니, 성령께서는 특정한 사람들에게만 임해서 그들을 더 보호하시는 것 같습니다. 하는 일마다 형통한 사람들, 삶 가운데 나와는 다른 체험을 가진 사람들을 보면 그들은 성령을 받고 성령과 동행하는 삶을 사는 것 같은데 나는 예수님을 믿기는 하지만 내가 믿는 예수님은 언제 다시 오실지 모르고 성령은 나 같은 사람에게는 오지 않으셔서 믿음을 지키며 사는 것이 정말 외롭고 힘들다는 생각이 듭니다. 그러나 그것은 사실이 아닙니다. 주님의 약속은 신실하고 변함이 없습니다. 주님을 믿는 모든 사람에게 성령을 보내셨습니다. 우리가 아주 가까이에서 느낄 수 있든, 그 느낌이 어색하든 성령은 우리 모두와 함께 계십니다. 우연처럼 보이는 모든 일 중에, 마치 내 힘으로 하고 있는 것 같은 모든 일상적인 일 중에 성령은 우리와 함께하시며 주님의 말씀을 기억나게 하시고 우리가 해야 할 일을 가르쳐 주십니다.

더할 수 없이 큰 위로

저는 제가 이 설교를 준비하는 동안에도 성령께서 저와 함께하셨음을 믿고, 이 말씀을 전하는 이 순간에도 성령께서 저와 여러분과 함께 하심을 믿습니다. 여러분은 절대로 혼자가 아닙니다. 하나님은 그렇게 멀리 계신 분이 아닙니다. 보혜사를 주겠다는 위로가 주님을 떠나보내는 제자들에게 그렇게 큰 위로가 되지 않은 것처럼 보이지만 결국 그들이 이 세상을 마감하면서 할 수 있었던 고백은 약속대로 성령께서 함께하셨다는 것이었습니다. 우리에게도 이것은 더할 수 없이 큰 위로입니다. 우리는 절대로 혼자가 아닙니다. 성령께서는 우리를 도우실 것이며 우리에게 길을 가르쳐 주실 겁니다. 성령께서는 그 선하신 계획대로 우리에게 필요한 힘을 주시며 우리의 걸음을 인도하실 것입니다. 그래서 우리는 모두 끝까지 믿음을 지킬 것입니다.

주님이 성령을 보혜사로 우리에게 보내겠다고 하셨을 때 보혜사 성령은 어떤 현상이나 힘, 영향력이 아닌 인격자였습니다. 마치 예수님이 제자들과 함께하시며 그들을 가르치고 그들과 동행하신 것처럼, 주님은 그분의 제자들과 동행하기 위해서 인격자이신 보혜사 성령을 보내 주신 것입니다. 이 보혜사 성령께서 우리의 숨소리를 들으시고, 우리의 귀에, 가슴에 할 말을 주시고, 우리가 넘어질 때 우리에게 힘을 주십니다. 보혜사의 오심이 유익한 것은 세상에 흩어진 모든 제자와 친밀하게 동행하실 수 있기 때문입니다. 주님의 이 약속을 믿기에 우리는 외롭게 홀로 믿음의 길을 걷는 것처럼 살아서는 안 됩니다. 어떤 일도 우연히 발생하지 않고 보혜사 성령의 임재 앞에서 발생하는 일임을 믿고 살아야 합니다.

성령께서 우리와 함께하십니다. 실재로, 정말로, 확실하게 우리와 함께 하시며 우리를 지키십니다. 저는 이 성령의 임재와 동행을 경험하기 위한 의식적인 훈련이 필요하다고 생각합니다. 그렇다고 우리가 경험하는 모든 일에 성령께서 하셨다고 말해야 한다는 의미는 아닙니다. 다시 말해, 이 설교 준비를 성령께서 하셨다고 말하고, 성령께서 말하게 하셨다고 말해야 한다는 의미가 아닙니다. 저의 행동에는 저의 악한 마음에서 비롯된 것도 있고, 제 의지에서 비롯된 것도 있을 테니까요. 하지만 성령의 일을 특별하고 초월적인 일로만 국한시키지 않고, 우리가 경험하는 모든 일에서 성령의 임재를 의식할 수 있어야 합니다. 발생하는 모든 일을 우연이라고 생각하기보다는 모든 일에서 성령께서 일하심과 성령의 원하심을 느낄 수 있어야 합니다. 주님이 보내신 성령은 매순간 우리로 하여금 우리가 묵상한 하나님의 말씀이 기억나도록 하시고, 주님이 무엇을 원하시는지 가르쳐 주실 것이기 때문입니다.

John
요한복음

요한복음 15장 1-6절

¹ 나는 참포도나무요 내 아버지는 농부라 ² 무릇 내게 붙어 있어 열매를 맺지 아니하는 가지는 아버지께서 그것을 제거해 버리시고 무릇 열매를 맺는 가지는 더 열매를 맺게 하려 하여 그것을 깨끗하게 하시느니라 ³ 너희는 내가 일러 준 말로 이미 깨끗하여졌으니 ⁴ 내 안에 거하라 나도 너희 안에 거하리라 가지가 포도나무에 붙어 있지 아니하면 스스로 열매를 맺을 수 없음같이 너희도 내 안에 있지 아니하면 그러하리라 ⁵ 나는 포도나무요 너희는 가지라 그가 내 안에, 내가 그 안에 거하면 사람이 열매를 많이 맺나니 나를 떠나서는 너희가 아무것도 할 수 없음이라 ⁶ 사람이 내 안에 거하지 아니하면 가지처럼 밖에 버려져 마르나니 사람들이 그것을 모아다가 불에 던져 사르느니라

19장

열매 맺는 가지

저는 고등학교 1학년 때 처음 교회에 나갔습니다. 출중한 외모와 탁월한 인간성에도 불구하고 남자만 4형제인 집안에서 태어나 남자만 다니는 학교에 다니던 저는 애정에 굶주려 좋아하지도 않던 교회 생활을 시작했습니다. 사실 제가 교회에 나갔다는 것 자체가 충격적이라 말해도 될 만큼 저는 교회에 적대적이었습니다. 그러니까 교회에 나갈 때 저는 진리니, 성경이니 하는 데에는 아무런 관심이 없었습니다. 마음속에 반항심이 있어도 드러내지 못할 만큼 소심했던 성격 탓에 교회에 다니기 시작한 후에는 기도하라고 하면 기도하고 봉사하라고 하면 봉사했지만 하나님을 알고 싶다는 마음은 없었습니다.

교회를 다니는 많은 분이 교회에 나가게 된 동기는 참 다양할 거라고 생각합니다. 어릴 적부터 부모님의 선택에 의해 교회를 다니기 시작한 분, 가족이나 친구의 성화에 마지못해 교회를 나온 분, 외로워서 나온 분, 마음의 수양이나 좀 더 나은 삶을 살기 위해서 나온 분, 자녀 교육 때문에 교회를 다니기 시작한 분, 나쁜 습관을 고치거나 죄의식을 해결하기 위해 교회를 다니는 분⋯⋯. 처음 교회에 다니게 된 동기나, 교회에 기대하는 것은 참 다양합니다. 그러니까 제법 많은 분이 교회에 다니기는 하지만 사실 성경이 말하는 진리, 구원, 영생에는 관심이 없다고 보는 게 맞을 겁니다. 관심을 갖기에는 너무 모른다는 말도 맞겠지요. 그렇게 교회 생활을 시작하면서 복음을 듣고, 예수님을 인격적으로 영접하고 나면 비로소 신앙생활이 시작됩니다.

신앙생활과 교회 생활이 눈에 보이게 분명하게 나누어지는 것은 아니지만 그 차이는 분명합니다. 가장 확연하게 볼 수 있는 차이는 영적인 일, 신앙적인 일에 관심이 생기고 기대감이 생기는 것입니다. 신앙적인 것에 깊은 관심이 없이 교회 생활에 관심이 있을 때와는 달리 정말 잘 믿고 싶고, 좋은 믿음의 열매를 맺고 싶어 합니다. 누구에게 어떤 영향을 받으며 신앙생활을 했는가에 따라 나타나는 현상이 다르기는 하지만, 정상적으로 신앙생활을 시작했다면 하나님에게 인정받는 삶을 살고 싶고 하나님 말씀대로 살고 싶어 합니다. 그런데 그게 원하는 것처럼 그렇게 잘되지 않습니다. 만일 열매를 맺지 않는 나무를 하나님이 제하신다면 나는 괜찮을 것이라는 자신이 없습니다. 그냥 교회만 다닐 때는 그런 두려움이나 자책, 아쉬움조차 없었는데(혹 아쉬움과 죄책감이 있다면 주일에 예배를 빠지거나 교회 모임에 가지 않음에 대한 것이었을 겁니다) 잘해 보고 싶은 마음이 생기고 난 후에는 절대로 제대로 할 수 없을 것 같은 두려움이 생기고, 열매를 맺고 있느냐는 질문을 대할 때마다 위축됩니다. 그래서 이번 본문 말씀과 같은 구절들이 때로는 상당히 부담스럽게 느껴지기도 하고, 난해하게 다가오기도 합니다. 정말 잘해 보고 싶은데 잘 안 되니까요.

믿음 생활이 갈수록 나빠지는 이유

본문 말씀은 이해하기 어렵지 않은 말씀처럼 보이지만 신학적으로는 상당히 논란이 되어 온 말씀입니다.

> 무릇 내게 붙어 있어 열매를 맺지 아니하는 가지는 아버지께서 그것을 제거해 버리시고 무릇 열매를 맺는 가지는 더 열매를 맺게 하려 하여 그것을 깨끗하게 하시느니라(15:2).

> 사람이 내 안에 거하지 아니하면 가지처럼 밖에 버려져 마르나니 사람들이 그것을 모아다가 불에 던져 사르느니라(15:6).

이 말씀은 과실을 맺지 아니하는 나무는 제해 버리겠다는 말씀이고 주님 안에 거하지 않아서 말라 버린 나뭇가지는 불에 태우겠다는 말씀입니다. 여러분은 이런 말씀들을 대할 때 두렵지 않으십니까? 물론 어떤 분들은 그러니까 그렇게 되지 않도록 잘해야겠다고 새롭게 다짐할 수도 있습니다. 또 어떤 분들은 실제로 그런 일은 없겠지만 잘해 보라는 경고의 말씀으로도 어느 정도 효과는 있다고 생각할 수 있습니다. 안타까운 마음의 표현 정도로 보는 것이지요.

제가 초등학생 때 하도 말을 듣지 않으니까 어머니가 저에게 한 번만 더 말을 안 들으면 집에서 내쫓겠다고 말씀하신 적도 있고, 그렇게 말을 안 들으려면 같이 죽자고 말씀하신 적도 있습니다. 실제로 저를 한강에 데리고 가신 적도 있습니다. 그 당시 저는 엄청 겁을 먹고 다시는 그러지 않겠다고 다짐했습니다. 참 순진했지요? 어머니가 절대로 그럴 리가 없는데 말입니다. 저는 이 말씀을 그렇게 긍정적으로 볼 수도 있다고 생각합니다. 하지만 이 말씀을 액면 그대로 본다면 아마 대부분의 사람은 자신이 없을 것입니다. 우리 삶 속에 맺어진 열매들을 보면 너무 부실하기 때문입니다.

제가 경험한 바로는 믿음 생활이라는 것이 갈수록 나아지기보다는 나빠진다고 생각하는 분이 더 많습니다. 그렇게 생각하는 몇 가지 이유가 있을 것입니다. 우선은 쉽게 싫증을 느끼는 우리 마음 때문입니다. 처음에 신앙생활을 시작할 때는 설렘도 있고 감동도 있습니다. 저도 주님을 영접하고 처음에 참 많이 울었습니다. 교회 가는 게 마냥 좋았습니다. 하지만 지금은 전과 같지 않습니다. 이럴 때 첫사랑을 잃어버렸다고 합니다. 그리고 첫사랑을 회복하려고 애를 많이 씁니다. 그런데 만일 첫사랑이 느낌이나 감정을 말한다면 이건 회복되지 않습니다. 저는 아무리 분위기를 잡아도 연애 때 제 아내에게 가졌던 감정을 그대로 느낄 수 없습니다. 아니, 느껴도 잠깐입니다. 저녁에 집에 들어가면서 '오늘은 아내가 무슨 옷을 입고 있을까' 생각하면서 설렘으로 문을 열지 않습니다. 지나가다가 손이 스치거나 살이 닿아도 가슴이 쿵쿵거린다든지 얼굴이 빨개진다든지 하는 일도 없습니다. 지금도 차려 주는 밥이 맛있고 고맙기는 하지만 연애 시절 처음 차려 준 밥상 앞에서 느꼈던 행복감은 안 느껴집니다. 하지만 몇 번을 망설이다가 설렘으로 조심스레 손을 잡지 않고, 편하게 덥석 손을 잡았다고 해서 제 아내가 제게 사랑이 식었다고, 옛날 같지 않다고 삐지면 제가 이상한 게 아니라 제 아내가 아주 심각한 공주병을 앓고 있는 것입니다.

사람은 이미 경험한 일에 대해서는 별로 신선함을 느끼지 못합니다. 건강한 관계의 특징은 오래 알았는데도 항상 신선하고 새로운 데 있는 것이 아니라, 겉으로 표현된 말과 행동에 담긴 인격을 신뢰할 수 있는 데 있습니다. 사람이 오래 가까이 알고 지내면 신선함은 떨어지지만 신뢰감은 상승합니다. 그러니까 사랑은 더 깊어지더라도 첫 느낌이 지속되는 것은 아니라는 말입니다. 좋은 관계는 시간이 지나도 신선함으로 설렐 수 있는 관계가 아니라(그런 경우도 있는지 모르겠지만) 갈수록 편안해지는 관계입니다. 처음 믿었을 때의 느낌을 동경하는 것은 어쩌면 아직 하나님이 충분히 편하지 않은 것인지도 모릅니다. 이 경우는 진짜 믿음 생활이 나빠진 것이 아니라 나빠진 것처럼 느껴지는 것입니다.

아마 믿음 생활이 나아지지 않는다고 생각하는 큰 이유는 이런 경우보다는 처음보다 크게 달라지지 않는 데서 오는 좌절감 때문일 것입니다. 믿음 생활을 오래 한 사람들이 가장 싫어하는 말이 '위선'입니다. 가장 찔리는 말이라는 의미이기도 하지요. 예수 믿고 나서 더 나빠지는 사람은 별로 없습니다. 하지만 별로 달라지지 않은 사람은 많습니다. 처음에는 죄를 지으면 몹시 괴로워하고, 쉽게 변하지 않는 자신을 미워하기도 하고, 혹시 신앙생활을 잘못하거나 모르는 게 있어서 그런가 싶어 여기저기 조언도 구하면서 애를 쓰지만 몇 번의 실패를 경험하고 나면 조금씩 굳어져 가고 뭐든지 대충 하는 것이 그나마 명맥을 유지하는 길이라고 자위하게 되는데, 그 상태가 하나님을 모를 때보다 더 나쁘다는 생각이 항상 마음 한 구석에 있습니다.

처음 교회에 발을 들여 놓았을 때에는 정말 잘 믿어 보자고 다짐하지만 대충 믿는 사람들, 교회 안에서의 모습과 밖에서의 모습이 다른 사람들을 보면서 저런 게 참다운 신앙생활은 아닐 것이라고 생각했기 때문에 나는 안 하면 안 했지 적당히는 하지 않을 줄 알았습니다. 처음에는 성경도 잘 읽을 줄 알았고 기도도 꾸준히 잘 할 줄 알았습니다. 그런데 신앙생활이라는 것이 자기 의지로만 되는 게 아니잖아요. 설교를 들어도 졸음이 오기 시작하고, 기도는 할수록 회의가 생기고, 성경도 처음에는 재미있는 것 같더니 갈수록 오리무중입니다. 이제부터는 사람도 미워하지 않고 크게 욕심도 부리지 않고 항상 감사하고 자족하며 살자고 다짐하지만 부부 싸움 몇 번에, 조금씩 늘어나는 신용 카드 빚에 신앙을 가져서 삶이 달라지는 게 별로 없음을 경험하게 됩니다. 원래의 모습일지라도 신앙생활을 시작하면서 뭔가 달라지지 않으면 예전보다 나쁜 사람처럼 느껴집니다. 더욱이 남들도 다 그렇다는 신앙생활의 민낯을 자신에게서 발견한 후에는 신앙생활이 더욱 시시해집니다. 물론 다른 사람들이 보기에는 신앙생활을 시작하고 많이 달라진 사람도 있지만 자기 스스로는 별로 만족할 수 없기 때문에 과실을 맺지 않으면 제하여 버리겠다는 말씀을 들을 때마다 나에게는 해당되는 일이 아니라고 안심할 수 없습니다.

열매를 맺는다는 것

어느 정도 교회 생활을 하면 자주 들어서 확실하게 알고 있는 말씀들이 생깁니다. 하나님은 한 번 사랑하기로 작정한 사람을 포기하는 일이 없다는 말씀입니다. 구원이 사람의 행위에서 나지 않고 예수 그리스도의 의에서 나오기 때문에 누구든지 그분을 믿기만 하면 영원히 살리라는 말씀입니다. 나는 약하고 부족하더라도 성령께서는 부족한 나를 도와주시고 붙들어 주셔서 기어코 열매를 맺게 하실 것이라는 말씀입니다. 사실 그렇습니다. 우리가 그리스도인이 된 것도 은혜이고, 그 주권적인 은혜 가운데 하나님이 나를 택하셔서 구원하기로 하셨다면 하나님이 실패하실 리가 없습니다. 하나님은 절대로 나를 버리실 리가 없다는 말씀은 너무 확실한 성경의 가르침입니다. 나의 행위가 아니라 하나님의 은혜로 하나님의 자녀가 된 것이니까요. 행위로 구원받는다면 이 세상에 구원받을 사람이 아무도 없을 테니까요.

사람이 구원의 확신을 가지고 "오늘 죽어도 천국에 갈 수 있다"라고 자신 있게 말할 수 있는 것은 그것이 전적으로 하나님의 은혜임을 알 때뿐입니다. 만일 이렇게 선한 일을 시작하신 분이 전능하신 하나님이라면 그 하나님은 절대로 실패할 리 없다는 것은 당연한 논리적 결과입니다. 처음부터 선하기 때문이거나, 선할 가능성 때문이 아니라 전적으로 주권적인 하나님의 작정 때문이라면 더욱 그렇습니다. 하나님의 사녀도 신분이 바뀐다는 것은 사람이 어떻게 행동하는가에 따라 달라질 수 있는 것이 아닙니다.

그래서 본문 말씀이 어렵습니다. 자신의 모습을 보면 별로 열매가 없어 보이는데, 그렇다고 열매가 없으니 언제 하나님이 버리실지 모른다고 말하는 것도 옳지 않아 보이기 때문입니다. 물론 그러니까 이제부터라도 좋은 열매를 맺자고 생각하면 되지만 여러 번 실패한 경험이 있는 사람들에게는 영 자신이 없는 일입니다. 그래서 어떤 학자는 여기 '제하여 버린다'고 한 단어의 번역이 잘못되었다고 주장하기도 합니다. 여기에 사용된 헬라 원어는 엄밀히 말하면 잘라내 버린다는 의미가 아니라 들어 올린다는 의미입니다. 즉 햇빛을 잘 받아 열매를 맺을 수 있도록 가지를 들어 준다는 의미입니다. 그렇게 2절을 다시 한 번 보시기 바랍니다.

> 무릇 내게 붙어 있어 열매를 맺지 아니하는 가지는 아버지께서 그것을 제거해 버리시고 무릇 열매를 맺는 가지는 더 열매를 맺게 하려 하여 그것을 깨끗하게 하시느니라.

이렇게 보면 2절 말씀은 과실을 맺지 못하면 제거하겠다는 경고의 말씀이 아니라 도와주겠다는 위로의 말씀이 됩니다. 글쎄요. 전제된 신학적 관점에서 보면 가능한 해석이기는 하지만 조금 억지스럽다는 생각도 듭니다. 주님이 말씀하신 의도는 그렇게 열매를 맺도록 도와주겠다는 것보다는 반드시 나무에 붙어 있어서 열매를 맺어야 한다는 것으로 보입니다.

저는 우선 열매를 맺는다는 게 도대체 무엇일까를 생각해 보고 싶습니다. 어떤 열매를 의미하는 것일까요? 주님은 어떤 열매를 기대하고 이 말씀을 하신 걸까요? 만일 열매가 자연스러운 결과라면 주님이 강조하신 것은 가지가 나무에 붙어 있어야 한다는 것 아닐까요? 3절에 제자들에게 "너희는 내가 일러 준 말로 이미 깨끗하여졌으니"라고 하신 말씀으로 보아 주님은 제자들을 열매 맺는 가지라고 여기셨습니다. 자신이 없어서 두려워하고 있는 제자들에게 주님은 그들이 열매 맺는 가지라고 말씀하신 것이지요.

그런데 이 말씀 이후 제자들의 행적을 한번 생각해 보시기 바랍니다. 이 말씀을 하신 직후였을 거라고 짐작되는데, 주님이 고통 중에 기도하시면서 "나를 위해 깨어 기도하라"고 하셨을 때 제자들은 몹시 피곤해서 주님과 함께 기도할 수 없었습니다. 주님을 사랑하기는 했지만 그들의 충성심도 그리 대단한 것이 아니라서 불과 몇 시간 후에 이들은 모두 주님을 버리고 도망을 갔습니다. 베드로는 노골적으로 주님을 부인했지만 그나마 정이 있어서 예수님이 재판받으시는 자리에 나타났습니다. 하지만 대부분의 다른 제자는 재판받으시는 자리에도 나타나지 않았습니다. "지금은 열매도 못 맺는 부실한 가지지만 내가 세워 주어서 과실을 많이 맺도록 하겠다"는 말씀이 아니라면 현재 제자들의 모습을 보면서 좋은 열매를 맺는 가지라고 보기 어렵습니다. 그러나 주님이 불안에 떨고 있는, 약하기 이를 데 없는 제자들에게 하신 말씀은, "너희는 이미 내 말로 깨끗하게 되어 포도나무에 붙은 가지니 절대로 나를 떠나지 말라"는 것이었습니다. "나를 떠나면 말라서 죽을 수밖에 없으니 너희는 어떤 경우에도 내 안에 거하고 나를 붙들라"는 것이었습니다.

저는 주님이 제자들에게 어떤 과실을 맺어야 한다고 요구하시는 것이 아니라고 생각합니다. 아마 어떤 분은 과실을 맺는다는 말을 대단한 능력을 발휘할 수 있는 것으로 이해할지도 모릅니다. 주님이 행하신 것과 같은 이적을 행할 수 있으면 과실을 맺는 것일까요? 또 어떤 분은 헌신된 사역을 생각할지도 모릅니다. 선교사가 된다든지, 목사가 된다든지, 그래서 평생 복음을 전하거나 봉사하는 일에 삶을 투자하게 될 때 열매를 많이 맺는 것으로 볼 수 있습니다. 이런 경우라면 아무리 성실하게 살아도 전도를 하거나 선교를 하거나, 아니면 교회에서 열심히 사역하지 않으면, 열매를 맺고 있다고 생각하지 못할 것입니다. 또 어떤 분들은 열매를 변화된 자신의 모습에서 찾으려 할 수도 있습니다. 정직하고 진실하고 너그러운 모습, 전에는 참을 수 없었는데 이제는 참을 수 있게 된 모습이 있으면 그것을 열매로 간주합니다. 저는 그런 생각들이 잘못되었다고 생각하지는 않습니다. 틀림없이 그렇게 될 수 있다고 생각하고 그런 모습이 보이도록 애써야 한다고 생각합니다.

예수 안에 있는가

그런데 주님이 본문에서 말씀하시는 열매에 대한 강조는 단순히 어떤 행위가 열매인지를 말하려는 데 있지 않습니다. 저는 헌신된 전문적인 사역자로서 목사가 된 것 자체가 가지로서 좋은 열매를 맺은 것이라고 보지 않습니다. 가능하면 남에게 피해를 주지 않고 지나치게 욕심을 부리지 않으면 살려고 최선을 다한다고 해도 그것만으로 제가 좋은 신자가 될 수는 없습니다. 믿지 않는 사람들, 타종교를 가지고 있는 사람들 중에도 그런 생각을 가지고 성실하게 사는 사람은 얼마든지 있기 때문입니다. 저는 제가 언급한 앞의 내용들은 사람마다 조금씩 다를 수 있겠지만 아주 자연스럽게 나타나는 현상의 일부일 뿐이라고 생각합니다.

정말 중요한 것은 예수 안에 거하는 것입니다. 주님의 말씀은 열매를 맺지 않으면 제거하겠다는 것이 아니라 주님 안에 거할 때에만 진정한 열매 맺음이 가능하다는 것입니다. 즉 나뭇가지는 나무에 붙어 있어야 하는 것처럼 주님의 제자는 주님에게 붙어 있어야 한다는 말이지요. 스스로는 절대로 열매를 맺을 수 없다는 것입니다. 어떤 열매를 맺을 것인 가보다 주님에게 붙어 있는가를 강조하는 말씀입니다. 범죄하고 있어 연약해도, 성공적으로 잘살고 있어 예수 안에 거하면 삽니다. 예수 안에 거하면 범죄한 중에 회개할 수 있습니다. 실패해도 다시 시작할 수 있습니다. 모든 게 형통할 때에도 겸손할 수 있습니다.

예수 안에 거한다는 말은 단순히 과거에 예수를 믿기로 했다는 한 번의 고백을 의미하지 않습니다. 예수 안에 거한다는 말은 그 고백의 진실함, 그 고백을 의식함을 강조합니다. 풍성히 열매를 맺는다는 말은 언제나 크고 부하고 강하게 된다는 말도 아닙니다. 어떤 종류의 열매인가는 그리 중요하지 않습니다. 푸른 포도일 수도 있고 파란 포도일 수도 있습니다. 알이 굵은 포도일 수도 있고 작지만 단 포도일 수도 있습니다. 선교사일 수도 있고 성실한 가정주부일 수도 있습니다. 하는 일마다 잘되어 형통할 수도 있고 그 반대로 고난을 많이 겪을 수도 있습니다.

중요한 것은 정말로 주님을 의식하고 인정하며 살고 있는가입니다. 여전히 그리스도는 나의 생명이고, 비록 부족하고 연약하지만 예수 그리스도를 통해 주신 생명이 진정한 삶의 의미이며 참 자유라는 확신이 여전히 있는가입니다. 지금 여러분에게 예수는 누구십니까? 단순히 이떤 열매를 맺었는가를 보면서 "저는 아닌 것 같아요"라고 말하기보다 진지하게, 진실하게 "저는 정말 예수님 없이는 삶의 의미도 목적도 없습니다"라고 말할 수 있는가를 물어야 합니다.

이 고백이 별 의미가 없다면 세상 사람들이 부러워할 만한 제법 그럴 듯한 열매가 보인다 할지라도 그 열매는 주님이 기대하신 열매가 아닐 것입니다. 예수 안에 거함은 예수 그리스도께서 우리를 위해 이루신 일을 인정하고 의지하여 살아가는 것입니다. 그분의 죽으심으로 우리 죄를 사함받았음을 기억하는 것이고, 그가 부활하심으로 우리에게 소망과 생명이 되셨음을 믿는 것이고, 그리고 그 믿음으로 지속적으로, 반복적으로 우리에게 주어진 시간과 일을 보는 것입니다. 거름을 주고 물을 주어도 열매는 때가 되기 전까지는 보이지 않는 법입니다. 꺾인 가지가 아니라면 열매는 반드시 맺습니다. 오늘도 예수 안에 있는지를 확인하십시오. 아니, 오늘도 예수 안에 있음을 확신하십시오. 그것이 열매 맺는 길입니다. 열매 맺음으로 가지에 붙어 있게 되는 것이 아니라 가지에 붙어 있을 때 열매 맺게 되는 것입니다. 열매는 자연스러운 결과이지 가지에 붙어 있게 만드는 조건이 아닙니다.

요한복음 16장 25-33절

25 이것을 비유로 너희에게 일렀거니와 때가 이르면 다시는 비유로 너희에게 이르지 않고 아버지에 대한 것을 밝히 이르리라 26 그날에 너희가 내이름으로 구할 것이요 내가 너희를 위하여 아버지께 구하겠다 하는 말이 아니니 27 이는 너희가 나를 사랑하고 또 내가 하나님께로부터 온 줄 믿었으므로 아버지께서 친히 너희를 사랑하심이라 28 내가 아버지에게서 나와 세상에 왔고 다시 세상을 떠나 아버지께로 가노라 하시니 29 제자들이 말하되 지금은 밝히 말씀하시고 아무 비유로도 하지 아니하시니 30 우리가 지금에야 주께서 모든 것을 아시고 또 사람의 물음을 기다리시지 않는 줄 아나이다 이로써 하나님께로부터 나오심을 우리가 믿사옵나이다 31 예수께서 대답하시되 이제는 너희가 믿느냐 32 보라 너희가 다 각각 제 곳으로 흩어지고 나를 혼자 둘 때가 오나니 벌써 왔도다 그러나 내가 혼자 있는 것이 아니라 아버지께서 나와 함께 계시느니라 33 이것을 너희에게 이르는 것은 너희로 내 안에서 평안을 누리게 하려 함이라 세상에서는 너희가 환난을 당하나 담대하라 내가 세상을 이기었노라

20장

이제 믿느냐

오래전에 제 아들이 구급차를 타고 응급실에 실려 간 적이 있습니다. 자동차에 휘발유를 넣다가 휘발유가 눈에 들어갔기 때문입니다. 여러분은 자동차에 휘발유를 넣는 일이 쉽습니까? 제 아들이 보기에도 그 일이 굉장히 쉬워 보였나 봅니다. 자동차 휘발유 통 뚜껑을 열고 펌프를 그 안에 넣은 후 손잡이를 잡아당기면 되는 아주 간단한 일이니까 어려울 게 없습니다. 엄청 쉬워 보인다고, 자기는 잘할 수 있다고 우겨서 제 아내가 허락해 주었답니다. 그런데 휘발유를 넣고 펌프를 뺄 때 손잡이를 누른 채 뺀 것이 화근이었습니다. 휘발유가 사방으로 튀는데도 손잡이를 놓지 못하고 쩔쩔매다가 급기야 자기 얼굴에도 튀었나 봅니다. 운동 신경이 웬만큼만 있어도 벌어지지 않을 일이라서 저도 그때 상황이 잘 상상이 안 되지만 제 아내를 닮은 아들에게는 충분히 가능한 일입니다. 몰라서 못한 게 아니라 알아도 경험이 없고 급작스러운 상황이 되면 못할 수 있습니다. 이미 경험과 요령이 있는 사람들, 실수 없이 배운 사람들은 휘발유를 넣다가 사고를 당해서 병원에 가는 사람을 이해할 수 없을 것입니다. 대부분의 사람은 문제없이 하는 일이기 때문에 이런 일을 당했다는 것이 좀 황당할 수 있어서 설교를 위한 예화로는 그다지 공감대가 만들어지지 않을 수 있습니다. 하지만 일곱 살 정도 아이들의 관점에서 보면 쉬운 것 같아도 쉽지 않을 수 있습니다. 그래서 일반적으로 어른들은 아이들에게 휘발유 주입하는 일을 절대로 시키지 않습니다. 제 아내가 비범하게 담대한 사람이었을 뿐입니다.

이 세상에는 자기가 하면 잘할 것 같은데 막상 해 보면 안 되는 일이 참 많습니다. 남들이 못하는 걸 보면 답답해하고, 잘하는 걸 보면 나도 그 정도는 할 수 있겠다 싶습니다. 하지만 막상 해 보면 정말 어려운 일이 많지요. 저는 그중 하나가 신앙생활이라고 생각합니다. 신앙생활을 처음 시작할 때, 나는 믿어지지 않아서 그렇지 일단 믿어지면 정말 잘할 거라고 생각한 분이 많이 계실 것입니다. 천국과 하나님의 실재가 진짜로 믿어진다면 자기는 절대로 자기가 경험한 기독교인들처럼 살지 않을 거라고 말했던 어느 무신론자를 만난 적이 있습니다. "천국을 믿는다고 하면서도 욕심으로 가득 찬 기독교인들의 위선을 보면 천국이 없음을 더욱 확신하게 됩니다. 천국을 믿는다면 저는 절대로 그렇게 살 수 없을 것 같습니다." 그런 말을 들으면 부끄러움을 느끼지만 그분은 정말 다를지, 저는 잘 모르겠습니다. 사실은 모든 게 믿어져도, 모든 걸 이해할 수 있어도 믿고 아는 대로 되지 않는 게 신앙생활입니다.

우리의 죄성

　여러분은 하나님이 살아 계시다고 믿으십니까? 여러분은 하나님이 전능하시다고 믿으십니까? 여러분은 죽으면 천국에 갈 것을 믿으십니까? 그런데 왜 그렇게 사십니까? 왜 아무것도 아닌 일에 낙심하고 죽어도 가져가지 못할 것들에 그토록 욕심을 부리십니까? 여러분은 인생이 안개와 같아서 순식간에 사라져 버리는 것임을, 그래서 우리 중에 누가 먼저 갈지 아무도 모른다는 것을 너무 잘 아는데 왜 그렇게 아주 오래오래 살 것처럼 사십니까? 처음에는 몰라서 그런 줄 알았습니다. 너무 미련하고 어리석어서, 인생이 그렇게 짧다는 것을 몰라서 그렇게 사는 줄 알았습니다. 인생은 죽으면 그만이고, 죽으면 하나님의 심판을 받게 될 것임을 몰라서 부끄러운 줄 모르고 죄를 짓고 악을 행하는 줄 알았습니다.

　깨달음이 있으면 변할 줄 알았습니다. 학습을 통해서든 경험을 통해서든 무엇이 인생인지, 무엇이 옳은지 알게 되면 초연하고 여유 있게 살 수 있을 줄 알았습니다. 그런데 정작 그 사실들을 다 인정하고 깨닫고 난 후에, 문제는 무지함에 있는 것이 아님을 알았습니다. 틀림없이 알고 믿는데도 아는 대로 행할 수 없는 경우가 더 많으니까요. 그래서 모든 신자는 자신을 어느 정도는 위선적이라고 생각하고 있습니다. 어떤 분이 죄와 사랑은 언제나 사람을 반이성적으로 만든다고 했는데 제가 생각하기에는 이성적으로 판단해도 이성대로 행동할 수 없는, 마비되어 가는 육체와 마음이 더 문제인 것 같습니다. 그게 죄의 특징이니까요. 능력과 의지는 별개 문제이고, 깨달음과 원함은 별개 문제니까요. 마치 사랑에 빠지면 그 사랑에서 벗어날 때까지는 무모할 수 있을 만큼 감정이 격정적인 것처럼, 죄에 빠지면 죄가 줄 것 같은 쾌락과 안정을 물리치기가 너무 어렵습니다(머리로는 결말을 아는데 그래도 그때는 하고 싶습니다). 죽는다는 말을 머리로는 알겠는데 손은 여간해서 놓을 수가 없습니다.

저는 천국이 있다고 믿고, 천국이 있다고 사람들에게 전하면서 삽니다. 저는 인격적인 하나님이 저를 향한 계획을 가지고 그 선하심과 전능하심으로 저의 삶을 인도하고 계시다고 믿고 다른 사람들에게 수도 없이 그 말을 하면서 살았습니다. 불꽃같은 눈으로 나의 일거수일투족을 지켜 보시는 하나님 앞에서 살고 있음을 저는 알고 있습니다. 그런데도 교만하고 불순하고 질투와 욕심이 그득합니다. 제 소유와 명예에 조금만 위협을 받아도 추락하듯이 불안해지고 두렵습니다. 제가 알고 있다, 믿고 있다 말하는 것이 다 위선이기 때문입니까? 안다고 하지만 사실은 모르고 있기 때문입니까? 정말 진정한 깨달음이라는 것이 있어서 이른바 해탈의 경지에 이르면 순식간에 모든 문제가 해결될까요? 저는 알아도 안 되는 게 있다고 생각합니다.

천국을 다녀와도 우리의 죄성이 변하지 않는 한 절대로 온전히 거룩하지는 못할 것입니다. 잘못된 것을 알아서 다시는 그렇게 하지 말아야겠다고 다짐하고 또 다짐하지만 순간적인 충동에 이성을 잃으면 또 죄를 짓게 되는 게 사람이잖아요. 물론 그래서 그런 죄성을 합리화하거나 책임을 회피하고 싶지는 않지만 이것이 우리의 어리석고 안타까운 현실임은 틀림없는 것 같습니다. 천국이 있다는 것을 알고 나면 엉터리 신앙생활을 하지 않고 정말 제대로 할 수 있을 텐데 천국을 믿을 수 없다고 하신 그분이 천국을 믿을 수 있게 되기를 기도하는 것도 중요합니다. 하지만 "천국이 있음을 확실하게 알고 믿어도, 천국에 다녀온 사람이라 할지라도 이 땅에서는 온전히 죄로부터 자유할 수 없는 것이 인간이랍니다"
라고 말씀드리는 것도 중요하다는 생각이 듭니다.

이제 믿느냐?

요한복음 16장에서 예수께서는 주님이 받으실 고난과 죽음에 관해서,
그 의미와 유익에 관해서 말씀하셨습니다. 저에게는 요한복음 16장에 어
렵고 잘 이해되지 않는 부분이 많은데 제자들은 이 본문 말씀을 쉽게
이해했나 봅니다. 특히 요한복음에서는 주님이 동문서답을 많이 하시고
영적인 세계나 현상에 관해 자주 말씀하시고, 비유를 많이 사용하셔서
인지 몰라도 제자들은 마지막 날 저녁에 아무런 비유도 사용하지 않으
시고 임박한 죽음과 고난에 관해 주님이 하신 말씀을 제대로 이해했습
니다. 제자들이 이렇게 고백합니다.

> 지금은 밝히 말씀하시고 아무 비유로도 하지 아니하시니 우리가 지금에
> 야 주께서 모든 것을 아시고 또 사람의 물음을 기다리시지 않는 줄 아나
> 이다 이로써 하나님께로부터 나오심을 우리가 믿사옵나이다(16:29, 30).

그간 주님의 말씀이 너무 애매해서 꼭 다시 질문해서 확인해야 했는
데, 요즘에 하시는 말씀들은 다 이해된다는 말입니다. 한때는 도대체 무
슨 말씀을 하시는 건지 이해되지 않아서 말씀을 들어도 멀리서 웅웅거
리는 소리 정도로 들렸는데 지금 하시는 말씀들은 귀에 쏙쏙 들어온다
는 말입니다. 주님이 왜 이 땅에 오셨는지, 왜 고난을 받으셔야 하는지,

왜 죽으셔야 하는지, 이런 위기 상황에서도 왜 우리가 마음에 평안을 가지고 살아야 하는지 이해된다는 말입니다. 다 믿을 수 있다는 말입니다. 그래서 그들은 이제 비로소 당신이 하나님으로부터 온 사람인 것을 믿게 되었다고 고백합니다.

30절 끝부분에 제자들이 했던 말이 한글 개역개정 성경에는 "이로써 하나님께로부터 나오심을 우리가 믿사옵나이다"라고 번역되어 있는데 영어 NIV 성경에는 "This makes us believe that you came from God"이라고 되어 있습니다. 깨달아 알아서 이제 믿게 되었다는 의미입니다. 물론 그래서 전에는 안 믿었다는 말은 아닐 겁니다. 특히 요한복음을 보면 주님이 행하신 모든 표적이 결국 제자들로 하여금 예수님을 하나님으로부터 온 하나님의 아들이심을 믿도록 하기 위한 것들이었으니까 그전에도 제자들은 믿었습니다. 하지만 이제는 표적을 보지 않고도 주님의 말씀을 이해할 수 있고 믿을 수 있다는 고백일 것입니다. 이제 비로소 성숙한 믿음이 생겼습니다. 주님의 고난과 죽음도 이해할 수 있는 믿음이 생겼습니다. 주님이 그렇게 말씀하시고 가르치시고 표적을 보이시고 비유로 설명하셨는데 이제 드디어 주님이 하나님에게서 온 자임을 확실히 믿을 수 있게 되었다고 고백한 것이지요.

예수님은 얼마나 기쁘셨을까요? 약간 의역하기는 했지만 NIV 성경은 "You believe at last!"라고 번역했습니다. "이제 드디어 믿게 되었구나!" 의역하자면 "이제 믿느냐?"라고 할 수 있습니다. 그런데 주님이 이 말씀을 감격으로 하셨는지, 아니면 안도로 하셨는지, 아니면 탄식으로 하셨는지는 확실히 알 수 없습니다. 저는 개인적으로 말씀의 문맥으로 보아서 그들의 믿음을 인정하신 말씀이라고 생각합니다. 제가 그렇게 생각한 이유는 그다음에 하신 말씀 때문입니다. 주님은 이제 믿어지느냐고 말씀하신 후에 "너희가 다 각각 제 곳으로 흩어지고 나를 혼자 둘 때가 오나니 벌써 왔도다"라고 하셨습니다. 이 말씀을 이렇게 이해하면 어떻습니까? "이제 나를 믿는다고? 이제 뭔가 좀 알 것 같다고? 야, 오늘밤을 넘기지 않고 너희가 다 나를 버리고 도망갈 텐데 믿긴 뭘 믿고 알긴 뭘 아냐?" 주님이 그렇게 말씀하셔도 정말 할 말이 없습니다. 그렇게 보면 주님이 마지막 때에 제자들이 한 고백을 오히려 면박하고 책망하는 것처럼 보입니다.

베드로가 주님과 함께 죽을지언정 주님을 부인하지 않겠다고 했을 때에도 주님은 아침에 닭이 울기 전에 세 번 부인할 것이라고 해서 베드로를 주눅 들게 하셨는데 이제 제자들이 뭔가 알 것 같아서 주님을 믿는다고 했더니 "네가 믿느냐? 하지만 너희가 다 나를 버리고 떠날 것이다"라고 해서 또 제자들을 주눅 들게 하시는 것 같습니다. 예수님이 하늘로부터 온 분임을 알고 믿는다고 하고서 주님만 혼자 두고 그렇게 도망갈 수 있습니까? 전에는 잘 몰랐으나 이제는 주님이 당하실 고난과 죽음의 의미를 잘 알겠다고 말하는 사람들에게 다 주님을 배신할 것이라고 하면, 그들이 깨달아 안다는 것이 잘못 알고 있는 것이거나 사실은 모르고 있는 것이라는 의미가 아니겠습니까? 만일 그렇다면 네가 이제 믿느냐는 말은 "함부로 믿는다고 말하지 마라. 너희는 아직 멀었다"는 말입니다. 그런데 그렇게 이해하면 그다음 말씀이 이해되지 않습니다.

연약함을 아시는 주님

이것을 너희에게 이르는 것은 너희로 내 안에서 평안을 누리게 하려 함이라 세상에서는 너희가 환난을 당하나 담대하라 내가 세상을 이기었노라(16:33).

물론 주님이 '이르신 이것'이 이번 설교에서 다루는 16장 본문 말씀을 가리키는지, 아니면 요한복음 16장 전체를 가리키는지 확실치 않지만 16장 본문 말씀도 포함된 것이 분명하다면 제자들이 주님을 배반하는 상황을 곧 만나게 되더라도 크게 요동하지 않도록 주님이 이 말씀을 하셨을 것입니다. 간단하게 말씀드리면 그들의 믿음을 인정하신 것입니다. 즉 오히려 다가올 환난 가운데도 낙심하지 않도록 하신 말씀이라는 겁니다. "그래, 너희들이 이제 드디어 깨달았구나. 이제 드디어 내 말을 온전히 믿는구나. 하지만 그렇게 믿어도 스스로 실망할 일들을 당하게 된단다. 그럴 때 너희는 항상 내 안에 거해야 한다. 그러면 환난이 많더라도 끝까지 믿음을 지킬 수 있을 것이란다." 바로 몇 시간에 후 그들이 겟세마네 동산에서 경험한 대로 기도하고 싶은 마음은 있는데 기도하려고 눈을 감으면 졸음이 쏟아지는 그들의 연약함을 아시고 주님이 하시는 말씀입니다.

주님을 사랑하고 주님을 지켜 드리고 싶은데 검을 든 군졸들이 휘젓고 다니는 살벌한 분위기에서 어떻게 해야 할지 모르고 벌벌 떨다 겉옷이 벗겨지는 줄도 모르고 도망을 쳐야 하는 연약함, 주님이 걱정되어 못 견디겠는데도 문밖을 나서기가 무서워 집 안에서 안절부절못하는 비겁함에 한없이 초라해지는 부족함을 주님이 아시고 하시는 말씀입니다. 그러니까 그 믿음이 가짜라는 말씀이 아닙니다. 믿음이 진짜라도 아직 죄성과 연약함이 남아 있어 의심하고 다투고 넘어지는 인간의 한계를 말씀하시는 것입니다. 바로 그 한계 때문에 절대로 교만할 수 없고, 동시에 절대로 낙심할 수 없어서 지속적으로 주님을 붙들어야 하는 이유, 주님이 보혜사 성령을 보내셔야 하는 이유를 말씀하시는 것입니다.

은혜를 받고 나면 잘할 수 있을 것 같습니다. 예배의 감격을 한 번 맛보고 나면 예배할 때마다 마음에서 우러나오는 뜨거운 찬송을 드리며 주님에게 합당한 영광을 돌릴 수 있을 것 같습니다. 주님의 선하심과 전능하심을 생각하면 웬만한 실패나 실망쯤은 툭툭 털고 일어나 아무렇지 않은 듯이 살 수 있을 것 같습니다. 그런데 생각이나 의지처럼 우리의 몸과 마음이 움직이지를 않습니다. 주님을 사랑하는데도 "주님이 원하시는 대로 살겠습니다"라는 고백이 무색할 만큼 뜻대로 되지 않습니다. 아니, 사실은 그래서 "잘해 보겠습니다"라는 고백이 무섭습니다. 심지어 은혜받기가 두려워 수련회도 못갑니다. 잘해 보려는 사람에게, 이제 막 신앙생활을 시작해서 열심을 내는 사람에게 "지금이 좋을 때지. 얼마 안 가서 시들해질 걸"이라고 말하면 거의 틀림없이 들어맞습니다. 잘하려고 할수록 더 큰 위선자가 되는 것 같고 마치 믿음이 가짜임을 증명이라도 하는 것 같습니다.

우리의 고백을 기뻐하시는 주님

그런데 여러분, 주님의 말씀을 들어보시기 바랍니다. "그래 이제 너희가 나를 믿는구나. 하지만 그래도 넘어질 거란다. 나를 혼자 두고 떠날 거란다. 하지만 내가 이 말을 하는 이유는 너희가 그런 모든 경우에 내 안에 있어서 평안을 누리도록 하기 위함이란다." 주님은 제자들이 주님의 말씀을 알고 믿는다고 했을 때 많이 기뻐하셨습니다. 또한 동시에 주님은 그들의 믿음이 연약함으로 인해 위축되지 않기를 원하셨습니다. 신앙생활의 가장 큰 적은 실수나 실패가 아니라, 실수나 실패 후에 갖게 되는 좌절과 낙심입니다. 물론 그러니까 죄는 어차피 이길 수 없다고 가볍게 생각하고 살자는 말이 아님을 이미 말씀드렸습니다. 우리의 능력을 너무 과대평가하지 말자는 말입니다.

우리의 승리는 우리의 능력에 달려 있지 않습니다. 우리의 승리는 우리가 주님 안에 있을 때 가능합니다. 우리가 예수 안에 있어서 맺는 열매는 언제나 승리와 형통함만을 의미하지 않습니다. 범죄함 중에는 회개함이고, 실패 중에는 위로와 담대함입니다. 이것을 지속적으로 가능하게 만드는 것은 우리가 예수님 안에 거함입니다. 그 가지가 포도나무에 붙어 있을 때 가능한 일입니다. 당장의 죽음이 두려워 주님을 버리고 떠나게 될 제자들이었지만 그들이 평안을 유지할 수 있던 것은 절대로 범죄하지 않을 것이라는 확신에서 비롯된 것도 아니고, 아무렇게나 살아도 구원받는 데는 아무 상관이 없다는 반율법적인 태도에서 비롯된 것도 아닙니다. 그들이 평안할 수 있는 것은 예수 안에 있음으로 안전하다는 사실에서 비롯된 것입니다.

주님 안에 있으면 환난이 없는 것이 아닙니다. 오히려 환난이 더 많을 수 있습니다. 그렇기 때문에 주님 안에 거할 때에만 우리에게 소망이 있습니다. 세상을 이긴 것은 우리가 아니라 주님입니다. 지금 여러분이 마음속에 느끼는 불안, 분노, 슬픔은 여호와가 어떤 분인지 몰라서 느끼는 것들입니까? 아닙니다. 하나님의 거룩하신 임재를 경험해서 알게 되면 순식간에 사라질 것입니다. 하지만 그래도 또 비슷한 어려움을 당하면 여전히 불안해하고 분노하고 슬퍼할 것입니다. 몰라서가 아니라 우리의 약함 때문입니다. 주님을 홀로 두고 떠나갈 제자들을 향해 "너희가 내 안에 있어서 평안을 누리라"고 하신 주님의 말씀, 그것 말고는 우리에게 달리 위로와 힘이 될 것이 없습니다. 주님의 은혜와 능력으로 가득히 채워졌다고 생각했는데 한순간에 빈 잔을 들고 서 있는 것이 우리입니다.

우리는 알아야 합니다. 잊지 말아야 합니다. 주님이 세상을 이기셨습니다. 주님은 이제 십자가의 길을 가시지만 그 길 끝에 부활이 있기에 제자들이 경험할 두려움과 환난, 핍박과 죽음을 지나야 할지라도, 반복된 넘어짐과 실수를 경험하더라도 주님의 약속을 붙들고 주님 안에 거하라고 위로하시는 것입니다. 주님은 우리의 넘어짐을 비웃지 않고 안타까워하십니다. 주님은 우리의 약함을 무시하지 않고 불쌍히 여기십니다. "드디어 믿는구나! 네가 믿느냐?"라는 말씀은 우리의 고백에 반응하시는 주님의 반복된 기쁨입니다. 그래서 오늘도 주님은 약함과 악함에도 불구하고 우리가 진심으로 할 수 있는 "이제 내가 믿고 의지합니다"라는 고백을 마치 처음 하는 고백인 양 기뻐하십니다.

John
요한복음

요한복음 16장 32-33절

32 보라 너희가 다 각각 제 곳으로 흩어지고 나를 혼자 둘 때가 오나니 벌써 왔도다 그러나 내가 혼자 있는 것이 아니라 아버지께서 나와 함께 계시느니라 33 이것을 너희에게 이르는 것은 너희로 내 안에서 평안을 누리게 하려 함이라 세상에서는 너희가 환난을 당하나 담대하라 내가 세상을 이기었노라

21장

세상에서는 환난이 많으나 담대하라

제가 고등학생 때 어느 부흥회에 참석했는데 그때 강사 목사님이 예수 믿고 3년 안에 부자 못 되면 예수 잘못 믿은 것이라고 했습니다. 그 말이 사실이라면 예수 잘못 믿은 분이 많이 계신 것 같습니다. 저도 그중 하나가 되겠지요. 그 말 자체는 과장되었디 생각해도 그런 말을 가능케 하는 배경에는 하나님이 그분을 믿는 자들을 형통케 하시고 전능하고 선하신 하나님이 그들을 지켜 주시기 때문에 환난이나 재앙을 피하게 하실 것이라는 이해가 있습니다. 전능하신 하나님이 보호해 주시는데 환난과 고난을 당한다는 것은 논리적으로 모순이라고 생각하기 때문입니다. 물론 지나치게 기복적이고, 물질적인 세계관에서 비롯된 것이라고 볼 수도 있지만 하나님과 동행하며 안정된 삶을 살게 될 것을 기대하는 작은 바람으로는 당연하다고 볼 수 있습니다. 압니다. 이 땅에서는 잠깐 사는 것이고, 우리가 결국에는 갈 곳이 따로 있다면, 이 세상에서 얼마나 부요하고 편안하게 살았는가로 하나님의 전능하심과 선하심을 판단할 수 없습니다.

예수를 잘 믿으면 3년 안에 부자가 되고 예수를 잘 안 믿으면 망한다는 것이 사실도 아니거니와 그것을 기대하면서 신앙생활을 하시는 분도 많지 않습니다. 순교라든지, 복음 전도를 위한 환난과 같은 경우라면 자발적인 것이라서 이해도 하고 존경도 하지만 일반적인 삶에서는 질병과 가난에서 어느 정도 벗어나고 싶은 것이 많은 사람의 바람입니다. 그래서 하나님의 주권을 인정하며 감사하는 마음으로 살지만 버겁고 어려운 일을 만나면 하나님에게 섭섭하기도 하고 낙심되기도 합니다. 부자가 되거나 모든 일이 형통하기를 기대하는 하는 것은 아니더라도 아주 힘든 일이나 재앙을 만나지 않으면 좋겠고, 노력하고 수고한 것에 대해서는 대가를 받기를 기대합니다. 하나님이 그 정도는 해주시기를 희망하니까요.

하지만 고난당하지 않고, 정당한 대접을 받는 일에는 신자와 불신자 간에 차이가 없고, 공식도 없고 비결도 없는 것 같습니다. 성실하게 열심히 살면 보상받을 것이라거나, 꾸준히 신앙생활하고 주일을 범하지 않고, 십일조 생활을 착실하게 잘하면 하나님이 지켜 주셔서 모든 일이 잘될 것이라는 말이 무색할 만큼 빈부의 차이는 신앙에 의해 결정되는 것이 아니라 타고난 소유와 재능에 의해 이미 결정된 듯하고, 흙수저가 아무리 애를 써도 금수저가 되는 일은 갈수록 요원해 보일 뿐입니다.

오래전에 저는 "헬핑 업 미션"(Helping Up Mission)이라는 노숙자 선교 단체에서 행려인들에게 고난에 관한 설교를 한 적이 있습니다. 설교를 마치고 난 후에 한 남자가 저와 5분만 이야기를 하고 싶다고 했습니다. 62세

된 스리랑카 사람이었는데 저와 이야기하는 내내 그분의 눈에서는 눈물이 멈추지 않았습니다. 그분이 많은 이야기를 했지만 한마디로 요약 한다면 이것이었습니다. "62년 동안 저는 고통을 겪었습니다. 왜 나만 그렇게 고통을 겪어야 합니까? 너무 원망스러웠지만 원망하면 더 힘들어질까 봐 원망도 하지 못하고 살았습니다." 그리고 그분은 저에게 답을 기대하지는 않았지만 처음 하나님 앞에서 "Why?"라는 질문을 하면서 비로소 하나님이 가까이 느껴진다고 했습니다. 너무 힘이 들어도 제대로 원망하지 못합니다. 원망이나 불평을 하면 더 큰 어려움이 올까 두렵기도 하고 왠지 성숙한 신앙인은 그러면 안 될 것 같기 때문입니다. 물론 원망이나 불평이 우리 삶에 전혀 도움되지 않는 것들임은 인정합니다. 그러나 그렇다고 해서 성숙한 신앙이 단순히 억지스러운 미소와 태연한 태도를 의미한다면 믿음으로 살고자 하는 사람들에게는 더 큰 고통일 수 있습니다.

고난의 현실

주님은 제자들에게 세상에서는 너희가 환난을 당하나 담대하라고 하셨습니다. 물론 이 말씀은 당시 제자들이 복음의 증인으로서 당해야 할 고난과 시련을 의미한다고 볼 수 있습니다. 그러니까 세상을 살면서 어떤 사람들이 상대적으로 경험하게 되는 삶의 어려움을 의미한다기보다는 복음 때문에 경험하게 될 핍박을 우선적으로 의미한다고 보는 것이 맞을 것입니다. 하지만 그래서 이 환난을 복음 증거의 과정에서 경험하게 될 어려움만 의미한다고 볼 이유는 없습니다. 왜냐하면 복음 때문이라는 말은 단순히 복음 전파만을 의미하지 않고, 복음에 의해 만들어진 새로운 삶의 방식을 의미하기도 하니까요. 전능하시고 선하신 하나님을 전적으로 신뢰하며 살기로 작정한 사람들이 이 세상에서 심한 고난을 당할 때 경험하게 되는 혼란스러움과 실망감도 포함할 수 있다는 말입니다. 그러니까 이런 질문이 가능하다는 겁니다. "전능하신 하나님을 믿는데 왜 환난을 당합니까?" "하나님 뜻에 따라 인간 문제의 궁극적인 답을 제시하는 지극히 선한 일을 감당하는데 왜 하나님이 도와주지 않으십니까?" 사실 이것은 이해의 문제라기보다는 신뢰와 순종의 문제인 것 같습니다. "왜?"라는 질문에 대한 답은 없고, 하나님의 뜻을 모르지만 고난은 엄연한 현실이니까요. 저는 여기에서 주님이 말씀하시는 대조를 주목해 보고 싶습니다.

> 너희로 내 안에서 평안을 누리게 하려 함이라 세상에서는 너희가 환난을 당하나(16:33).
> In me you may have peace, but in the world you will have trouble(NIV).

주님은 이 세상과 저 세상을 대조하지 않으셨습니다. 그러니까 이 세상에서는 환난을 당하지만 저 세상에서는 평안이 있다고 말씀하지 않으셨습니다. 주님은 세상과 주님을 대조해서 "내 안에서"(in me)와 "세상에서는"(in the world)을 대조하고 있습니다(NIV 참조). 이 말은 주님 안에 있으면 이 땅에서도 평안을 누리게 될 것이라는 의미이고, 동시에 주님 안에 있어도 세상에서는 힘들 수 있다는 의미이기도 합니다. 다시 말하면, 주님 안에 있으면 세상의 모든 문제가 해결되어서 평안을 누리게 되는 것은 아니라는 의미입니다.

어려움을 겪고 환난을 당하는 것은 우리가 뭘 대단히 잘못해서 그런 것도 아니고 우리가 주님 안에 있지 않아서 그런 것도 아닙니다. 그냥 그런 세상에 살고 있기 때문입니다. 고난의 현실에 실제적인 해결책이 되지는 않지만 저는 이 사실을 안다는 것이 대단히 중요하다고 생각합니다. 결국 고난은 피함의 문제가 아니라 더불어 살면서 극복해야 하는 문제임을 인식하는 것이니까요. '세상에는 환난이 많지만 내 안에는 평화가 있다'는 말씀은 그러니까 주님 안에 있으면 환난을 당하지 않게 될 것이라는 말씀이 아닙니다. 주님 안에 있는 것과 세상에 있는 것은 둘 중에 하나를 선택하면 되는 문제가 아닙니다.

아무리 잘 믿어도 세상에서는 어려움을 당할 수 있습니다. 아무리 잘못 믿어도 이 세상에서 비교적 편안한 삶을 살 수 있습니다. 특히 주님이 제자들에게 하시는 말씀을 보면 제자이기 때문에 세상에서는 더 많은 어려움을 당하게 될 것입니다. 단순히 세상에 사는 모든 사람이 겪어야 하는 문제나 시련뿐만 아니라 핍박과 자발적인 희생이 있기 때문이고, 다른 가치관을 가지고 세상과 역행하며 살아야 하기 때문입니다. 결론적으로 말씀드리면 아무리 잘 믿는 사람이라도 시련을 당할 수 있습니다. 이 세상에 사는 동안에는 정도의 차이가 있겠지만 누구나 다 아플 것이고 실패와 외로움을 경험할 것이고 마침내 죽음을 통한 절망도 경험할 것입니다. 믿는 사람들은 억울하고 힘든 일을 더 많이 당할 수도 있습니다.

우리는 아직 그런 세상에 살고 있습니다. 마치 사막을 지나 여행을 해야 하는 사람과 같습니다. 물을 넉넉하게 가지고 낙타를 타고 사막을 건널 수만 있다면 좋겠지요. 하지만 사막을 지나야 함은 모든 사람의 현실입니다. 사막의 현실이 부러움과 불만을 가능하게 만들지만 본질적인 것은 그 사막을 지나야 한다는 것이지 물을 많이 소유해야 한다는 것이 아닙니다.

담대함은 무엇인가

그래서 주님은 세상에서는 환난을 당하지만 담대하라고 하셨습니다. 세상에 있음이 삶의 현실이라면 담대함은 세상에서 살아가는 우리의 자세입니다. 환난 자체도 감당하기가 힘든데 어떻게 담대함을 유지해야 합니까? 어떻게 항상 흔들리지 않는 모습을 보여야 한다는 말입니까? 어떻게 약한 모습을 보이지 않고 꿋꿋하게 기도하고 오히려 옆에 있는 사람들을 위로해 줄 수 있을 정도의 여유를 잃지 않을 수 있단 말입니까? 담대하라는 말씀은 흔들리지 않는 모습을 유지하라는 말씀이 아닐 것입니다. 환난 중에 막힘없이 기도하는 영성을 항상 유지하고 있으라는 말씀이 아닐 것입니다. 아니, 그럴 수 있으면 정말 좋겠지요. 저나 여러분 모두가 동경하는 모습이지요. 하지만 그럴 수 없더라도 상관없습니다. 주님이 원하신 담대함은 그것이 아닐 거라고 생각하기 때문입니다.

창피한 고백을 하나 하지요. 애리조나에는 개가 많습니다. 집집마다 서너 마리씩은 키우는 것 같습니다. 대부분의 개는 더위와 허기에 지쳐서 짖는 일도 없고 사람이 가까이 가도 거의 움직이지 않습니다. 저는 개를 무서워합니다. 그곳에 단기 선교를 가서 여름 성경 학교를 할 때, 저는 아이들을 데려 오는 일을 맡았습니다. 마당에 자전거가 있고 아무렇게나 벗어 던진 작은 신발이 있는 걸로 보아 그 집에 아이들이 산다는 것을 알았지만, 문 앞에 개들이 있으면 무서워서 집 앞에서 망설이다가 그냥 돌아온 적이 몇 번 있습니다. 그 집 아이의 영혼이 지옥에 가면 제가 책임져야 한다고 가혹하게 말씀하지 마시기 바랍니다.

여러분이 처한 극한 상황에서의 두려움을 제 경험에 빗대어 너무 가볍게 말씀드리는 것은 아닐까 싶어 조심스럽습니다. 하지만 담대함이란 두려움이 없는 상태를 의미하지 않는다는 것을 말씀드리고 싶습니다. 담대함이란 그까짓 개가 뭐가 무섭느냐고 말하면서 씩씩하게 나아갈 수 있는 것이 아닙니다. 또한 잃어버린 영혼들을 생각하면 갑자기 두려움이 사라지고 아이들의 영혼만 보이는 상태를 말하는 것도 아닙니다. 여전히 두렵지만 개가 지쳐 있어서 달려들지 않을 것이라는 판단과 나는 돌아가고 싶지만 여름 성경 학교가 그 아이들에게 좋은 기회가 될지도 모른다는 마음 때문에 피하지 않고 조심스럽게 다가갈 수 있는 것을 의미합니다. 이래저래 저는 담대하지 못했습니다마는, 앰브로스 레드문이라는 분이 말하기를 용기란, 두려움이 없는 상태가 아니라 두려움보다 중요한 무엇이 있음을 판단하는 것이라고 했습니다. 용기 있는 사람은 세상에 두려울 것이 하나도 없는 사람이 아닙니다. 이런 사람이 사실은 가장 무서운 사람이지요. 두렵고 불안하지만 그것보다 중요한 것이 있다는 판단 때문에 두려움에도 불구하고 현실을 직시하는 사람입니다.

만일 용기가 단순히 '두려움의 부재 상태'를 의미한다면 예수님이 겟세마네 동산에서 한 기도는 어떻게 이해해야 합니까?

> 내 아버지여 만일 할 만하시거든 이 잔을 내게서 지나가게 하옵소서(마 26:39).

피할 수 없는 잔임을 아시면서 이런 기도를 했다면 적어도 주님의 인성에 두려움이 있었음을 의미하는 것 아닙니까? 불과 한 시간 남짓 전에 제자들을 향해 "세상에서는 너희가 환난을 당하나 담대하라 내가 세상을 이기었노라"라고 말씀하신 주님이 제자들에게 "내가 심히 고민하여 죽게 되었으니 나를 위해 기도하라" 하시고 이런 기도를 하셨다면 주님은 담대하지 않으셨던 겁니까? 주님은 겁쟁이입니까? 주님이 담대하라고 하신 말씀은 겁내지 말라는 말씀이 아니라, 겁이 나서 멈추지는 말라는 말씀입니다. 물론 주님의 경우는 십자가가 겁이 나거나 망설여졌다고 볼 수는 없지만, 세상의 죄를 지고 하나님에게 버림을 받는 일이 말할 수 없이 무겁고 힘든 일이었음은 틀림없습니다.

이 세상에는 환난이 많습니다. 작은 것이든 큰 것이든 환난은 두렵습니다. 언제나 인간을 겁나게 만들고 자신이 없게 만듭니다. 죽는 것도 두렵지 않을 것 같았는데 막상 그 앞에 다가가면 너무 겁이 나서 믿음과 소망이 송두리째 흔들리는 것 같습니다. 손해를 보는 것도 두렵고 오해를 받는 것도 두렵고 이유 없이 매를 맞아야 하는 것도 겁이 납니다. 하지만 그래서 타협하면, 포기하면 그것은 비겁함입니다. 차라리 못할 것 같다고 벌벌 떨어도 좋고 그 앞에서 마음을 졸이며 몇 날, 몇 달씩 망설여도 좋습니다. 환난 중에 기도가 안 나오지만 기도하지 않겠다고 포기하지 않으면 그것이 용기입니다. 사람들에게 많은 상처를 받아서 누구를 믿는다는 것이 겁이 나고 쉽사리 마음을 주지 못하지만, 그래도 사람에 대한 신뢰를 포기하지 않으면 그것이 용기입니다.

내가 세상을 이기었노라

애리조나 인디언 마을 이야기를 하나 더 나누겠습니다. 처음 애리조나 인디언 마을에 단기 선교를 갔을 때부터 아주 적극적으로 저희 사역을 도와주던 원주민 부부가 있었습니다. 거의 5년 넘게 빠지지 않고 여름 성경 학교에 참석했으니까 저희는 아주 어릴 적부터 그 집 아이들을 보아 온 셈입니다. 아주 적극적이고 명랑한 부부였습니다. 그러다 어느 해에 그곳에 갔더니 부부가 보이지 않았습니다. 많이 궁금했지만 소식을 알 길이 없었습니다. 그리고 몇 년 후에 그 부부를 다시 볼 수 있었습니다. 그 몇 년 동안에 그 가정에 일어났던 일입니다. 그 집 첫째 아들이 자살했습니다. 둘째 아들이 경찰차에 치어 죽었습니다. 큰 딸이 남편에게 상습적으로 폭행당하다 견디지 못해 도망가려고 하자 남편이 칼로 찔러 길 가에 버린 것을 지나가던 사람이 발견해서 구사일생으로 살아났습니다. 지금 그 남편은 감옥에 있고 딸은 폐인처럼 그 집에 살고 있습니다. 그리고 저희가 그들과 함께 예배한 다음날, 감옥에 있던 셋째 아들이 목을 매달아 자살을 시도했습니다. 그 와중에 부부가 모두 직장에서 해고되었습니다. 부인이 제게 하나님이 너무 원망스러웠다고 했습니다. 남편은 너무 힘들어서 끊었던 술을 다시 시작했다고 했습니다. 참 열심히 살아 보려고 애썼는데, 특히 주님을 만난 후에 믿음으로 바르게 살려고 애를 많이 썼는데 점점 더 힘들어졌다고 했습니다.

물론 워낙 문란하고 열악한 환경이라서, 믿는 사람이든 믿지 않는 사람이든 그곳에 사는 사람들에게는 종종 일어나는 일이라고 말할 수 있겠지만 자식을 사랑하는 마음이 다 같은 거라면 견디기 힘든 시련임이 틀림없습니다. 제가 그들에게 무슨 말을 해주어야 했을까요? 그래도 술이 문제를 해결하는 데 도움이 되는 것이 아니니 술을 다시 마시면 안 된다고 말했어야 할까요? "그게 다 죄의 값입니다. 마약도 하고 결혼도 하기 전에 동거하고 문란하게 사니까 그런 일들을 당하게 되는 게 아닙니까? 정상적으로 살았으면 피해 갈 수도 있지 않았소?" 이렇게 훈계했어야 할까요? "어차피 사람은 다 죽는 건데 그냥 일찍 죽었다고 생각하고 천국에서 다시 만날 것이니 소망을 가지고 살아 봅시다. 우리에게는 갈 곳이 있으니 뒤의 일들은 잊어버리도록 하세요." 이렇게 권면했어야 할까요? 다 틀리지 않은 말인데 적합한 말인지 몰라서 할 수 없었습니다. 내가 무엇이든 돕고 싶다는 말과 기도하겠다는 말만 했던 것 같습니다. 그런데 오히려 제가 그분들에게서 말할 수 없는 위로와 용기를 얻었습니다. 정말 사면초가와 같은 상황에서도 하나님을 떠나지 않고 그들을 향한 하나님의 일을 놓치지 않으려고 발버둥치고 있는 모습 때문이었습니다. 저는 그 모습이 담대한 모습이라고 생각합니다. 겁나지 않는 게 아닙니다. 겁이 나고 상심되지만 포기할 수 없는 것입니다.

저는 그분들이 매일 눈물로 밤을 지새우지 않았다면 그게 더 비정상적이라고 생각합니다. 문득문득 가슴을 죄는 듯한 통증에 정신을 차릴 수 없는 상황이지만 정신을 차리고 살아 내는 그 모습이 담대한 모습입니다. 지금도 너무 힘들어서 그만 살고 싶은 분들이 계시다면 저는 그 심정이 어떤 것인지 이해하면서도 감히 말씀드리고 싶습니다. 담대하시기 바랍니다.

물론 이 말은 고난 중에 있는 사람들에게만 적용되는 것은 아닙니다. 모든 것이 잘 되고 크게 어려움이 없어서 "세상에서 환난을 당하나"라는 말이 실감이 나지 않는 분도 많이 계실 겁니다. 저는 개인적으로 고난 중에 담대하기보다 형통함 중에 담대하기가 더 어려울 것이라고 생각합니다. 특히 요즘 세상에서는 믿음을 지키는 데 무서운 위협 못지않게 달콤한 유혹도 감당하기 어려운 것이기 때문입니다. 일부러 환난을 찾아가야 할 필요는 없지만 우리는 그 평안한 세상에서 혹시 제자로서의 정체성이 희미해지고 있는 것은 아닌지 정신을 차리고 살펴보아야 합니다. 주님을 따르기 위해서 자발적인 희생이 요구된다면, 아니 우리 삶 속에 타협의 여지가 보인다면 담대하라고 하신 주님의 말씀을 다시 기억해 내야 할 것입니다. 크게 어려움 없이 사는 분들에게도 감히 말씀드리고 싶습니다. 담대하시기 바랍니다.

무엇이 그것을 가능하게 합니까? "내가 세상을 이기었노라"라고 하신 주님의 말씀 때문입니다. 이 세상이 삶의 현실이고, 담대함이 삶의 방식이라면 주님이 세상을 이기었다는 말씀은 삶의 이유입니다. 이해할 수 없는 현실이지만 주님이 역사와 세상의 주관자가 되신다는 말씀입니다. 그 통치가 아직 완전히 실현되지 않았지만, 그래서 세상에 있는 동안에는 환난의 현실이 있지만 주님이 다시 오실 때까지 그분을 주로 고백하며 살아가는 그리스도인들의 삶에서는 이미 그리스도의 주권이 회복되었다는 말씀입니다.

우리는 주님이 세상을 이겼다는 말씀을 세상에서 형통하게 하시리라는 약속으로 이해하지 않습니다. 그보다는 그리스도의 죽음과 부활을 통해 하나님 나라가 임하였고, 다시 오실 때까지 그 완성을 기다리고 있다는 약속으로 이해합니다. 그렇지 않은가요? 그래서 그 약속을 믿는 그리스도인들은 이 소란스럽고 복잡한 세상의 현실에서도 그리스도가 우리 삶의 주 되심을 인정합니다. 그래서 포기할 수 없고, 그래서 담대합니다. 아마도 당시 제자들 중에는 모진 매를 맞고, 십자가에 매달리고, 기름으로 범벅이 된 장작더미 위에 앉아 있으면서 "너희가 세상에서는 환난을 당하나 담대하라. 내가 세상을 이기었노라"라는 말씀을 의심하기보다는 더욱 신뢰한 자들이 있을 것입니다. 환난이나 곤고나 박해나 기근이나 적신이나 위험이나 칼이나 사망이 있을지라도 그 누구도 끊을 수 없는 그리스도의 주 되심에 대한 확신이 있었을 테니 말입니다. 주님 안에 있는 평안이란, 단지 심리적인 마음 상태가 아니라, 어떤 상황에서도 주님의 다스림을 인정함으로 생기는 관계적 상태입니다. 우리는 세상에 있지만 그 다스림이 온전히 완성될 그날까지 우리 삶 속에서 그리스도의 주 되심을 인정하며 살아 낼 것입니다. 고난 중에도, 형통함 중에도 말입니다.

요한복음 17장 1-5절

1 예수께서 이 말씀을 하시고 눈을 들어 하늘을 우러러 이르시되 아버지여

때가 이르렀사오니 아들을 영화롭게 하사 아들로 아버지를 영화롭게 하게

하옵소서 2 아버지께서 아들에게 주신 모든 사람에게 영생을 주게 하시려

고 만민을 다스리는 권세를 아들에게 주셨음이로소이다 3 영생은 곧 유일

하신 참 하나님과 그가 보내신 자 예수 그리스도를 아는 것이니이다 4 아

버지께서 내게 하라고 주신 일을 내가 이루어 아버지를 이 세상에서 영화

롭게 하였사오니 5 아버지여 창세전에 내가 아버지와 함께 가졌던 영화로

써 지금도 아버지와 함께 나를 영화롭게 하옵소서

22장

나를 영화롭게 하소서

아들이 초등학생 때 가끔 저를 사랑한다고 했습니다. 늘 그렇게 말하는 것은 아니었고 특히 아내가 한국에 나가 있는 동안에 그런 말을 종종 했습니다. 아내가 없는 동안에는 제가 더 필요해서 그랬을 수도 있고 저와 함께 보내는 시간이 좀 더 많아서 그랬을 수도 있습니다. 세가 아들에게 물었습니다. "나를 사랑해서 뭘 해줄 건데?" 저는 지금 당장 쓰레기도 버려 주고 잔디도 깎아 주면 좋겠는데 제 아들은 항상 이다음에 어른이 되면 해줄 수 있는 일만 말합니다. 이다음에 어른이 되면 돈을 많이 벌어서 저에게 큰 방을 하나 만들어 주겠답니다. 큰 집도 아니고 큰 방입니다. 그 방에 텔레비전도 두고 컴퓨터도 두고 침대도 두고 냉장고도 두도록 하겠답니다. 아이가 보기에는 제가 아래층에서 위층으로 다니는 게 안쓰러워 보였나 봅니다. 그래서 큰 방 하나에 필요한 것들은 다 두어서 이동하지 않아도 되게끔 해주겠다는 것이지요. 운동을 하지 않으면 쉽게 병이 들 수 있다는 사실은 미처 생각하지 못한 채 그냥 편하게 해주겠다는 발상에서 비롯된, 나름대로는 최고의 사랑과 관심의 표현입니다.

사랑하고 존경하는 관계의 특징은 자기의 유익을 먼저 생각하지 않는다는 것입니다. 어떻게 하면 상대방을 편하고 즐겁게 해줄 수 있을까에 궁극적인 관심이 있습니다. 때로는 상대방에게 무엇이 최선인지를 잘 모른다는 것과 알아도 해줄 수 있는 능력과 여건이 안 된다는 것이 문제지 사랑하는 사람에게는 항상 그 사람이 가장 좋아할 만한 것을 해주고 싶습니다. 물론 그럼에도 상대의 유익과 자신의 손해 사이에서 저울질하는 어쩔 수 없는 이기심에 수치심을 느끼기도 하지만요.

아내는 꽃보다 삼겹살을 좋아한다고 저는 확신합니다. 아내는 분위기가 그윽한 곳에서 한 스쿱 정도의 아이스크림이 예쁘게 올려진 10불짜리 디저트보다 그 돈으로 하프 갤런 크기의 아이스크림 두 통을 사서 큰 숟가락이나 주걱으로 마구 퍼 먹는 것을 좋아한다고 저는 믿습니다. 아내는 결혼기념일에 근사한 옷이나 핸드백을 선물로 받는 것보다 실용적으로 집에서 오래 쓸 수 있는 망치나 전기톱을 선물로 받기를 좋아한다고 저는 생각합니다. 혹시 제 아내를 잘 모르는 분들은 제가 이상한 여자와 결혼해서 불행한 인생을 살고 있다고 오해하실지도 모르겠네요. 좀 더 정확히 말씀드리면 실제로 제 아내가 그런 것들을 더 좋아하는 것 같지는 않고 제가 더 좋아하는 것들인데 저를 너무 좋아하는 제 아내는 제가 좋아하는 것은 자기도 다 좋아하리라고 믿고 말씀드린 역설적인 논리입니다. 이런 것도 사랑이라고 불러야 할지 모르겠지만 굳이 사랑이라고 부른다면 이것은 자기중심적인 사랑입니다.

어쩌면 이렇게 범주를 만드는 것보다는 인간의 모든 사랑에는 자기중심성이 있다고 말하는 것이 조금 더 정확할 수 있습니다. 눈에 무엇이 덮여서 아무것도 보이지 않는 아주 잠깐의 시간을 제외하고는 어쩔 수 없이 계산적이 됩니다. 비록 상대방이 무엇을 원하는지 안다고 할지라도 그렇게 사랑해서 나에게 남는 것이 무엇인가를 계산합니다. 저는 영리한 사람입니다. 아내가 몹시 피곤해하면 아주 가끔이지만 제가 설거지를 한 하기도 합니다. 제가 영리해지기 전에는 설거지를 하기 전에 흥정을 했습니다. 제가 설거지를 해주면 아내가 저를 위해 무엇을 해줄 것인지를 묻는 거지요. 하지만 함께 오래 살수록 그런 방법은 통하지 않습니다. 아무 말을 하지 않고 설거지를 해줍니다. 내가 자주 해줘야 하는데 미안하다고 약간 감동받을 만한 말까지 곁들이며 깨끗하게 설거지를 합니다. 안 닦아도 되는 그릇까지 꺼내 설거지를 합니다. 이제는 아내가 알겠지요? "왜 그래? 죄 지었어? 먹고 싶은 것 있어?" 감동을 받으면서도 의도를 의심하게 될 만큼 계산적인 속내가 들킨 것입니다. 저는 이렇게 유치하게 삽니다.

영화롭게 해달라는 말의 의미

요한복음 17장은 주님의 대제사장적인 기도로 알려진 유명한 장입니다. 주님의 기도 중 4절과 5절에 이런 말씀이 있습니다.

아버지께서 내게 하라고 주신 일을 내가 이루어 아버지를 이 세상에서

영화롭게 하였사오니 아버지여 창세전에 내가 아버지와 함께 가졌던 영
화로써 지금도 아버지와 함께 나를 영화롭게 하옵소서.

주님은 내가 아버지를 영화롭게 했으니 이제는 아버지가 나를 영화롭
게 해주소서라고 기도하셨습니다. 무슨 뜻일까요? 성부 하나님과 성자
예수님 사이에 뭔가 거래가 있었던 겁니까? 저만 그렇게 느끼는 건지는
모르겠지만 주님이 "이제 나를 영화롭게 해주소서"라고 하신 말씀을 들
으면서 왠지 조금은 찜찜한 마음이 듭니다. 그래서 저는 이 설교를 준비
하면서 "나를 영화롭게 해주소서"라는 말씀을 가지고 고민했습니다. 30
여 년 동안 힘들게 살았으니 이제 그만 천국으로 돌아갈 수 있게 해달라
는 말씀일까요? 아니면 30여 년 동안 고난받으신 대가로 이제 영광을 구
하시는 것일까요? 만일 그렇다면 주님이 고난받고 그렇게 힘든 길을 가
신 것도 결국 당신이 영광을 받기 위해서 하신 것이니 우리야 고맙기는
하지만 주님도 손해 볼 것은 없었다고 생각해야 할까요? 왜 주님은 당신
이 하신 일을 생색이라도 내듯이, 이제는 너무 힘들고 지겹다는 듯이 "나
를 영화롭게 하소서"라고 기도하셨을까요? 그런 오해를 한 데는 '영화'라
는 말에 언제나 화려함이 함축되어 있다는 선입관이 있었기 때문입니다.
    영화로움은 언제나 화려함을 통해서만 나타나는 것이 아닙니다. 주님
은 창세전에도 영광스러우셨습니다. 주님이 그런 화려한 영광을 원하신
다면 굳이 인간이 되실 필요가 없었습니다. 아들이신 예수님이 성부 하
나님을 영화롭게 하고 하나님이 예수님을 영화롭게 하는 일은 예수님이
인간이 되심으로 더 커지거나 화려해질 일이 아닙니다. 하나님은 인간 없
이도 충분히 행복하시고 영화로우시며, 성자 예수님이 영화로움을 원하

신다면 굳이 인간이 되지 않고도 완벽하게 영화로우실 수 있습니다. 그렇다면 예수님이 아버지를 영화롭게 했으니 이제 자신을 영화롭게 해달라는 말이 무슨 의미였을까요?

하나님은 인간을 사랑하셔서 범죄한 인간을 구원하기 원하셨습니다. 그리고 인간을 구원하기 위한 하나님의 방법은 하나님의 아들이 인간이 되는 것이었습니다. 그래서 예수님은 성부 하나님의 계획과 뜻에 순종해서 인간이 되기로 하시고 마침내 인간이 되셨습니다. 그렇게 인간을 사랑하셔서 인간이 되신 일이 아들이 아버지를 영화롭게 한 일이었습니다. 여기에는 철저하게 인간을 향한 사랑이 동기가 되었습니다. 그리고 이제 예수님은 죽음을 눈앞에 두고 계십니다. 이 시점에서 주님이 아버지를 영화롭게 하였사오니 이제는 아버지가 아들을 영화롭게 해주시기를 기도하셨다면 여기서 주님이 구하신 것은 어서 이 지긋지긋한 세상에서의 생활을 청산하고 다시 화려한 곳으로 갈 수 있게 해달라는 것이 아니라, 죽음을 통해 인간을 구원하기로 하신 하나님의 계획과 뜻이 이제 온전히 이루어지게 해달라는 것입니다.

나를 영화롭게 해달라는 말씀에는 인간을 향한 주님의 깊은 사랑이 담겨 있습니다. 절망 중에 있는 인간을 사랑하셔서 그들에게 다시 하나님의 자녀가 되는 권세를 주기 위해 예수님은 하나님의 계획대로 이 땅에 오셨고 이제 십자가를 눈앞에 두고 계셨기 때문입니다.

아이돌 예수님

틀림없이 맞습니다. 영광을 돌려 드린다 함은 끊임없이 높여 드리는 것입니다. 하나님에게 영광을 돌려 드린다 함은 하나님을 찬양함이고 그분의 이름을 송축함입니다. 그러나 그 하나님에게 영광을 돌려 찬양함은 경배의 자세에서 비롯되는 것이어야지 헌신의 결과로 얻어지는 부귀나, 자기만족은 아니어야 합니다. 찬양이 하나님을 영화롭게 하는 행위라면 그것은 하나님을 인정하고 존귀케 함을 의미하는 것입니다. 하지만 영화롭게 하는 자기가 중심이 되면 찬양의 행위도 결국은 자기만족이나 보상을 바라는 자기중심적 행위에 불과할 뿐입니다. 본문에서 "내가 아버지를 영화롭게 하였사오니 이제 아버지가 나를 영화롭게 해달라"는 말씀은 예수님이 이 땅에 계시는 동안에 언제나 하나님이 최고라고 말하고 다녔으니 이제는 하나님이 아들인 예수를 최고로 높여 달라는 말씀이 아닙니다. 아들을 영화롭게 해달라는 말씀은 아들이 기뻐하고 즐거워하는 일을 이루게 해달라는 말씀입니다. 아들이 기뻐하고 원하는 일이 무엇입니까? 그분의 택하신 백성을 사랑해서 죽음까지 희생하는 것입니다. 그래서 그분을 믿는 모든 자로 하여금 영원히 살도록 하는 것입니다.

이렇게 이해하면 제자들 앞에서 이제 "아들로 영화롭게 하소서"라고 하신 기도가 얼마나 사랑과 희생에 가득 찬 기도인지를 알 수 있습니다. 하나님과 예수님의 궁극적인 관심은 인간의 구원입니다. 인간을 사랑하는 일입니다. 인간에게 영원한 생명을 주는 일입니다. 하나님을 영화롭게 하는 일도 인간을 구원하기 위해 기꺼이 인간이 되기로 순종하는 것이고, 아들을 영화롭게 하는 일도 인간을 구원하기 위한 고난의 길을 끝까지 가도록 하는 것입니다. 만일 이런 인간을 향한 사랑과 그 뜻 없이 서로의 영광을 말했다면 창세전부터 가지고 계시던 그 영광을 그대로 가지고 하늘에 계셨으면 됩니다. 하나님이 원래부터 부족함이 없는 영광 중에 거하셨다면 이렇게 인간을 구원하기 위한 힘든 일을 통해 얻게 될 더 좋은 영광은 없을 것입니다. 이런 하나님의 사랑을 받은 사람들 역시 그 아들을 영화롭게 할 수 있습니다.

예수님이 하신 "아들을 영화롭게 해달라"는 기도가 고난의 길을 끝까지 가서 아버지와 아들이 의도한 그 뜻을 온전히 이루어 하나님 형상대로 지음받은 인간을 구원하게 해달라는 기도라면, 이 기도를 하는 주님의 마음을 조금 더 깊이 묵상해 보고 싶습니다. 구원받은 우리는 어떻게 이 아들을 영화롭게 해드릴 수 있을까요? 물론 그리스도께서 하신 일을 기억하면서 찬양을 드리고 예배할 수 있습니다. 그렇게 예수님을 높여 찬양하는 것은 전혀 문제가 되지 않습니다. 하지만 보스톤 대학교의 스티븐 프로테로 교수가 쓴 『아메리칸 지저스』(*American Jesus: How the Son of God Became a National Icon*, 새물결플러스 역간)라는 책에서 언급한 대로 예수님은 자칫 현대인들의 아이돌이 될 수 있습니다. 아이돌에게 열광하듯이 예배 중에 예수님의 인품과 이 땅에서 행하신 일들에 열광하지만 십자가 고난의 길을 가심으로 이루신 그 일에는 관심이 없다는 말입니다. 본질적으로 정말 중요한 질문은 '우리가 어떻게 예배해야 하는가' 이전에 '우리가 주님이 행하신 일을 통해 아버지를 영화롭게 한 것처럼 하나님의 뜻을 인정하고 이룸으로 아들을 영화롭게 하기 원하는가'입니다.

구원의 결과를 누리는 것

예수님이 아버지를 영화롭게 하신 것처럼 우리는 그 아들을 영화롭게 하기를 원합니다. 주님이 십자가에서 행하신 일은 우리 죄를 사하신 것입니다. 하지만 우리 죄를 사하는 것이 궁극적인 목적은 아니었습니다. 죄 사함은 목적이 아니라 통로요, 수단입니다. 조금 어렵지요? 이렇게 설명을 드리겠습니다. 어떤 사람이 죄를 지어서 법정에 섰습니다. 판사가 그를 불쌍히 여기고 다시 한 번 기회를 주기 위해서 그를 사면해 주었습니다. 그는 이제 죄에 대한 책임을 질 필요가 없습니다. 하지만 그는 다시는 죄를 짓지 말아야 하는 책임을 가진 상태에서 세상에 다시 내버려 둔 채 있는 셈입니다.

예수님이 십자가에서 죽으심으로 우리 죄를 사하신 것은 단순히 우리를 깨끗케 하심이 아니라 하나님의 진노를 막음으로 다시 하나님의 자녀가 될 수 있도록 해주신 것입니다. 그 차이를 아시겠습니까? 하나님 아버지를 버리고 집을 나갔던 자식을 용서해서 다시 집으로 데리고 들어와 자녀의 권세를 누릴 수 있게 하신 것과 그냥 벌을 주지 않기로 했을 뿐 혼자 독립적으로 살아야 하는 것에는 엄청난 차이가 있습니다. 논리적 연결을 생각하면 결국은 같은 말이라고 볼 수 있지만 그럼에도 많은 교인이 하나님의 자녀로 살아가야 한다는 사실을 인식하지 못하는 것 같습니다. 예수님의 죽으심으로 죄 사함받은 것을 인정하고, 그래서 감사와 찬양을 드리면서도 하나님의 자녀라는 신분이 회복되어서 이 땅에 사는 동안에도 하나님의 자녀답게 살아가야 한다는 사실을 잊고 산다는 것이지요.

구원이란, 단순히 죄가 사면되어서 나중에 천국에 입장할 수 있는 증서를 받은 것이 아닙니다. 아들이 아버지를 영화롭게 하고, 아버지가 아들을 영화롭게 하여서 우리 죄인들이 하나님을 영화롭게 하고, 하나님이 우리를 영화롭게 하는 신분과 관계의 변화를 의미합니다. 이 일은 나중에 죽어서 발생하는 일이 아니라 지금, 여기에서 시작되는 일입니다. 그러니까 예수님은 이다음에 천국에서 주님이 되는 것이 아니라 우리가 그분을 인격적으로 모실 때 우리의 주님이 되는 것입니다.

즉 우리가 이 땅에서 그 아들을 영화롭게 하는 방법은 이 구원의 결과를 누리는 것입니다. 하나님이 다시 우리의 주님이 되신다는 사실을 인정하고, 오직 그 안에서만 참된 평안과 안식을 누리는 것이라는 말입니다. 우리가 이 세상에 살면서 희생할 수 있고, 고난의 길이라도 기꺼이 갈 수 있고, 교회의 지체들을 사랑할 수 있고, 잃어버린 영혼들에 대한 안타까운 마음으로 전도와 설교에 힘을 쓸 수 있는 이유는 단순히 천국에 가기 위해서도 아니고, 천국에 들어가게 하신 은혜가 너무 고마워서 그 은혜에 보답하기 위해서도 아닙니다. 그 은혜로 우리가 다시 하나님의 자녀가 되었고 하나님이 우리의 아버지요, 주님이 되셨기 때문입니다.

우리가 아버지의 뜻을 따라 살려는 것은 그러지 않으면 내릴 재앙 때문도 아니고, 그럼으로 임할 물질적인 풍요로움 때문도 아닙니다. 고난일지라도 가려고 하고, 아무리 계산해 보아도 손해지만 그럼에도 희생을 감수하는 이유는 천국에 들어가게 하신 은혜가 감사해서 보답하는 마음 때문이 아니라는 말입니다. 예수님이 아버지를 영화롭게 했으니 이제 아버지께서 그를 영화롭게 해달라고 한 기도가 희생을 치렀으니 보상을 해달라는 의미가 아니었다면 우리를 영화롭게 해달라는 말도 우리 삶을 통해 하나님의 주권과 다스림이 온전히 드러남으로 모든 피조물이 진정한 존재의 의미와 자유를 소유하게 해달라는 의미입니다.

여러분은 두 발로 걸어 다니는 게 편하십니까? 한계를 느끼신 적은 없습니까? 마음껏 하늘을 날 수 있다면 어떨까요? 주변에 날아다니는 사람들이 생긴다면 어떨까요? 천국에 가면 우리가 날아다닐까요, 아니면 걸어 다닐까요? 우리를 영화롭게 한다는 말은 하나님처럼 된다거나 날아다닐 수 있게 된다는 말이 아닙니다. 참된 자유는 능력과 소유로 결정되는 게 아니라는 말씀입니다. 참된 자유는 존재의 위치와 의미를 회복함으로 발생한다는 것입니다. 이 땅에 사는 동안에 비록 가난해도, 비록 장애인이라도 우리가 하나님을 영화롭게 하는 것은 자녀라는 신분을 회복하는 데 있는 것입니다.

물론 천국에서 일그러진 것, 고장 난 것, 해진 것들이 다 고쳐지고 회복될 것입니다. 하지만 그래서 천국에서 우리가 주인이 되는 게 아닙니다. 이미 임하였으나 아직 임하지 않은 하나님 나라를 살아가는 그리스도인들은 일그러지고 해진 것들을 여전히 입고 있지만 그럼에도 하나님의 다스림을 인정하며 살 수 있는 것입니다. 하나님의 다스림은 그날 시작되는 것이 아니라 이미 우리 안에서 시작되었기 때문입니다.

주님은 이제 아들을 영화롭게 해달라고 기도하셨습니다. 단순히 지긋지긋한 고생을 끝내고 천국으로 돌아갈 수 있게 해달라는 기도가 아니었습니다. 인간을 향한 아버지의 뜻이 계획된 대로 이루어지게 해달라는 기도였습니다. 아이러니하지만 하나님은 승천을 통해서가 아니라 십자가를 통해서 아들을 영화롭게 하셨습니다. 특히 요한복음에서는 여러 번에 걸쳐서 주님이 십자가에서 죽으시는 때를 영광의 때라고 묘사한 바 있습니다. 십자가의 죽음이 어떻게 영광이 됩니까? '고난이나 희생'과 '영광'은 반대말인데 어떻게 고난이 영광이 됩니까? 십자가는 고난이지만 천국에 가면 고난이 없어서 영광인 걸까요? 예수님이 생각하신 영광은 고통이 없는 평안한 상태가 아니라 죽을 수밖에 없는 인간을 구원하기 위한 하나님의 계획이 완성되는 것입니다. 고난 자체가 영광이 되는 것은 아니지만 하나님의 거룩하신 뜻을 이루는 것이 영광이고, 그 하나님의 거룩하신 뜻을 이루어 드리는 것이 곧 영화롭게 해드리는 것이라면 고난은 그 영광을 나타내는 길이 됩니다.

저는 주님의 이 기도를 저 자신에게 적용하면서 조금 더 발전시켜 보았습니다. 제가 만일 "아버지, 이제 저를 영화롭게 하소서"라고 기도한다면 큰 교회의 목사가 되게 해달라거나, 편안하고 쉬운 삶을 살게 해달라거나, 너무 힘들어 더 이상 살고 싶지 않으니 빨리 데려가 달라는 기도가 아닐 것입니다. 하나님의 다스림이 온전히 나타날 그날까지 여기 이곳에서도 하나님의 다스림을 나타내며 순종하며 살게 해달라는 기도여야 할 것입니다. 이것이 저와 여러분이 이 세상에 살면서 "저를 영화롭게 하소서"라고 할 수 있는 기도일 것이고, "오직 하나님에게만 영광을 돌리며 살게 하소서"라는 의미의 기도일 것입니다.

요한복음 17장 11절

11 나는 세상에 더 있지 아니하오나 그들은 세상에 있사옵고 나는 아버지
께로 가옵나니 거룩하신 아버지여 내게 주신 아버지의 이름으로 그들을 보
전하사 우리와 같이 그들도 하나가 되게 하옵소서

23장

하나 되게 하소서

맥스 루케이도가 「하나님의 음성 우리의 선택」(*A Gentle Thunder*)이라는 책에서 소개한 이야기입니다. 어떤 사람이 여행 중에 성경을 가지고 있는 사람을 발견했답니다. 교회를 다니던 그는 너무 반가워서 "교회 다니세요?" 하고 물었습니다. 그 사람도 반가워하면서 그렇다고 대답했습니다. 요즘은 이상한 교회도 많고 서로 입장이 다르면 안 믿는 사람보다 불편할 수 있기에 조심스럽게 물었습니다. "동정녀 탄생을 믿으세요?" "네, 믿습니다." "그리스도의 신성은요?" "그것도 믿습니다." "예수님이 십자가에서 죽으심도 믿으십니까?" "그럼요. 나를 위해 죽으셨는데요." '이 사람은 중생한 그리스도인이구나'라고 생각되어 반가웠지만 좀 더 알아봐야겠다고 생각했습니다. "인간에 대해 어떻게 생각하세요?" "인간은 모두 은혜가 아니면 죽을 수밖에 없는 죄인이지요." "은혜가 무엇인가요?" "은혜란 인간이 할 수 없는 것을 하나님이 해주신 것이 아니겠습니까?" "재림을 믿으세요?" "임박했다고 믿습니다." "성경은요?" "성경은 영감된 하나님의 말씀입니다." "교회란 무엇입니까?" "교회란 그리스도의 몸입니다." 와우! 이렇게 복음적인 교인을 만나기가 그리 쉽지 않습니다. 진짜 신자입니다. 몹시 반가웠습니다. 그 사람도 아주 반가워하는 듯했습니다. "혹시 보수적인 교회를 다니시나요, 아니면 자유주의 교회를 다니시나요?" "저는 보수적인 교회를 다닙니다." "교단은요?" "남침례 교단 하나님의 거룩한 아들 세대주의적 입장을 취하고 삼위일체를 수호하는 총회 소속입니다." 가슴이 뛰기 시작했습니다. 정말 같은 교단에 속한 사람을 만나기가 어려우니까요. "저도 그렇습니다." "계열은요?" "환난 후 전 천년주의 비오순절파로 킹제임스 성경을 읽고 츠빙글리의 성찬설을 지지하는 계열입니다." 너무 반가워서 둘이 손을 붙잡고 흔들면서 좋아했습니다. 이런 형제를 우연히 만나다니! 이제 하나만 더 확인하면 됩니다. "교회 강대상이 나무로 만든 것입니까, 아니면 유리로 만든 것입니까?" "우리 교회에 있는 것은 유리로 만든 건데요." "에잉? 나하고 다르잖아?" 갑자기 마음에 싸늘함이 느껴집니다. 유리 강대상이 너무 현대적이라 왠지 예배 분위기를 가볍게 만든다고 생각했거든요. 함께할 수 있는 사람이 아니다 싶어 말을 섞는 것이 갑자기 불편해졌습니다.

아홉이 다르고 하나가 같으면 같은 것에서 일체감을 느끼는 것이 아니라, 아홉이 같아도 하나가 다르면 다른 것에서 이질감을 강하게 느낍니다. 더욱 심각한 문제는 아무리 본질적인 것이 같아도 지극히 사소한 비본질적인 것에서 차이를 보이면 불편하게 여긴다는 것인데, 이 말은 바꾸어 말하면 하나 됨을 이기적 울타리, 혹은 자신의 정체성을 위한 안전지대로 생각한다는 것입니다. 그러니까 정말 모순되게도 하나 됨이 얼마나 중요한가를 강조하는 집단일수록 배타적인 집단이 될 수 있다는 것이지요.

하나라는 집단의식

사람들은 생각과 취미, 교육 배경, 심지어는 고향이 같아야 하나가 될 수 있다고 생각합니다. 왜냐하면 하나가 된다는 것은 자기 삶의 울타리 안으로 상대방을 넣어 준다는 의미이기 때문입니다. 그래서 수준과 조건이 안 맞으면 하나가 될 수 없습니다. 우리 민족에게 있어서 하나가 되지 못하는 것은 참으로 심각한 문제라고 사람들은 말합니다. 하지만 정말로 하나가 되지 못하는 것이 문제인가, 아니면 하나 됨에 대한 잘못된 이해가 문제인가는 한번 짚어 봐야 합니다.

〈조선일보〉 논설위원이었던 이규태 씨는 「한국인의 의식 구조」(신원문화사)라는 책에서 "한국인 개개인은 똑똑하고 유능한데 모아 놓으면 무능하고 무력해진다"는 말에 대해 논평하면서 그렇다고 한국인이 집단의식, 혹은 하나 됨에 관해서 무관심하거나 이기적이라는 것은 아니라고 했습니다. 한국 사람들처럼 연합하는 것을 좋아하고 함께 어우러지는 것을 좋아하는 민족도 흔치 않습니다. 같은 마을까지는 아니더라도 출생지만 같아도 고향 사람이라고 생각하고 지연, 학연 등에 집착하는 것을 보면 집단의식이 상당히 강합니다. 모르는 사람들이 대화를 시작하면 서로 공통된 부분을 찾기 위해 노력을 많이 하는데 그렇게 공통된 부분을 찾기 전까지는 대화가 거의 인터뷰 수준입니다. "고향은 어디신지?" "어디에 사시는지?" "미국에 오신 지는 얼마나 되는지?" "혹시 학교는 어디를 나오셨는지?" "자녀는 몇 명이나 있는지?" "한국에서는 어디에 사셨는지?" ……이렇게 탐색하다가 30년 전에 신대방동 모자원 고개 근처에 살았다는 공통점을 찾으면 그때부터 반가워하고 대화가 조금 자연스러워집니다.

물론 대부분의 사람은 대화의 공통된 소재를 찾느라고 그럴 것입니다. 하지만 때로는 그렇게 같은 것들에 의해서만 소속감이 형성되기 때문입니다. 단순히 공통된 대화의 소재가 있어야 이야기를 쉽게 풀어 갈 수 있기 때문이 아니라 일체감을 느끼려면 뭔가 같은 게 있어야 한다는 생각과 바로 그 공통된 것으로 하나가 되려는 집단의식 때문입니다. 우리는 의리에 약하고 정에 약하고 혼자 있기보다는 함께 있기를 좋아합니다. 그런데도 "한국인 개개인은 능력이 있는데 모이면 무능해진다"라는 말을 부인하기가 쉽지 않습니다. 왜 그럴까요? 저는 역설적이지만 하나라는 집단의식이 하나 됨에 걸림돌이 되기 때문이라고 생각합니다.

영어에서 가장 중요하다고 볼 수 있는 인칭 대명사는 'I'(나)입니다. 한국 사람이 많이 사용하는 인칭 대명사는 무엇일까요? '우리'(We)입니다. 내 아내보고도 우리 아내라고 부르고 외아들인데도 우리 아버지, 우리 어머니라고 하고, 다른 사람과 일대일로 대화하면서도 우리나라, 우리 집, 우리 교회, 우리 동네라고 합니다. 아무 때나 편하게 사용하는 대명사가 '우리'입니다. 우리라는 말은 참 정감 있는 말인데 이 단어가 내포하는 일체감이나 그로 인해 우리가 아닌 사람에 대한 배타성 또한 대단합니다. 가령 친교 시간에 설거지할 사람을 찾는다고 해 보지요. 청년 남녀 둘이 자원하면서 "우리가 할게요"라고 하면, 누군가는 '우리'라는 단어에

민감해져서 두 사람이 함께 일하는 것을 이상하게 쳐다 봅니다. "우리? 언제부터 저 두 사람이 '우리'라고 하는 사이가 되었어?"

우리라는 말은 그냥 '함께'라는 말이 아니라 각별하다는 의미입니다. 우리 민족은 하나 됨을 참 많이 강조합니다. 어릴 적부터 단일 민족이라는 교육을 받으며 자라서인지, 아니면 잦은 외세의 침략에서 살아남는 법을 터득해서인지, 아니면 워낙 정이 많아서인지는 몰라도 통일, 하나 됨은 최고의 미덕입니다. 다른 비윤리적인 행위들은 용납되어도 이 하나 됨을 깨뜨리는 행위는 용납되지 않습니다. 하나 됨 자체가 최고의 미덕입니다. 그런데 그렇게 하나 됨을 강조해서 발생한 것이 집단 이기주의라는 것이 문제입니다. 하나 됨은 포용이나 나눔을 의미하지 않고 분리와 분리된 것의 보호를 의미하기 때문입니다. 아무리 하나 됨을 강조하더라도 하나 됨이 집단 혹은 조직의 단결된 모습을 의미하는 한, 끊임없는 악순환일 뿐입니다. 하나 됨은 다른 사람을 나처럼 생각하게 만들거나 나처럼 생각하는 사람을 찾아 연합하는 것이 아닙니다. 공통된 것을 찾아 그것을 지키고 강조하는 것도 아닙니다.

하나 됨의 의미

하나 됨은 다른 것을 인정함이고 그 다른 것을 감싸 안아 서로를 채워주는 것입니다. 예를 들어, 구역이 하나 될 것을 교회에서 강조한다고 가정해 보지요. 구역 식구들이 하나 된다는 것에 아마 어떤 분들은 가장 먼저 구역 식구들이 똘똘 뭉쳐서 으쌰으쌰 하면서 재미있게 지내는 모습을 연상하실지 모릅니다. 친교 시간에도 구역원들끼리 함께 앉습니다. 다른 구역 사람들은 소외감을 느끼기에 충분할 만큼 같은 구역이라는 것이 강조됩니다. 거의 매일 만나 교제하고 한 번 만나면 헤어지는 것을 싫어합니다. 구역원들끼리 너무 친하기 때문에 구역원 중 한 사람이 다른 구역 사람들과 좀 더 친하게 지내는 것 같으면 배신감을 느낍니다. 이쯤 되어서 다른 구역과 경쟁할 정도로 구역원들끼리 친해지면 자연스럽게 교회가 성장하고 봉사를 열심히 하게 됩니다. 이 경우에 하나 됨이란 공통된 일이나 관심사를 가지고 있는 사람들끼리 똘똘 뭉치는 것이 됩니다.

저는 그렇게 가깝게 지내고 똘똘 뭉칠 수 있는 것은 참 보기 좋은 일이라고 생각합니다. 하지만 하나 됨이 그렇게 정의되는 것에는 문제가 있습니다. 하나 됨이란 공동의 목표를 가지고 다른 사람의 부족을 채우는 것이기 때문입니다. 교회에서 구역원들이 하나라는 말은 전혀 다른 사람들이 모였지만 서로를 존중하고 서로의 필요를 채워 주어서 하나의 큰 그림을 만든다는 말입니다. 결국 하나 됨이란 나와 같은 생각과 관심을 가진 사람들끼리 만나 그 안에 안전지대를 만들기 위한 것이 아니라 다른 사람을 감싸 안기 위한 것입니다. 그렇게 하나 됨을 이해하고 실천하면 한 공동체 밖에 있는 사람들을 어떻게 대해야 하는지가 결정됩니다. 배척이나 분리가 아니라 나눔입니다.

예수님이 말씀하신 하나 됨이란 바로 이런 것이었습니다. 이번 본문에 보면 주님이 아주 재미있는 기도를 하십니다. "내게 주신 아버지의 이름으로 저희를 보전하사 우리와 같이 저희도 하나가 되게 하옵소서." 주님이 원하신 것이 무엇이었을까요? 여기서 하나 됨이 단순히 존재적 일체성을 의미할까요? 우리가 잘 아는 것처럼 인간이 가진 이성의 한계에서는 삼위일체를 온전히 이해하는 것이 불가능합니다. 그 이유는 서로 모순되는 듯한 명제들을 성경이 각각 다른 곳에서 증거하고 있기 때문입니다. 삼위일체의 세 가지 명제는 다음과 같습니다.

1. 성부와 성자와 성령은 인격체이시다.
2. 이 세 분은 온전한 하나님이시다.
3. 그러나 하나님은 한 분이다.

이 세 가지 명제를 어떻게 논리적으로 조화시키는가 하는 것은 신학적인 과제입니다. 주님이 "우리가 하나인 것같이 저들이 하나 되게 하소서"라고 말씀하신 것이 예수님과 아버지가 하나라는 삼위 안에서의 두 분의 관계를 설명한 것이라면 우리는 그 관계를 이해하기 어렵습니다. 하지만 예수님이 "우리가 하나인 것같이"라고 하셨으면 그 하나 됨이 얼마나 밀접한 관계인지는 어렵지 않게 느낄 수 있습니다. "우리가 하나인 것같이"라는 말을 존재적 일체성으로만 이해하면 "우리가 저 인간들과는 달리 온전한 하나님으로 하늘나라에 사는 것같이 나의 제자들도 이 세상에서 세상 사람들과는 달리 똘똘 뭉쳐서 살게 하소서"라는 말이 됩니다. 이 말씀은 마치 "예수님과 성부 하나님의 관계처럼 강력 슈퍼 본드로 붙여 놓은 것 같아서 누구도 끊을 수 없고 끼어 들 수 없는 관계를 유지하게 하소서"라는 말이 됩니다.

세상으로 가기 위해

똘똘 뭉쳐진 관계가 사는 데 필요하고 도움이 된다는 것은 인정합니다. 하지만 본문을 그렇게 이해한다면 문제가 있다고 생각합니다. 적어도 그리스도의 구속적 맥락에서, 그리고 구속적 계획을 성취하시기 직전에 하신 기도에서 "우리가 하나인 것같이"라는 말은 "인간을 구원하기 위한 마음과 계획에 우리가 하나인 것같이"라는 말입니다. 예수님이 이 땅에 왜 오셨습니까? 우리와 하나 되기 위해 오셨습니다. 예수님이 인간이 되시는 것은 적어도 하나님의 존재에 있어서는 일체감을 깨뜨리는 치명적인 일입니다. 성자 하나님은 성부 하나님을 떠나야 하고 달라져야 하기 때문입니다.

그럼에도 예수님이 인간이 되셨습니다. 우리와 같이 되기 위해서입니다. 우리와 하나 되기 위해서입니다. 예수님이 하나님과 하나 되었다는 말은 단순히 그 존재에 있어서 불가분이라는 의미가 아니라 인간을 구원해서 다시 하나님의 형상으로 온전히 회복시키는 목적과 의도에 하나였다는 의미이고, 인간을 그렇게 회복시킨다 함은 하나님이 인간과 하나 됨을 의미합니다. 하나님이 우리와 하나가 되었다는 말은 우리가 하나님처럼 되었다는 말이 결코 아닙니다. 우리는 하나님처럼 될 수 없습니다. 하지만 하나님이 우리를 찾아오셔서 우리와 하나가 되셨다면 이는 우리를 감싸 안으셨다는 말입니다. 더럽고 나약한 죄인임에도 우리를 사랑하시고 우리의 연약과 부족을 채워 주셨다는 말입니다.

이 일에 성부, 성자, 성령 하나님은 온전히 하나셨습니다. 따라서 "우리와 같이 저희도 하나가 되게 하소서"라고 하신 기도는 바로 그 목적을 위해 하나가 되게 해달라는 것이고, 하나가 되기 위해 다른 사람을 찾아가라는 의미로 보는 것이 마땅합니다. 다시 말하면, 제자들이 하나가 되기를 원하시는 주님의 기도와 마음은 단순히 제자들끼리 똘똘 뭉쳐서 강한 연대감을 이루라는 것이 아니라 한마음으로 그리스도께서 이 땅에 오신 목적, 그리스도께서 제자들을 세우신 목적을 이루라는 것입니다. 같이한다는 것이 중요한 것이 아니라 같이해서 무엇을 할 것인가, 어떻게 할 것인가가 중요하다는 말씀입니다. 제자들이 세상을 등지고 자기들끼리 똘똘 뭉쳐서 살자고 하면 그건 그렇게 어려운 일이 아닙니다. 만일 예수님의 제자들이 예수님과 함께 3년을 지냈다는 그 공통점 때문에 그이후에 주님을 영접하거나 지도자가 되었던 사람들과 차별된 대접을 받고 그들끼리는 유난히 더 가깝게 지냈다면 어땠을까요? 주님과 함께했던, 평생 잊을 수 없는 3년의 그 추억 때문에 더 애틋한 마음이 있었을지 모릅니다. 분명한 것은 고생은 많이 하지 않았을 겁니다. 하지만 그들은 예수님과 3년을 함께 지냈다는 경험과 기억을 가지고 자기들만의 울타리를 만들어 놓지는 않았습니다.

11절에 주님이 하신 기도를 한번 보시기 바랍니다.

> 나는 세상에 더 있지 아니하오나 그들은 세상에 있사옵고 나는 아버지께로 가옵나니 거룩하신 아버지여 내게 주신 아버지의 이름으로 그들을 보전하사 우리와 같이 그들도 하나가 되게 하옵소서.

주님은 그들이 세상에 남아 있다는 사실을 강조하셨습니다. 그들이 하나가 되어야 할 필요성은 그들이 세상에서 살아야 하기 때문입니다. 왜 그들이 세상에서 살아야 하나요? 그리스도의 사랑을 증거하고 실천하기 위해서입니다. 그러니까 하나 됨은 궁극적인 목적이 아니라 목적을 이루는 수단입니다. 하나 되기 위해서 세상으로부터 격리되는 것이 아니라 세상으로 가기 위해서 하나가 되는 것입니다. 서로 사이좋게 지냄으로 만들어지는 연대감이 궁극적인 목적이 아니기 때문에 아이러니하지만 그들은 하나가 됨으로 흩어져야 했습니다. 할 수 있는 만큼 많은 사람을 찾아가 하나 되자고 말해야 할 공통된 사명 때문이었습니다. 구역 식구들이 하나가 되는 이유는 안전지대를 만들기 위해서가 아니라 안전지대를 뛰어넘어 이웃을 찾아가기 위함이어야 합니다.

밀어 냄이 아닌 끌어안음

오늘날 우리는 이 하나 됨의 공동체적 사명에 위기감을 느끼고 있습니다. 그 이유는 교회의 하나 됨이 집단 이기주의로 이해되었기 때문입니다. 하나 됨을 궁극적인 목적으로 말하지 않았지만 하나 됨을 통하여 교회의 성장과 부흥을 꾀하는 모습이 세상을 향해서는 열려 있는 모습이 아니라 닫혀 있는 모습으로 보였을 겁니다. 주님은 제자들을 향해 "세상의 빛"이라고 하셨습니다. 이 말씀을 하시면서 사용하신 비유가 재미있습니다. 사람이 등불을 켜서 말(그릇) 아래 두지 않고 등경 위에 두나니 이는 세상을 비추도록 하기 위함이라고 하셨습니다(마 5:15 참조). 도대체 누가 등불을 켜서 말 아래 둔다는 말입니까? 로스앤젤레스에 있는 수많은 교회가, 시카고에 있는 많은 교회가 세상을 향해 열려 있나요? 아니면 적어도 다른 교회들을 향해서라도 열려 있나요? 그렇지 않은 것 같아서 많은 사람이 공동체를 포기합니다. 저는 목회를 하면서 제 교회만 생각했습니다. 어리석게도 저의 경쟁 상대는 세상이나 마귀가 아니라 이웃 교회였습니다. 그 이유는 보호 의식이 본질적 사명보다 크고 현실적인 것이었기 때문입니다.

단순히 그런 이유만은 아닐 겁니다. 요즘과 같은 탈진리 시대에 사람들의 극단적인 개인주의는 신앙마저도 사유화시켜 버렸다는 것도 문제입니다. 구원받고 천국에 가는 것에 대한 관심이 당연하고 아름다운 것이지만 그 말이 인생의 궁극적인 목적과 가치관이 바뀌었다는 말로 들리지 않고 신앙의 사유화로 들린다면 이건 심각한 문제입니다. 우리는 하나 됨을 통한 주님의 명령과 사명을 소홀히 여길 수는 없습니다. 우리는 여전히 모여야 합니다. 그 이유는 우리가 가지고 있는 삶의 동일한 목적과 사명 때문입니다.

이 위기의 시대에 우리는 다시 공동체를 회복해야 합니다. 하나 되라는 주님의 말씀을 기억해야 합니다. 그런데 이제는 그 목적이 달라져야 합니다. 예수 그리스도를 통해 변화된 삶의 목적, 가치관 때문에 하나 된 주님의 제자들이 그 동일한 목적을 가지고 서로를 보는 것이 아니라 세상을 보는 것이 이 땅에 존재하는 교회의 목적이기 때문입니다.

이 사명은 쉽지 않습니다. 안전지대를 벗어나 흩어지는 일은 결코 쉬운 일이 아닙니다. 그 험한 세상에 홀로 남겨지는 것 같은 외로움과 소외됨은 항상 자신의 정체성에 질문을 던지고, 그들의 소명에 의문을 제기합니다. 이것은 잘하는 걸까요? 그렇게 살아도 되는 걸까요? 너무 힘들어서 같은 생각을 가진 사람들끼리 모여 살면 좋겠다는 마음이 간절해지고, 소수의 무리라도 편함을 느낄 수 있는 사람들 안에서 안전지대를 만들고 싶어집니다. 그래서 망설여질 때 하나 됨은 오히려 흩어져야 할 힘과 명분을 제공합니다. 그리스도인들의 존재 의미는 세상에 속하지 않으면서 세상에 있음이기 때문입니다. 세상에 속하지 않기 위해서 함께해야 하고, 세상에 있기 위해서 흩어져야 합니다. 세상에 속하지 않기 위해서 하나 됨을 확인해야 하고, 세상에 속하지 않기 위해서 하나 됨이 언제나 함께 있음을 의미하지 말아야 합니다.

하나 됨은 공산당도 강조하고 히틀러도 강조하고, 조폭들도 강조하는 것입니다. 하나 됨은 그만큼 안전하기 때문입니다. 하지만 주님이 기도 중에 하나 됨을 말씀하신 것은 단순히 친하게 지내는 것보다는 세상에 속하지 않아야 할, 그럼에도 세상에 있어야 할 사명과 밀접한 관계를 가지고 있습니다. 최근에 임지현 교수가 쓴 「희생자 의식 민족주의」(휴머니스트)라는 책을 읽었습니다. 본능적이든, 의도적이든 하나 되기를 말하지만 사실은 결코 하나 될 수 없게 만드는 집단 이기주의의 위험을 언급했습니다. 저는 어쩌면 교회가 복음 전도를 말하면서 제국적인 사고방식을 벗어나지 못함도, 부흥과 성장을 말하면서 교회라는 울타리에 갇혀 버림도 하나 됨에 대한 오해에서 비롯되었을지 모른다고 생각합니다.

여기에 주님이 말씀하신 역설이 있습니다. 하나 됨은 밀어 내는 것이 아니라 끌어안는 것입니다. 하나 됨은 모이는 것이 아니라 흩어지는 것입니다. 하나 됨은 견고하게 울타리를 쌓아서 안에 있는 것을 지키는 것이 아니라 울타리를 헐어서 안에 있는 것이 흘러나가게 하는 것입니다. 하나 됨은 스가랴가 본 환상처럼 여호와께서 친히 불로 둘러싼 성곽이 되심으로 성곽 없는 도시를 만드는 것입니다. "하나 되게 하소서"라고 기도하신 예수님의 마음을 잘 헤아리는 교회가 되기를 기도합니다.

John
요한복음

요한복음 17장 11-17절

11 나는 세상에 더 있지 아니하오나 그들은 세상에 있사옵고 나는 아버지께로 가옵나니 거룩하신 아버지여 내게 주신 아버지의 이름으로 그들을 보전하사 우리와 같이 그들도 하나가 되게 하옵소서 12 내가 그들과 함께 있을 때에 내게 주신 아버지의 이름으로 그들을 보전하고 지키었나이다 그중의 하나도 멸망하지 않고 다만 멸망의 자식뿐이오니 이는 성경을 응하게 함이니이다 13 지금 내가 아버지께로 가오니 내가 세상에서 이 말을 하옵는 것은 그들로 내 기쁨을 그들 안에 충만히 가지게 하려 함이니이다 14 내가 아버지의 말씀을 그들에게 주었사오매 세상이 그들을 미워하였사오니 이는 내가 세상에 속하지 아니함같이 그들도 세상에 속하지 아니함으로 인함이니이다 15 내가 비옵는 것은 그들을 세상에서 데려가시기를 위함이 아니요 다만 악에 빠지지 않게 보전하시기를 위함이니이다 16 내가 세상에 속하지 아니함같이 그들도 세상에 속하지 아니하였사옵나이다 17 그들을 진리로 거룩하게 하옵소서 아버지의 말씀은 진리니이다

24장

주님의 마음

만일 이 세상을 떠날 날이 얼마 남지 않았다는 것을 안다면, 여러분은
무엇을 하시겠습니까? 절대로 그럴 리 없다고, 조금 더 살게 해달라고 매
달릴 수도 없이 정말 가야 할 날이 얼마 남지 않은 것이 확실하다면, 살
아온 날들을 정리해야 한다면, 무엇을 하시겠습니까? 제가 이릴 적에 가
졌던 생각처럼, 혹은 영화에서 보았던 것처럼 살아 있는 동안에 먹어 보
지 못한 맛있는 것들을 먹어 보거나 그동안 써 보지 못한 돈이나 실컷
써 보고 마음대로 여행을 하겠다고 생각하는 분도 계실지 모릅니다. 저
는 정말 그 시간이 오면 그것들도 그리 즐겁지는 않을 것 같습니다. 나이
가 드니까 죽기 전에 해 보고 싶은 것보다는 남아 있을 가족들에 대한
걱정이 더 많아집니다. 떠나갈 나를 위해 가족들이 뭔가를 해주기보다는

떠나갈 제가 가족들을 위해 뭔가 해줘야겠다는 생각이 많아지는 것이지요. 그래서 옛날 어르신들이 아프면 빚내서 치료하려고 하지 말라고 자식들에게 당부한 것 같습니다.

저는 남겨 놓을 재산이 없다 보니 아내를 위해 생명 보험이라도 들어 놓아야겠다는 생각을 한 적이 있습니다. 제 아내가 혼자 살아야 한다면 돈 걱정이라도 하지 않도록 해주기 위함입니다. 저는 혼자서도 살 수 있을 것 같은데 제가 먼저 가면 아내는 혼자 살기 힘들 것 같습니다. 제 착각인가요? 그다음에는 아이들과 시간을 많이 보내야겠다는 생각을 했습니다. 단순히 제가 더 이상 그 아이들을 못 보리라는 아쉬움에서가 아니라 그동안 살면서 경험한 것들과 꼭 말해 주고 싶은 것들을 다 말해 주고 그 아이들이 살아가면서 든든한 힘이 될 수 있는 아버지의 이미지를 조금이라도 남겨 주고 싶기 때문입니다. 그런데 현실은 그렇지 않습니다. 아직도 죽음이 요원하다고 생각해서인지, 아니면 자식들의 삶의 현장이 각박해서인지 몰라도 나이가 들어가는데도 아이들에게 말해 주고 싶다는 조급함이 심하지 않습니다. 이건 저만의 문제는 아니겠지요.

저는 17년간 두 교회에서 담임 목회를 했으니까 9년간 목회한 곳에서 이별을 경험한 것이 두 번이나 되는 셈입니다. 그렇게 교회를 떠나면서 아쉬움이나 섭섭함은 없었습니다. 나름대로 계획을 가지고 떠난 것이니까 저의 신변에 대한 걱정도 없었습니다. 오히려 저는 잘 떠나고 싶어서 걱정이 많았습니다(결과적으로는 떠난 후에 어쩔 수 없이 교회와 여러 교인에게 어려움을 주어서 죄송한 마음도 있고, 어떻게 떠나는 게 잘 떠나는 것일까에 대한 고민은 여전합니다). 저보다 훌륭한 목사가 후임자로 와서 교인들이 여전히 그리스도를 바라볼 수 있도록 해주기를 기도하고 교인들에게도 그렇게 위로했지만 한편으로는 교인들이 저를 잊지 않고 떠난 후에도 저를 가장 좋아했으면 하는 인간적인 생각이 컸으니까 참 형편없는 목사였습니다. 그리고 남은 기간에는 이해관계를 떠나서 진심으로 마음을 열고, 마음의 빚을 정리하고 떠나고 싶었습니다. 하지만 떠날 때 평소에 좋았던 사람들과만 찐하게 작별하고, 서먹했던 사람들과는 제대로 인사도 하지 않고 떠났으니까 그것도 제대로 못한 셈입니다.

예수님의 작별 준비

예수님은 어떻게 제자들과 작별을 준비하셨을까요? 하나님의 아들이시고, 떠난 후에도 항상 그들과 함께하실 것이기 때문에 제자들을 향한 어떤 감정도 없으셨다고 말하기에는 요한복음에서 볼 수 있는 제자들을 향한 주님의 연민은 상당히 인간적이었습니다. 예수님은 이 세상을 떠나시면서 보혜사 성령을 보내 주겠다고 하셨습니다. 신학적인 설명이 필요하기는 하지만 좋은 후임자를 보내 주겠다고 하신 것입니다. 그러니까 주님이 제자들에게 보혜사 성령을 말씀하신 것은 구원 역사에서 성자 하나님과 성령 하나님의 사역의 차이에 관한 언급이기도 하지만 근심 중에 있는 제자들을 위로하기 위한 의도도 분명히 있었습니다. 주님이 떠나지만 근심하지 말라고 위로하시면서 보혜사(위로의 의미) 성령이 오시면 주님이 하신 말씀들을 기억나게 하실 것이라고 했고, 그래서 주님이 가시고 성령께서 오시는 것이 제자들에게 더 유익하다고도 하셨습니다.

요한복음 13장 1절에 기록된 것처럼 주님은 마지막 순간이 가까워질수록 제자들을 더욱 사랑하셨다고 요한은 증언합니다. 그 사랑을 느낄 수 있고 엿볼 수 있는 부분이 주님의 마지막 말씀과 주님의 마지막 기도일 것입니다. 그러니까 요한이 다락방에서의 이야기를 전하면서 첫 절에 예수님이 제자들을 죽음의 순간까지 사랑하셨다고 말한 것은 그 마지막 날 몇 시간 동안 주님의 말씀과 기도에서 요한이 느낄 수 있었던 주님의 마음을 표현한 것이라고 볼 수 있습니다.

주님이 하신 세 가지 기도

요한복음 17장은 아마도 예수님이 잡히시기 전날 밤 다락방에서 제자들과 함께하신 기도입니다. 떠나시기 전날 예수님은 먼저 당신께서 사역을 잘 완수할 수 있기를 기도하시고, 그다음에 제자들을 위해 기도하시고, 마지막으로 현재와 장래의 모든 신자를 위해 기도하셨습니다. 우리가 함께 생각해 볼 본문은 제자들을 위해 드렸던 기도의 일부입니다. 제자들만 남겨 놓고 이 세상을 떠나시면서 성부 하나님께 드린 기도는 제자들을 향한 주님의 마음, 교회를 향한 주님의 마음을 가장 잘 보여 준다고 생각합니다. 또한 그래서 예수님이 하신 이 기도는 엄밀히 말하면 제자들을 향한 당부일 수 있습니다. 즉 예수님이 하신 기도는 제자들의 삶과 행동을 통해 응답되었다는 말씀입니다.

저희는 4형제입니다. 어릴 때 부모님이 저희 형제들만 남겨 놓고 집을 비우실 때가 있었습니다. 당시 짐작에는 두 분이 몰래 맛있는 것을 사 잡수러 가실 때였던 것 같습니다(결혼해서 제 아내와 제가 가끔 가졌던 마음을 놀이켜 짐작할 때 그렇지요). 그때 저희에게 항상 당부하신 두 가지 말씀이 있습니다. 하나는 아무한테나 문 열어 주지 말고 집 잘 지키라는 것이고 다른 하나는 싸우지 말고 사이좋게 놀라는 것이었습니다. 자리를 비우시는 부모님의 입장에서는 자식들의 안전이(외부로부터 오는 위험) 가장 걱정되었고 형제들이 싸우지 않는 것이(내부에서 발생하는 위험) 그다음으로 걱정되었기 때문입니다. 그 당시 저는 부모님의 마음을 헤아리지 못했습니다. 부모님이 자리를 비우시면 장남인 제가 왕이니까 사이좋게 놀라는 말씀이 제게는 동생들을 잘 다스리라는 말씀으로 들려서 어떻게 좀 해 보려고 했지만 말 안 듣는 동생들 때문에 한 번도 사이좋게 놀았던 기억이 없습니다. 잘해 보자는 마음이 있어도 결국은 싸움으로 끝이 났습니다. 말 안 듣는 동생들 때문이지요.

주님은 본문에서 제자들을 위해 세 가지를 기도하셨습니다. 하나는 제자들이 하나 되도록 해달라는 기도였고, 다른 하나는 기쁨으로 살게 해달라는 기도였고, 마지막 하나는 진리로 거룩한 삶을 살게 해달라는 기도였습니다. 예수님이 제자들과 함께 이 세상에 계실 때에는 제자들이 약하고 부족해도 괜찮았습니다. 주님이 그들과 함께 계셨기 때문입니다. 서로 못마땅하고 마음이 맞지 않는 일이 있어도 주님이 함께 계셨기 때문에 크게 문제가 된 일은 없었고 대놓고 심하게 다투지도 못했습니다. 그러나 이제 주님은 곧 떠나시게 됩니다. 주님은 그런 제자들을 보시면서 사랑과 염려로 기도하십니다. 주님이 그렇게 기도하시는 것은 단순히 제자들이 하나가 되어 사이좋게 지내면 좋겠다는 것 때문이 아니라 그들은 세상에 있으나 세상에 속하지 않는 사람들이라는 독특한 정체성 때문입니다. 하나 됨은 이 정체성을 지키며 살아가게 만드는 필요조건일 뿐이지요. 세상에 속해 있으면 차라리 괜찮습니다. 다른 사람들처럼 살면 되니까요. 그러면 세상 사람들이 그들을 그렇게 미워하지 않을 테니까요. 그렇다고 아직은 그들을 모두 데리고 천국으로 가실 수 없습니다. 그들은 아직 세상에 있어야 하니까요. 이런 긴장 가운데 있는 천국 백성이 세상에서 견딜 수 있는 길은 무엇일까요? 그 이유 때문에 주님은 하나가 되라고 말씀하십니다. 기뻐하라고 말씀하십니다. 그리고 거룩하라고 말씀하십니다.

하나 됨의 특징

저는 이번 본문에서 하나 됨에 초점을 맞추어 생각해 보려고 합니다. 앞 장에서 이미 하나 됨에 관해서는 말씀을 드렸으니까 이 하나 됨의 또 다른 한 면이라고 보아도 좋을 것 같습니다. 이해를 돕기 위해서 제가 앞 장에서 말씀드린 하나 됨의 특징을 먼저 말씀드리겠습니다.

주님이 기도하신 이 세 가지가 독립된 주님의 바람이었다고 말할 수 있지만, 제가 이해하기에 하나 됨과 기뻐함과 거룩함은 모두 우리가 이 땅에 사는 동안에 추구해야 하는 궁극적인 목표가 되기보다는 수단과 방법이 되어야 한다고 말하는 것 같습니다. 왜냐하면, 하나가 되어 이루고자 하는 목표가 없다면 하나 되는 것 자체는 그리 독특한 신앙인의 가치관이라 말하기 어렵기 때문입니다. 어느 단체든 하나 됨을 말합니다. 연합할 것을 말합니다. 조직폭력배도 끈끈한 의리를 통해서 하나 됨을 강조하고 기업체나 사이비 단체, 군대도 하나가 되도록 노력합니다. '절대복종'이니 '단합 대회'니 이런 말들을 하면서 말이지요. 제가 믿기에는 하나 됨도 중요하지만 하나가 되어 무엇을 이루려고 하는지가 더 중요합니다. 자칫 잘못된 동기로 하나가 되면 그것은 다른 사람과의 차별을 의미하고 애매한 사람들의 희생을 강요하는 위험한 힘이 되기 때문입니다.

저는 제가 섬기는 교회의 교인들이 하나가 되기를 바라는 마음이 간절합니다. 온 교인이 정과 의리로 똘똘 뭉쳐 있어서 안 보면 보고 싶고, 모일 때마다 웃음소리가 넘치고 항상 즐거우면 좋겠습니다. 그 정도 되면 교인들은 그 교회가 참 좋은 교회라고 생각할 것입니다. 그 자체에는 아무 문제가 없다고 생각하지만 저의 경험에 의하면 그렇게 똘똘 뭉쳐서 하나가 된 교회에서는 하나 됨을 해칠 다른 사람이 들어오는 것에 대한 경계가 있고, 허물과 잘못을 지적할 용기와 명분이 없어집니다. 세상에 있으나 세상에 속하지 않았다는 정체성보다는 "우리는 하나다"라는, 모임에서 느끼는 소속감에서 정체성을 찾으려 하기 때문입니다. '어떻게 하나가 될 것인가' 하는 것도 대단히 중요한 질문이지만 어쩌면 그것보다 중요한 질문은 '무엇을 위해서 하나가 되려고 하는가'입니다.

여러분은 하나 됨이 무엇이라고 생각하십니까? 하나 됨은 교인들끼리 똘똘 뭉쳐 연합하는 것이 아닙니다. 더 많은 시간을 함께 보내고 더 많은 것을 공유하는 것이 아닙니다. 교인들이 일주일에 한 번씩 만나 함께 식사하고 함께 골프 치고 함께 여행 다니는 것만으로 하나라고 말하지 않습니다. 물론 그것들도 중요하고 필요하지만 하나 됨이란 같은 가치관을 갖는 것입니다. 주변의 많은 사람이 거짓과 속임을 아무렇지 않게 행하고 마치 그것이 지혜로운 처사인 양 말할 때 부당한 대우를 당하는 사람 앞에서 정직과 공평으로 "나는 당신이 옳다고 생각합니다"라고 말할 수 있는 것이 하나 됨입니다.

사실 주님의 열두 제자는 처음 몇 년간 예루살렘에서 함께 사역한 것 말고는 모두 뿔뿔이 흩어졌습니다. 그때도 예루살렘에서 함께함으로 인해 누릴 수 있던 힘과 여유에 안주하지 못하도록 하기 위한 성령님의 섭리와 온 유대와 사마리아와 땅 끝까지 이르러 증인이 되라는 주님의 약속의 성취였다고 볼 만한 충분한 근거가 있습니다. 그럼에도 저는 하나가 되도록 하신 주님의 기도가 그대로 응답되었다고 믿는데, 이는 그들이 같은 가치관을 가지고 고난과 죽음의 순간까지도 서로의 가는 길이 진리로 거룩해지는 길이었음을 확인하고 기뻐했기 때문입니다. 만일 주님이 제자들에게 원하신 하나 됨이 열두 명의 제자가 오손도손 사이좋게 지내는 것이었다면 주님은 그들을 위해 집을 장만하시고 평생 먹고 살 만큼의 식량을 준비하신 후에 "여기서 싸우지 말고 사이좋게 지내라" 하고 말씀하신 후 세상을 떠나셨을 것입니다. 아니면 천국에서 같이 살자며 그들을 데리고 가셨을 것입니다.

주님이 궁극적으로 원하신 것은 그들끼리 사이좋게 오순도순 모여 사는 것이 아니었습니다. 그들이 하나가 되어 세상과 멀어지는 것이 아니라 세상으로 들어가는 것이었고, 그 세상에서 하나 되어 천국의 가치를 지켜 내는 것이었습니다. 하나 됨은 흩어질 수 있도록 하는 하나 됨이었고, 하나 됨은 주님이 명하신 고난의 길을 걸어갈 수 있도록 하기 위한 하나 됨이었습니다. 역설적이지만 주님의 기도는 하나가 되어 세상에서 희생적인 삶을 살라는 것이었지, 서로 희생함으로 하나가 되어 세상에서 섬김을 받을 수 있는 힘을 얻으라는 것이 아니었습니다. 이 교회 교인들이 똘똘 뭉치고 저 교회 교인들이 똘똘 뭉치고 또 다른 교회 교인들이 똘똘 뭉쳐서 서로 누가 더 확실하게 뭉쳐 있는가를 자랑하는 것이 아닙니다. 교회에 누군가 한 사람이 새로 오면 개구리가 파리 잡아먹듯이 순식간에 삼킬 수 있는 응집력과 조직력이 누가 더 센가를 경합할 때, 어느 교회의 교인들이 가장 확실하게 뭉쳤다고 손을 들어 주는 것은 주님이 기대하신 하나 됨이 아닙니다. 하나 됨을 그렇게 생각했다면 우리는 주님의 마음을 제대로 읽지 못한 것입니다.

하나 됨의 또 다른 특징은 제자로 살아 내는 사명의 버거움을 함께 지고, 서로 격려하고 돌아봄입니다. 주님이 하나 될 것을 말씀하신 것은 우리가 이 세상에서 제자로 살아 내야 하는데, 이 일이 버겁기 때문입니다. 거룩한 삶을 사는 것이 힘들고, 고난과 시련이 많은 중에 기쁨으로 사는 일이 쉽지 않아서 어떤 유혹에서도 거룩함을 타협하지 않고, 어떤 고난에서도 소망을 가지고 끝까지 인내할 수 있는 힘이 되기 위해 하나가 되려 한다고 말할 수 있어야 합니다. 이 일에는 이웃 교회가 경쟁일 수 없고 선교회가 벽일 수 없습니다. 이 일을 위해 하나 됨에는 출신 학교도, 고향도, 다니고 있는 교회도 어떠한 의미를 가질 수 없습니다. 주님이 제자들에게 하나가 되라고 하신 것은 그렇게 하나 되어 울타리를 만들고 힘을 비축하라는 것이 아니었습니다. 그 반대입니다. 그렇게 하나 되어 희생을 가능케 하라는 것이었습니다.

영원한 하나님의 백성이 되었으나 아직은 이 세상에서 살고 있는 당신의 자녀들을 보시면서 주님이 안타까워하시고 염려하셨던 것은 그들이 마땅히 살아야 할 삶이 그 어떤 환경에서도 거룩하고 기쁨을 잃지 않는 삶이기 때문입니다. 물론 기쁨을 잃지 않는 삶이란, 언제나 웃을 수 있는 즐거운 삶을 의미하기보다는 하나님의 섭리와 다스림을 어떤 경우에라도 인정할 수 있는 삶입니다. 이 세상에서 하나님의 사람들이 모든 면에서 형통한 삶을 살 것이라면 주님이 이렇게 간절히 그 제자들을 위해 기도하지 않으셨을지도 모릅니다.

오래전 〈유에스에이 투데이〉(USA Today)지에 이런 기사가 실린 적이 있습니다. 기자가 당시 기근으로 수많은 사람이 굶어 죽어 가고 있던 동아프리카로 취재를 하러 갔습니다. 그곳에서 그는 열 살 남짓한 한 아이를 보았습니다. 뼈만 앙상하게 남아 마른 막대기 같았습니다. 기자는 그 아이가 너무 불쌍해서 자기가 가지고 있던 먹을 것을 조금 주었습니다. 아이는 그 음식을 가지고 마을로 들어갔는데, 그곳에는 아무것도 먹지 못해 병이 들어 길바닥에 누워 있는 그 아이의 동생이 있었습니다. 그 아이는 동생 앞에 앉아 음식을 입에 넣고는 씹어서 동생의 입에 넣어 주고 턱조차 움직일 수 없는 동생의 턱을 손으로 움직여 음식을 삼키게 했습니다. 기자는 그 소년이 지난 몇 주 동안 그렇게 음식을 얻어다 죽어 가는 동생에게 먹인 것을 알았습니다. 그리고 얼마의 시간이 지난 후 기자는 충격적인 소식을 접했습니다. 동생은 살아났고 형은 굶어 죽었다는 소식이었습니다.

주님이 제자들에게 하나가 되라고 하시면서 기대하신 마음은 아마도 이런 마음이었을 거라고 짐작합니다. 적당히 신앙생활하고자 하면 그렇게까지 심각할 이유가 없습니다. 기쁨의 이유를 물질과 환경에 둔다면 그와 같은 희생정신은 오히려 부담스러운 것일 수 있습니다. 하지만 교회가 철저하게 세상의 빛으로 존재하기를 원하고 주님의 제자들이 복음을 위해 죽을 각오로 살아가고자 한다면 그 싸움은 너무 치열하고 힘이 들기에 함께 갈 수 있는 친구들이 절실하게 필요합니다. 나 혼자서도 잘할 수 있다고 생각한다면 그는 대단히 강한 사람이 아니라 충분히 헌신하지 않는 사람일 수 있습니다. 주님이 염려하신 것은 제자들끼리 서로 다투고 자리 싸움하는 것이 아니라 그들이 싸워야 하는 세상의 왜곡된 가치관이었습니다. 그런데 오늘날 교회들이, 그리고 교인들이 세상의 가치관을 따라 명예와 지위를 차지하기 위해 다투고 있다면 사이좋게 지내라는 말은 골고루 나누어 가지라는 말이고, 힘을 합해 남의 것을 취하라는 말밖에 되지 않습니다.

주님이 교회를 향해 하나 되라고 하신 것은 다투는 모습이 보기 싫어서가 아니라 감당해야 할 일이 많기 때문이었음을 우리는 기억해야 합니다. 우리가 교회를 통해 기대하고 교회를 통해 이루고 싶은 것에 동상이몽을 가지고 있다면 특정 교회의 교인들이 똘똘 뭉쳐 있는 것은 대단히 위험한 함정일 수 있습니다. 어떠한 경우에도 기쁨으로 살아가며 하나님의 일을 감당할 수 있도록 우리는 하나가 되어야 합니다. 그 어떤 죄도 용납지 않고 거룩하게 살아갈 수 있도록 붙들어 주기 위해 우리는 하나가 되어야 합니다. 주님의 마음을 품어야 합니다.

제자들을 향해 하나가 되라고 하시는 주님의 마음은 오순도순 재미있게 살다가 천국으로 오라는 것보다는 한 사람이 온전히 밀알이 되고자 할 때 그와 함께하라는 것에 있음을 알아야 합니다. 이를 인정한다면 오늘 교회들의 모습은 부끄럽기 이를 데 없습니다. 이 시대에 우리가 회복해야 하는 것은 우리가, 그리고 교회가 세상에 있지만 세상에 속하지 않았다는 분명한 정체성입니다. 이 정체성은 주님이 기도하신 대로 하나 됨, 기쁨으로 살아 냄, 그리고 진리로 거룩하게 됨을 추구하도록 만들 것입니다.

요한복음 18장 1-11절

1 예수께서 이 말씀을 하시고 제자들과 함께 기드론 시내 건너편으로 나가시니 그곳에 동산이 있는데 제자들과 함께 들어가시니라 2 그곳은 가끔 예수께서 제자들과 모이시는 곳이므로 예수를 파는 유다도 그곳을 알더라 3 유다가 군대와 대제사장들과 바리새인들에게서 얻은 아랫사람들을 데리고 등과 횃불과 무기를 가지고 그리로 오는지라 4 예수께서 그 당할 일을 다 아시고 나아가 이르시되 너희가 누구를 찾느냐 5 대답하되 나사렛 예수라 하거늘 이르시되 내가 그니라 하시니라 그를 파는 유다도 그들과 함께 섰더라 6 예수께서 그들에게 내가 그니라 하실 때에 그들이 물러가서 땅에 엎드러지는지라 7 이에 다시 누구를 찾느냐고 물으신대 그들이 말하되 나사렛 예수라 하거늘 8 예수께서 대답하시되 너희에게 내가 그니라 하였으니 나를 찾거든 이 사람들이 가는 것은 용납하라 하시니 9 이는 아버지께서 내게 주신 자 중에서 하나도 잃지 아니하였사옵나이다 하신 말씀을 응하게 하려 함이러라 10 이에 시몬 베드로가 칼을 가졌는데 그것을 빼어 대제사장의 종을 쳐서 오른편 귀를 베어 버리니 그 종의 이름은 말고라 11 예수께서 베드로더러 이르시되 칼을 칼집에 꽂으라 아버지께서 주신 잔을 내가 마시지 아니하겠느냐 하시니라

25장

너희는 누구를 찾느냐?

어떤 사람이 등산을 하다가 발을 헛디뎌서 낭떠러지로 떨어지면서 나무뿌리를 하나 잡았습니다. 절벽에 대롱대롱 매달려 소리를 질렀습니다. "위에 누구든지 있다면, 날 좀 도와주십시오." 그러자 하늘에서 응답이 들려왔습니다. "나는 여호와 하나님이다. 내가 도와주마. 내가 도와줄 테니 너는 나를 믿고 지금 잡고 있는 나무뿌리를 놓아라. 그러면 밑에서 내가 잡아 주겠다." 이 사람이 잠시 생각하더니 다시 소리를 질렀습니다. "거기 다른 분은 안 계세요?"

여러분은 하나님에게 실망한 적이 없으십니까? 하나님의 요구가 못마땅하고 명령이 부당하다고 생각되거나 내가 원하는 대로 하나님이 인도하고 채워 주지 않으실 때 다른 곳에서 그 필요를 채움받고 싶었던 분들이 계시지 않습니까? 제 경우는 하나님이 저에게 실망했을 거라 생각되는 때가 워낙 많기 때문에 감히 원망이나 불평을 하지는 못하지만, 제가 원하는 대로 저를 인도하는 분이 아니라 당신이 보기에 좋은 대로 인도하는 분이기 때문에 하나님에게 실망스러웠던 때가 몇 번 있습니다. 실망스럽다기보다는 답답했던 때라고 말하는 것이 맞을 것입니다. 하지만 그럴 때 저에게 늘 힘이 되었던 것은 하나님이 나보다 잘 아신다는 사실과 하나님이 나를 사랑하신다는 사실이었습니다.

물론 현실에서는 그 사실조차 잘 드러나지 않아서 신앙의 삶이란 체험의 문제이기 이전에 믿음의 문제임을 인정해야 했던 때가 많았습니다. 하나님을 향한 실망은 하나님의 동행하심이 확실하게 경험되지 않을 때에도 나타나지만 어쩌면 그보다는 하나님에 대한 잘못된 기대감이 충족되지 않음으로 깊어집니다. 대체로 인간은 필요가 채워짐으로 만족하기보다는 원함이 채워질 때 만족하니까요. 돌아보면 지금 제가 살아 있다는 것 자체가 이미 하나님이 동행하시며 저의 필요를 채워 주셨다는 확실한 증거일 텐데 여전히 만족스럽지 못함은 제 안에 있는 채워지지 않은 원함의 욕구 때문일 것입니다.

사실은 필요조차 채워지지 않는 것 같아서 불안과 두려움으로 살아가는 분들도 계실 것 같아 조심스럽기는 하지만 꽤 많은 분의 경우 하나님의 동행 부재 자체에 대한 아쉬움보다는 원하는 방식대로의 하나님의 동행 부재에 대한 아쉬움이 더 큰지도 모릅니다. 하나님이 우리의 원함이나 기대를 채워 주시지 않는다면 동행과 부재의 차이는 그리 다르지 않게 느껴지는 법입니다. 그러나 하나님의 동행 자체에 초점을 맞추고 우리 인생을 돌아본다면 필요의 채움에서도 하나님의 동행을 누릴 수 있습니다.

유다의 역할

본문을 보면 가룟 유다를 향한 주님의 마음과 다른 제자들을 향한 주님의 마음이 분명히 대조되고 있습니다. 요한이 13장 1절에서 "예수께서 자기가 세상을 떠나 아버지께로 돌아가실 때가 이른 줄 아시고 세상에 있는 자기 사람들을 사랑하시되 끝까지 사랑하시니라"고 하신 말씀이 무슨 뜻이었을지를 느낄 수 있게 해주는 사건이라고 할까요? 요한복음을 보면 주님은 당신을 위한 기도와 제자들을 위한 기도를 마치시고 겟세마네 동산으로 가셨습니다. 아마도 휴식하시기 위해서일 거라고 짐작됩니다(물론 주님은 그날 그곳이 이 땅에서의 마지막 밤임을 아셨지만 일단 그날의 일과는 마친 것이니까요). 당시 예루살렘에는 명절을 맞아 그곳을 찾아온 사람이 많았기 때문에 숙소를 구하기가 힘들었을 거라고 많은 학자가 짐작하는데 그런 이유인지 몰라도, 누가는 예수님이 유월절이 다가오면서 제자들과 감람원이라는 산에서 야영을 하셨다고 했습니다(눅 21:37 참조).

주님은 말할 수 없이 피곤하셨지만 마음이 무거워서 잠을 청할 수가 없었습니다. 이별과 배신, 그리고 하나님의 저주를 염두에 두고 본다면 주님이 기도하시는 모습은 진실로 죄송함에 마음을 아프게 합니다. 세 명의 제자를 데리고 다시 기도하러 조금 떨어진 곳으로 가셨습니다. 우리가 잘 아는 것처럼 주님은 그곳에서 마치 피를 쏟듯이 땀을 흘리시며 간절하게 기도하셨습니다. 때가 가까워 온다는 것을 알고 계셨기 때문입니다. 그렇게 기도를 마치고 돌아오셨을 때 그곳에 무장한 한 무리가 나타났습니다. 이때 사용된 원어의 단위는 600명 정도의 군인을 가리킵니다. 이 부분에 대한 해석은 다양해서 600명일 수는 없고 200명 정도 될 것이라 주장하는 사람도 있습니다. 예수님을 잡기 위해서 600명씩이나 왔을 거라고 생각되지는 않지만 상당히 많은 사람이 무기와 등불과 횃불을 들고 예수님을 잡으러 왔을 것 같아서 당시 분위기는 우리가 상상하거나 짐작하는 것보다 훨씬 살벌했음이 틀림없습니다.

그곳에 가룟 유다도 있었습니다. 유다는 그 무리와 군호를 짰습니다. "내가 입 맞추는 자가 바로 예수이니 내가 가서 입을 맞추거든 그를 잡으라." 이 얼마나 간악하고 잔인한 행동입니까? 예수님과 생각이 일치하지 않았어도 예수님은 자기와 3년을 동고동락했던 분입니다. 그분의 가르침, 헌신적이고 거룩한 삶, 사람들을 사랑하시던 모습은 원수라 할지라도 감동받을 수밖에 없었을 텐데, 보통 사람이라면 비록 예수님을 배신한다 할지라도 그 자리에는 나타나지 못할 것 같지 않습니까? 너무 미안하기도 하고 너무 두렵기도 해서 말입니다. 가룟 유다는 잔인한 사람이었습니다. 냉정하고 이기적인 사람이었습니다. 주님이 가슴을 찌르는 말씀을 하실 때마다, 마음을 움직이기에 충분할 만큼 감동적이고 충격적인 일들을 행하실 때마다 가룟 유다는 자신이 가지고 있던 야망을 다시 한 번 점검하고 확인했습니다. 예수님에게 넘어가지 않으려고 마음을 단단히 다잡았다면 갈수록 완악해졌겠지요. 그는 열린 마음으로 진리를 추구하던 사람이 아니라 자기의 유익을 위해 정한 마음으로 주님을 따라다니던 사람입니다.

그런데 저는 이 부분에서 가룟 유다의 역할이 잘 이해되지 않았습니다. 당시 유대 지도자들은 왜 가룟 유다가 필요했을까요? 왜 스파이가 필요했을까요? 겟세마네 동산에서 가룟 유다의 역할은 무엇이었을까요? 예수님은 이미 예루살렘에 모인 모든 사람이 알아볼 만큼 유명한 분이었습니다. 굳이 유다가 군인들과 군호를 짤 필요가 있었을까요? 더구나 그렇게 많은 사람이 예수님을 잡으러 갔다면 거기에 있던 열한 명을 다 잡아가도 될 일 아닌가요?

저는 이 부분에서 유다의 역할이 의외로 컸을 거라고 생각합니다. 요한복음에 보면 유대인들이 예수님을 죽이기로 결정한 후 여러 번 주님을 죽일 시도를 하지만 번번이 실패했습니다. 한번은 예수를 잡아오라고 사람들을 보냈더니 그들이 그냥 돌아왔습니다. 왜 그냥 왔느냐고 물으니 주님의 말씀에 너무 감동받아서 그를 잡아올 수 없었다고 했습니다. 또 한번은 그를 잡으려고 했더니 주님이 바람같이 사라지셨습니다. 군인들은 방금 그 자리에 있던 주님을 찾을 수가 없었습니다. 예수님을 잡자면 정말 많은 군인이 필요했을 것입니다. 사실 주님의 능력을 생각한다면 수만의 군대를 끌고 와도 잡을 수 없었겠지만 말입니다. 그 정도까지 생각하지는 않았지만 주님의 신비한 능력을 알고 있었고, 주변에는 항상 수많은 무리가 있음을 알았던 대적들은 치밀하고 일사분란하게 주님을 잡기 위해서 군대를 모으고 유다와 군호까지 짰던 것 같습니다.

누구를 찾느냐

사실 유대 지도자들은 당시의 상황을 너무 잘 알고 있었기 때문에 유월절 명절 전에 예수님을 잡는 것은 사실상 포기한 상태였습니다. 만일 그들이 예수님을 명절 전에 잡기로 했다면 진즉에 잡았어야 합니다. 우선은 사형할 수 있는 권한이 그들에게 없었기 때문에 그들끼리 재판해서 예수님에게 유죄를 선언한다 해도 빌라도의 법정에서 다시 재판을 받아야 하는데 하루 저녁에 두 번의 재판을 하는 것은 불가능한 일입니다. 또한 그 명절에 모인 수많은 무리도 두려웠습니다. 그래서 유대 지도자들은 적어도 이번 유월절 기간에는 예수님을 잡을 계획이 전혀 없었습니다. 그런데 이들을 부추긴 것이 가룟 유다입니다. 가룟 유다는 이미 이들에게 은 30세겔을 받은 상태였지만 그에게도 명절 이전에 예수님을 처치하겠다는 생각은 없었습니다.

그런데 마지막 만찬 석상에서 예수님은 유다의 배신을 알고 있다고 말씀하셨고 예수님의 말씀이 유다를 두렵게 만들었습니다. 유다는 신속하게 일을 처리해야만 했습니다. 그래서 지도자들을 찾아가 설득했을 것입니다. "오늘 밤에 예수님을 처치합시다." "하지만 백성이 가만있지 않을 텐데, 그들은 예수의 말 한마디에 다 들고 일어나 폭동을 일으킬 텐데." "그렇지 않습니다. 오늘 예수가 하는 말을 들으니 그런 선동이나 거사에 대한 마음이 전혀 없어 보였습니다. 자기는 곧 죽게 될 것이라며 아주 자신 없어 하는 모습을 제가 보았습니다. 그곳 분위기는 무슨 거사를 치를 분위기가 아니라 완전히 사기가 땅에 떨어진 분위기입니다." "하지만 이 늦은 시간에 뭘 어떻게 한단 말인가?" "예수와 그의 무리가 어디에 묵고 있는지 내가 압니다. 시간이 없고 소란이 일어나면 안 되니까 보름달이 떠서 밝기는 하겠지만 그래도 실수하지 않도록 내가 입을 맞추는 그 사람을 신속히 체포하시오. 지금 이 기회를 놓치면 명절 때 예수가 또 어떻게 마음이 변할지 모릅니다." 유다는 그렇게 군인들과 함께 예수님을 찾아왔습니다. 그리고 예수님에게 입을 맞추었습니다.

다른 복음서를 보면 유다가 입을 맞추니 군인들이 곧 예수님을 붙잡았다고 기록되어 있는데 요한복음에서는 예수님이 무리 앞에 서서 누구를 찾느냐고 물으셨다고 기록되어 있습니다. 저는 다른 복음서와, 특히 요한복음에 기록된 이 사건을 이렇게 각색해 보았습니다.

기도를 마치고 돌아오신 주님이 제자들과 잠시 이야기를 나누는데 횃불을 들고 등불을 든 무리가 그곳으로 다가왔습니다. 누가 보아도 심상치 않은 상황입니다. 주님은 찾아온 무리에게 먼저 말을 건네셨습니다. "너희는 누구를 찾느냐?" 그들이 나사렛 예수를 찾는다고 했습니다. 주님이 "내가 바로 그니라"라고 대답하셨습니다.

재미있는 것은 주님이 그렇게 대답하시자 무리가 물러가서 땅에 엎드러진 겁니다. 왜 그들이 땅에 엎드러졌을까요? 물론 나사렛 예수 앞에 경배하기 위해서 엎드러진 것은 아닐 겁니다. 어떤 분은 예수님의 말씀에서 느껴지는 위엄과 신성 때문이었을 거라고 말합니다. 하지만 주님은 그들에게 또 한 번 "너희가 누구를 찾느냐"고 물으시고 나사렛 예수를 찾는다고 하자, "내가 바로 그니라"라고 대답하셨는데 그때는 그들이 넘어지지 않았습니다. 처음에는 위엄을 가지고 말씀하셨다가 그들이 놀라 넘어지니까 주님이 미안해서 그다음에는 부드럽게 말씀하신 걸까요? 아니면 나사렛 예수를 찾는다고 할 때 "내가 바로 그니라"라고 큰소리로 말씀하셔서 놀라서 넘어진 걸까요? 저는 그들이 상당히 긴장했을 거라고 생각합니다. 그래서 내가 바로 너희가 찾는 예수라고 하니까 경계 태세를 갖추고 뒤로 물러섰음을 표현한 것이거나, 물러서다가 넘어졌음을 의미할 것이라는 주장이 가장 그럴듯합니다. 그들이 넘어졌을 때 주님이 웃지는 않으셨겠지요?

그들에게 다시 물으셨습니다. "누구를 찾느냐?" "나사렛 예수를 찾소." "내가 그니라." 아마 그때 유다가 주님에게 다가갔을 겁니다. 그리고 "선생님, 접니다. 평안하십니까?" 인사하면서 입을 맞추었을 겁니다. 그가 진짜 예수라는 것을 무리에게 확인시키기 위해서입니다.

실망한 유다와 제자들

유다가 무슨 짓을 하고 있는지 알고 계셨던 주님은 유다의 인사를 받으시고는 주님을 잡으러 온 사람들에게 "내가 바로 너희가 찾고 있는 예수이니 이 사람들은 그냥 돌려보내라"라고 말씀하셨습니다. 요한은 주님의 그 말씀에 큰 감동을 받은 것 같습니다. 아마 그는 그 후 오랜 세월 동안 교회 지도자로 백성을 섬기면서 주님의 이 말씀과 행동을 마음에 새겼을 것입니다. 그는 주님의 이 말씀에 설명을 덧붙이면서 주님은 "아버지께서 내게 주신 자 중에서 하나도 잃지 아니하였사옵나이다"(18:9)라는 그 약속을 지키기 위해서 그렇게 하셨다고 했습니다. 주님을 잡으러 온 무리 앞에 나서실 때부터 주님의 관심은 제자들을 보호하는 데 있었습니다. 저는 주님의 이 행동이 가룟 유다의 행동과 아주 좋은 대조를 이룬다고 생각합니다.

지금 이 상황에서는 가룟 유다뿐 아니라 다른 모든 제자도 사실 많이 실망했을 것입니다. 당시 유대인들이 가지고 있던 메시아에 대한 잘못된 이해는 예수님의 나약한 모습에 실망하도록 만들기에 충분했습니다. 이제 하나님의 나라가 임한 줄 알았고, 진정한 이스라엘의 회복이 이루어질 줄 알았는데 이렇게 임한 하나님 나라의 절정이 유보되었음은 여전히 고난 가운데 살아야 하는 하나님의 백성에게는 실망스러운 현실임이 틀림없을 테니까요. 이런 제자들을 다시 일으켜 세운 것은 그리스도의 부활이고, 하나님의 백성에게 임하신 성령이었습니다.

하지만 유다의 실망은 다른 제자들의 실망과 달랐습니다. 그의 관심은 처음부터 메시아를 통한 하나님 나라가 아니라, 이 땅에서의 형통과 풍요로움에 있었기 때문입니다. 가룟 유다의 삶의 중심에는 언제나 자기가 있었습니다. 자신의 야망, 자신의 생각, 자신의 입장과 위치가 가장 중요했습니다. 진실과 거짓을 나누고, 참된 동료 의식과 배신의 불가피함을 나누는 기준은 개인의 유익이었습니다. 자신의 야망에 걸림돌이 된다고 생각하면 선생이나 친구도 배반할 수 있고 자기에게 유익이 되는 일이라면 무엇이든지 할 수 있다고 마음을 정한 사람이었습니다. 사람이 사는 데 궁극적인 가치는 필요가 아니라 원함을 만족시킬 수 있는 능력과 소유라고 생각했기 때문입니다.

이런 관점에서 보면 유다의 행동이 아주 이해하지 못할 것도 아닙니다. 그는 예수님을 처음 찾을 때부터 부귀와 영화를 생각했으니까요. 처음에는 자신의 판단이 현명했다고 생각했습니다. 예수님은 확실히 비범했기 때문입니다. 그분에게는 사람을 끄는 힘이 있었고 능력이 있었습니다. 하지만 시간이 지나면서 예수가 자신의 야망을 이루어 줄 수 있는 분이 아니라는 것을 느끼기 시작했습니다. 아닙니다. 오히려 그의 꿈과 계획을 다 엉망으로 만들어 놓을 수 있는 분이었습니다. 그가 하는 말에 힘이 있었지만 너무 비현실적이고, 비물질적이었기 때문입니다. 희생을 강조하고, 죽어야 산다고 말하고, 강한 자의 편에 줄을 서기보다는 약한 자들 편에 선 듯한 말과 행동은 유다를 섬뜩하게 만들기에 충분한 것이었습니다.

이런 상황에서 끝까지 예수의 편에 있는 것은 위험하기 이를 데 없는 짓입니다. "나는 부자가 되고 싶습니다. 나는 권세를 누리고 싶습니다. 그래서 예수를 따랐습니다. 그런데 오히려 다 잃게 되었습니다. 당신 같으면 어떻게 하겠습니까?" 유다가 이렇게 항변한다면 여러분은 뭐라고 대답하시겠습니까? '비도덕적이고 이기적이기는 하지만 인간이니까 어쩔 수 없는 일이지'라고 이해하시겠습니까? 어쩌면 이 시대의 교회도 처음부터 이해하고 용납해서 유다와 비슷해져 가는 것인지도 모릅니다. 그런 유다를 바로 목전에 두시고 "너희는 누구를 찾느냐"라고 물으신 주님의 질문이 저에게는 의미심장하게 들립니다. "저는 저를 부자와 권세자로 만들어 줄 예수를 찾았습니다. 그런데 선생은 아니었습니다. 그래서 이제 버릴까 합니다." 이게 유다의 대답이었을까요?

우리 중 누구도 겟세마네 동산을 찾았던 무리처럼 예수님을 잡으려고 하는 사람은 없지만 예수를 믿고 신앙생활을 하는 목적이 너무 이기적이고 자기중심적이라는 생각에 마음이 답답합니다. 유다는 그렇게 예수님을 버렸지만 주님은 그 마지막 순간에도 제자들을 사랑하셨습니다. 그래서 제자들만큼은 안전하게 돌려보내기 위해 기꺼이 붙잡히셨고, 무모한 행동에 베드로가 위험에 처하지 않기를 원하셨습니다.

주님은 그렇게 제자들과 함께하셨습니다. 요한복음이 기록되었을 당시에 모든 제자가 순교의 길을 가거나 고난의 현장에 있었지만 그들은 성령의 역사로 주님의 임재와 동행을 확신할 수 있었습니다. 이제 그들이 바라보는 것은 바로 다시 오실 예수 그리스도, 곧 완성될 하나님 나라였기 때문입니다.

우리는 누구를 찾고 있나요? 우리는 무엇을 찾고 있나요? 주님의 임재와 동행입니까? 아니면 안전과 편안함, 풍족함입니까? 우리는 무엇을 찾고 있나요? 세상을 자유케 할 하나님 나라 복음의 선포입니까? 아니면 가시적 교회의 성장을 통한 누림입니까? 이제 교회는 예수 그리스도를 다시 주목해야 합니다. "너희는 누구를 찾느냐?" 물으시며, "너희가 나를 찾거든 이 사람들이 가는 것을 용납하라"라고 하신 주님의 마음을 헤아리며 그 은혜에 감사할 수 있어야 합니다. 우리는 가룟 유다의 마음으로 주님 주변에 머무는 사람들이 아니기 때문입니다. 그렇지 않습니까? 비록 세상 유혹 속에 흔들리기는 하지만 우리가 주님 곁에 머무는 분명한 이유는 그분이 그리스도시요, 살아 계신 하나님의 아들이라는 진실한 고백이 있기 때문이고, 주님의 다스림이 드러나기를 바라는 마음이 있기 때문입니다.

요한복음 18장 15-18, 25-27절

15 시몬 베드로와 또 다른 제자 한 사람이 예수를 따르니 이 제자는 대제사장과 아는 사람이라 예수와 함께 대제사장의 집 뜰에 들어가고 16 베드로는 문밖에 서 있는지라 대제사장을 아는 그 다른 제자가 나가서 문 지키는 여자에게 말하여 베드로를 데리고 들어오니 17 문 지키는 여종이 베드로에게 말하되 너도 이 사람의 제자 중 하나가 아니냐 하니 그가 말하되 나는 아니라 하고 18 그때가 추운 고로 종과 아랫사람들이 불을 피우고 서서 쬐니 베드로도 함께 서서 쬐더라 …… 25 시몬 베드로가 서서 불을 쬐더니 사람들이 묻되 너도 그 제자 중 하나가 아니냐 베드로가 부인하여 이르되 나는 아니라 하니 26 대제사장의 종 하나는 베드로에게 귀를 잘린 사람의 친척이라 이르되 네가 그 사람과 함께 동산에 있는 것을 내가 보지 아니하였느냐 27 이에 베드로가 또 부인하니 곧 닭이 울더라

26장

베드로의 부인

제가 참 싫어하는 말이 하나 있습니다. 엄청 싫어하는데도 어릴 적부터 지금까지 자주 사용하고 있는 말입니다. 어릴 적에는 제 의지와 상관없이 거의 강요에 의해서 사용했고 어른이 되어서는 제 의지가 약해서 자주 사용하게 되었습니다. 어떤 말일까요? "다시는 안 그리겠다"라는 말입니다. 저는 어릴 적에 딱지치기와 구슬치기를 몹시 좋아했습니다. 당시 어린아이들에게는 거의 도박과 같은 것이었는데 그게 그렇게 재미있어서 손가락이 갈라지는 줄도 모르고 구슬치기를 했습니다. 어머니가 딱지치기를 그만두게 하시려고 절 때리기도 하시고 타이르기도 하시고 한강에 데려 가기도 하셨지만 소용없었습니다. 어릴 적에 제 꿈은 딱지와 구슬만 넣어 둘 수 있는 큰 방이 있는 집을 장만하는 것이었습니다.

그때 저는 거의 하루가 멀다 하고 다시는 안 하겠다고 약속했습니다. 그렇지만 그것은 제 의지와는 상관없는 일이었습니다. 저는 매를 맞아도, 학교를 그만두게 돼도, 그것만큼은 그만둘 수 없었기 때문입니다. 중학생이 되어서 딱지치기와 구슬치기가 시들해질 때까지 저는 강요에 의해서 다시는 하지 않겠다는 말을 입에 달고 다녔습니다. 하지만 그 말은 진심이 아니었습니다.

어른이 되면 제가 하고 싶은 일만 하면서 살 줄 알았는데 제 의지와는 상관없이 충동적인 욕망에 의해서 한 일 때문에 나중에 후회하고 마는 제 모습을 발견했습니다. 저는 목회할 때 매일 밤 자기 전에 야식을 먹고 간식을 먹었습니다. 아침이면 속이 거북하고 몸이 붓고 피곤해서 일찍 일어날 수도 없었습니다. "오늘 밤에는 정말 아무것도 먹지 않으리라" 결심했습니다. 아침에는 제 아내에게 "내가 오늘 밤에 또 밥 차려 달라고 하면, '넌 사람도 아니야. 넌 돼지야. 무슨 목사가 자기가 한 말을 하루도 못 지키느냐'고 야단쳐도 돼"라고 말하고 집을 나섰습니다. 그땐 정말 안 먹을 자신이 있었기 때문입니다. 그런데 해가 지고 어둠이 몰려오면 제 몸이 사람이 아닌 다른 짐승의 형태로 바뀌어 가는 것을 느낍니다. 입에서는 침이 돌기 시작하고 온갖 종류의 음식 냄새가 후각을 자극하기 시작합니다. 무엇이든지 너무 먹고 싶어집니다. 저는 돈에는 그리 큰 욕심이 없는 것 같은데(그것도 부딪혀 봐야 알겠지만) 식욕은 절제에 성공한 적이 제 기억에 없습니다. 제가 언제나 먹는 것을 좋아해서 그렇다고 생각하지 말아 주십시오. 배가 채워지고 잠자리가 거북해지면 항상 후회했습니다. 저는 정말 아침마다 다시는 밤에 안 먹겠다고 진심으로 다짐했고 그때는 절대로 넘어지지 않을 줄 알았습니다. 그런데 음식을 보면, 그리고 시장기가 돌면 다시 음식 생각이 났습니다. 이 문제를 해결할 수 있는 방법은 입맛을 잃거나 배가 고프지 않게 되는 것뿐이었습니다.

여러분도 마음대로 안 되는 일이 있지 않으십니까? 사람이 유혹을 이기는 일은 매우 힘들기 때문에 정말로 하지 않을 마음이 있다면 그냥 유혹을 피하는 것이 최선이라고들 합니다. 유혹에 부딪혀서 자신을 시험하는 것은 어리석은 일입니다. 유혹받을 만하면 무조건 피하는 것이 낫습니다. 유혹받을 줄 알면서도 그 길로 가는 것은 아직도 애착이 있기 때문입니다.

너무나 두려웠던 베드로

저는 그런 관점에서 베드로의 부인을 생각해 보았습니다. 베드로가 주님을 부인한 사건이 그에게는 평생 잊을 수 없는 수치스러운 일이었겠지만 저는 그에게서 연민을 느낍니다. 그를 넘어지게 한 것은 주님에 대한 애정이었다고 생각하기 때문입니다. 주님이 '너희가 다 나를 버리리라'고 하셨을 때 베드로는 한편으로는 화가 나기도 하고 속이 상하기도 했습니다. 그래서 이렇게 말했습니다.

> 모두 주를 버릴지라도 나는 결코 버리지 않겠나이다(마 26:33).

그는 정말로 주님을 부인하지 않을 자신이 있었습니다. 주님을 부인한다는 것은 있을 수도 없는 일이었습니다. 그때 주님은 "네가 오늘 닭이 울기 전에 세 번 나를 부인할 것이라"고 하셨습니다. 주님이 이 말씀을 하실 때는 아마도 자정을 넘겼을 법한 늦은 시간이었을 것이라고 짐작합니다.

그렇다면 주님의 이 말씀은 몇 시간 안에 세 번 부인하리라는 뜻입니다. 말도 안 됩니다. 상상도 할 수 없는 말이었지만 베드로가 만일 주님의 말씀을 조금이라도 마음에 새겼다면(주님의 예지 능력을 믿고, 주님을 절대로 부인하지 않겠다는 마음이 확고했다면) 새벽까지 앞으로 5-6시간은 특히 조심해야 합니다. 주님의 능력을 믿지만 절대로 주님을 부인하는 일은 없도록 하겠다는 데 마음을 두었다면 이제부터 베드로는 아무도 만나지 않고 피해 있는 것이 상책이라는 말입니다.

드디어 긴 하루의 일정이 다 끝났습니다. 감람원에 있는 숙소로 돌아갈 때 베드로는 아마 주님이 너무 예민해지셨다고 생각했을 겁니다. 아무 일도 일어나지 않았기 때문입니다. 그런데 느닷없이 군인들이 들이 닥쳤습니다. 그러고는 예수님을 붙잡아 가려고 했습니다. 제법 많은 수의 무장 군인이었습니다. 그들과 맞서 싸운다는 것은 자살 행위입니다. 그런데 베드로가 칼을 빼 들었습니다. 유월절에는 무기를 소지할 수 없었기 때문에 베드로가 뽑아 든 칼은 아마도 생선을 다듬을 때 사용하는 정도의 작은 칼이었을 겁니다. 베드로가 그 칼을 휘두르기 시작했습니다. 그러고는 요한과 전부터 안면이 있던 대제사장의 하인 말고라는 사람의 귀를 잘랐습니다. 주님의 예언적인 말씀이 틀렸다는 것을 보여 드리고 싶었을까요? 영웅심 때문이었을까요? 베드로의 즉흥적이고 충동적인 성격 때문이었을까요? 주님이 얼마 전에 하셨던, 베드로가 세 번 부인하리라는 말씀은 생각할 겨를도 없었을 것이고 그냥 주님을 보호하고 싶었을 겁니다.

베드로는 거기서 주님과 함께 죽을 각오를 했습니다. 주님이 말고의 귀를 다시 붙여 주시고 군인들에게 제자들은 돌려보내 달라고 청하셔서 베드로는 겨우 살았습니다. 주님이 얼마 전에 예고하신 그 일이 실제로 일어난 것입니다. 베드로가 이기적인 사람이었다면, 그가 자기 자신의 의와 명예를 무엇보다 소중하게 생각한 사람이라면 그는 그 긴박한 상황에서 자신이 세 번 부인하리라고 하셨던 주님의 말씀을 기억했을 것이고, 주님을 부인하지 않기 위해서는 빨리 피신하는 것이 최선이었을 것입니다.

그런데 베드로는 주님이 걱정되어 견딜 수가 없었습니다. 그래서 대제사장의 집 하속들과 안면이 있던 요한을 데리고 대제사장의 집으로 갔습니다. 베드로는 지금 홀로 적진에 뛰어든 것이나 다름없습니다. 정말 이상하지요? 베드로가 요한과 함께 있었고 요한이 문을 지키던 여인과 안면이 있었다면 그 여인은 요한이 주님의 제자였음을 알고 있었을 것임이 틀림없습니다. 그런데 그 여인이 요한에게는 아무 말도 하지 않고 베드로에게만 "당신도 저 사람의 제자 중 하나가 아니냐"고 물었습니다. 무슨 해코지를 하려고 물은 것이 아니라 그냥 물어 봤을 겁니다. 그런데 베드로는 놀라서 "나는 아니라"라고 했습니다. 그렇다고 하면 그 집에 들어갈 수 없을까 봐 그랬는지도 모릅니다. 그때만 해도 베드로에게는 하얀 거짓말은 해도 주님을 부인하려는 악한 마음은 없었습니다. 무엇보다도 주님이 걱정되었을 것입니다. 그리고 베드로는 숯불을 쬐는 사람들 속에 끼어서 주님이 재판받으시는 장면을 목격했습니다. 예수님이 대제사장의 하인에게 뺨을 맞는 장면을 보았습니다.

그렇게 당당하시던 주님이 너무 초라해 보였고, 역시 권력은 대단한 것임을 다시 한 번 절감했습니다. 갑자기 두려워졌습니다. 그때 함께 불을 쬐던 사람들이 베드로를 보면서 "당신도 그 제자가 아니냐"고 했습니다. 베드로가 "나는 아니라"라고 했습니다. 베드로를 정말 당황하게 만드는 일은 그다음에 일어난 일입니다. 베드로를 유심히 보고 있던 한 사람이 조금 전에 감람원에서 베드로를 보았다고 말했습니다. 어둡기는 했지만 그 사람이 베드로를 못 알아볼 리가 없습니다. 베드로가 귀를 잘랐던 사람의 친척이었기 때문입니다. 서로 싸움을 하고 있었던 것도 아니고 모든 일이 조용하게 진행될 때 느닷없이 한 사람이 나타나 칼을 휘두르고 그 칼에 친척의 귀가 잘려나가고 피투성이가 되어 울부짖고 있었다면 그 칼을 휘두른 사람, 베드로를 못 알아볼 리가 없습니다.

모든 증거가 뚜렷하고 정황이 분명한 상황에서 아니라고 부인할 때 그 사람이 얼마나 억지스러워 보이는지, 말도 안 되는 것을 우길 때 그 부인이 얼마나 강경하고 비합리적으로 보이는지 우리는 너무나 잘 압니다. 마가는 그래서 베드로가 저주하고 맹세하면서 주님을 부인했다고 했습니다(막 14:71). 어차피 주님을 따르면서 죽기를 각오했던 것이니까 사는 데 그렇게 연연한 것은 아니었다 하더라도 그 당시에는 너무나 두려웠습니다. 얼굴이 붉어져서 언성을 높이고 욕을 하면서 주님을 모른다고 했습니다. 그리고 닭이 울었습니다. 그때야 비로소 베드로는 주님이 하신 말씀이 기억났습니다. 성경은 베드로가 닭이 울자 밖에 나가 통곡을 했다고 기록하고 있습니다(마 26:75 참조).

열 번 백 번 넘어지더라도

저는 이런 베드로에게 마음이 끌립니다. 베드로가 만일 자신의 믿음과

의를 과시하고 싶었다면, 자존심을 내세우고 싶었다면 (세 번 부인하리라는 주님의 말씀이 결코 사실이 아님을 증명하고 싶었다면) "세 번 나를 부인하리라"고 하신 주님의 말씀을 새겼을 겁니다. 그리고 그것을 의식하고 대제사장의 집에서도 극도로 조심했을 것입니다. 아니, 아예 대제사장의 집에는 나타나지도 않았을 것입니다. 주님 앞에 가장 용기 있는 제자로 기억되기 위해서 말고의 귀를 자르는 대담한 행동을 한 후에 그는 잠시 몸을 숨겼을 것입니다. 하지만 그에게는 그런 것들을 계산하고 생각할 마음의 여유가 없었습니다. 주님이 너무 걱정되었기 때문입니다. 비록 순간의 두려움을 극복하지는 못했지만 그의 마음 깊은 곳에는 주님을 향한 진정한 애정이 있었기 때문입니다. 저는 이 베드로의 부인에 관해 여러 설교를 들었습니다.

많은 분이 주님을 부인한 베드로의 문제가 무엇이었을까를 분석했습니다. 그리고 베드로가 주님을 부인하지 않기 위해서는 그 유혹의 현장에 가지 말았어야 한다든지, 춥다고 불을 쬐기 위해 예수님을 대적하는 사람들이 모여 있는 곳에 가지 말았어야 한다든지(편리를 위해 불신자들과 어울리는 행동은 주님을 부인하게 만든다는 식의 적용과 함께), 아침에 닭이 울기 전에 세 번 나를 부인하리라는 주님의 말씀을 소홀히 어기지 말고 마음에 깊이 새겨 두었어야 한다든지 하는 식의 답을 제시했습니다. 마치 베드로가 주님을 부인하지 않을 수도 있었던 것처럼 말입니다. 아니, 그보다는 마치 주님을 걱정해 대제사장의 집을 찾아갔던 베드로의 행동보다는 재빨리 몸을 숨긴 다른 제자들의 행동이 더 바람직했던 것처럼 말입니다. 하지만 저는 베드로의 행동이 틀렸다는 생각이 들기보다는 위로가 됩니다.

저는 이 베드로의 부인 사건이 주는 교훈이 무엇일까 생각해 보았습니다. 이 사건은 단순히 어떻게 하면 베드로처럼 주님을 부인하지 않을까를 가르쳐 주는 사건이 아니라고 생각합니다. 이것은 베드로가 조심하지 않아서 생긴 문제가 아니기 때문입니다. 베드로가 자신의 열정으로(열정은 능력을 과대평가하게 만드는 경향이 있으니까) 무모한 자신감을 보이지만 사실은 모두 주님을 떠나게 될 것이고 주님 홀로 십자가의 길을 가실 것이라는 사실에 대한 예언으로 보아야 합니다. 그것을 피할 수 있는 어떤 방법을 말하거나, 비록 운명적으로 결정된 일이지만 빠지지 않을 가능성을 말하는 것이 아닙니다. 게다가 베드로를 비난하려는 것도 아니었습니다.

물론 그렇다고 베드로가 한 일이 잘못이 아니라는 말이 아닙니다. 인간은 어쩔 수 없으니까 죄를 짓고 살아도 된다는 말도 아니지요. 어리석음과 연약함으로 점철된 이런 혼란스러운 현실 가운데 주님은 십자가의 길을 가시고 우리를 구원하기 위한 하나님의 뜻을 이루셨다는 것이 본 사건의 핵심입니다. 베드로처럼 부인하면 안 된다는 말이 아니라 베드로는 부인했지만 주님은 그를 사랑하셔서 그를 위해서도 십자가의 길을 가셨다는 것이 더 중요합니다. 베드로가 부인하는 장면에 시선을 두면 십자가의 길을 가기 위해 재판을 받는 주님에게 시선을 둘 수 없습니다.

주님은 베드로나 제자들이, 심지어 그 이후 교회가 베드로의 부인을 맞출 수 있는 신적인 능력에 감동해서 신기해하고 그분의 신성을 인정하는 계기가 되라고 그 말씀을 하신 것이 아닙니다. 주님은 결국 그의 제자들과 그분을 믿는 모든 자를 위해 십자가의 길을 가게 될 것임을 알도록 그 말씀을 하신 것입니다.

이 사건은 주님이 예정하시면 베드로가 아무리 빠져나가려 해도 피할 길이 없다는 하나님의 주권을 강조하는 사건도 아닙니다. 하나님의 주권의 절대성을 인정하더라도 성경은 이 사건을 통해 정해진 운명은 인간이 발버둥쳐서 벗어날 수 있는 것이 아님을 강조하지 않습니다. 저는 오히려 이 사건을 통해 인간의 약함 가운데 나타나는 은혜가 강조되었다고 생각합니다. 제가 그렇게 생각하는 이유 중 하나는 누가복음 22장 말씀 때문입니다. 주님은 베드로가 주님을 세 번 부인할 것이라는 말씀을 하시기 전에 31절에 이런 말씀을 하셨습니다.

> 시몬아, 시몬아, 보라 사탄이 너희를 밀 까부르듯 하려고 요구하였으나 그러나 내가 너를 위하여 네 믿음이 떨어지지 않기를 기도하였노니 너는 돌이킨 후에 네 형제를 굳게 하라(눅 22:31, 32).

베드로가 부인할 것을 아신 주님은 베드로를 위해 기도하셨고, 그를 돌이켜 회복시킬 준비를 하셨습니다. 베드로는 사단의 유혹을 감당할 힘이 없어서 쓰러졌지만 주님은 그런 그에게 실망하시고 분노하시기보다는 그를 불쌍히 여기셨습니다. "너는 돌이킨 후에 네 형제를 굳게 하라"는 말씀은 결국 우리가 이 세상에서 믿음을 지키며 주신 사명을 감당하게 되는 것은 우리의 능력과 의지의 힘이 아니라 은혜임을 강조합니다. 오해하지 마시기 바랍니다. 약하니까 아무렇게나 살자는 말씀이 아닙니다. 열 번 백 번을 넘어지고, 우리가 가장 싫어하는 말이 '다시는 안 하겠다'는 말임에도 부끄러움 중에 그 말을 다시 하게 만드는 힘은 우리의 의지에 있는 것이 아니라 은혜에 있다는 말입니다. 우리를 우리 되도록 만드는 것은 절대로 주님을 부인하지 않겠다는 의지적인 결단이나 능력에 있는 것이 아니라 결국 십자가의 길을 가심으로 구원을 이루신 예수 그리스도의 구속의 은혜에 있다는 말씀입니다. 우리가 주목해야 하는 것은 베드로가 아니라 지금 십자가를 향해 가시는 예수 그리스도입니다.

한계를 가진 인간을 위해

얼마 전에 비행기를 탔다가 아주 극성스러운 아이 옆에 앉게 되었습니다. 그 아이는 잠시도 가만히 있지 않고 의자를 뛰어넘고 복도로 나가 기기까지 했습니다. 제 뒷자리에 아이의 아빠와 할머니가 앉고 아이 옆에 엄마가 앉았는데 제가 아이 엄마에게 자리를 바꿔 줄 테니 아빠가 아이의 옆으로 오도록 해도 좋다고 했더니 괜찮다고 했습니다. 그런데 그 엄마는 아이에게 하지 말라고 말하면서도 심하게 야단을 치지 않고 말리지도 않았습니다. 저는 속으로 '참 별난 엄마도 다 있다. 아이를 저렇게 키우니까 버릇이 없지. 나 같으면 벌써 한 대 때렸다' 하며 별 생각을 다 하고 있는데, 아이가 그렇게 산만하게 움직이다가도 엄마의 목을 끌어안고는 "엄마, 사랑해" 하면 엄마는 아주 사랑스러운 듯이 아이를 끌어안아 주었습니다.

저는 그런 아이의 극성스러움이 싫어서 아이의 살이 제게 닿는 것조차도 기분 나빴고, 얼굴도 별로 보고 싶지가 않았습니다. 얼굴을 보면 인상을 쓸 것 같아서 쳐다보지도 못하고 '그냥 가만히 좀 있지' 하는 생각만 들었습니다. 그러다가 비행기가 착륙할 즈음에 저는 그 아이에게 장애가 있다는 것을 알았습니다. 다리가 휘어 있었고 전체적인 발육도 부진해 보였습니다. 저는 그제야 아이가 그 장애 때문에 전혀 움직이지 않고 얌전하게 있기보다는 뛰다가 넘어져 조금 다쳐도 극성스럽게 다니면서 걷는 법을 배우고 사람들 속에서 적응하는 법을 배우기를 원했을 부모의 마음을 조금은 알 수 있었습니다. 그렇게 사람이 많은 곳에서 산만하게 움직이는 것은 틀림없이 잘못된 일이라 야단을 치면서도 그 아이를 의자에 묶어 놓거나 집에 두고 다니고 싶지 않았을 부모의 마음을 느끼고 나니까 의자 밑으로 기어 들어갔다가 나오면서 제 테이블에 있는 콜라를 쏟아도 그다지 언짢지가 않았습니다.

대제사장의 집에 들어와 주님을 모른다고 부인하는 베드로와 주님의 눈이 마주쳤다면 주님은 '내 예언이 적중했지?' 하시며 그 능력을 다시 한 번 과시하시거나, '그것 봐. 어디 숨어 있을 것이지 왜 잘난 척하고 여기까지 따라와서 나를 부인하고 그러는 거야' 하며 언짢게 베드로를 보시지 않았을 것입니다. 주님은 바로 그런 죄의 오염과 한계를 가지고 있는 베드로를 위해, 그분을 믿는 모든 백성을 위해 고난의 길을 가신 것이니까요. 우리가 진심으로 다시는 그러지 않겠다고 말할 수 있음은 자신의 능력에 대한 과신도 아니고, 하나님은 어차피 용서하실 거라는 사랑을 이용하려는 악한 마음 때문도 아닙니다. 그렇게 십자가의 길을 가신 예수 그리스도의 은혜 때문입니다. 베드로가 주님을 부인하는 모습을 보면서 우리는 베드로의 어리석음과 약함을 보지 않고, 십자가를 항해 가시는 주님을 볼 수 있으면 좋겠습니다.

John
요한복음

요한복음 18장 33-38절

33 이에 빌라도가 다시 관정에 들어가 예수를 불러 이르되 네가 유대인의
왕이냐 34 예수께서 대답하시되 이는 네가 스스로 하는 말이냐 다른 사람
들이 나에 대하여 네게 한 말이냐 35 빌라도가 대답하되 내가 유대인이
냐 네 나라 사람과 대제사장들이 너를 내게 넘겼으니 네가 무엇을 하였느
냐 36 예수께서 대답하시되 내 나라는 이 세상에 속한 것이 아니니라 만일
내 나라가 이 세상에 속한 것이었더라면 내 종들이 싸워 나로 유대인들에
게 넘겨지지 않게 하였으리라 이제 내 나라는 여기에 속한 것이 아니니라
37 빌라도가 이르되 그러면 네가 왕이 아니냐 예수께서 대답하시되 네 말
과 같이 내가 왕이니라 내가 이를 위하여 태어났으며 이를 위하여 세상
에 왔나니 곧 진리에 대하여 증언하려 함이로라 무릇 진리에 속한 자는
내 음성을 듣느니라 하신대 38 빌라도가 이르되 진리가 무엇이냐 하더라

저는 여러분에게 저의 신상에 관한 충격적인 사실을 하나 말씀드려야 할 것 같습니다. 혹시 이미 눈치 채신 분들도 계실지 모르는데 너무 놀라지 않으시면 좋겠습니다. 저도 몰랐고 저희 부모님도 모르고 계셨는데 얼마 전에 뉴욕에 있는 동생을 통해 알게 된 엄청난 사실입니다. 바로 제가 중국의 왕족이라는 겁니다. 중국 노나라 왕의 일곱 번째 아들이 살인을 하고 한반도로 도망을 와서 살게 되었는데 제가 바로 그 후손의 장손이랍니다. 어쩐지 제게서 귀티가 흐르고 비범한 기질이 있다 했더니 왕족이어서 그랬나 봅니다. 저는 어릴 적부터 대통령은 부럽지 않았는데 왕은 좀 부러워서 옛날에 태어났으면 좋았겠다는 생각을 자주 하곤 했습니다. 지금 시대에도 영국이나 태국, 캄보디아처럼 왕이 있는 나라들이 있지만 요즘 왕은 옛날에 비하면 실제적인 권세는 없고 그저 이름과 명예만 있을 뿐이니까 오히려 더 거추장스러울 수 있겠네요. 하지만 옛날 왕들은 그렇지 않았습니다.

어릴 적에(물론 그때는 그리스도인이 되기 전이었으니까 너그럽게 이해해 주시기 바랍니다) 제가 왕이 되고 싶었던 이유는 정치를 잘해서 많은 사람에게 유익과 도움을 주고 싶거나, 힘이 있어서 불의를 제거하고 약한 사람들의 억울함을 풀어 주고 싶다는 선한 이유가 아니었습니다. 왕이 되면 하고 싶은 것을 다 하고 갖고 싶은 것을 다 가질 수 있을 것이라는 생각 때문이었습니다. 옛날 왕들도 스트레스가 엄청 많아서 수명이 길지 못했다고 하지만 적어도 표면적으로는 법 위에 군림하는 최고의 권력가처럼 보였으니까요. 그래서 저는 세종대왕보다는 매일 맛있고 몸에 좋은 음식만 먹었던 대장금의 중종이나, 호의호식하며 쾌락을 즐겼던 백제의 의자왕이 더 부러웠습니다. 향락에 빠져 폭군이 될 기질이 다분한 저로서는 제가 그리스도인이 되었다는 것이 놀라운 은혜일 뿐입니다.

자신의 안위보다 백성을 먼저 생각하고 백성의 슬픔과 고통을 없애 줄 수 있는 임금은 성군입니다. 반면 자기의 영광만 생각하고 백성의 고통을 덜어 주지 못하는 임금은 폭군이거나 무능한 임금입니다. 일반적으로 사람들이 생각하는 왕은 그런 왕이었기 때문에 예수님의 말씀을 빌라도는 이해할 수 없었고, 어쩌면 우리도 그리스도의 왕권을 실감하지 못하는지도 모릅니다. 그리스도인들이 그리스도의 왕 되심을 인정하지 않는다는 말이 아니라 왕권의 행사는 천국에서 가능한 일이라고 생각한다는 말입니다. 이 세상에서의 고난의 현실 때문에 왕은 무능하거나, 자기의 영광만 원하는 폭군이 되어 버립니다. 그래서 제법 많은 사람이 하나님이 정말 세상을 주관하신다면 너무 잔인하고 무정한 통치자라고 생각하기도 합니다.

네가 유대인의 왕이냐

재판정에 서 있는 예수님에게 빌라도가 던진 질문은 상당히 의미심장합니다. "네가 유대인의 왕이냐?" 적어도 빌라도가 보기에는 이렇게 무능하고 우스운 왕이 없습니다. 얼굴에는 피곤이 가득하고 이미 대제사장의 집에서 심문을 받으면서 매를 맞은 터라 얼굴이 부어 있어서 꼴이 말이 아닙니다. 한 나라의 임금이 되기 위해서는 백성이 있어야 하고 땅이 있어야 하고 통치권이 있어야 하는데 지금 그에게는 따르는 자도 없고 힘도 없고 다스리는 영역도 없습니다. 미치지 않고서야 아무런 조건도 갖추지 않고, 목숨이 위태로운 상황에서 자신을 왕이라 할 수 없을 것입니다.

빌라도의 질문은 비웃는 질문입니다. 제정신이냐고 묻는 것이고 화를 자초한 어리석음을 책망하고 있는 겁니다. 그런데 주님의 대답이 의외로 당당합니다. "네가 스스로 하는 말이냐 다른 사람들이 나에 대하여 네게 한 말이냐?" 이 말에 담겨 있는 의미는 '내가 왕인지 아닌지 네가 진정으로 알고 싶으냐'는 것입니다. 주님은 당신의 처지를 몰라도 너무 모릅니다. 며칠 전 나귀를 타고 예루살렘에 입성하시면서 수많은 무리가 호산나를 외치며 따라다닐 때 유대인 중 누군가 주님을 찾아와서 "당신이 메시아입니까? 당신이 왕입니까?"라고 물었다면 이런 대답이 가능합니다. 하지만 지금은 누가 보아도 왕으로서의 자격을 전혀 갖추지 못한 죄인의 모습을 하고 있으니 당시 최고 권력자인 빌라도 앞에서는 정신을 차렸어야 합니다. 그런데 "너도 나의 나라에 관심이 있어서 묻는 거냐"라고 말씀하시니 조롱거리일 뿐입니다. 빌라도는 아예 유대인 전체를 무시하는 듯한 대답을 합니다. "내가 유대인이냐? 너희들끼리 왕이 어떻고 메시아가 어떻고 다투면서 이른 새벽부터 이리 소란을 떠는 모습이 한심할 뿐이다. 사람들이 너더러 왕을 자처했다고 하는데 너는 도대체 무엇을 했느냐?" 저는 이 빌라도의 질문에 주님이 하신 대답을 집중적으로 생각해 보고자 합니다. 주님은 이렇게 대답하셨습니다.

> 내 나라는 이 세상에 속한 것이 아니니라 만일 내 나라가 이 세상에 속한 것이었더라면 내 종들이 싸워 나로 유대인들에게 넘겨지지 않게 하였으리라 이제 내 나라는 여기에 속한 것이 아니니라(18:36).

우리는 이 말씀의 의미를 잘 안다고 생각합니다. 주님은 천국을 말씀하신 것입니다. 주님은 하나님의 아들이고 천국 보좌에서 영광 가운데 천국을 다스리는 분입니다. 이렇게 말씀하시면 이해가 됩니다. 주님은 왕이지만 남의 나라에 있기 때문에 푸대접을 받는 것이라고요. 그렇다면 이해가 된다는 말입니다.

그런데 여러분, 정말 그렇습니까? 주님이 지금 빌라도에게 "비록 이 세상에서는 이렇게 보잘것없지만 나는 하늘나라의 왕이라"고 말하고 있는 겁니까? 고난 가운데 있지만 하나님의 아들로서의 자존감이 있어서 천국에서는 왕이라고 당당하게 말씀하시는 겁니까? 아프리카에서 노예들을 데려올 때 한 노예가 유난히 당당하게 행동했습니다. 그리고 주변에 있는 다른 노예들이 그를 끔찍하게 위해 주었습니다. 나중에 알고 보니 그는 아프리카에 있는 한 부족의 추장 아들이었습니다. 추장의 아들이라는 자존감은 높이 살 만하지만 지금 이 고난의 현장에서 무슨 의미가 있습니까? 예수님의 나라는 하늘나라라는 것이 무슨 의미가 있습니까? 하늘에서는 왕이었고, 죽어서 다시 하늘나라에 가면 왕권을 회복한다 하더라도 지금은 아무런 힘도 없는 죄수의 몸일 뿐입니다. 험난한 이 세상을 살아가야 하는 저와 여러분에게 예수께서 왕이라는 사실이 무슨 의미가 있습니까? 예수님은 우리가 죽으면 편하게 쉴 곳만을 준비해 놓으시고 우리가 죽어서 천국에 가면 그때 우리를 맞이해서 왕권을 행사하시겠다는 말입니까? 빌라도도 그게 이해되지 않았습니다. 그래서 그는 다시 묻습니다. "그러니까 네가 왕이 아니라는 말이냐?" 왕이 아니냐는 질문은 그러니까 하늘나라에서는 힘과 권세가 있는데, 이 세상에서는 그런 권세나 힘이 없다는 말이냐는 의미로 볼 수 있습니다.

세상을 다스리시는 왕

이 문제는 우리도 매일 경험하는 일입니다. 예수님을 영접하여 주님으로 모신 후에도 여전히 이 세상에서 살아가야 하는 저와 여러분에게 주님은 "내 나라는 이 세상에 속한 것이 아니다"라고 한다면 그 말씀을 이해하기가 그렇게 쉽지는 않습니다. 주님의 주권과 왕권이 하늘나라에서만 유효한 것이라면 이 세상에서는 어떻게 살아야 하는 건가요? 어떤 분들은 이 세상은 사단에게 속한 것이라 말하고 꿈에도 소원은 빨리 이 지긋지긋한 세상에서의 죄악 된 생활을 청산하고 하나님 나라에서 주님 품에 안기는 것이라고 말합니다. 사단이 주관하는 이 세상에서 열심히 공부하는 것도, 열심히 일하는 것도 결국은 썩어져 갈 육신을 위해 수고하는 정욕적인 삶일 뿐입니다. 마지못해 하루하루를 살기는 하지만 신앙인으로서 이 세상을 살아가는 목적과 의미를 찾을 수가 없습니다. "사는게 재미가 없어요. 어서 죽어서 천국 가서 주님을 왕으로 모시고 찬송하며 살고 싶을 뿐이에요"라고 말하는 게 최고의 신앙 고백이 됩니다.

제가 고등학생 때 즐겨 불렀던 복음 성가 중에 손양원 목사님이 작사하신 "낮에나 밤에나 눈물 머금고 내 주님 오시기만 고대합니다"라는 가사를 가진 노래가 있습니다. 나병 환자들을 위해 헌신하시던 손양원 목사님이 아무런 희망도 보이지 않는 막막한 고난의 현실에서 부르신 것이라면 이해가 되는데 고등학생이 부르기에는 너무 우울했던 찬송이었음이 틀림없습니다. 저는 그 찬송을 주로 여자들에게 거절당했을 때, 학교에서 시험을 못 봤을 때, 사람들에게 무시당하거나 원하는 것을 이룰 수없을 때 불렀던 것 같습니다. 찬송의 가사 자체를 문제 삼자는 것이 아닙니다. 이 세상은 사단에게 속했고 하나님에게 속한 곳은 하늘나라이기 때문에 이 세상에서 살면서 하는 일들은 교회 생활과 전도, 그리고 선교외에는 다 부질없는 일이라는 생각은 주님이 말씀하신 의미가 아니었음을 말씀드리고 싶은 겁니다. 그런 의미였다면 결국 주님이 하신 말씀은 먼저 천국에 가시면서 우리도 대충 빨리 빨리 정리하고 올라오라고 하신 것입니다.

믿음의 선조들은 아무 소망도, 의미도 없이 주님이 데려가실 날만 기다리면서 하루하루를 살지 않았습니다. 주님은 이 세상이 주님의 나라가 아니기 때문에 그렇게 비참하게 죽임을 당하고 주님의 나라로 가신 것이 아닙니다. 빌라도의 "그러면 네가 왕이 아니냐"라는 질문은 "그러면 네가 이 세상에서는 왕이 아니냐"라는 질문일 것입니다. 이 질문에 주님은 이렇게 대답하셨습니다.

> 네 말과 같이 내가 왕이니라 내가 이를 위하여 태어났으며 이를 위하여 세상에 왔다(18:37).

주님은 이 세상의 왕이라는 말씀입니다. 주님은 천국에서만 왕이 아니라 지금 이 순간에도 역사를 주관하시고, 세상을 다스리시고 나를 다스리시는 왕이라는 말씀입니다. 주님이 이 땅에 오신 것은 이 땅에서 그리스도의 왕권을 회복하기 위해서였다는 말씀입니다.

인간이 사랑스럽고 불쌍해서 이 땅에 왔다가 엄청난 수모를 당하고 다시 주님의 나라로 돌아가시는 것이 아니라, 십자가의 죽음과 부활을 통해 이 땅에서 하나님 나라의 왕권을 회복하신다는 말씀입니다. "내 나라는 이 세상에 속하지 않았다"는 말씀은 이 세상이 주님의 통치 아래 있지 않다는 말씀이 아닙니다. 그 의미는 훨씬 심오합니다. 여기서 주님이 말씀하신 세상은 단순히 장소를 가리키는 것이 아니라고 생각하기 때문입니다.

좌절하는 삶의 현장에서도

이 말씀은 제 삶에 엄청나게 중요한 의미가 있습니다. 예수님은 지금도 제 삶을 다스리십니다. 비록 이 세상은 주님의 다시 오심을 통해 왕권이 온전히 회복될 그날까지 반역과 저항의 몸부림을 치고 있지만 예수님의 죽음과 부활을 통해 지금 제 삶에서는 주님의 왕권이 회복되었고, 동일한 고백을 하는 사람들의 모임인 교회에서는 그 왕권이 온전히 회복되었습니다. 물론 여전히 거역하고 범죄하지만 그렇다고 해서 주님의 왕 되심을 부인할 수 없습니다. 제 삶에서 경험하는 형통함에서도, 고난과 실패를 통한 좌절의 현장에서도 예수님은 저의 왕이십니다. 저를 누르고 억압해서 이용하려는 왕이 아니라 죽음과 부활을 통해 저를 향한 사랑과 능력을 보여 주신 아버지 같고, 친구 같고, 스승 같은, 그러나 저의 삶을 주관하시고 다스리시는 왕이십니다. 저의 모습이 비록 추하고 부족해도 저를 버리지 않는 주님은 저의 왕이십니다. 적어도 제 삶에서는, 그리고 교회에서는 그리스도의 왕권이 미래의 일이 아니라 지금 현재의 일입니다.

물론 우리에게는 의문이 있습니다. "예수님이 왕으로 다스리시는데 세상이 왜 이리 혼잡하고 어지럽습니까? 아니, 저 개인의 삶은 왜 이리 무질서하고 소란스럽습니까?" "주님이 우리의 왕이신데 우리 삶에는 왜 이리 고난이 그치지 않고 어려움이 많습니까? 우리의 주님은 무능한 겁니까, 아니면 성군이 아닌 겁니까?" 예수님을 왕으로 모시면 꼭 부자가 되어 호강하지는 않더라도 마음고생이라도 덜하고 평안할 줄 알았는데 걱정이 끊이지 않고 억울하고 부당한 일을 당하는 때도 허다합니다. 논리적으로는 예수님이 이 세상도 다스리신다는 말을 인정하는데 현실적으로는 차라리 주님은 천국에서만 왕이시라고 말하는 것이 더 맞을 성 싶을 정도로 주님의 통치가 피부로 느껴지지 않습니다.

저는 50년대에 출생했습니다. 60년대에 초등학교를 다녔고 70년대에 한국에서 중학교와 고등학교를 다녔습니다. 저보다 연세가 많으신 분들에게 이런 말씀을 드리는 것이 외람되지만 저는 제가 직접 가난을 경험하지 않았더라도 가난하고 불결한 환경을 조금은 압니다. 하지만 제가 얼마 전 캄보디아에서 며칠간 보고 느낀 가난과 불결은 최악이었습니다. 신발을 신은 아이가 거의 없었고 말라리아에 걸려 다 죽어 가는데도 그냥 길거리에 방치되어 있었습니다. 빗물을 받아서 식수로 사용하고 집 앞에 파 놓은 구덩이에 고인 물로 설거지를 하고 목욕을 했습니다. 지금 가장 원하는 게 뭐냐고 제가 묻자 마을 지도자들은 이구동성으로 끼니를 이어 갈 식량이라고 했습니다.

오해하지 마시기 바랍니다. 그래서 그들이 더 불행하다는 말이 아닙니다. 거기에서도 나름대로 행복을 느낄 수 있을 것이고, 오히려 먹을 것에 대한 걱정이 없지만 극심한 경쟁 가운데 살얼음판을 걷는 부유한 사람들보다 평안할 수도 있습니다. 꼭 부자 나라가 되게 해달라는 것은 아니어도 그냥 삶의 무게와 슬픔이 느껴져서 그 마을을 나오면서 "이곳이 주님이 다스리시는 곳이 되게 하소서"라고 기도했습니다. 그러고는 혼자 그 기도를 곰곰이 생각해 보았습니다. 제가 무슨 기도를 한 겁니까? "여기도 주님이 다스리시는 곳일 텐데 어찌 이리 가난하도록 그냥 두셨을까요?" 아마 어떤 분들은 그들이 불교국으로 우상을 섬기니까 벌을 받아서 그렇게 가난하게 사는 것이라고 대답할지 모릅니다.

우리나라도 불교국으로 못 살았는데 기독교인이 증가하면서 잘살게 된 것이라는 말은 교회에 다니는 사람들이 쉽게 들을 수 있는 말이니까요. 맞는 말이 아니지만 주님이 다스리신다면 거기에는 당연히 공의가 있고 주님의 보호하심이 있어야 할 텐데 말이지요. 이 세상이 다 주님의 주권 아래 있다면 그런 극한 고난 가운데서는 주님의 다스림을 말할수록 모순으로 들리지 않겠습니까? 저는 지금도 그 문제에 대한 답을 갖고 있지 않습니다. 주님의 선하심과 전능하심도 믿고, 주님의 절대적인 주권을 믿기 때문에 왜 그렇게 고통스러워하는 사람들이 세상에 있는가 하는 문제는 여전히 저를 괴롭힙니다. 이 문제에 대한 시원한 답은 아마 천국에 가서야 얻게 될지도 모릅니다. 답은 잘 모르겠지만 기도할 수 있습니다. "제 삶이 어떤 상황에 놓이든지 예수 그리스도가 저의 왕이 되심으로 평안이 있고 자유함이 있고 위로가 있듯이 주님의 나라가 그들의 삶에도 임하게 하소서. 위정자들의 삶에도 주님의 나라가 임하여서 공의를 행하게 하시고 백성을 긍휼히 여기는 마음을 갖게 하소서."

주님의 다스리심이 나타날 수 있도록

저는 주님의 대답에서 주님의 뜻을 조금은 헤아릴 수 있을 것 같습니다. "내 나라는 이 세상에 속한 것이 아니다. 만일 그랬다면 내 종들이 나를 지켜 주었을 것이다"라고 주님은 말씀하셨습니다. 이 말씀은 주님이 이 세상을 포기하셨다는 말도 아니고, 이 세상은 주님의 것이 아니라는 말도 아닙니다. 이 말씀은 오히려 주님이 왕으로서 영광과 권세를 누리기 위해 이 세상에 오신 것이 아니라는 의미입니다. 그랬더라면 절대로 그런 고난을 당하지 않으셨을 것입니다. 제자들을 선동해 대제사장의 사악한 무리를 몰아내셨을 것입니다. 천사들을 동원해서라도 왕좌를 차지하고 천하를 호령하셨을 것입니다. 아니, 분명히 그러셨을 것입니다.

언젠가는 그렇게 세상을 심판하실 것입니다. 하지만 아직은 아닙니다. 지금은 그 은혜를 입고 주님의 나라에 속한 사람들에게 섬김의 때이니까요. 지금 임한 하나님 나라는 심판을 행하는 나라가 아니라 용서와 회복의 나라이기 때문입니다. 지금은 용서와 회복의 때입니다. 돌이킬 수 있고 새로워질 수 있는 기회가 주어져야 하는 때입니다. 주님이 틀림없이 이 세상의 왕이심에도 "내 나라는 이 세상에 속하지 않았다"고 말씀하신 것은 이 세상은 주님과 상관없다는 의미가 아닙니다. 지금 주님에게서 그런 영광과 호화로움을 기대하지 말라는 의미입니다.

이 말씀은 저와 여러분에게도 적용됩니다. "내 나라가 이 세상에 속하지 않았다"는 말씀은 세상을 포기하고 천국만 바라보며 살라는 말씀이 아니라, 이 세상에 사는 동안 그런 영광과 호화스러움을 목표로 삼지 말고 섬김과 헌신을 통해 주님의 다스리심이 각 처에서 나타날 수 있도록 살라는 말씀입니다. 언젠가 온전한 주님의 나라가 임하겠지만 나라가 임하게 해달라는 우리의 기도는 단순히 세상의 종말을 고대하는 기도가 아니라, 불의와 가난과 고통이 있는 곳에 주님의 다스리심이 나타날 수 있도록 해달라는 기도이기도 합니다. 나의 삶 속에서 어떤 상황에서든지 그리스도의 왕 되심을 인정하고 그분의 다스림을 받으며 살겠다는 열망의 기도이기도 합니다.

모든 고통이 죄로부터 온 것은 알지만 누군가는 왜 유난히 더 큰 고통을 당해야 하는지 모르겠고, 왜 그렇게 못 살고 이퍼야 하는지 잘 모르겠습니다. 하지만 그렇더라도 빨리 이 세상을 떠나 주님에게 가고 싶다는 기도보다는 제가 사는 이 세상에 하나님 나라가 드러나는 데 쓰임받게 해달라는 기도를 하고 싶습니다. 이 세상에 사는 동안에는 무조건 고생하지 않고 잘살아서 천국을 사모하지 않을 만큼 권세와 영광을 누리는 것으로 주님의 왕 되심을 경험하는 것이 아닌, 여전히 소란스러운 세상이지만 우리가 여기서 주님이 오실 때까지 나눔과 섬김을 통해 그리스도의 왕 되심을 나타내는 자들이 되기를 바랍니다. 이것이 다시 오겠다 약속하시고 이 세상을 떠나신 우리의 왕 예수 그리스도의 원하심이라고 확신합니다.

교회도 주님의 다스리심을 받고 주님을 왕으로 섬기는 교회이기를 바랍니다. 자신은 왕이지만 이 세상에 속한 왕이 아니라고 하신 주님의 말씀을 깊이 새기고 희생하는 왕, 고난당하는 왕을 섬길 수 있기를 바랍니다. 최고의 자리에서 권세를 누리고 풍요로움에 만족하면서 단순히 성장과 부흥을 축복으로 여기는 교회가 아니기를 바랍니다. 교회는 그리스도의 왕 되심을 인정하는 사람들의 모임이고, 그 모임을 통해 그리스도가 이 세상의 왕이심을 드러내는 사명을 가진 사람들의 모임이기 때문입니다.

요한복음 18장 38-40절

38 빌라도가 이르되 진리가 무엇이냐 하더라 이 말을 하고 다시 유대인들에게 나가서 이르되 나는 그에게서 아무 죄도 찾지 못하였노라 39 유월절이면 내가 너희에게 한 사람을 놓아 주는 전례가 있으니 그러면 너희는 내가 유대인의 왕을 너희에게 놓아 주기를 원하느냐 하니 40 그들이 또 소리 질러 이르되 이 사람이 아니라 바라바라 하니 바라바는 강도였더라

28장

바라바를 놓아 주소서

"죽음의 문턱까지 다녀왔다." "죽을 뻔했다." "죽었다가 살았다." "죽는 줄 알았다." "죽은 목숨이었다." 이 말들은 극한 위험이나 위기 상황에 이른 적이 있다는 것을 표현하는, 약간은 과장된 말입니다. 여러분 중에는 정말 죽음의 문턱까지 다녀온 분들도 혹 계실지 모릅니다. 아마 선생을 경험하신 분들의 경우가 그럴 것이고 질병으로 시한부 삶을 선고받은 경우나 교통사고가 크게 나서 다른 사람들은 죽었는데 혼자만 살아남은 경우가 그럴 것입니다. 혹시 죄를 지어서 사형을 선고받았는데 광복절에 특별 사면되어서 살아남은 분이 계시다면 그 경우도 맞을 것입니다. 제가 섬기던 교회의 장로님이 강도의 총에 맞아 거의 한 달 동안 코마 상태에 있다가 기적적으로 살아나셨는데 그분도 그런 경우에 속할 것입니다. 하지만 정말 죽음의 문턱까지 다녀온 경우는 그리 많지 않습니다. 저는 죽을 뻔했다는 말을 참 자주 사용하지만(그 이유는 배가 고파서 혹은 배가 불러서) 아직까지는 실제로 죽을 뻔한 경우가 한 번도 없습니다. 물론 죽음이 항상 제 주변에 있는 것은 사실입니다. 제 앞에 가던 차가 사고가 났다든지 타려고 했던 비행기를 놓쳤는데 그 비행기가 사고가 났다든지 하는 일들은 부지중에라도 있었을 것이고 저를 너무 좋아하는 스토커들의 극성이나 제 아내가 저를 죽이고 싶도록 얄밉게 생각했던 일들은 늘 당하는 일이지만 제가 실제로 죽음의 위기를 경험한 경우는 아닙니다.

그러니까 죽음의 문턱에서 극적으로 살아났을 때의 느낌이 어떤 것인지 저는 알지 못하지만 정말 사형을 선고받았다가 살아난 사람 혹은 절명의 위기를 느꼈던 사람이 생명을 대하는 마음가짐은 다를 것입니다. 생명의 위협을 느낀다고 하더라도 정말 죽을 것이라고 생각되지는 않기 때문입니다. 그런 의미에서 우리가 틀림없이 죽는다는 것은 가장 분명한 현실임에도, 살아 있는 동안에는 죽음에 관한 말들이 가장 비현실적으로 다가올 수 있습니다.

그런 의미에서 본다면 우리는 모두 죽을 수밖에 없는 죄인인데, 예수님이 우리 죄를 위해 대신 죽으심으로 우리가 생명을 얻었다는 고백은 어쩌면 가장 분명한 현실임에도 가장 실감나지 않는 비현실적인 말처럼 들릴 수도 있을 것입니다. 육체적으로 죽음을 경험하지 않은 우리가 영원한 생명에 관해 논하고 그것을 현실적으로 느끼며 사는 것은 그만큼 비현실적으로 보이는 일임이 틀림없습니다. 그런데 죽음과 생명 사이에서 문제를 가장 생생하게 경험하고, 의미를 되새겨 볼 수 있었던 사람이 있습니다. 바로 바라바입니다. 그는 육체적으로 예수님이 대신 죽으심으로 살게 된 사람이기 때문입니다. 예수님을 대신 못 박으면서 "바라바를 놓아 주소서"라고 한 사람들의 외침은 부지중에 그리스도를 십자가에 못박아 살게 된 모든 사람을 위한 외침이 되어 버렸습니다.

예수를 놓아 주고 싶은 빌라도

이번 설교에서는 이 바라바의 이야기를 해 볼까 합니다. 빌라도는 이제 유대인들의 속성을 어느 정도는 알 것 같았습니다. 그들은 이른 새벽부터 예수님을 끌고 와서 재판을 요구했습니다. 거의 광신적이라 할 수 있는 유대인들의 종교성과, 기득권을 가지고 있는 종교 지도자들의 횡포가 애매한 사람을 또 하나 희생시키고 있는 것입니다. 빌라도는 꿈자리가 뒤숭숭하다면서 예수의 죽음에 개의치 말라는 아내의 전갈을 뒤로 하고라도 예수님에게 인간적으로 마음이 끌렸습니다. 지금까지 이런 비슷한 이유로 재판한 다른 사람들과 달리 예수님은 온유하고 품위와 권위가 있었습니다. 몇 마디 이야기를 나누어 보니 소란을 일으킬 사람도 아니고 크게 잘못을 저지른 사람도 아니었습니다.

예수님은 얼마 전에 잡혀 온 바라바와는 아주 달랐습니다. 바라바노 예수님과 비슷한 이유로 붙잡혀 온 사람이었습니다. 그도 백성을 선동해서 당시 종교 지도자들을 대적한 사람입니다. 하지만 그는 과격한 사람이었습니다. 무력으로 반항하려고 했고 그 와중에서 살인까지 저질렀습니다. 성경은 그가 민란을 일으켰다고 했는데 저는 개인적으로 그가 로마 정권에 대적해서 민란을 일으킨 사람이라고 생각되지는 않습니다. 만일 그랬다면 빌라도가 그런 사람을 유대인들에게 내주었을까 의심스럽고, 만일 그가 유대인을 대표해서 로마 정권에 대적하여 반란을 일으킨 사람이라면 유대인들이 바라바를 선택한 것이 사실은 전혀 의아스러운 일이 아니기 때문입니다.

제가 짐작하기에 그는 당시 유대 종교 지도자들, 혹은 사회적으로 기득권에 있던 사람들에게 불만을 품고 소동을 일으킨 사람이었을 가능성이 훨씬 높습니다. 그러니까 당시 유대 지도자들이나 유대인들이 위험 인물로 여기고 경계했을 법한 인물이었습니다. 또한 본문에서 한글 성경은 그를 '강도'라고 번역했는데, '강도'라고 번역된 이 단어는 '반란자'라고도 번역될 수 있습니다. 누가복음과 마태복음의 기록을 볼 때 바라바는 단순 강도이거나 흉악범이라고 보기보다는 폭동 주도자, 혹은 (사회에 대한) 반란자였다고 보는 것이 옳습니다. 1993년도에 한국을 떠들썩하게 했던 연쇄 살인범인 지존파의 수장 정도 되었을까요? 그가 일으킨 민란은 빌라도보다는 당시 유대 지도자들을 불편하게 했던 민란이었다는 말입니다. 민란을 일으킨 적은 없지만 그들을 불편하게 했던 예수님처럼 말입니다. 하지만 적어도 빌라도가 보기에는 예수님과 바라바의 죄명이 같은데 인간 됨이나 죄질은 예수가 낫습니다. 적어도 빌라도가 보기에는 당시 종교 지도자들에게나 백성에게 예수보다는 바라바가 훨씬 위협적이었다는 말입니다.

그런데 마침 그날이 유월절입니다. 유월절은 유대인들이 애굽에서 종 노릇하다가 출애굽해서 자유의 몸이 된 것을 기념하고 기억해서 지키는 명절입니다. 자유의 몸이 되었을 때의 기쁨을 간접적으로나마 느끼고 그 은혜를 잊지 않기 위한 명절입니다. 그래서 상징적인 의미로 이 명절에는 죄수 중 한 사람을 석방하는 관습이 있었습니다. 한국에서도 광복절이면 죄수들을 특별 사면하는 관습이 있으니까 쉽게 이해하실 수 있을 것입니다. 빌라도는 이 관습을 기억해 내었습니다. 죄도 없어 보이는데 억지로 죄인을 만드는 것도 달갑지 않고 그렇다고 그냥 놓아 주자니 종교 지도자들의 원성이 성가시고, 그래서 난처해하던 차에 아주 기발한 착안을 하게 된 것입니다. 물론 아내의 말도 있었고요.

기회주의자 빌라도

이제 예수를 살릴 수 있게 되었습니다. 이만하면 빌라도는 괜찮은 사람 아닙니까? 예수님에게 해를 끼치지 않으려고 참 애를 많이 쓴 사람처럼 보이지 않습니까? 글쎄요. 저는 빌라도의 이런 행동이 정의롭지 않다고 생각합니다. 그의 이런 행동은 정의로워 보이지만 사실은 기회주의자의 전형적인 예일 뿐입니다. 이해되지 않는 것은 아니지만 기회주의자들의 최고 변명은 "어쩔 수 없었다"이니까요. 하지만 빌라도에게는 힘이 있었습니다. 재판관으로서 그의 양심에 죄가 없다 생각되었다면 그대로 행했어야 합니다. 행할 수 있었습니다. 마치 예수님을 살리기 위해서 애쓴 것처럼 보였지만 그는 결국 자기 꾀에 빠진 셈입니다. 만일 당시 종교 시도자들이나 백성이 바라바 대신에 예수를 살려 달라고 했다면 빌라도는 참 현명한 지도자로 인정받았을지도 모릅니다. 하지만 결과를 놓고 볼 때 바른 재판관이라면 그 방식을 취하지 말았어야 합니다. 무고한 희생을 묵인한 셈이니까요.

바른 지도자는 책임을 전가함으로 불의와 타협하지 않습니다. 힘 있는 자는 침묵과 방임이 엄청난 불의가 될 수 있음을 인지해야 합니다. 그로 인해 무고한 사람들의 희생은 결코 가볍게 여길 수 있는 것이 아니기 때문에 무죄한 사람의 생명을 놓고 흥정하지 말아야 합니다. 적어도 예수에게 죄가 없음을 알고 있는 이상(그가 고백한 대로!), 예수와 바라바 중 한 사람을 선택할 수 있는 권한을 백성에게 준 것은 예수를 살리려고 최선을 다한 것이 아니라 책임 유기이고 기회주의자의 이기적인 행동일 뿐입니다.

어쩌면 우리가 어쩔 수 없는 상황이었다고 말하는 많은 경우도 성실하게 책임을 지려고 하지 않고 그 책임을 환경이나 다른 사람에게 전가시키려 하는 데서 비롯된 것일지 모릅니다. 이기적인 목적을 위해 타협하기로 이미 마음을 정했기 때문에 어쩔 수 없는 상황이 된 것이라는 말입니다. 기회가 왔을 때 그 기회를 붙잡으려고 하는 것은 기회주의가 아닙니다. 빠져나가기 위한 기회를 만드는 것도 기회주의가 아닙니다. 그건 지혜로운 삶의 방식일 수 있습니다. 그러나 옳고 그른 것을 분별하지 않고, 수단과 방법을 가리지 않고 자기의 유익을 위해 기회를 이용하거나 기회를 만드는 것은 기회주의입니다. 기회주의자들이 언제나 불의와 타협하는 것은 아니지만 불의와 타협할 수 있는 가능성을 용납합니다.

한편에 예수를 살리고 싶은 마음이 있어서, 틀림없이 흉악무도한 바라바보다는 온유한 예수를 놓아 달라고 할 것이라는 확신으로, 바라바와 예수 중 한 사람을 선택하도록 한 빌라도는 선을 가장한 불의를 저지른 것이라고 저는 생각합니다. 나중에 비록 대야에 손을 씻으며 이제 자신은 예수의 피와 무관하다는 몸짓을 보였지만 그렇게 한다고 해서 재판관으로서의 직무 유기가 정당화되는 것은 아니겠지요.

삶의 기회를 얻은 바라바

그런데 빌라도는 깜짝 놀랐습니다. 백성이 바라바를 놓아 달라고 외치는 것입니다. 종교 지도자들의 장난이겠지요. 절대로 그럴 리가 없다고 생각했는데 군중은 바라바를 원했습니다. 종교 지도자들은 민란을 일으키고 살인까지 저질렀던 바라바보다 그 어떤 폭력도 용납하지 않으시고 온유와 사랑으로 말없이 고난을 견디시는 예수님에게서 더 큰 위협을 느꼈습니다. 하긴 지난 3년 동안 예수님을 지켜보았고 그의 가르침을 들었으니 자신의 기득권을 지키는 데는 예수님이 훨씬 위험하다고 사태를 정확하게 판단한 것이지요. 바라바 정도야 소동을 일으켜도 다시 집어넣으면 되는 단순한 사람이니까, 사실 대제사장과 지도자들에게는 상대가 되지 않습니다. 백성의 반응에 당황한 빌라도는 다시 한 번 백성에게 물었습니다. "도대체 이 사람이 무슨 짓을 하였느냐?" 결국 빌라도는 자기 꾀에 자기가 빠진 셈이 되었습니다.

빌라도는 마치 백성의 선택과 반응을 도저히 이해하기 어렵다는 듯이, 어리석은 백성의 어리석은 선택을 책망이라도 하듯이 고개를 설레설레 흔들면서 바라바는 놓아 주고 예수는 원하는 대로 처리하라고 판결을 내렸습니다. 어쩌면 이 세상에는 당시 종교 지도자들처럼 예수를 죽이겠다고 달려드는 사람은 그렇게 많지 않아도 현재 누리고 있는 것들을 유지하기 위해서는 어쩔 수 없다는 듯이 예수를 십자가에 못 박는 빌라도 같은 사람이 많을 것입니다. 저도 주님을 믿고 난 후에는 종교 지도자들처럼 예수를 미워하거나 거부한 적이 단 한 번도 없지만 빌라도처럼 행동할 가능성은 항상 제 마음 깊은 곳에 도사리고 있음을 인정하지 않을 수 없습니다.

백성의 선택에 빌라도도 충격을 받았지만 가장 충격을 받은 사람은 바라바였습니다. 그는 자신이 사면된다는 것을 꿈에도 생각해 본 적이 없었습니다. 일반 사람들이 자기를 얼마나 미워하고 두려워하는지 잘 알고 있었기 때문입니다. 마가복음에는 대제사장과 서기관들이 바라바를 놓아 달라고 먼저 간청한 것으로 기록되어 있지만, 다른 복음서와의 관계나 당시 정황을 생각해 볼 때 바라바라는 이름을 먼저 거론한 것은 빌라도였을 가능성이 높습니다. 빌라도는 백성이 아주 끔찍하게 싫어하는 사람이 바라바라는 것을 알았기 때문에 예수를 살릴 수 있는 가장 적절한 인물로 바라바를 지목한 것입니다. 그러니까 바라바는 종교 지도자들의 미움을 받고 있는 한 절대로 살아날 길이 없던 것이지요.

바라바는 이미 체념한 상태였을 것입니다. 그런데 사면 대상으로 자기 이름이 거론된다는 소식이 들렸습니다. 웃음이 나왔습니다. 아니, 화가 났습니다. '또 어떤 인간을 내보내려고 내 이름을 들먹거리나?' 아마도 빌라도가 꽤 살리고 싶은 사람일 거라고 생각했을 겁니다. 그런데 자기 귀를 의심할 만한 소식을 들었습니다. 유대인들이 자기의 석방을 원한다는 것입니다. 아마 그때쯤 바라바는 예수가 어떤 사람인지 궁금했을 것입니다.

저는 바라바가 예수님을 한 번도 본 적이 없었을 것이라고 짐작합니다. 예수님도 바라바를 한 번도 본 적이 없었을 것입니다. 그러나 간접적이기는 하지만 바라바는 예수님 때문에 상상도 하지 못했던 감격스러운 일을 경험했습니다. 틀림없이 죽으리라고 사형을 선고받고 집행일만 기다리고 있었는데 자유의 몸이 되었으니 죽었다가 살아난 셈입니다. 육체적으로는 사람들 중에 유일하게 그가 맞을 채찍을 대신 맞으시고 그가 당할 수모를 대신 당하신 셈입니다. 바라바는 살인을 했으니까, 힘과 권세를 얻기 위해 소란을 피웠으니까 고난을 당해도 할 말이 없습니다. 하지만 예수님은 누가 보아도, 빌라도가 보기에도, 함께 십자가에 달렸던 또 다른 강도가 보기에도, 백부장이 보기에도 죄가 없는 분이었습니다. 육체적으로는 예수님이 바라바가 가야 할 길을 대신 가신 셈이 되었습니다. 백성이 예수를 죽이기 위해 "바라바를 놓아 주소서"라고 외치고 난 후, 예수님의 죽음에 시선이 모아졌지만, 그 장면의 구석 그늘에 다시 삶의 기회를 얻은 바라바가 있었습니다. 예수님은 바라바 대신 죽으심으로 바라바를 자유케 하신 셈이 되었습니다. 그래서 바라바가 주님을 영접하고 주님의 제자가 되었는지 그것까지는 잘 모르겠습니다. 그 이후 바라바가 어떤 반응을 보였는지 성경에 아무런 기록이 없다는 것이 참 아쉽습니다.

자유하십니까?

저는 사실 바라바의 생애나 그가 받은 충격을 말하려는 것이 아닙니다. 바라바가 살아난 것이 우리의 구원을 예표한다고 말한다면 지나치게 우화적인 해석이 될 수도 있음을 인정합니다. 하지만 한 가지 분명한 것은 도날드 반하우스 목사님의 말씀을 인용해서 제임스 보이스 목사님이 말한 것처럼 육체적으로는 예수님의 죽음이 바라바의 자리를 차지했지만 영적으로는 예수님의 죽음이 저와 여러분의 자리를 차지했다는 사실입니다.

바라바가 구원받았다는 근거는 전혀 없지만 상식적으로 바라바가 사면되면서 느꼈을 희열과 자유함, 마치 다시 태어난 듯한 감동을 상상해 본다면 그리스도의 대속을 통해 우리가 느껴야 할 희열과 자유함을 적어도 논리적으로는 설명할 수 있습니다. 전혀 다른 동기에서 사람들이 바라바를 놓아 달라고 목이 터져라 외칠 때 주님은 그에게 죽음을 통해 육체적인 자유를 주셨습니다. 이제 주님은 우리가 전혀 다른 동기에서 다른 생각을 하며 살아갈 때에도 우리에게 진정한 자유를 주시기 원합니다. 우리를 죄와 죽음에서 자유케 하시고 영원히 살게 하기를 원하십니다. 저와 여러분 모두가 하나님과 상관없이 체념한 듯이 짧은 인생을 살아갈 때 주님은 우리를 위해 죽으심으로 우리를 놓아 주셨습니다.

17세기 네덜란드의 화가였던 렘브란트의 그림 중 〈세 개의 십자가〉라는 동판화가 있습니다. 그 그림을 보면 우선 눈에 들어오는 것이 중앙에 예수님이 달리신 십자가입니다. 그리고 십자가 아래에 모여 있는 많은 사람의 표정입니다. 형을 집행하고 있는 군인의 모습, 기도하는 모습 등 여러 표정이 있습니다. 그런데 그 그림을 조금 더 자세히 주목해 보면 (저는 한참을 들여다보아도 제대로 찾지 못했습니다마는) 그림 한 귀퉁이 배경에 희미한 사람의 형체가 있답니다. 미술 비평가들은 그 형체가 죄로 예수님을 십자가에 못 박은 렘브란트 자신의 모습이라고 말합니다. 바라바가 있어야 할 곳에 예수님이 계셨던 것처럼 우리가 있어야 할 자리에 주님이 계셨습니다.

여러분은 이 자유함을 어떻게 경험하며 살고 계십니까? 예수님이 대신 처형당하고 자유의 몸이 되어서 바라바가 느꼈을 감동과 충격 그 이상의 감동과 충격이 우리에게 있음이 분명합니다. 물론 저는 그 자유함을 생생하게 느끼고 경험할 수 있다고 생각하지 않습니다. 죽음을 경험하기 전까지 죽음은 가장 비현실적인 사실일 테니까요. 하지만 그 사실을 인정하여 우리 삶에 적용하려는 진지한 의지적 행동도 못지않게 중요합니다. 우리는 주님 앞에 서는 날 생생하게 느낄 수 있을 것입니다.

저는 바라바가 느꼈을 그 감정을 한번 생각해 보고 느껴 보자는 말씀을 드리기보다는 바로 그 자유가 우리에게 허락된 자유이고, 우리가 누리게 될 자유임을 인정하자고 말씀드리고 싶습니다. 영적인 눈으로 보면 렘브란트가 그린 것처럼 십자가 형장에 있어야 할 사람은 사실은 저이고, 여러분입니다. 주님이 십자가 형장에 가심으로 저와 여러분은 생명과 자유를 얻었습니다. 바라바처럼 말입니다. 저는 하나님이 그 아들의 죽음을 통한 구원을 계획하시고 이루시면서 조금 더 생생하게 그 의미를 전달하기 위해 바라바의 사건을 예비하셨다고 믿습니다.

한 가지 확실한 것은 우리가 받은 은혜와 사랑은 바라바가 받은 것보다 훨씬 크고 감동적이라는 사실입니다. 주님은 우리에게 영생을 주셨기 때문입니다. 주님은 우리에게 평화와 그 어떤 상황에서도 감사하며 살아갈 수 있는 이유를 주셨기 때문입니다. 이제 우리의 고백이 중요합니다. 여러분은 자유하십니까? 예수 그리스도께서 여러분을 위해 죽으심으로 생명을 허락하셨고, 그 생명은 세상의 어떤 것보다 소중한 것임을 인정하십니까?

요한복음 19장 1-16절

¹ 이에 빌라도가 예수를 데려다가 채찍질하더라 ² 군인들이 가시나무로 관을 엮어 그의 머리에 씌우고 자색 옷을 입히고 ³ 앞에 가서 이르되 유대인의 왕이여 평안할지어다 하며 손으로 때리더라 ⁴ 빌라도가 다시 밖에 나가 말하되 보라 이 사람을 데리고 너희에게 나오나니 이는 내가 그에게서 아무 죄도 찾지 못한 것을 너희로 알게 하려 함이로라 하더라 ⁵ 이에 예수께서 가시관을 쓰고 자색 옷을 입고 나오시니 빌라도가 그들에게 말하되 보라 이 사람이로다 하매 ⁶ 대제사장들과 아랫사람들이 예수를 보고 소리 질러 이르되 십자가에 못 박으소서 십자가에 못 박으소서 하는지라 빌라도가 이르되 너희가 친히 데려다가 십자가에 못 박으라 나는 그에게서 죄를 찾지 못하였노라 ⁷ 유대인들이 대답하되 우리에게 법이 있으니 그 법대로 하면 그가 당연히 죽을 것은 그가 자기를 하나님의 아들이라 함이니이다 ⁸ 빌라도가 이 말을 듣고 더욱 두려워하여 ⁹ 다시 관정에 들어가서 예수께 말하되 너는 어디로부터냐 하되 예수께서 대답하여 주지 아니하시는지라 ¹⁰ 빌라도가 이르되 내게 말하지 아니하느냐 내가 너를 놓을 권한도 있고 십자가에 못 박을 권한도 있는 줄 알지 못하느냐 ¹¹ 예수께서 대답하시되 위에서 주지 아니하셨더라면 나를 해할 권한이 없었으리니 그러므로 나를 네게 넘겨 준 자의 죄는 더 크다 하시니라 ¹² 이러하므로 빌라도가 예수를 놓으려고 힘썼으나 유대인들이 소리 질러 이르되 이 사람을 놓으면 가이사의 충신이 아니니이다 무릇 자기를 왕이라 하는 자는 가이사를 반역하는 것이니이다 ¹³ 빌라도가 이 말을 듣고 예수를 끌고 나가서 돌을 깐 뜰(히브리 말로 가바다)에 있는 재판석에 앉아 있더라 ¹⁴ 이날은 유월절의 준비일이요 때는 제육시라 빌라도가 유대인들에게 이르되 보라 너희 왕이로다 ¹⁵ 그들이 소리 지르되 없이 하소서 없이 하소서 그를 십자가에 못 박게 하소서 빌라도가 이르되 내가 너희 왕을 십자가에 못 박으랴 대제사장들이 대답하되 가이사 외에는 우리에게 왕이 없나이다 하니 ¹⁶ 이에 예수를 십자가에 못 박도록 그들에게 넘겨 주니라

29장

그를 십자가에 못 박으소서

특별히 잔인한 사람도 있겠지만 정상적으로 보이는 사람도 끔찍하게 잔인해질 수 있습니다. 오래전 한국 사회를 떠들썩하게 했던 유영철이라는 사람을 기억하십니까? 당시 서른네 살의 나이에 전과 14범이었던 그는 스물한 명의 노인괴 여인을 아주 잔인히게 살해했습니다. 그는 고등학교 2학년 때 자퇴하기 전까지는 화가가 되기를 꿈꾸며 운동을 좋아하던 평범한 사람이었습니다. 그가 내면적으로 구제할 수 없는 사이코패스였는지는 알 수 없지만 그냥 평범했던 사람도 그렇게 잔인해질 가능성은 있지 않을까 싶습니다. 지금도 감옥에서 여전히 안하무인격으로 행동하지만 그가 가장 무서워하는 사람이 있는데, 바로 아들이랍니다. 사람들은 무엇이든지 익숙해지면 감각이 더뎌지는데, 그것이 악이라 할지라도 악에 길들여지고 익숙해지면 잔인함에도 무감각해질 수 있습니다.

캄보디아에는 관광객들이 오면 꼭 방문하는 곳이 두 군데 있다고 합니다. 하나는 앙코르와트라는 사원입니다. 오랫동안 알려져 있지 않다가 비교적 최근에 발견된 유적지라서 관광객이 많이 몰린다고 합니다. 그리고 또 다른 한 곳은 킬링필드로 잘 알려진 민족 대학살 박물관입니다. 그 대학살이 1975년경에 일어났는데 당시 캄보디아 인구 700만 명 중에 230만 명이 죽었다고 합니다. 저는 그 수용소 박물관에도 가 보고 독일군들이 유대인들을 학살했던 부헨발트 나치 수용소에도 가 보았는데 고문하고 학살한 현장과 사진을 보면 사람이 그렇게 잔인할 수 있다는 것이 그저 놀라울 따름입니다. 최근에 발생한 러시아 우크라이나 전쟁에서 손에 과자와 인형을 들고 잃어버린 부모를 찾아 큰소리로 울면서 길거리를 헤매는, 열 살도 안 된 아이들을 보면 저런 모습을 보고도 계속 전쟁을 할까 싶기도 합니다.

저를 섬뜩하게 만드는 것은 그렇게 잔인한 전쟁을 일으키고 수많은 사람을 고통 가운데 몰아넣은 사람들도 집에서는 자기 자녀들이 다치면 안타까워하고 가족을 사랑하는 평범한 사람처럼 보인다는 것입니다. 어쩌면 제법 많은 사람이 명분과 이익 때문에 어쩔 수 없었다는 합리화로 남들을 향한 잔인함에 상당히 무뎌질 수 있고 이미 무뎌져 있을지 모릅니다. 물론 저도 예외는 아닙니다. 부지중에라도 저의 무정한 행동이 어떤 사람들에게는 아주 오랫동안 잊을 수 없는 상처를 남긴 잔인한 행동이 되었을 수도 있습니다. 사람이 언제 그렇게 잔인해질 수 있을까요? 악에 받쳤을 때? 자기 소유를 보호해야 할 때? 어쩌면 인간 안에 있는 이기적인 본능은 억제되지 않으면 언제 어떤 이유에서든 아주 자연스럽게 인간을 잔인하게 만들 수 있다고 보는 게 맞을 겁니다. 대체로 인간은 그런 잔인성을 억제할 만큼 동정심과 이성적인 판단력을 가지고 있다고 말하지만 인간의 이기적인 죄성에 힘이 실리면 훨씬 크고 잔인한 상처를 남길 수 있습니다.

인간의 잔인함

여러분은 예수님을 십자가에 못 박으라고 소리치는 백성을 이해할 수 있습니까? 빌라도는 이해하지 못했습니다. 백성이 바라바를 놓아 달라고 할 때 빌라도는 정말 당황스러웠습니다. 그런 유대 백성을 도대체 이해할 수가 없었을 것입니다. 그때까지도 빌라도는 백성의 의중을 알 수가 없었습니다. 도대체 무슨 이유로 백성이 예수를 그토록 미워하는지 예수가 도대체 무슨 짓을 했기에 백성이 그렇게 악에 받쳐서 가족을 죽인 원수라도 갚듯이 펄펄 뛰는지 알 수가 없었습니다. 대제사장을 비롯한 종교 지도자들의 의도야 물론 눈에 빤히 보였지만 말입니다.

하지만 빌라도는 아직 예수님을 처형하고 싶지 않았습니다. 그래서 바라바를 놓고 협상하려고 했는데 통하지 않자, 또 다른 한 가지 계책을 생각해 냈습니다. 그냥 매질을 해서 내보내는 정도로 끝내야겠다고 생각한 것입니다. 빌라도가 생각할 때는 예수님을 놓아 주기에 첫 번째 방법보다 가능성이 높아 보였는지도 모릅니다. 그래서 군병들에게 명령해서 예수님을 매질하도록 했습니다. 누가복음의 기록을 보면 빌라도가 세 번이나 때려서 벌을 주겠다고 했는데 오히려 백성이 십자가에 못 박으라고 외칩니다.

요한복음의 기록을 보면 빌라도가 예수님에게 매질을 하고 난 후에 다시 백성과 협상을 합니다. 여러분이 혹시 〈패션 오브 크라이스트〉(2004)라는 영화를 보셨다면 그때 예수님이 어떻게 매를 맞았는지 기억나실 겁니다. 저는 그 영화에서 주님이 매를 맞는 장면을 정말 마음 아프게 보았습니다. 험악하게 생긴 로마 병정 역을 맡은 그 배우의 이름을 알면 그 사람이 나오는 영화는 안 볼 것 같았습니다. 요제프 블린츨러라는 독일 학자는 그 당시 채찍질에 관해 이렇게 말했습니다.

> 죄수의 옷을 벗긴 후 기둥에 그를 묶거나, 바닥에 엎드려 놓았다. 여러 명의 군인이 돌아가면서 때렸는데 마지막 한 사람이 지쳐서 더 이상 때릴 수 없을 때까지 때렸다. 그러면 죄인의 몸에서는 살점이 여기저기 떨어져 나갔다. 자유 시민은 몽둥이로, 군인은 막대기로 때렸지만 노예들은 가죽으로 만든 채찍으로 때렸는데 그 채찍에는 쇠붙이나 뼈가 붙어 있어서 마치 체인과 같았다. 예수는 그 채찍으로 맞았던 것이다. 그렇게 채찍으로 맞다가 죄수가 기절을 하거나 죽는 것을 보는 일은 그리 어려운 일이 아니었다.

예수님은 온몸이 갈기갈기 찢어지도록 매를 맞았습니다. 온몸에 피가 흘러 응고된 모습은 차마 볼 수 없을 만큼 잔인했습니다. 군인들은 거기에서 멈추지 않았습니다. "이 예수는 자신이 왕이라고 했잖아요. 그렇다면 왕으로 만들어 줘야죠." 대추야자나무 줄기였을 것이라고 짐작되는데 30센티미터쯤 되는 가시가 잔뜩 돋친 줄기를 잘라 엉성하게 엮어 면류관을 만들었습니다. 그러고는 예수님의 머리에 그것을 씌웠습니다. 아니,

머리에 박았습니다. 아주 작은 가시 하나만 손가락에 박혀도 그 아픔이 얼마나 큰지 우리는 너무 잘 압니다. 그런데 온 머리를 둘러 가시가 박혔습니다. 머리가 퉁퉁 부어올랐을 겁니다. 이쯤이면 예수님의 얼굴은 이미 피범벅이 되었을 겁니다. 로마 군인들은 정말 잔인하지요. 온몸이 피투성이가 되고 얼굴마저 그렇게 되었으면 그만할 만도 한데 군인들은 돌아가면서 "유대인의 왕이여, 평안할지어다" 하며 인사를 하고는 예수님의 뺨을 때렸습니다. 어떻게 그럴 수 있지요? 예수님을 그렇게 미워했나요? 유난히 잔인한 사람들이었을까요? 아니면 그런 일을 하도 많이 해서 별로 느낌이 없었던 것일까요? 이쯤 되었으면 거의 동물적으로 변한 인간이 얼마나 잔인할 수 있는가를 과시라도 하듯이 했을 테니까 아마 처음 주님의 뺨을 때린 사람보다는 마지막에 주님의 뺨을 때린 사람이 훨씬 세게 때렸을 겁니다. 여기서도 인간의 잔인함의 극치와 익숙함으로 인한 무감각을 보게 됩니다.

예수를 십자가에 못 박으라고 소리친 이유

온몸은 피투성이고 얼굴은 퉁퉁 부어오르고 누가 부축해 주지 않으면 한 발자국도 움직일 수 없이 지친 모습으로 예수님은 다시 빌라도에게 끌려왔습니다. 아마 빌라도도 차마 눈을 뜨고 그 모습을 볼 수 없었을 것입니다. 바로 얼마 전까지만 해도 당당하게 자기 앞에서 "당신도 진리가 알고 싶으시오? 내가 바로 왕이요"라고 말하던 사람이었는데 지금 이 모습은 사람의 모습이 아닙니다. 아주 끔찍했지만 빌라도가 보기에는 만족스러운 모습이었습니다. 충분히 끔찍합니다. 그는 흉측한 몰골이 된 주님을 데리고 나가 다시 대제사장과 백성을 모았습니다. 그러고는 말합니다. "자, 이 사람이 여기 있다!" 무슨 의미였을까요? "이만하면 됐지?" 하는 의미였을 것입니다. 형체도 알아볼 수 없게 된 예수님을 앞에 세워 놓고 이렇게 말했습니다. "자 봐라. 내가 거반 죽게 만들었다. 나는 아무 죄도 찾을 수 없었지만 너희가 하도 성화를 해서 내가 너희의 원대로 해주었다. 이제 흡족하냐?" 뭐 이런 의미였을 것입니다.

주님이 평소에 어떤 모습이었는지 잘 모르지만 외형적으로도 정말 인자하고 온유한 모습이라서 그를 보는 사람마다 저절로 마음이 따뜻해졌다면 지금 주님의 모습은 차마 쳐다볼 수도 없을 만큼 처참했습니다. 그런데 그 말을 듣자, 백성이 소리를 지르기 시작했습니다. "그를 십자가에 못 박으소서!" 어떻게 그럴 수 있습니까? 다 미친 사람들 아닙니까? 대제사장과 종교 지도자들은 평소에 예수님 때문에 자존심도 많이 상했고, 또 예수님을 자신들의 위상을 흔드는 위험한 인물로 보았으니까, 아무튼 제거해야 한다는 목표가 있었으니까 그랬을 거라고 생각할 수 있습니다. 하지만 백성은 뭡니까? 도대체 예수님이 뭘 어떻게 했기에 예수님을 십자가에 못 박으라고 그렇게 소리를 지른단 말입니까?

이렇게 소리 지른 사람들은 누구였을까요? 그들이 바로 우리였다는 것은 충분히 짐작할 수 있는 답이지만, 저는 그들의 입장에서 주님의 죽으심을 생각해 봄으로 어떤 의미에서 그들이 우리인지 여러분과 함께 나누고 싶습니다.

예수님을 십자가에 못 박으라고 외친 사람들은 예수님이 일주일 전 예루살렘에 입성하실 때 호산나를 외쳤던 사람들이 아니라고 말하는 이들도 있습니다. 요한복음의 기록을 보아서는 예수님을 심문할 때 대제사장

집에 있었던 사람들인 것 같습니다. 하지만 마가복음의 기록을 보면 아마도 빌라도의 법정을 찾았던 많은 무리를 가리키는 것 같기도 합니다. 아무튼 그들 중에 주님에 관해 듣거나 알았던 사람들이 있었다고 가정하겠습니다. 만일 그들 중 많은 사람이 일주일 전에 예수님이 나귀를 타고 예루살렘에 들어오실 때 호산나를 외치며 주님을 맞이했던 사람들이라면, 만일 그들이 주님이 산에서 가르치실 때 고개를 끄덕이며 감동을 받았던 사람들이라면, 만일 그들이 예수님이 병자를 고치실 때 자기 딸, 아들, 어머니, 이웃 노인을 데리고 예수님 앞에 나와 기도를 받고 흥분과 감격으로 눈물을 흘렸던 사람들이라면 어떻게 그들이 예수를 못 박으라고 소리 지를 수 있단 말입니까?

얼마 전에는 그래도 이해했습니다. 무지한 백성이니까, 이기적인 사람들이니까, 무정한 사람들이고 남의 생명에 무관심한 사람들이니까 참 야박한 세상이구나, 정말 사람은 믿을 게 못 되는구나 생각했습니다. 당시 종교 지도자들의 협박이 얼마나 겁이 났으면 갑자기 마음을 바꾸었을까 싶었습니다. 어쩔 수 없어서 소리를 지르기는 하지만 마음은 그렇지 않았을 것이다 싶었습니다. 하지만 여러분, 지금 주님의 모습을 보십시오. 사람의 모습이 아닙니다. 예수님이 그 백성에게 무슨 잘못을 했는데요? 그들이 예수님을 죽여서 뭘 얻는데요? 거반 죽도록 채찍질해서 사람들 앞에 세워 놓고 이제 그만하자 하면 눈물은 흘리지 않더라도 악을 쓰며 소리를 지를 수는 없는 것 아닙니까? 그들이 예수를 죽인 것입니다. 어쩌면 이렇게 잔인할 수 있습니까?

이들을 이렇게 잔인하게 만든 것이 무엇인지 아십니까? 종교 지도자들에게는 종교적 신념이었습니다. 7절을 보시기 바랍니다.

우리에게 법이 있으니 그 법대로 하면 그가 당연히 죽을 것은 그가 자기를 하나님의 아들이라 함이니이다.

자신을 하나님의 아들이라고 불렀기 때문에 살려 두면 안 된다는 것입니다. 진리에 대한 독선적인 확신이 종교 지도자들을 그토록 잔인하게 만들었습니다. 하지만 제가 이해하기에 이런 독선적인 종교적 신념은 외형적인 이유이고 결국은 이기심과 자기중심성 때문입니다. 그들이 예수님의 말씀과 행하심에 감동되고 설득된다 해도 주님의 말씀을 받아들일 수 없었던 이유는 요한복음에서 자주 언급하는 대로 기득권과 자존심을 지키려는 자기중심성 때문이었습니다. 저는 이 부분에 있어서는 종교 지도자들과 백성이 같았다고 생각합니다. 물론 외형적인 이유는 종교 지도자들의 협박과 회유이고 생계의 위협 때문이었지만 그들도 결국 자기를 부인할 수 없었던 것입니다. 자기의 이익, 영역, 위치, 소유, 안녕, 가족을 포기할 수 없어서 예수를 십자가에 못 박으라고 소리 지른 것입니다. 이해할 수 있지만 이해는 결국 죄성의 인정에 근거한 것일 뿐입니다. 저는 당시 종교 지도자들에게 혐오감을 느끼지만 그들보다 혐오스러운 것은 무지와 연약을 가장한 백성의 자기중심적 잔인함입니다.

여기에 또 한 사람의 자기중심성이 드러납니다. 그때쯤이면 빌라도도 백성이 싫었을 것 같습니다. 예수님에게 가서 말했습니다. "내가 너를 놓아 줄 수도 있고 십자가에 못 박을 수도 있다. 어떻게 해줄까?" 그때 주님은 대답하십니다. "이 일은 위로부터 온 일이다. 저 백성이 저토록 잔인할 수 있는 것도, 이유도 유익도 없는데 나를 죽이려 하는 것도 결국은 내가 와야 했던 이유다." 주님이 하신 말씀의 의미를 빌라도가 이해할 수 있었을까요? 아니, 이해하려고 애를 쓰기나 했을까요? 그는 백성이 이해되지 않고, 종교 지도자들의 뻔한 술수에 신물이 났지만, 그럼에도 예수님을 놓아 줄 수 없었습니다. 결국 권력을 가지고 있던 빌라도도 자기중심적 잔인함을 드러냅니다. 종교 지도자도, 백성도, 빌라도도 이 세상에서 자기 자리를 지키려면 어쩔 수 없었겠지요.

자기를 부인하든, 주님을 부인하든

그렇게 십자가 처형을 당하시고 두 달이 채 안 되어서 오순절 성령 강림 사건이 일어났습니다. 그때 모인 사람들을 향해서 베드로가 유명한 설교를 했는데 그 설교 중에 "너희가 십자가에 못 박은 이 예수를 하나님이 주와 그리스도가 되게 하셨느니라"(행 2:36)라고 했습니다. 그 말에 모였던 무리가 마음에 찔려 "형제들아 우리가 어찌할꼬?"(행 2:27)라고 베드로에게 물었습니다. 물론 "너희가 죽였다"는 말에 성령의 감동으로 자신들의 죄를 깨달았을 겁니다. 하지만 그 자리에 모인 사람들, 특히 사도행전 2장 14절에서 베드로가 예루살렘에 사는 자들이라고 한 그 사람들 중에는 그날, 주님이 피투성이가 되고 머리끝부터 발끝까지 퉁퉁 부어서 있는 모습을 보면서 "저 자를 십자가에 못 박으소서"라고 외쳤던 사람들이 있었을 것입니다.

주님이 죽기 일주일 전에 호산나를 외쳤던 사람들이고, 일주일 후에 "저 자를 십자가에 못 박으소서"라고 외쳤던 사람들입니다. 그런데 주님은 그들을 위해 죽으신 것입니다. 적어도 그 잔인함이 결국은 회개에 이르도록 하는 수단이 되었을 수도 있다고 생각합니다. 그 자리에 있던 사람들에게는 "너희가 예수를 못 박았다"라는 말이 훨씬 생생하게 다가왔을 테니까요. 그리고 그들은 회개했고 주님은 그렇게 잔인했음에도 불구하고 그들을 용서하시고 자녀 삼으셨습니다. 주님이 머리에 가시 면류관을 쓰시고 채찍에 맞으신 것은 당신의 백성을 구원하기 위한 하나님의 사랑이었습니다.

그 사랑이 우리에게 임했습니다. 주님이 잃어버린 자들, 죄인들을 위해 이 땅에 오셨다는 것은 결국 자신이 인생의 주인이 되어서 스스로 행복과 만족을 찾아가려고 기득권과 자아를 지키기 위해 최선을 다하는 모든 사람을 위해 오셨다는 말이 아니겠습니까? 잔인함에 정도의 차이가 있기는 하겠지만 종교 지도자나, 백성이나, 빌라도나 모두 결국 자기만 생각해서 예수님을 십자가에 못 박았습니다. 우리도 그 백성보다 나을 것이 없음을 인정해야 합니다. 주님은 자기중심성과 이기심으로 인해 잃어버린 바 되어 복음이 절대적으로 필요한 모든 사람을 위해 오셨고, 십자가의 길을 가셨고, 죽으신 것입니다. 우리가 그 자리에 있어서 "저 자를 십자가에 못 박으라"고 외치지는 않았지만, 성령의 도우심으로 우리와 그들이 다르지 않음을 안다면 주님을 부인함이 결국 주님을 십자가에 못 박으라는 말과 다르지 않음을 알아야 합니다.

결국 모든 사람은 자기를 부인하든지, 주님을 부인하든지 둘 중 하나에 속하는 것입니다. 우리는 예수 그리스도의 고난이 바로 우리 죄를 위한 것이었음을 알고 우리 대신 받으신 것임을 압니다. 그래서 너무 감사하고 감격스럽습니다. 얼마든지 잔인할 수 있는 자기중심성을 알기에 그 끔찍한 몰골로 십자가의 길을 가시면서도 보여 주신 그 사랑이 너무 감사합니다.

오래전에 어떤 교인이 한 목사님에게 편지를 보냈답니다. 그런데 그 겉봉에 "no thorn"(이 안에 가시가 없습니다)라고 써서 보냈습니다. 그 내용 중에 슬픈 내용이나 가슴을 아프게 하는 내용이 없으니까 안심하고 편지를 뜯어 보라는 섬세함이 담긴 표현이었습니다. 사실 교인이 보내는 편지를 볼 때는 항상 겁이 나거든요. 무슨 안 좋은 소식이나 비난의 글이라도 있을까 봐 말입니다. 여러분도 저에게 편지 보내실 때는 겉봉에 "no thorn"이라고 써서 보내시기 바랍니다(이메일 제목을 그렇게 해도 좋겠네요).

가시관을 쓰고 십자가를 지신 주님이 그 죄로 당신을 십자가에 못 박은 우리를 향해 보내신 복음의 메시지 겉봉에도 "no more thorns"라고 쓰여 있습니다. "저 자를 십자가에 못 박으소서"라고 외치던 잔인한 그들이 두 달 후에 이제 "우리가 어찌할꼬" 하며 안타까워할 때, 주님이 그들에게 들려주신 음성은 "no thorn"였습니다. 주님은 그렇게 우리를 사랑하셨습니다. "나를 믿어야 산다"라는 말씀은 독선적인 메시지가 아니라 자기를 부인하지 못하고 절망 중에 있는 우리를 향한 사랑의 음성이었습니다. 이제 이 주님의 사랑의 초청에 반응하지 않으시겠습니까? 채찍에 맞아 온몸이 피투성이가 된 채, 자기중심적 잔인함으로 "십자가에 못 박으라" 외치던 백성을 향해 "no thorn"를 말씀하시는 주님의 사랑 앞에 여러분의 삶을 맡기지 않으시겠습니까?

요한복음 19장 17-18절

17 그들이 예수를 맡으매 예수께서 자기의 십자가를 지시고 해골(히브리 말로 골고다)이라 하는 곳에 나가시니 18 그들이 거기서 예수를 십자가에 못 박을새 다른 두 사람도 그와 함께 좌우편에 못 박으니 예수는 가운데 있더라

30장

십자가에 달린 두 사람

오래전에 제가 어느 집회나 모임에 갔다 오면 저희 어머니나 아버지가 전화를 하셨습니다. "이번 집회는 어땠니? 사람이 많이 모였니? 그들이 은혜는 받는 것 같았니? 교인들의 반응은 어땠니? 교회는 건강하더냐? 식사는 어떻게 했니?(저희 부모님은 다른 부모님들과 다르십니다. 저희 부모님은 "식사를 잘 챙겨 먹어야지"라고 말씀하지 않고 "적당히 좀 먹지"라고 하십니다.) 잠은 어디서 잤니?" 궁금한 게 많아서 하시는 이런 질문들은 애정과 관심의 표현입니다. 자식이 다녀 온 곳이 어떤 곳인지, 거기서 어떤 일들이 있었는지 그림을 그려 보고 싶으신 겁니다. 그렇게 자꾸 물으시는 부모님이 귀찮아지면 자식들은 "거기 가실 것도 아니면서 뭘 그렇게 꼬치꼬치 물으세요?"라고 짜증을 부리지요. 그렇게 진심으로 관심 갖는 사람이 있을 때가 행복한 것임을 그 당시에는 잘 몰라서 대충 대답하기도 합니다. 하지만 어느 때는 저에게 관심을 가지고 있는 분들에게 제가 어떻게 지냈는지를 말하기보다는 그 여행에서 제가 경험한 것 중에 정말 나누고 싶은 이야기를 하기도 합니다. 이때는 제가 대체로 말이 더 많아지고 의욕적이 됩니다.

캄보디아를 다녀온 후 부모님은 전과 마찬가지로 숙소에 관해, 식사에 관해, 여행이 불편하지는 않았는지, 힘들거나 아프지는 않았는지를 물어보셨지만 제가 가장 먼저 꺼낸 이야기는 그들이 얼마나 가난하고 힘들게 사는가에 관한 것이었습니다. 그 이야기는 어쩌면 저희 부모님이 가장 먼저 듣고 싶으신 이야기는 아닐지 모르지만, 저는 가장 먼저 하고 싶은 이야기였습니다. 때로는 말하는 사람과 듣는 사람의 관심이 달라서 듣는 사람은 자기가 듣고 싶은 말보다 말하는 사람이 하고 싶은 말을 먼저 듣게 되기도 합니다.

우리가 살고 있는 포스트모던 시대에는 듣는 사람이 듣고 싶은 대로 듣는 것에 의미를 두려고 하지만, 말하는 사람의 인격과 삶, 지식에 관심이 있다면 그가 무슨 말을 하려고 하는지를 제대로 알아듣는 것에 의미를 부여할 것입니다. 마찬가지로 책을 읽으면서도 현대인들은 저자가 하려고 한 말이 무엇일까보다는 그 책이 실존적으로 나에게 어떤 의미를 부여하는가에 관심을 가지려고 합니다. 이는 성경을 읽을 때에도 볼 수 있는 현상입니다. 저는 개인적으로 큐티(Q.T.)에 대해서 거부감이 없고 대단히 유익할 수 있다고 생각하지만 자칫 성경을 저자의 의도대로 읽기보다는 독자의 필요와 취향대로 읽는 것은 아닐까 우려되기도 합니다. 2,000년 전에 기록된 책의 저자들의 의도를 안다는 것이 쉬운 일은 아니지만, 그래서 저자의 의도에 관심을 가지지 않는 것은 마땅하지 않다고 생각되기 때문입니다.

하고 싶은 이야기

저는 예수님의 십자가 죽음을 대하면서 사람들이 무엇을 듣고 싶어 할까를 생각해 보았습니다. 사람들은 예수님이 십자가에 못 박히신 사건을 대하면서 단순한 호기심에서가 아니라 애정과 관심에서 예수님이 십자가에서 얼마나 힘드셨을지를 알고 싶어 할 겁니다. 사랑하기 때문에, 그리고 정신적으로나, 육체적으로나 주님에게는 가장 힘든 시간이었을 것이라고 짐작되기 때문입니다. "못을 박을 때는 손바닥에 박았나요, 아니면 손목에 박았나요? 그때, 주님이 피를 많이 흘리지는 않았나요? 발에도 못을 박았나요? 너무 아팠을 텐데 그때 주님은 소리를 지르지는 않으셨나요? 우리는 사실 상상만 해도 소름이 끼치고 끔찍한데 주님은 그 고통을 어떻게 견디셨을까요? 마태가 기록한 대로 진통제 역할을 했을 쓸개 탄 포도주라도 드셨더라면 조금 나았을 텐데 왜 그것마저 거부하셨을까요? 그 순간에 사람들은 어떤 반응을 보였나요?" 궁금한 게 너무 많은데 예수님의 십자가 사건을 기록하고 있는 마태, 마가, 누가, 요한 모두 아쉽게도 그때의 상황을 간단하게 묘사하고 있습니다.

요한복음에도 "거기서 예수를 십자가에 못 박았다"라고만 기록되어 있습니다. 그게 전부입니다. 어디에 못을 어떻게 박았는지, 주님은 그때 어떻게 반응하셨는지 아무것도 기록되어 있지 않습니다. 너무 아쉽지 않습니까? 그래도 주님이 3년 공생애 기간 중 가장 고통스러운 시간이었고,

망치로 내리치는 순간이 가장 극적이었을 것 같은데 사복음서 모두 "십자가에 못 박았더라"라는 말만 합니다. 이는 그들이 하고 싶은 말이 따로 있었기 때문일 것입니다. 그들이 하고 싶었던 이야기는 단순히 주님이 얼마나 아프셨을까가 아니었습니다. 다시 말하면 후세 사람들이 성경을 읽으면서 그 장면을 읽을 때마다 아픔과 통증을 회상하면서 주님을 불쌍히 여기도록 하는 것이 아니었다는 말입니다.

그들이 가장 하고 싶었던 이야기는, 그리고 후세 사람들이 꼭 기억해 주었으면 했던 이야기는 '주님이 어떻게 십자가에 달리셨고 얼마나 힘들어하셨는가'가 아니라 '누구 때문에 누구를 위하여 왜 죽으셨는가' 하는 것이었습니다. 그렇기 때문에 십자가에서 벌어진 많은 일을 생략하면서도 사복음서가 공통적으로 다루는 것 중에 하나가 주님과 함께 십자가에 달린 강도들에 관한 이야기라는 것이 흥미롭습니다.

두 강도

마태복음이나 마가복음에서는 이들을 강도라고 했는데 단순 강도라고 보기는 어렵습니다. 십자가 처형은 아주 잔인한 최고 형벌입니다. 도적질했다고 십자가 처형을 했다면 예루살렘은 아마 범죄 없는 깨끗한 도시가 되었거나 가정마다 슬픔의 한이 있었을 것입니다. 바라바에 관해 말씀드리면서 설명했지만 강도라고 번역된 단어는 선동자나 난동자라고 번역될 수도 있습니다. 어떤 학자들이 주장하는 대로 이 두 사람은 바라바와 함께 십자가 처형을 받도록 이미 선고받은 난동자였는지도 모릅니다. 지금 주님이 계신 자리는 그 두 명과 함께 바라바가 있었어야 할 자리였으니까요. 주님이 바라바 대신 가운데 달리시고 그 오른쪽과 왼쪽에 두 명의 죄인이 달렸습니다. 이 두 사람은 바라바가 풀려나기 전부터 주님에 관해 들었을 것입니다. 그들 중 가장 악랄하거나 가장 영향력이 있던 사람으로 짐작되는 바라바는 정말 운이 좋은 사람입니다. 그는 그야말로 세 사람 중에 가장 악질이라는 이유로 풀려난 것이나 다름없습니다.

그래서 저는 그들의 관점에서 주님의 십자가를 보고 싶습니다. 이 두 사람은 너무 지쳐 있었고 두려웠습니다. 딱히 그들의 잘못이라고만 할 수도 없는 사회의 부조리와 불공평함 때문에 고난을 당하는 것 같아서 억울했을지도 모릅니다. 예수님과 마찬가지로 십자가를 지고 오기 전에 견디기 힘든 매질을 당한 후라 온몸은 피투성이가 되고 정신도 혼미했습니다. 그리고 힘들게 십자가를 지고 골고다 언덕까지 올라왔습니다. 군인들이 그들의 손과 발을 십자가에 묶고 대못과 망치를 들고 그들 앞에 섰을 때는 이미 체념한 상태였음에도 두려워 견딜 수가 없었습니다. 쓸개 탄 포도주가 조금은 도움이 되었지만 거의 마비된 줄 알았던 신경은 못이 살을 뚫고 들어오는 순간 되살아나 그 고통은 말로 다할 수 없었습니다. 소리를 질렀습니다. 군인들의 육중한 무게에 눌려 꼼짝하지 못하면서도 발버둥을 쳤습니다. 몸의 모든 미디기 끊어지는 것처럼 아팠습니다. 그리고 마침내 십자가가 세워졌습니다.

가운데에 예수의 십자가도 세워졌습니다. 이 예수의 십자가 앞에서 사람들의 반응은 확실하게 둘로 나뉘었습니다. 너무 안타까워하며 우는 사람들이 있는가 하면 비웃는 사람들이 있었습니다. 대체로 사람들은 십자가 처형을 당하는 사람 앞에서 잔인함에 분노하면서도 철저하게 구경꾼이 됩니다. 너무 참혹하기 때문이기도 하고 너무 불쌍하기 때문이기도

하지만, 이에 못지않게 무력함과 두려움을 느끼기 때문이기도 합니다. 그런데 의외로 예수 앞에서 어떤 사람들은 큰소리로 놀려 댔습니다. 이는 십자가에서 죽어 가는 사람을 보면서 보일 수 없는 결코 흔치 않은 반응입니다. "네가 정말 하나님의 아들이면 한번 내려와 봐라. 지금 내려올 수 있으면 내가 너를 믿어 주마. 세상 사람을 구원한다던 자가 어찌 자기도 구원하지 못하는고?" 죽어 가는 사람이나 그 가족들에게도 이건 예의가 아닙니다.

예수 곁에 함께 매달려 있던 두 사람으로서는 고통 중에도 사람들의 반응이 너무 의아했을 것입니다. 적어도 사람들이 자기들(두 강도)에게는 그런 반응을 보이지 않았으니까요. 그런데 이들은 이 예수를 정말 이해할 수 없었습니다. 여러분은 예수님이 십자가에 달리셔서 가장 처음 한 말이 무엇인지 아십니까? 아마도 누가복음 23장 34절 말씀이었을 것입니다.

아버지 저들을 사하여 주옵소서 자기들이 하는 것을 알지 못함이니이다.

그 와중에 자기를 십자가에 못 박은 사람들을 용서하는 것이었습니다. 설령 예수가 죽을 수밖에 없는 참혹한 죄를 지었다 해도 한 사람의 죽음 앞에서 조롱을 서슴지 않는 그 못된 사람들을 저주해도 시원치 않았을 텐데 그들의 용서를 구하는 중보 기도를 하신 것이었습니다. 다른 사람들도 그랬겠지만 특히 두 강도에게는 죽음의 문턱에서 경험한 충격적인 사건이었습니다. 죽어 가면서도 인생의 결단을 내려야 할 운명적인 순간이라고 여길 만큼 충격적인 사건이었습니다. 그들이 거기서 들었던 말은 예수가 하나님의 아들이라는 것이었습니다. 그 말 앞에서 이 두 사람이 보인 반응은 아주 달랐습니다. 한 사람은 "당신이 하나님의 아들이십니까? 그렇다면 나를 용서하시고 나를 구원하소서"라고 했고 다른 한 사람은 "당신이 하나님의 아들이십니까? 그렇다면 왜 이런 일이 일어나도록 두는 겁니까?"라고 했습니다. 그러니까 이 두 사람의 반응을 가능하게 만들었던 결정적인 질문은 "당신이 하나님의 아들이십니까?"라는 질문이었습니다. 지금도 모든 인류의 운명을 결정하는 가장 중요한 질문이 "당신이 하나님의 아들이십니까?"라는 질문이듯이 말입니다.

인격적인 만남

이 두 사람은 왜 이렇게 달랐을까요? 한 사람은 정말 못된 사람이고 한 사람은 그래도 양심적인 사람이기 때문일까요? 이 반응은 도덕적 기질의 문제가 아닙니다. 주님을 저주했던 강도가 했던 말처럼 이 반응은 이해관계를 따져서 내린 것도 아닙니다. 이 두 사람이 보인 반응은 고난의 극치에서, 죽음의 두려움에서, 절망 중에 보인 반응이라는 사실을 주목해 보고 싶습니다. 제가 생각해 볼 수 있는 차이는 예수님이 하나님의 아들이라는 증언 앞에서 한 사람은 고난 자체를 보았고, 다른 한 사람은 고난 중에서 예수님을 보았다는 것입니다.

한 사람은 자신의 절망적 상태를 보고 원망했고, 다른 한 사람은 절망적 상태에서 고난의 해결을 보고 도움을 청했습니다. 누가복음에 나와 있는 십자가에 달린 한 사람이 한 말을 보시기 바랍니다.

네가 그리스도가 아니냐 너와 우리를 구원하라(눅 23:39).

여러분은 이 사람이 예수님을 그리스도로 믿었다고 생각하십니까? 그는 인격적으로 그리스도와 관계가 없었습니다. 아니, 그는 그리스도에게는 사실 아무런 관심도 없었습니다. 그가 하고 싶은 말은 "당신이 그리스도라고 하면서 왜 내가 이렇게 고난당하는 것을 보고만 있느냐"는 것입니다. 당신이 그렇게 고난당하는 것을 보고만 있으니 당신은 하나님의 아들이 아니라는 것입니다.

이 사람이 보인 반응은 우리가 주변에서 자주 보는 반응이기도 합니다. "하나님이 존재하시는데 왜 나에게 이런 일이 일어납니까? 하나님이 살아 계신데 왜 내가 그런 어려움을 당해야 합니까?" 이 말은 믿는 사람도 하고 믿지 않는 사람도 합니다. 정말로 하나님을 인격적으로 믿기 때문에 이해할 수 없어서 고민하는 모습이 아닙니다. 그렇다고 하나님과의 인격적인 관계를 원하는 것도 아닙니다. 절망적이지만 바로 그 절망 때문에 하나님을 믿을 수 없다는 말입니다. 내가 하나님을 믿을 수 없는 이유가 바로 내가 당하는 고통 때문이라는 말입니다.

고난과 절망 때문에 하나님을 믿을 수 있는 사람이 있고, 오히려 하나님을 믿을 수 없는 사람이 있습니다. 저는 목회를 하면서 어려운 형편에 있는 교인들을 방문하고 위로하는 일이 제 일이라고 생각했습니다. 하지만 그 일을 하면서 제가 보람을 느낄 때는 인격적인 관계가 만들어져서 마음이 통할 때입니다. 그럴 때는 설령 제가 신속하고 정확하게 일을 못하더라도 저를 이해하시고 기다려 주십니다. 하지만 몇몇 분은 "목사가 도대체 하는 일이 뭐야? 어려운 사람을 돌보는 사람이 목사 아니야?" 하고 인격적인 관계보다는 사무적인 관계를 원하십니다. 이런 경우는 '왜 하지 못했을까'를 묻거나 생각하는 일이 거의 없습니다. 그냥 일이 안 되고 있는 상황만 원망스럽습니다.

십자가에 달려 있는 사람의 절망과 원망을 아주 이해하지 못하는 것은 아닙니다. 하지만 그들의 원망에는 이제 답이 없다는 전제가 깊이 뿌리내리고 있습니다. 그는 문제의 해결이 없다고 생각한 것입니다. 고난 중에 많은 사람이 경험하는 절망은 해결에 대한 체념에서 비롯됩니다. 또 다른 한 사람을 보시기 바랍니다. 그는 이렇게 말합니다.

우리는 우리가 행한 일에 상당한 보응을 받는 것이니 이에 당연하거니와 이 사람이 행한 것은 옳지 않은 것이 없느니라(눅 23:41).

그는 예수님에게 십자가 처형을 받을 만한 죄가 없다는 것을 알았습니다. 그리고 그는 그 고통과 절망 가운데 예수님과 인격적인 관계를 맺으려고 했습니다. 그는 현재 당하고 있는 고통이 제거되는 것보다 예수님과 인격적인 관계를 맺는 것이 소중하다 생각했기 때문입니다. 아니, 사실은 그 절망 가운데 그는 상태를 원망하기보다 아직 남아 있을지 모르는 희망을 놓치고 싶지 않은 것인지도 모릅니다. 저는 이것을 믿음이라고 부르고 싶습니다. 그는 자신이 당하고 있는 일의 책임을 누구에게 물으려 하지 않았습니다. 다만, 그는 예수님의 모습을 보면서 그 인생의 궁극적인 해결을 찾을 수 있다는 희망을 갖게 된 것입니다.

예수 그리스도의 십자가 사건은 십자가에 달리신 그 순간부터 세상에 있는 사람들을 둘로 나누는 사건이 되고 말았습니다. 십자가 아래에 있던 사람들도 전혀 다른 반응을 보였고, 함께 십자가에 달렸던 두 사람도 전혀 다른 반응을 보였습니다. 바라바 사건을 다루면서도 잠깐 말씀드렸지만 십자가 사건에 관해서 들을 때마다 아쉬운 점 중에 하나는 사람들이 자신을 십자가 아래에 서서 고난당하시는 주님을 바라보고 있는 방관자인 사람들과만 동일시하려고 한다는 점입니다.

하지만 십자가 사건을 보면서 제가 느끼는 신비함은 십자가 주변에 있는 모든 사람이 우리 자신과 동일시할 수 있는 인물들이라는 점입니다. 이는 함께 십자가에 못 박힌 두 강도의 모습을 통해 절정에 이릅니다. 앞에 나서지도 못하고 비겁하게 멀찍이서 바라보며 안타까워하던 제자들의 모습도 우리의 모습입니다. "예수를 십자가에 못 박으소서"라고 소리지르며 갑자기 마음을 바꾼 잔인한 군중의 모습도 우리의 모습입니다. 일그러진 모습으로 십자가에 달리신 주님도 결국은 우리를 대신해서 그렇게 달리신 것이니까 주님의 모습도 우리의 모습입니다.

그중에서도 저게 바로 내 모습이라고 말할 수 있는 가장 확실한 모습은 십자가 아래에서 소리치는 백성의 모습보다는 주님과 함께 십자가에 달려 절망 중에 죽어 가면서 주님을 부르고 있는 이 두 사람의 모습입니다. 사복음서를 통해서 성경이 말하고 싶은 것도 바로 이것입니다. "이 두 사람의 운명이 우리의 운명인데, 아니 좀 더 정확히는 모든 사람의 운명인데 주님이 우리 모두를 위해 죽으셨습니다. 그렇다면 이 두 사람 중에 어떤 사람의 반응을 보이시겠습니까?"

우리 모두의 운명은 십자가에 달린 두 사람의 운명과 같습니다. 그리고 우리는 이 두 강도와 마찬가지로 결국 죽게 될 것입니다. 그런데 주님은 죄도 없으시면서 하나님의 아들이라는 이유로 죄 있는 두 사람 가운데 그들과 함께 달리셨습니다. 우리를 십자가에 달린 두 사람이 아닌 십자가 아래 있는 백성과 동일시하면, 믿음으로 구원받는다는 말도 공평하지 않다고 생각됩니다. 평생 죄만 짓고 살다가 마지막 순간에 주님을 영접하고 천국에 가면 너무 얌체 같기 때문입니다. 하지만 복음서가 이 두 사람을 부각시키는 이유처럼 우리를 이 두 사람과 동일시하면 상황이 달라집니다. 소망이 있는 것 같지만 사실은 소망이 없는 고통의 상태에서, 십자가에 달린 두 사람과 같은 절망적인 상태에서 십자가에 달리신 주님을 보면서 여러분은 무어라 말하시겠습니까? 절망적인 상태에 방치시킨 하나님을 원망하시겠습니까? 아니면 바로 그 상태 때문에 오신 예수님을 믿으시겠습니까?

여러분에게 가장 필요한 것은 무엇입니까? 당장 십자가에서 내려오는 것입니까? 아니면 하나님을 인격적으로 만나 천국에 가는 그 순간까지 여러분의 인생을 주님의 손에 맡기는 것입니까? 여러분은 고난으로 인해 주님을 원망하며 저주하던 그 사람이 정당했다 생각하십니까, 지혜로웠다 생각하십니까? 요한은 우리에게 주님은 이렇게 힘든 일을 경험하셨다는 것을 말하려는 것이 아닙니다. 오히려 주님은 우리를 위해, 죄인을 위해 그 길을 가셨다는 것을 말하고 싶은 것입니다. 주님은 저를 위해 죽으셨습니다.

John
요한복음

요한복음 19장 19-22절

19 빌라도가 패를 써서 십자가 위에 붙이니 나사렛 예수 유대인의 왕이라 기록되었더라 20 예수께서 못 박히신 곳이 성에서 가까운 고로 많은 유대인이 이 패를 읽는데 히브리와 로마와 헬라말로 기록되었더라 21 유대인의 대제사장들이 빌라도에게 이르되 유대인의 왕이라 쓰지 말고 자칭 유대인의 왕이라 쓰라 하니 22 빌라도가 대답하되 내가 쓸 것을 썼다 하니라

31장

팻말

어느 교회 학교 선생님이 아이들을 모아 놓고 질문했습니다. "길이가 한 15센티미터쯤 되는데 꼬리가 있고, 털이 많고, 나무를 기어오르고, 도토리를 모아 두는 동물은 무엇일까요?" 답이 어렵지 않다고 생각했는데 아무도 대답을 하지 않았습니다. 세 번 반복해서 질문하면서 대답을 유도하고서야 마침내 한 아이가 용기를 내서 조심스럽게 대답했습니다. "제 생각에 다람쥐 같기는 한데 정답은 예수님이죠?" 교회에서는 무슨 질문을 하든지 답이 예수님이어야 한다는 세뇌 교육의 효과입니다. 설령 언제나 답은 예수님이어야 한다고 해도 그것은 치열한 사고와 경험의 결과여야지 정해진 결과에 대한 자동 반사적인 반응이 될 때는, 그것이 정답이라 할지라도 큰 의미는 없습니다.

저도 이런 질문을 여러분에게 해 볼까 합니다. 대답을 잘하셔야 합니다. 이 세상의 모든 역사는 한 사람을 중심으로 돌고 있습니다. 사람들은 잘 모르지만 하나님은 세상의 모든 일이 그를 중심으로 일어나도록 주관하시고 섭리하십니다. 그는 누구일까요? 정답은 노진준입니다. 여러분은 모르고 계시겠지만 사실은 여러분 모두가 저를 위해 살고 계시는 겁니다. 저의 장인어른은 제 아내를 낳기 위해 장모님과 결혼하시고 제 아내를 잘 키워서 미국에 유학을 보내셨습니다. 그분들은 나중에 저를 보시고 나서야 왜 두 분이 결혼했는지, 왜 딸을 미국에 보냈는지 알게 되었습니다. 저를 미국에 보내기 위해서 하나님은 오래전에 미국의 이민법을 개정하셨습니다. 그런 이민의 역사를 가능토록 하기 위해서 하나님은 1492년 콜럼버스로 하여금 미 대륙을 발견하게 하셨습니다. 그러니 제가 얼마나 위대합니까? 다만, 문제는 여기 계신 모든 분이 저처럼 생각하고 사신다는 것인데, 수백억의 사람이 우주와 역사의 중심에 자신을 두도록 섭리하시는 하나님이 참 위대할 뿐입니다.

사실 우리는 살아가면서 우리가 하는 일이 어떤 의미를 가지는지 전혀 모르고 살 때가 많습니다. 우리는 전혀 중요하지 않다고 생각하는 일인데 결과적으로는 굉장히 중요해진 일이 있고, 너무 중요하다고 생각해서 목숨을 걸고 하는 일인데 나중에 보면 너무 싱거운 일도 허다합니다. 아니, 좀 더 엄밀히 말하면 우리는 살면서 경험하고 행하는 일들이 어떤 의미가 있는지 사실은 하나도 모르고 살고 있다는 것이 맞을 것입니다.

얼마 전에 마틴 루터 킹 자서전을 읽었습니다. 1955년 12월 1일, 로사 파크스라는 흑인 여인이 버스에서 백인 전용 좌석 바로 뒷좌석, 흑인이 앉을 수 있는 자리에 앉았는데 다음 정류장에서 버스에 탄 백인이 앉을 자리가 없다는 이유로 로사 부인은 일어날 것을 요구당했습니다. 평소와 달리 몹시 마음이 상해서 거부했다가 체포당하고 말았습니다. 그런데 이 사건이 미국에서 소수 민족 전체의 인권을 회복시키고 세계 역사의 흐름을 바꾸는 위대한 사건이 되었습니다. 이렇게 될 줄 누가 알았겠습니까?

때로는 우리가 계획한 일을 통해 우리 의도를 이루었을 때에도 하나님은 그 일을 통해 수만 수십만의 다른 의미 있는 일들을 이루십니다. 따라서 창조주 하나님을 믿고 살아가는 우리에게는 '누가 역사를 주관하는가'라는 질문이 대단히 중요한 질문이고, 또한 그에 못지않게 '누구를 위해서 역사를 주관하는가'라는 질문도 대단히 중요한 질문입니다. 우리를 향한 하나님의 관심에 대한 믿음을 가지고 우리 인생을 본다면 더 중요하다 혹은 덜 중요하다 말할 것 없이 우리 주변에 벌어지는 모든 일은 하나님이 선하신 뜻을 이루시는 소중한 일들임이 틀림없습니다. 지금은, 아니 죽을 때까지도 어떤 의미도 부여할 수 없을 것 같은 일들과 우리는 한 가지의 의미로만 기억하고 있는 일들 중에 어떤 사람들에게는, 그리고 역사의 과정에서는 엄청나게 중요하고 의미 있는 일들이 있을지도 모릅니다. 이렇게 생각한다면 우리가 경험하는 그 어떤 일, 어떤 순간도 소홀히 여길 수 없을 것입니다.

팻말에 적은 말

저는 이번 본문을 통해서도 사람들이 생각했던 의도와 다른 하나님의 의도를 보고 싶습니다. 예수님의 십자가 위에 걸려 있던 팻말에 관한 이야기입니다. 왜 십자가에 팻말을 달았을까요? 이 팻말은 단순히 십자가에 달린 죄인을 망신 주기 위해서 달아 놓은 것은 아니었을 겁니다. 얼마 전에 휘발유를 넣고 도망갔다가 잡힌 사람에게 법원에서 벌칙을 내렸는데 "나는 휘발유를 넣고 도망간 사람입니다"라고 적은 판을 목에 걸고 주유소 앞에 일정한 시간 동안 서 있도록 했다는 기사를 읽은 적이 있습니다. 죄를 짓고 벌을 받아도 차라리 아무도 없는 곳에서 매를 맞는 게 낫지 그건 정말 망신입니다. 하지만 달리 생각해 보면 사형을 당하는 사람에게 창피함이나 체면은 별로 의미가 없을 것 같습니다.

어쩌면 그보다는 그런 처형의 정당성을 보이기 위해서 팻말을 달았을 가능성이 높습니다. 일종의 판결문인 셈이죠. 이 사람은 이렇고 이런 죄가 인정되어서 십자가 처형을 하게 되었다고 알림으로 그들의 잔인한 행동을 정당화하기 위해서 죄명을 적은 팻말을 달았을 수 있습니다. 대제사장과 유대 지도자들이 팻말의 내용을 가지고 빌라도와 실랑이한 것을 보면 맞는 말 같습니다. 그것 말고 생각해 볼 수 있는 또 다른 이유는 교육입니다. 그 모습을 보면서 다른 사람들로 하여금 꿈에라도 그와 비슷한 생각을 하지 못하도록 하기 위함입니다. 만일 교육과 경각심이 목적이라면 그 잔혹한 형벌의 죄목이 분명해야 합니다.

십자가 처형을 언도하면 늘 그랬듯이 형을 집행하는 군인들이 빌라도에게 물었을 것입니다. "죄목을 적는 팻말에는 뭐라고 쓸까요?" 보통은 이름을 적고 난동자, 살인자 대충 이렇게 적도록 할 텐데 예수님을 위한 팻말에는 "나사렛 예수 유대인의 왕"이라고 적으라고 했습니다. 그런데 그 말을 아람어와 라틴어와 헬라어 세 언어로 기록하도록 했습니다. 이 일은 예수님에게만 이례적으로 행한 일은 아닌 듯합니다. 지방에 따라 여러 언어가 통용되었기 때문에 대체로 서너 가지 언어로 팻말을 쓴 경우가 종종 있었다고 합니다. 아람어는 당시 유대 백성이 사용하던 언어이고 라틴어는 로마에서 사용하던 공식 언어였고 소아시아나 마케도니아, 아프리카 지방에서 온 유대인들은 헬라어를 사용했으니까 이 세 언어로 기록했다는 것은 그곳에 모인 사람들은 다 읽을 수 있도록 했다는 말입니다.

혹시 예수님의 십자가 형상에서 예수님이 십자가에 달리시고 그 머리 위에 "INRI"라고 쓴 팻말을 보신 분이 계십니까? 이것은 'Iesus Nazarenus Rex Iudaeorum'(나사렛 예수 유대인의 왕)이라는 라틴어의 첫 글자를 따 온 겁니다. 저는 우리가 보통 그림이나 사진에서 보는 것보다 실제 팻말이 훨씬 컸을 것이라고 생각합니다. 십자가가 제법 높게 달렸다면, 그리고 누구나 읽도록 하기 위함이 목적이었다면, 그리고 단순히 'INRI'나 'INBI'가 아니고 '나사렛 예수 유대인의 왕'을 세 언어로 기록했다면 팻말이 작지 않았을 겁니다. 빌라도가 왜 팻말에 "나사렛 예수, 유대인의 왕"이라고 적으라고 했을까요? 어떤 사람은 자신을 왕이라고 했다가 십자가에 죽임당하는 예수님을 비웃기 위해서 그렇게 적었다고 주장합니다. 하지만 정말 예수님을 비웃기 위함이라면 이 팻말을 보고 이의를 제기했던 유대 지도지들의 말을 들어주지 않을 이유가 없습니다.

유대 지도자들은 단어 하나만 더 넣자고 했습니다. "자칭"이라는 단어입니다. 그들은 어떤 모양이든지 사람들이 예수님을 유대인의 왕으로 생각하지 않고 혼자 망상에 빠져 자신을 왕이라고 했던 자라는 것을 온 백성에게 알려야 한다고 주장했습니다. 그런데 빌라도가 그 말을 듣지 않았습니다. 그가 한 말이 재미있습니다. "내가 쓸 것을 썼다." 빌라도는 이 말이 예언과 같은 말임을 전혀 몰랐을 겁니다. 예수님을 십자가에 못 박도록 허락하고 유대인의 이런 당연해 보이는 요청을 거절한 것은 단순한 자존심 싸움이 아니었을 것입니다.

빌라도는 예수님을 조롱하기보다는 당시 유대인을 조롱하기 위해서 그랬던 것 같습니다. 이들이 자기들의 왕을 죽였다는 메시지를 전하고 싶은 것입니다. '나사렛 예수가 무슨 선동자겠느냐? 그런데 이 종교 지도자들이 왕이라는 누명을 씌워 죽였다'라는 뜻일 것입니다. 빌라도가 예수님을 왕이라고 믿었다고 생각되지는 않지만 유대인들 사이에서는 존경받고 사랑받던 훌륭한 지도자를 그들의 시기 질투 때문에 애석하게도 죽일 수밖에 없었다는 의미도 있을 것 같습니다. 확실한 것은 그 팻말을 통해 유대 지도자들이 전하고 싶었던 메시지와 빌라도가 전하고 싶었던 메시지는 차이가 있었다는 것입니다.

하나님의 뜻을 이룬 사건

하지만 그 팻말을 허락하심으로 하나님이 전하고 싶으셨던 메시지는 또 달랐습니다. 그것은 단순히 유대인들이 이런 억울한 누명을 씌워 예수님을 십자가에 달았다든지, 빌라도가 예수님을 유대인의 왕으로는 인정했다든지 하는 것이 아니었습니다. 요한복음에서 어렵지 않게 볼 수 있는 핵심적인 메시지는 예수님이 이 세상을 사랑하셔서 구원하기 위해 오신 분인데 사실은 하나님으로서 세상을 만드시고, 세상을 다스리는 왕이라는 것입니다. 사람들이 무의식중에 한 행동이나 말도 이 사실을 인정하고 있음을 요한복음은 강조합니다. 예를 들면, 요한복음 11장에 "한 사람이 백성을 위하여 죽어서 온 민족이 망하지 않게 되는 것이 낫다"(11:50 참조)라는 말이 나옵니다. 누가 한 말인 줄 아십니까? 당시 대제사장이었던 가야바가 한 말이었습니다. 이 말에 대해 요한은 이렇게 해석을 붙였습니다.

> 이 말은 스스로 함이 아니요 그해의 대제사장이므로 예수께서 그 민족을 위하시고 또 그 민족만 위할 뿐 아니라 흩어진 하나님의 자녀를 모아 하나가 되게 하기 위하여 죽으실 것을 미리 말함이러라(11:51, 52).

가야바는 예수를 없애 버리는 게 이스라엘 전체의 안녕을 위해서 낫다고 살인을 지지하는 발언을 한 것이었는데, 하나님은 그 말을 각 민족과 족속을 구원하기 위한 예언과 같이 되도록 하셨다고 요한은 말했습니다. 십자가 위에 달린 팻말의 문구도 같은 역할을 했습니다. 유대인은 예수님이 죽어 마땅한 죄를 지었다는 것을 백성에게 알리는 데 그 팻말을 사용하고자 했습니다. 빌라도는 유대인들이 무고하게 한 사람을 죽였다는 것을 알리는 데 그 팻말을 사용하고자 했습니다. 가능하면 많은 사람에게 자신의 생각을 알리기 위해서 당시 거의 대부분의 사람이 사용하던 세 언어로 팻말을 기록하도록 했습니다.

하나님은 예수님이 각 나라와 족속을 구원하기 위해서 십자가를 지신 진정한 왕이라는 것을 알리는 데 그 팻말을 사용하셨습니다. 다시 말하면 비록 유대 지도자들의 시기와 빌라도의 권세를 위한 우유부단함으로 비롯된 일이었지만 그럼에도 십자가는 실패가 아니라, 온 백성을 구하고 그분이 세상의 왕임을 알리도록 하는 하나님의 뜻을 이룬 사건이었습니다. 그곳에 모여 있던 모든 사람이 다 볼 수 있고 읽을 수 있도록 아람어와 라틴어와 헬라어로 그분이 만왕의 왕이심을 선포하셨습니다. 주님이 부활하셨을 때, 오순절 사건 이후 각 나라와 족속에 예수가 곧 왕이시요, 구원주가 되신다는 복음이 선포되었을 때, 팻말에서 보았던 그 문구가 아주 생생하게 그들의 기억 속에서 되살아났을 것입니다. 모르고 한 행동이었지만, 관례대로 행한 행동이었지만 하나님은 거기에 의미를 부여하셨습니다. 거기에 하나님의 뜻이 나타나도록 하셨습니다.

예수를 왕이라 고백하다

예수님의 십자가 죽음을 통한 하나님의 선하신 계획과 뜻이 무엇입니까? 온 민족으로 하여금 예수가 왕 되심을 알도록 하는 것입니다. 각 나라와 족속이 예수의 이름 앞에 무릎을 꿇고 입술을 열어 그분의 왕 되심을 고백하고 그분의 다스리심을 인정함으로 평화와 구원을 회복하는 것입니다. '예수는 왕'이라는 팻말이 이제 한국어로도 기록되었습니다. 중국어로도 기록되었습니다. 아프리카의 차드어로도 기록되었습니다. 하지만 아직까지도 예수는 왕이라는 말이 그들의 언어로 기록된 팻말을 가지고 있지 못한 민족이 많이 있습니다.

저는 신앙생활을 하고 목회를 하면서 내면을 많이 강조했습니다. 지금도 내면이 굉장히 중요하다고 생각합니다. 교회도 내실을 다져야 하고, 개인도 내면을 살펴야 함에는 전혀 이의가 없습니다. 생활 속에서 그리스도의 왕 되심을 나타내지 못하면서 밖으로 나가는 것은 어느 선교사님이 말씀하신 것처럼 자기 집 앞마당은 쓰레기통인데 남의 집 마당을 쓸어 주겠다고 빗자루를 들고 돌아다니는 것과 크게 다르지 않을 수 있습니다. 그러나 그렇게 내면을 강조하고 바른 생활을 강조하는 궁극적인 이유가 어디에 있는지 생각해 보아야 합니다.

단순히 나는 믿음으로 살아가는 바른 사람임을 자신에게 확인하는 데 궁극적인 목적이 있지 않다고 저는 생각합니다. 그리스도인들의 삶은 의식적이든 무의식적이든, 부지중이든 의도적이든 결국 선교적이거나 전도적일 수밖에 없다고 생각합니다. 다시 말하면, 예수님이 내 삶의 왕 되심과 같이 다른 사람의 삶에서도 왕이 되어서 내가 누리고 있는 감사와 확신을 다른 사람도 함께 누리기를 바라는 것이 바르게 살려는 궁극적인 목적입니다. 그렇기 때문에 건전하고 바른 삶을 말하면서 복음을 전하지 않거나 복음을 드러내는 일에 무관심한 것은 전혀 자연스럽지 않습니다. 특히 아들을 십자가에 다시고, 그 위 팻말에 여러 언어를 통해 모든 사람에게 예수가 왕임을 선언하신 하나님의 의도가 어디에 있는가를 생각해 보면 더욱 바람직하지 않습니다.

예수님은 온 세상을 위해 오셨고 모든 인류를 위해 십자가에 달리셨습니다. 아이러니하게도 빌라도가 이 사실을 증거한 셈이 되었습니다. 마치 억지스러운 예언처럼 빌라도의 입을 통해 예수는 각 방언의 왕이심이 증거되었지만 이제 그분을 진정한 왕으로 섬기는 하나님의 사람들이 의식적으로 그들의 언어로 예수는 왕이라고 고백할 수 있게 될 때 하나님은 기뻐하십니다. 예수 그리스도가 여러분의 왕이 되십니까? 여러분의 이웃이 예수를 왕이라고 고백하고 예배하는 감격을 경험하고 싶으십니까? 아니, 생전 얼굴 한 번 본 적 없는 사람들이지만 지구 끝 어디에선가 여러분이 사랑하고 섬기는 그 예수를 왕이라 고백하는 것을 듣는 감동을 경험하고 싶으십니까?

2,000년 전 골고다 언덕에서 주님이 돌아가실 때 세 개의 언어로 쓰인 "나사렛 예수 유대인의 왕"이라는 팻말이 유대인들과 소아시아 지방의 초대 교인들에게 주어졌습니다. 저는 "나사렛 예수, 한국인의 왕"이라는 팻말을 들고 있습니다. 2,000년 동안 교회의 소원은 각 민족이 "나사렛 예수, 우리의 왕"이라는 팻말을 들고 있는 것이었습니다. 방법에 문제가 많았습니다. 정책적으로 실패도 있었습니다. 지나치게 기독교 제국주의적 의도를 버리지 못한 채 순수하지 못했던 점도 인정합니다. 교만하고 독선적이고 권위적이었던 점도 인정합니다. 이 모든 허물과 죄악 중에도 여전히 교회의 가장 궁극적이고 아름다운 소원은 지구상에서 누군가가 예수의 왕 되심을 고백하는 것입니다.

　우리는 우리 삶의 현장에서 그리스도의 다스림을 인정함으로 이 고백을 하고 싶고, 교회의 현장에서 예배를 통해 이 고백을 하고 싶어야 합니다. 선교를 통해 다른 민족들의 입에서 이 고백을 듣고 싶어 해야 합니다. 아직 예수의 이름조차 들어보지 못한 세상의 2,000개 종족을 품고 기도하는 교회가 세계 곳곳에 있습니다. 저는 여러분에게 거창한 이야기를 드리는 것이 아닙니다. 몇 사람이 품고 살아가는 원대한 꿈을 말씀드리는 것이 아닙니다. 뭘 어떻게 해야 하는지 잘 모르지만 내가 왕이라 부르는 나의 예수님을 또 다른 누군가가 왕이라고 불러 높여 드린다면 너무 기쁠 것 같습니다. 예수님을 믿는 사람으로서 마음을 나누고 싶을 뿐이고 또 우리를 통해 그 일을 이루어 가시는 하나님의 마음을 나누고 싶을 뿐입니다.

　지금 우리에게는 별로 의미가 없어 보이는 일들을 통해서라도 하나님은 누군가의 삶에 개입하시고, 역사를 주관하고 계십니다. 그 하나님의 마음에 있는, 우리가 아는 확실한 의도는 바로 예수 그리스도의 왕 되심을 드러내는 것입니다. 이러한 확신으로 선교적 마음을 놓치지 않는 것이 우리의 간절한 바람이 되어야 합니다. 우리 주변에서 발생하는 모든 일은 우리의 안녕과 평안을 위한 일이 아니라, 십자가 사건을 통해 세상을 사랑하시고 인류를 구원하신 그 하나님의 뜻을 이루는 과정에 있음을 결코 가볍게 여기지 말아야 합니다.

요한복음 19장 23-27절

23 군인들이 예수를 십자가에 못 박고 그의 옷을 취하여 네 깃에 나눠 각
각 한 깃씩 얻고 속옷도 취하니 이 속옷은 호지 아니하고 위에서부터 통
으로 짠 것이라 24 군인들이 서로 말하되 이것을 찢지 말고 누가 얻나 제
비 뽑자 하니 이는 성경에 그들이 내 옷을 나누고 내 옷을 제비 뽑나이다
한 것을 응하게 하려 함이러라 군인들은 이런 일을 하고 25 예수의 십자가
곁에는 그 어머니와 이모와 글로바의 아내 마리아와 막달라 마리아가 섰
는지라 26 예수께서 자기의 어머니와 사랑하시는 제자가 곁에 서 있는 것
을 보시고 자기 어머니께 말씀하시되 여자여 보소서 아들이니이다 하시
고 27 또 그 제자에게 이르시되 보라 네 어머니라 하신대 그때부터 그 제
자가 자기 집에 모시니라

32장

아들입니다, 어머니입니다

만일 여러분이 병상에 계시는데 죽기까지 딱 여섯 시간이 주어진다면 그 여섯 시간 동안 무슨 말씀을 하시겠습니까? 저는 여러 번 임종 직전에 계신 교우님과 시간을 보냈는데 진통제 때문인지, 정확하게 임종의 시간을 몰라서인지, 아니면 말하기가 너무 힘들어서인지 긴 대화를 나눈 적이 거의 없습니다. 그런데 가족 입장에서는 사실 무슨 말이든 좀 더 듣고 싶을 것입니다. 임종 직전에 하는 말들은 유언이니까 몇 마디 말이라도 상당히 의미 있게 받아들여집니다.

테레사 수녀가 인도에서 사역할 때 어느 날 저녁, 길거리에서 세 사람의 환자를 발견했습니다. 일행과 함께 급하게 세 사람을 숙소로 옮겼습니다. 하지만 너무 늦어서 한 사람은 죽었는데 그 사람이 죽기 전에 한마디를 했다고 합니다. "감사합니다." 테레사 수녀는 그를 빨리 발견하지 못하고 살리지 못한 것이 너무 미안했고, 마음이 힘들었는데 말이지요. 테레사 수녀는 "감사합니다"라는 말 한마디가 자신에게 더할 수 없는 위로였다고 고백했습니다. 사실 죽음의 순간에는 간절함, 원망, 억울함, 분노를 표현한 많은 말이 다 정당해 보일 것 같기 때문에 "감사합니다"라는 말이 더욱 마음에 와 닿습니다. 수백 번도 더 들었던 말인데도 저 역시 한마디조차 하기 힘든, 고통스러운 상황에서 제 손을 붙잡고 "감사합니다", "제 마음이 편합니다"라고 말씀하셨던 성도들의 모습은 오랜 시간이 지나도 어제 일처럼 생생하게 기억이 납니다. 유언으로 하는 말은 진심이고, 어찌 보면 인생을 마감하는 말 같아서 큰 의미가 있습니다.

예수님은 십자가에 약 여섯 시간 정도 달려 계시다가 돌아가셨습니다. 그 여섯 시간이 가장 고통스럽고 힘든 시간이었을 것입니다. 우리가 성경을 통해 알고 있는 바로는 그 여섯 시간 동안 예수님은 일곱 문장의 말씀을 하셨습니다. 너무 고통스러워서 말씀을 많이 아끼셨을지도 모릅니다. 아니면 하실 말씀은 이미 다 하셔서 그랬는지도 모르지요. 여섯 시간 동안 짧은 일곱 문장의 말씀만 하셨다면 십자가에 달리신 주님을 바라보던, 주님을 사랑하는 가족과 제자들에게 여섯 시간은 거의 정적과도 같았을 것입니다. 너무 힘들고 슬퍼서 어쩌다 한 번씩 주님이 입을 열어 하시는 말씀은 온 정신을 집중해서 들으려고 했을 것입니다.

어느 복음서도 십자가에서 주님이 하셨던 일곱 문장의 말을 모두 기록하지는 않았습니다. 사복음서를 종합해서 일곱 문장의 말씀을 하셨다고 보는 것이니까, 그리고 복음서 저자들이 필요에 따라 골라서 기록한 것이니까 실제로는 이보다 많이 말씀하셨을 가능성이 없는 건 아닙니다.

하지만 주님이 십자가에서 하셨다고 우리가 알고 있는 말씀은 일곱 문장입니다.

주님이 하신 말들

주님이 십자가에서 어떤 말씀들을 하셨을까요? 주님은 이런 말씀들을 하셨습니다.

아버지 저들을 사하여 주옵소서 자기들이 하는 것을 알지 못함이니이다 (눅 23:34).

내가 진실로 네게 이르노니 오늘 네가 나와 함께 낙원에 있으리라(눅 23:43).

나의 하나님, 나의 하나님, 어찌하여 나를 버리셨나이까 (마 27:46).

내가 목마르다(요 19:28).

다 이루었다(요 19:30).

아버지 내 영혼을 아버지 손에 부탁하나이다(눅 23:46).

모두가 십자가를 통한 하나님의 사랑을 보여 주는, 짧고 간단하지만 너무 절실한 말들입니다. 모두 그리스도의 구속 사역을 설명해 주고, 메시아로서 이 땅에 오셔서 사명을 감당하신 것과 관련된 말씀입니다. 제가 일곱 문장이라 했는데 하나가 빠졌지요? 바로 지금 함께 생각해 볼 말씀입니다.

여자여 보소서 아들이니이다 …… 보라 네 어머니라(19:26, 27).

이 말씀이 주님이 남기신 유언이라면 이 말씀은 상당히 중요한 의미를 가져야 합니다. 그런데 주님이 어떤 의도에서 이 말씀을 하셨는지 이해하기가 그리 쉽지 않습니다. 그래서 영적 해석을 해 보려고 하지만, 주님이 마리아를 걱정하신 것은 십자가 죽음의 구속사적 의미와는 크게 상관없어 보입니다.

전통적으로 가톨릭에서는 요한이 모든 제자, 더 나아가서는 교회를 상징한다고 이해했습니다. 그래서 주님이 교회를 마리아의 손에 의탁했다고 본문을 해석합니다. 하지만 엄밀히 본문에서 주님이 하신 말씀은 요한을 마리아에게 맡긴 것이 아니라 마리아를 요한에게 부탁하고 있습니다. 게다가 주님의 이 말씀이 교회와 마리아의 관계를 강조하고 있다고 보는 것은 일관성이 없어 보입니다.

또한 주님이 어머니 마리아에게 미안한 마음이 들어서 요한에게 특별한 부탁을 하신 것이라고도 생각되지 않습니다. 가정을 소중히 여기고 가족 간의 관계를 귀히 여겨야 한다는 것이 지극히 성경적인 가르침이라는 것은 인정하지만 주님의 이 말씀이 그런 가르침을 뒷받침하기 위한 것이라고 여겨지지는 않습니다. 다시 말하면, 죽음의 순간까지 주님은 가족 관계를 소중히 여기셨다는 것이 핵심은 아니라는 말이지요. 사실 그렇게 본다면 지난 3년 동안 가족에게 소홀하셨던 주님이 마지막 순간에 미안한 마음을 표현하신 것으로 보일 수 있습니다.

저는 이 말을, 주님이 몹시 힘들어하는 제자로서의 어머니를 보고 그를 사랑하셔서 어머니가 이 땅에서 어떻게 위로를 받으며 살아야 할지를 알려 주시고 그 길을 제공해 주신 것이라고 생각합니다. 다시 말하면, 마지막까지 그의 제자들을 사랑하신 주님의 마음(요한이 13장에서 주님은 마지막 죽음의 순간까지 제자들을 사랑하셨다고 말한 것의 한 예)을 보여 준 것이라는 말입니다. 사실 마리아의 모습은 십자가 위에서 주님이 보시기에도 너무 처절했을 겁니다. 아니, 지난 3년 동안 마리아는 정말 가슴을 졸이며 살았습니다. 그가 어떤 아픔을 경험해야 하는지 알았다면 마리아는 아마 주님이 막 사역을 시작하시려 할 때 가나의 혼인 잔치에서 포도주가 떨어진 것을 보고 도와주라는 부탁도 하지 않았을 것입니다. 주님이 세인의 주목을 받기 시작하면서부터 마리아는 아들이 너무 걱정되어 다리를 펴고 잠을 잔 날이 하루도 없었을 테니까요.

율법대로 정결 예식을 위해 주님이 출생하고 두 달이 조금 지나서 마리아가 성전에 올라갔을 때 메시아를 기다리던 경건한 사람 시므온이 아기 예수를 보고 마리아에게 말하기를 "칼이 네 마음을 찌르듯 하리니"(눅 2:35)라고 했습니다. 그 아들로 인하여 많은 고통을 경험하게 될 것이라는 말이겠지요. 그의 예언은 맞았습니다. 지난 3년간 예수님으로 인해 마리아의 마음은 많이 아팠을 것입니다. 사람들에게 비난받을 때, 육체적으로 고통당할 때, 그리고 특히 지금 이 순간 십자가에서 고통스러워하는 아들을 바라보면서 마리아는 칼이 그 마음을 찌르리라고 했던 시므온의 예언을 생생하게 체험했습니다. 아들 예수님이 가셔야 하는 길이 구체적으로 드러나기 시작하면서, 당시는 전혀 이해할 수 없었던 예수님의 어릴 적 사건들이 주마등처럼 지나가고 모든 기억은 가슴을 찌르는 아픔이 되었을 것입니다.

비교도 할 수 없는 것이지만 목회를 하면서 제가 가장 죄송하게 생각하는 분은 저의 어머니입니다. 힘에 부치도록 봉사를 하실 때에도 주님을 사랑하는 마음으로 하신 것일 텐데도 괜히 제가 죄송했고, 제가 일을 잘 못해서 교회에 어려움이 있는 것처럼 보일 때에도 죄송했고, 넉넉하게 용돈을 드리지는 못할망정 늘 걱정을 끼쳐 드리는 것 같을 때에도 죄송했습니다. 어머니는 제가 목회하는 동안에는 마음 편하게 잠을 주무신 적이 없다고 하셨습니다. 하지만 주님이 저처럼 이런 마음으로 항상 마리아에게 미안해하셨는지는 모르겠습니다. 마리아는 예수님을 잉태했을 때, 가브리엘 천사에게 자신이 누구를 잉태했는지 들었고, 주님은 바로 그 일을 위해 이 땅에 오셨기 때문에 그런 죽음으로 어머니의 마음을 아프게 해드린 것을 죄송하게 생각한다든지 좀 더 잘 모시지 못한 걸 후회한다든지 한 것은 아니었으리라고 생각합니다. 하지만 불쌍히 여기는 마음은 언제나 있었을 것입니다.

주님의 마지막 명령

주님은 그렇게 힘든 중에도 십자가 밑에 있던 사람들을 보셨습니다. 다른 제자들이 혹시 먼발치에서 주님을 바라보고 있었는지는 모르겠는데 세 개의 복음서가 공통적으로 증거하는 것은 주님의 십자가 앞에는 여자들만 있었다는 것입니다. 사실 그 장면은 여자들이 보기에는 너무나 끔찍스러운 장면입니다. 하지만 주님을 사랑했던 여자들은 마지막 순간까지 주님을 떠날 수가 없었습니다. 거기에 주님의 어머니 마리아도 함께 있었습니다. 요한복음에서 요한은 자신도 그 자리에 있었다고 증거했습니다.

먼발치에 있던 그들이 아마 주님 앞으로 가까이 다가갔을 때였으리라 짐작합니다. 주님은 그들을 알아 보셨습니다. 그리고 마리아에게 말씀하셨습니다. "여자여, 보소서 아들이니이다." 아마 많은 분이 왜 예수님이 마리아를 부를 때 "여자여"라고 했는지 의아하실 것입니다. 여기에 사용된 "귀나이"(gunai)라는 헬라어는 경어입니다. 물론 어머니를 부를 때 사용하는 말은 아니지만 여자를 낮추어 부를 때 사용하는 단어도 아닙니다. 요한복음에서는 마리아라는 이름보다는 예수의 어머니라는 호칭을 사용하기 때문에 "귀나이"라는 호칭도 자연스럽지 않을까 싶습니다. 주님은 본인이 고통 중에 계시면서도 고통스러워하시는 어머니를 보셨습니다. 경건한 여인이었고 주님의 출생 때부터 주님이 어떤 일을 위해서 온 분인가를 가장 잘 알고 있었던 마리아니까 원망하거나 주님을 말릴 마음은 없었을 겁니다. 그래서 더 견디기 어려웠을 겁니다. 슬픔을 참고 견디는 일은 슬픔을 터트리는 것보다 어려운 일이니까요.

누가 보아도 가장 힘들게 보인 사람은 역시 마리아입니다. 마침내 주님과 눈이 마주쳤습니다. 그리고 주님은 그 곁에 서 있는 요한을 보셨습니다. 주님이 하신 말씀은 말의 순서나 어조로 볼 때 부탁이 아닌 명령입니다. 부탁이었다면 요한에게 먼저 말씀하셨을 것 같습니다. "나의 사랑하는 요한아, 나의 어머니를 부탁한다. 네가 좀 모시지 않으련?" 그리고 나서 어머니에게 "이 사람이 요한입니다. 친자식처럼 모실 겁니다. 요한을 의지하고 사세요." 이러면 부탁입니다. 그런데 주님은 어머니에게 먼저 말씀하셨습니다. "보소서, 아들이니이다." 그리고 요한에게 "보라, 네 어머니라" 하고 말씀하십니다. 이 말씀의 뉘앙스는 명령입니다.

그렇다면 주님이 명령하신 것은 무엇일까요? 성경은 기록하기를 그때부터 그 제자(요한)가 마리아를 자기 집으로 모셨다고 했습니다. 어떤 사람들은 예수님이 운명하시기 전에 요한이 마리아를 데리고 갔다는 의미라고 하고, 어떤 사람들은 예수님이 운명하신 후부터 요한이 마리아를 모셨다는 의미라고 합니다. 하지만 이것은 그리 중요하지 않아 보입니다. 요한은 절대로 마리아를 잠깐만 모신 게 아닐 것입니다. 그는 평생 마리아를 모셨을 것입니다.

그런데 여러분, 주님의 이 명령이 이상하지 않습니까? 그때부터 요한이 마리아를 자기 집에 모셨다고 했는데, 그렇다면 주님의 이 명령은 가정의 질서를 깨뜨릴 수 있는 명령 아닌가요? 주님에게는 네 명의 남동생이 있었습니다. 왜 굳이 마리아를 요한에게 부탁하셨을까요? 그들이 모두 주님을 싫어해서 주님이 돌아가실 때 그 자리에 없었기 때문이라면 이해가 됩니다. 그들은 주님의 제자가 아니라서 주님의 죽음에 공감하지 못했다면, 이해되지 않지만 가능하기는 할 겁니다. 하지만 적어도 그들 중 하나는 얼마 지나지 않아서(주님이 부활하시고 그에게 나타나셨으니까 분명히 이 사건이 있고 40일 이내) 회심하고 초대 교회의 지도자가 되었던 야고보입니다. 주님이 야고보의 회심을 몰랐을 리가 없는데, 그날 요한에게 마리아를 맡기지 않았어도 야고보가 마리아를 잘 모셨을 것입니다. 그런데 왜 굳이 요한에게 어머니를 맡기셨을까요?

주님의 유언적인 명령 때문에 마리아는 나중에라도 야고보와는 함께 살 수 없었고 언제나 요한과 함께 살아야 했을까요? 저는 그렇게 생각하지 않습니다. 굳이 누가 누구를 모셔야 하는가의 문제였다면 나중에 야고보가 요한에게 강청해서라도 어머니를 자기 집으로 모셨을 것이고, 마리아도 친아들인 야고보와 함께 사는 것이 요한과 함께 사는 것보다는 나았을 것입니다. 저는 주님의 이 명령과 관련해서 마리아가 나중에 누구와 한평생을 살았는가는 그렇게 중요한 문제가 아니라고 생각합니다. 오히려 이 장면은 주님을 사랑하고 주님이 사랑하시던 마리아와 요한이 십자가 아래에서 절망 중에 힘들어하고 있을 때 서로를 붙들어 주고 사랑하라고 가족을 만들어 주시는 장면입니다.

함께 예배하는 삶

이 모습은 특히 요한복음에서 대단히 중요합니다. 요한복음에 의하면 주님이 못 박히시기 전날 밤에도 제자들의 발을 씻기며 하나 됨의 중요성을 말씀하셨고, 대제사장으로서의 기도에서도 하나 되기를 구하셨습니다. 요한복음은 인격적으로 주님을 만난 제자들이 어떻게 그리스도 안에서 연합되어 있는가를 강조합니다. 초대 교회에서는 예수를 주라 시인하는 모든 사람이 가족이었습니다. 환난이 심할 때는 더욱 그랬습니다. 피를 나눈 형제와 다름없이 그들은 서로를 격려하고 붙들어 주었습니다. 그것이 세상에서 믿음을 지키는 힘이었기 때문입니다. 이 상황은 치열하게 제자로 살고자 하면 지금도 크게 달라지지 않는다고 저는 생각합니다.

믿음을 지키며 하나님이 원하시는 삶을 사는 것은 절대로 혼자 할 수 없습니다. 믿음으로 살기 위해 조롱과 비난을 받는 경우는 믿음으로 살지만 고난과 아픔을 겪어야 하는 경우에는 특히 믿음의 동지가 필요합니다. 제 말이 조금 심하게 들릴지도 모르지만 나 혼자 충분히 믿음을 지키며 살 수 있다는 말은 교만이거나 직무 유기입니다. 믿음을 지킨다는 말을 아주 소극적으로 취해서 혼자 기도하고 성경을 읽는 정도라고 생각하기 때문이거나 이 세상에서 천국 가치관을 가지고 충분히 헌신적으로 살지 않기 때문일 수도 있습니다. 또한 서로 돌아보아 세워 주고 붙들어 주어야 하는 책임을 무시한 채 소비자적인 태도로 자기의 유익만 구하는 모습일 수도 있기 때문입니다.

사랑하는 주님이 처참한 모습으로 달려 있는 십자가 아래에서, 그 주님을 바라보며 어쩔 줄 몰라하는, 주님을 사랑하는 이 사람들을 보시기 바랍니다. 이들이 저와 여러분의 모습이라면 그렇게 힘들어하는 우리를 보며 주님이 이렇게 말씀하실 것입니다. "아무개를 보라, 네 어머니이니라." "아무개를 보라, 네 아들이니라." 그런데 "난 사람이 필요 없어요. 주님만 바라보며 살 겁니다"라고 말하는 것은 맞지도 않고 주님이 원하시는 모습도 아닙니다. 주님은 십자가에 달린 자신을 바라보면서 어쩔 줄 몰라하는 사랑하는 사람들에게 슬퍼하지 말고 나만 바라보며 살면 된다고 하지 않으셨습니다. 좀 더 정확히 말하면 주님만 바라보기 위해서는 어머니와 아들이 절대적으로 필요하다는 것을 강조하셨습니다.

신앙생활은 절대로 혼자 할 수 있는 것이 아닙니다. 아니, 절대로 혼자 하는 것이 아닙니다. 신앙생활이란 믿음을 가지고 사람들 속에서 그들과 부딪히며 그 안에서 빛을 발하는 삶이기 때문입니다. 신앙생활이란 그렇게 예수를 주라 고백하는 사람들과 함께 예배하는 삶이기 때문입니다.

물론 이 말씀을 통해 가족 부양의 중요성과 책임을 말할 수 있다고 생각합니다. 가족, 특히 부모를 돌보는 일은 그리스도인으로서 마땅히 감당해야 할 일이기 때문에 주님이 십자가 위에서 하신 말씀을 통해서 부모를 돌보아야 할 책임을 말한다면 저는 크게 이의를 제기할 마음은 없습니다. 하지만 예수님이 하신 마지막 유언처럼 십자가 위에서 하신 말씀들을 구속사적인 관점에서 본다면, 이것은 그리스도 안에서 하나 된 가족, 즉 교회에 관한 말씀입니다. 낮추어 부른 것은 아니지만 주님이 "여자여"라는 호칭을 사용하신 것도 가족을 뛰어넘는 제자들의 공동체를 강조하기 위함입니다. 오해가 없기를 바랍니다. 가족이 중요하지 않다거나 교회 공동체가 가족보다 우선한다는 말이 아닙니다. 요한이 마리아를 모시지 않았을 것이라는 말을 하는 것도 아닙니다. 제자 됨의 사명을 말하는 것입니다. 주님이 얼마나 진지하게 제자들의 함께함을 원하셨는지를 말입니다.

요즘은 특히 교회 공동체에 대해 많은 사람이 회의적입니다. 특히 코로나 시대를 지나면서 함께함을 그리워하는 반면에 함께하지 않음의 편리함에 제법 많은 사람이 익숙해져 있습니다. 그렇지만 제자로서 이 세상을 믿음으로 살아 내는 일은 버겁고 힘든 일임이 틀림없습니다. 특히 코로나 시대를 지나면서 혼란과 상실 가운데 있는데 어찌 함께하지 않을 수 있단 말입니까? 십자가에 달리신 예수님을 보며 고통스러워하고 힘들어하는 제자들에게 주님이 말씀하십니다. "보세요, 아들입니다." "보세요, 어머니입니다." 많이 지치고 힘들어 하는 교회들과 주님의 제자들을 향해 주님이 말씀하십니다. "보세요, 아들입니다." "보세요, 어머니입니다" 어려울수록 교회가 회복해야 할 주님의 마지막 유언입니다.

John
요한복음

요한복음 19장 28-30절

28 그 후에 예수께서 모든 일이 이미 이루어진 줄 아시고 성경을 응하게 하려 하사 이르시되 내가 목마르다 하시니 29 거기 신 포도주가 가득히 담긴 그릇이 있는지라 사람들이 신 포도주를 적신 해면을 우슬초에 매어 예수의 입에 대니 30 예수께서 신 포도주를 받으신 후에 이르시되 다 이루었다 하시고 머리를 숙이니 영혼이 떠나가시니라

33장

내가 목마르다

　우리는 '한 번뿐인 인생'이라는 말을 자주 사용합니다. 어떤 분들은 인생을 즐기고 싶을 때 이 말을 사용하고 어떤 분들은 실패 후에 회복의 가능성이 보이지 않을 때 이 말을 사용합니다. 한 번 뿐인 인생이라는 말은 인생을 더 스릴 있기도 하고 진지하게 만들기도 하는 반면, 아쉽게도 만듭니다. 엄밀히 인생이 한 번뿐이라는 말에서 느끼는 아쉬움은 한 번만 살고 사라진다는 것에서 비롯되는 아쉬움보다는 지나간 시간은 돌아오지 않는다는 사실에서 비롯되는 아쉬움이 큰 것 같습니다. 따라서 한 번뿐인 인생이라는 말에 스릴을 느끼는 사람은 아직 젊은 사람이고 아쉬움과 허무를 느끼는 사람은 노인이라는 말은 그리 맞는 말은 아닌 것 같습니다. 정도의 차이가 있고, 다시 해 볼 수 있다는 가능성이 젊은이들에게 큰 것은 사실이지만 지나간 시간을 돌이킬 수 없다는 아쉬움은 모든 사람에게 같습니다. 그래서 젊은 사람들도 신중하게 잘 살아야 하는 것이지요.

게다가 젊은 사람들은 인생이 한 번뿐이라는 데 별로 스릴을 느끼지 않는 것 같습니다. 인생의 각 단계에서 지나간 것은 다시 돌아오지 않음에도 여전히 기회가 있다고 생각하기 때문일까요? 어떤 사람들은 아홉수를 말합니다. 저는 아홉수를 믿지 않지만 아홉수에 항상 위기감을 느낀 것 같긴 합니다. 39살에 공부하겠다고 개척한 교회에 사표를 냈고, 49살에 교회를 사임했고, 59살에 또 사임하고 은퇴를 했습니다. 이제 몇 년 후면 69세가 되는데 그때는 제가 무슨 희한한 일을 하게 될지 저도 모르겠습니다.

그때마다 제가 느낀 위기의식은 뭐든지 새로 시작하기에는 늦었기 때문에 지금까지 조심스럽게 쌓아 놓은 것이 무너지면 안 된다는 생각과 더 이상 시간이 지나기 전에 내가 하고 싶은 것, 새로운 것을 해야 한다는 생각에서 비롯된 것이었습니다. 예를 들면, 이런 겁니다. 정해진 시간에 블록을 쌓는 게임을 하는데, 이 게임의 규칙은 시계가 언제 멈추는지 아무도 모른다는 것이고 쌓았던 것을 허물고 다시 지을 때는 많은 감점이 있어서 새로 시작하는 것은 쉽지 않다는 것입니다. 처음 시작할 때 구체적으로 무엇을 만들겠다는 생각 없이 그냥 크고 높게 쌓아야겠다는 생각으로 열심히 블록을 올립니다. 시간이 지나면서 기초가 너무 약해서 무너질 것 같아 처음부터 다시 쌓고 싶지만 지금까지 쌓아 놓은 것이 아까워서 그냥 가기로 합니다. 올려놓을 때는 잘 몰랐는데, 그 위에 몇 개를 더 쌓고 나니 걸림이 되는 블록 몇 개를 발견하게 됩니다. 하지만 그것도 일단 그냥 두기로 합니다(지나고 나면 그것들이 항상 큰 아쉬움으로 다가옵니다). 처음에는 여유가 있었는데 언제부터인지 시간이 의식되기 시작합니다. 곧 시계가 멈출지도 모른다는 생각에 조급해지고 아까 다시 시작하지 않은 것에 후회가 밀려옵니다. 그때 다시 쌓았어도 되었을 것을요. 지금은 시곗바늘 움직이는 소리가 전보다 조금 더 크게 들리는데 블록을 올리는 속도는 느려지고, 원하는 모습은 만들어지지 않고, 다른 사람들은 그럴듯한 형체를 만들어 가는 것만 같은데, 내 것은 곧 무너지겠다는 생각만 듭니다. 이것이 제가 느끼는 위기의식입니다.

영원에 대한 갈증

어른들과 이야기를 나누다 보면 세월이 너무 빨라서 인생이 덧없다는 말씀을 하십니다. 꿈과 의욕이 있고 뭐든지 할 수 있을 것만 같던 때가 엊그제 같은데 열심히 살았는데도 별로 한 것도 없이 나이만 먹었다고 하십니다. 사람이 살면서 허무함을 느끼도록 만드는 데는 두 가지 요소가 있다고 생각합니다. 하나는 인생이 너무 짧다는 것이고, 또 다른 하나는 아무리 열심히 살아도 우리 인생을 통해서 이룰 수 있는 것은 정말 보잘것없다는 것입니다.

저에게 앞으로 500년이 더 주어진다면 무엇을 하며 살까 생각해 보았습니다. 물론 65세에 은퇴해서 435년을 노년으로 보내는 것은 아니고, 40대의 세련됨과 노숙함과 발랄함과 총기와 건강함과 상큼함을 그대로 유지한 채 앞으로 450년을 더 산다고 가정하면 어떨까요? 그때 문득 든 생각이 "그래서 뭐?"였습니다. 지루한 일상의 반복일 것 같고, 그래서 이룬 것도 그리 대단할 것 같지 않습니다. 저의 이 세련됨과 상큼함을 가지고도 450년을 더 산다고 생각하니까 사는 데 싫증이 날 것 같습니다. 새로울 게 없습니다. 969년을 산 므두셀라도 그랬을 것 같습니다.

인생은 아무리 즐겁고 재미있는 것이라도 너무 짧으면 허무함과 아쉬움을 느끼고, 반대로 길다고 해도 결국 인간이 경험할 수 있는 것에는 한계가 있어서 공허함과 지루함을 느끼기 시작합니다. 인생이 짧은 것이 문제가 아니라는 거지요. 그래서 젊은이들보다 노인들이 인생의 허무함을 더 느끼게 되는 것도 아니라는 겁니다.

인간은 오감을 통해서 느낄 수 있는 일시적인 만족으로는 절대로 영원히 행복을 느끼며 살 수 없습니다. 얼마나 오래 살든, 얼마나 많은 것을 성취하든 마찬가지입니다. 따라서 인간이 추구하는 만족은 정도의 문제가 아니라 종류의 문제입니다. 바꾸어 말씀드리면 굉장히 가려운 부분이 있는데 어디가 가려운지를 몰라서 그 주변이나 엉뚱한 곳을 긁는다면 아무리 세게 오래 긁는다고 해도 문제가 해결되는 게 아니라는 것입니다.

성경은 이 갈증이 영원에 대한 갈증이고, 영혼이 있는 인간이 느끼는 하나님과의 관계에서 비롯된 영적인 갈증이라고 말합니다. 하나님을 떠나 독립을 선언하고 살아가는 사람들이 느끼는 허전함과 공허함이 있는데 그들은 그것을 인정하기 싫어서 더 열심히 일하고 더 많이 모으려 하고 더 행복한 양 살아가지만 바닷물을 들이키는 것 같을 뿐입니다. 대표적인 무신론자요, 사상가였던 볼테르는 임종 직전에 그의 생명을 연장시킬 수 있는 사람이 있다면 자기 재산의 반을 주겠다고 했고, 마침내는 "빛, 빛, 빛을 가리지 말라"라고 외치며 세상을 떠났습니다. 인간의 불행은 이 갈증에서 시작됩니다.

예수님이 십자가 위에서 하셨던 말씀들 가운데 깊이 생각하게 만드는 말씀이 이번 본문에 나와 있는 "내가 목마르다"라는 말씀입니다. 물론 이 말씀은 십자가 위에서 인간으로서 육체적인 고난을 당하신 주님이 고난의 절정에서 하신 말씀입니다. 주님이 하셨던 일곱 문장 가운데 십자가 위에서의 고통을 표현한 유일한 말이 바로 "내가 목마르다"입니다. 그러니까 이 말씀은 인간으로서 주님이 어떻게 고난의 절정을 경험하셨는가를 보여 주고 있습니다. 우리는 목이 마를 때 얼마나 힘든지를 잘 알고 있습니다. 목이 말라서 죽는 것이 어떤 것인지 경험한 적이 없어도 그것이 얼마나 고통스러운지는 예상할 수 있을 것 같습니다. 그런데 저는 이 말씀이 단순히 육체적 고통만을 표현했다고 생각하지 않습니다. 자칫 영적인 해석이 될 수 있는 우려가 있기는 하지만, 특히 이 말을 요한이 했다는 것에 주목해 보고 싶습니다. 요한은 실제로 모든 사건에 영적인 의미를 부여하려는 시도를 많이 했기 때문입니다.

목이 마르다는 의미

"내가 목마르다"라는 주님의 말씀은 요한만이 기록하고 있습니다. 저는 주님이 십자가 위에서 고통당하시며 그 심경을 표현하실 수 있는 말이 참 많았을 거라고 생각합니다. 너무 아프다든지, 너무 힘들다든지, 너무 피곤하다든지, 이런 말이지요. 특히 제 생각이 틀리지 않다면 십자가 위에서 경험하신 고통 중 가장 큰 것은 통증이었을 것 같은데 주님은 목이 마르다는 말씀을 하셨습니다. 왜 주님은 그 말씀을 하셨을까요? 목마른 것이 가장 견디기 힘든 고통이었을 수도 있지만, 요한이 말하기를 주님이 그 말씀을 하신 이유는 성경으로 응하게 하려 하심이었다고 했습니다. 예수님이 목마르다고 하셨을 때 아마도 군인이었을 거라 짐작되는 사람들이 군인들이 마시는 싸구려 포도주에 스펀지를 담가 목을 축이게 해 주었습니다. 이 사건을 암시하는 듯한 예언이 시편 69편에 있습니다.

> 그들이 쓸개를 나의 음식물로 주며 목마를 때에는 초를 마시게 하였사오니 그들의 밥상이 올무가 되게 하시며 그들의 평안이 덫이 되게 하소서 (시 69:21).

주님이 십자가에 달려 계시면서 갑자기 시편 69편이 떠올라서 '초로 마시우도록 한다는 예언이 있으니 그 예언을 성취하기 위해서는 내가 목이 마르다는 말을 해야겠구나'라고 생각하시고 그 말씀을 하셨다고 생각되지는 않습니다. 요한은 다만 주님이 하신 모든 일이 성경에 예언된 것들과 너무 일치했다는 것을 말하고 싶었을 뿐입니다. 만일 이것이 메시아로서의 사역의 성취를 의미하는 것이라면 목마르다는 말은 단순한 육체적 고통의 표현이 아닌 그 이상의 의미, 즉 메시아로서의 사역이 성취되었다는 의미가 있을 것 같습니다.

"내가 목마르다"라고 하신 말씀을 마태복음이나 마가복음에 나오는 주님의 사역의 절정을 나타내는 고백에 준하는 것이라고 이해하는 학자들도 있습니다. 설명드리자면 이런 겁니다. 마태복음이나 마가복음에서 주님은 이렇게 부르짖었습니다. "나의 하나님, 나의 하나님, 왜 나를 버리셨습니까?" 인간의 죄를 지고 하나님에게 저주를 받고 버림받는 그 순간에 주님을 가장 힘들게 했던 것은 육체적인 고통이 아닌 영적인 절망 상태였습니다. 인간을 구원하기 위해서 모든 인간이 경험해야 하는 그 절망과 상실 앞에 주님은 하나님에게 버림받는다는 것이 어떤 것인지를 경험하셨습니다. 저주 상태의 끝을 경험하신 셈입니다. 인간에게 가장 절실하게 필요한 것을 채우기 위해 가장 부족한 상태를 경험하셔야 했습니다. 특히 요한이 영적인 것을 역설적으로 설명하려고 했던 문학적인 기교를 생각해 볼 때, 주님이 "내가 목마르다"라고 하신 말씀은 단순히 육체적인 고통의 표현 정도가 아닌 것 같습니다.

여러분은 요한복음 6장과 7장에서 주님이 하셨던 말씀을 기억하십니까? 6장 35절을 보면 주님이 이런 말씀을 하신 적이 있습니다.

나는 생명의 떡이니 내게 오는 자는 결코 주리지 아니할 터이요 나를 믿는 자는 영원히 목마르지 아니하리라.

7장 37, 38절을 보면 이런 말씀도 하셨습니다.

누구든지 목마르거든 내게로 와서 마시라 나를 믿는 자는 성경에 이름과 같이 그 배에서 생수의 강이 흘러나오리라.

우리가 잘 알고 있는 말씀이 하나 더 있지요. 우물가에 물을 길러 왔던 사마리아 여인과 주님이 대화를 나누면서 하신 말씀입니다.

이 물을 마시는 자마다 다시 목마르려니와 내가 주는 물을 마시는 자는 영원히 목마르지 아니하리니 내가 주는 물은 그 속에서 영생하도록 솟아나는 샘물이 되리라(4:13, 14).

이 말씀들은 모두 "내가 목마르다"라고 하신 말씀을 유일하게 기록한 요한복음에 나오는 것들입니다. "나에게 오는 자는 영원히 목마르지 아니하리라"라고 말씀하신 주님이 목마르다고 말씀하시면 세상의 웃음거리가 아닙니까? 특히 목마름에 관해 주님이 하신 말씀을 유일하게 기록한 요한으로서는 의도적으로라도 "내가 목마르다"라고 하신 주님의 말씀은 기록하지 말아야 하는 것 아닙니까? 만일 그날 그 자리에 있던 누군가가 주님이 하신 말씀들을 다 기억하고 있었다면 "자기를 믿으면 영원히 목마르지 않으리라고 하더니 자기 스스로 목마르다고 하는구먼" 하고 비웃지 않겠습니까?

"내가 목마르다"라고 하신 말씀은 "나의 하나님, 왜 나를 버리셨나이까"라는 말씀과 마찬가지로 메시아로서의 사역의 성취를 나타내는 고백입니다. "나를 믿는 자는 영원히 목마르지 않으리라"고 하신 주님의 말씀을 소개한 요한은 의도적으로 주님이 십자가 위에서 목마르다고 하셨음을 증거합니다. 주님이 목마름을 경험하심으로 이제 그분을 믿는 자는 목마르지 않도록 하셨기 때문입니다. 하나님과의 관계가 끊어짐으로 인해 인간이 겪을 수밖에 없는 절망과, 그래서 경험할 수밖에 없는 갈증을 해결하셔서 영원히 살게 하시고, 만족 가운데 풍성히 살도록 하시려고 주님이 하나님에게 버림받아야 했습니다. "내가 목마르다"라는 말씀에는 "그러니 이제 너희는 목마르지 아니하리라"라는 약속이 담겨 있습니다. 따라서 "왜 나를 버리셨나이까?"라는 고백이 하나님의 저주를 온몸으로 받아 내시는 메시아적 고백인 것처럼 "내가 목마르다"라는 주님의 고백은 6장과 7장의 "나를 믿는 자는 다시는 목마르지 않게 하겠다"라고 하신 약속을 성취하기 위해 인간의 절망을 온몸으로 받아 내시는 메시아적 고백입니다.

목마를 수밖에 없는 인간의 삶

여러분은 인생의 갈증을 느끼지 않으십니까? 저는 자주 갈증을 느낍니다. 언제 갈증을 느끼십니까? 물론 삶에 절실하게 필요한 것들로 인해 갈증을 느끼는 경우도 있지만 욕심이 언제나 필요라는 가면을 쓰고 나타난다면 제 경우의 갈증은 현재 상태에 만족할 수 없는 자기중심적 불안과 욕망에서 비롯됩니다. 아직은 "주님 한 분만으로 만족합니다"라는 고백이 입에만 있을 뿐, 조금 더 많은 것, 좋은 것, 혹은 다른 것을 가지면 만족할 것 같다는 착각에 자주 혼란스러워합니다. 그래서 쾌락으로 인한 갈증을 느끼고, 재물로 인한 갈증을 느끼고, 명예와 권력으로 인한 갈증도 느낍니다.

이 갈증의 허망함이 헤갈되었을 때의 기쁨은 잠시뿐이고, 후회와 죄책감이 곧바로 엄습해 오고, 잠깐의 시간이 지나면 또다시 갈증을 느낍니다. 저의 미련함은 그 물을 마시면 또 목이 마를 것을 알면서도, 더 심한 갈증을 느끼게 될 것을 알면서도 눈에 보이는 그 물을 결국은 서부하지 못한다는 것입니다. 인생이 이런 것이라면 아무리 오래 살면서 많은 것을 마셔도 결국은 갈증을 느낄 수밖에 없다는 것을 잘 압니다. 주님이 십자가에서 "내가 목마르다" 하신 것은 허망함을 좇는 인간의 궁극적인 불안과 자기중심성의 문제를 해결하시고 목마를 수밖에 없는 인간에게 생명의 물, 다시는 목마르지 않는 물을 주신다는 약속입니다.

그래서 주님의 은혜에 감사합니다. 이 세상을 사는 동안에는 아직도 문득문득 공허함을 느끼지만 저의 궁극적인 문제를 해결해 주신 분이 예수님임을 알기 때문입니다. 아직은 이 세상에 살기 때문에 그런 갈증을 느끼지만 그 갈증을 눈에 보이는 것들로 해소하는 것이 더 이상 제 인생의 목표가 되지 않게 하시고 영원히 목마름을 느끼지 않는 그 나라가 있음을 믿고 살도록 하신 분이 예수님이기 때문입니다. 마셔도 다시 목마르게 할 그 물의 유혹은 제 주변을 떠나지 않지만 그 물을 마신다고 갈증이 해소되고 행복하게 되는 것이 아님을 알게 하셔서 감사합니다. 십자가의 죽음을 통해 저로 하여금 하나님의 자녀로서의 권세를 회복하고 새로운 피조물로서의 자존감을 회복함으로 목마르지 않는 생수를 얻게 하신 것에 감사합니다. 이 땅에 사는 동안에는 눈에 보이는 그 물에 자주 눈길이 가고 손길이 가지만, 다시 목마르게 할 것을 알면서도 너무 목이 말라서 한 번씩 마셔 보기도 하지만 그 물을 계속 들이키면서 왜 문제가 해결되지 않는 거냐고 그 자리를 떠나지 못하는 일은 더 이상 하지 않습니다.

저와 여러분에게 중요한 질문은 아직도 더 심한 갈증을 주는 물에 대한 유혹이 남아 있는가가 아니라, 다시는 목마르지 않게 할 생수가 저와 여러분에게 있는가입니다. 다시 말씀드리면, 영원에 대한 갈증과 우리 영혼이 느끼는 공허함을 해결해 줄 물이 있는가 하는 것이지요. 예수님은 바로 그 문제를 해결하기 위해 "내가 목마르다"라는 말씀을 하셔야만 하는 상태를 경험하셨습니다.

하나님은 우리의 문제를 아십니다. 하나님은 우리의 갈증을 경험하셨습니다. 그리고 이제 우리에게 말씀하십니다. "누구든지 목마르거든 내게로 오라. 내가 주는 물은 다시는 목마르지 않게 하리라." 비록 그 약속이 "이 땅에 사는 동안에도 예수 한 분뿐이면 어떤 갈증도 느끼지 않습니다"라는 고백을 할 수 있도록 우리를 완전히 변화시키지는 않더라도 "내 인생의 문제가 해결되었습니다"라는 고백을 하기에는 충분합니다. 우리는 여전히 불완전하지만 그리스도 예수를 통하여 완전하신 하나님에게 잡힌 바 되었기 때문이고, 비록 여전히 목마름을 느끼지만 "내가 목마르다" 하심으로 이 문제를 해결하신 예수님 안에 거하기 때문입니다.

예수님이 나의 생수가 되신다는 고백이, 그래서 이제는 눈에 보이는 그 어떤 것에도 애착을 느끼지 않고 돈과 명예가 다 돌처럼 보인다는 고백을 의미한다면 아직 저는 자신이 없습니다. 하지만 "그렇게 눈에 보이는 것들로는 내 속에 있는 갈증이 채워지지 않는 것을 알고, 예수님이 경험하신 목마름으로 내 영혼의 갈증이 해결되었음을 알기에 그것을 제 삶의 희망이요, 생명으로 생각하며 살아갑니다"라는 고백을 의미한다면 저는 감히 그렇다고 말할 수 있습니다. 이것이 목마른 우리의 소망이고, 유일한 생명의 길입니다.

John
요한복음

요한복음 19장 38-42절

³⁸ 아리마대 사람 요셉은 예수의 제자이나 유대인이 두려워 그것을 숨기더니 이 일 후에 빌라도에게 예수의 시체를 가져가기를 구하매 빌라도가 허락하는지라 이에 가서 예수의 시체를 가져가니라 ³⁹ 일찍이 예수께 밤에 찾아왔던 니고데모도 몰약과 침향 섞은 것을 백 리트라쯤 가지고 온지라 ⁴⁰ 이에 예수의 시체를 가져다가 유대인의 장례 법대로 그 향품과 함께 세마포로 쌌더라 ⁴¹ 예수께서 십자가에 못 박히신 곳에 동산이 있고 동산 안에 아직 사람을 장사한 일이 없는 새 무덤이 있는지라 ⁴² 이날은 유대인의 준비일이요 또 무덤이 가까운 고로 예수를 거기 두니라

제가 인터넷으로 신문을 보면서 즐기는 것 중 하나는 기사에 대한 독자들의 댓글을 읽는 것입니다. 사실 요즘엔 재미라고 하기에는 너무 악플이 많고 성의 없는 글쓰기라는 생각이 더 크지만, 한 사건에 대해서 어쩌면 그렇게 견해가 다양할 수 있을까 의아스럽습니다. 사람마다 각기 다른 견해를 가지는 데는 복합적인 이유가 있을 것입니다.

지금까지 꽤 긴 시간 논란이 되고 있는 사건이 있는데 오래전 유승준이라는 가수가 한국에서 군대에 가지 않으려고 미국 시민권을 받았다는 이유로 한국 정부에서 그의 대한민국 입국을 금지시킨 일입니다. 그래서 그에 대한 대한민국의 처사가 부당한가, 아니면 합당한가를 두고 많은 논란이 있었습니다. 이번 설교에서 저는 그 문제에 대한 제 입장을 말하려는 것이 아니라 그 문제에 대해 왜 사람들이 상반된 반응을 보일까를 이해해 보려고 합니다. 우선은 충분치 못한 정보 때문입니다. 단순히 기사로 기록된 것만으로 옳고 그름을 평가하기에는 좀 더 자세히 알아야 할 것이 많습니다. 어떤 결정을 내리기에는 그 사건에 대한 정보가 너무 적습니다. 그래서 일반 독자들의 평보다는 사건을 깊이 알고 있는 전문가들의 평이 더 권위 있을 것입니다. 또한 아무리 많은 정보를 가졌다 할지라도 정보만으로 사람의 마음을 판단하는 것은 결코 쉬운 일이 아닙니다. 어떤 동기가 있었는지, 당시 무슨 생각을 하고 있었는지 알 수 없어서 피상적인 정보만으로는 추정해서 판단할 뿐입니다.

그다음으로는 보는 사람이 가지고 있는 불가피한 편견 때문입니다. 나름대로는 객관적으로 판단한다고 하지만 엄밀히 객관에 대한 정의가 모호합니다. 어떤 판단을 내리면서 판단자의 배경과 취향, 경험을 배제할 수 있는 사람은 없을 것입니다. 그 외에도 여러 이유가 있겠지만 이 두 가지 때문에라도 우리 판단에 의한 섣부른 정죄나 심판은 아주 신중해야 할 것입니다. 법에서 정한 무죄 추정의 원칙도 무고할 수 있는 사람에 대한 섣부른 판단을 막기 위한 것이 아닐까 싶습니다.

설교하는 사람 입장에서도 가능하면 주어진 정보에 충실해서 청중이 납득할 만한 결론에 도달하려고 애를 씁니다. 그런데 주어진 정보가 충분하지 않아서 일치된 결론에 도달하기가 쉽지 않은 경우도 있습니다. 가령 주후 3,500년경에 이런 문서가 발견되었다면 어떨까요? "지금으로부터 1,500년 전에 노진준이라는 사람이 있었다. 그는 목사로서 이민 교회에서 사역했는데 30년 동안 설교하면서 그의 외모에 관해 자주 언급했다. 교인들은 그가 외모에 관해 언급하는 것을 들을 때마다 깊이 공감했고, 그럼에도 외모에 집착하지 않으려는 그와 함께 교회 생활하는 것을 큰 기쁨으로 여겼다." 지금 여러분은 이 말이 무슨 말인지 압니다. 그런데 1,500년 후 사람들은 단순히 이 정보만으로 일치된 결론을 내리기가 쉽지 않습니다. 이 말은 노진준이라는 사람이 굉장히 잘생겼다는 말일 수도 있고 굉장히 못생겼다는 말일 수도 있습니다. 굉장히 잘생겼다는 의미를 전제하고 이 글을 다시 읽어 보시기 바랍니다. 말이 되지요? 이번에는 굉장히 못생겼다는 의미를 전제하고 다시 읽어 보시기 바랍니다. 이번에도 말이 됩니까? 준수한 외모를 대하는 여러분에게는 말이 안 되겠지만 1,500년 후 사람들에게는 애석하게도 말이 됩니다. 상반된 입장이지만 외적인 것에 가치를 두지 않았다는 점에서도 두 입장 모두 같은 메시지를 전달할 수 있습니다.

산헤드린 공회의 회원, 요셉

저는 이번 설교의 본문을 그런 각도에서 다루어 보고 싶습니다. 여러분은 아리마대 사람 요셉이 귀한 주님의 제자였다고 생각하십니까? 아니면 비겁한 사람이었다고 생각하십니까? 저는 요셉이 괜찮은 주님의 제자라고 생각했습니다. 그런데 다른 사람들이 쓴 주석을 보면서 요셉에 대한 평가가 상반된 것을 발견했습니다. 어떤 사람은 비겁한 사람이었다고 했고, 어떤 사람은 용기 있는 사람이라고 했습니다. 그런데 두 시각 모두 가능하다는 생각이 들었습니다. 성경에 기록된 내용만으로는 요셉의 상태나 의중을 파악하기가 쉽지 않기 때문입니다. 그래서 저는 약간 모험이라 생각되기는 하지만 이번에는 요셉이 비겁한 사람이었다는 관점에서 설교하고, 35장에서는 그가 용기 있는 사람이었다는 관점에서 설교를 해볼까 합니다.

마태가 증거하기를 아리마대 사람 요셉은 주님의 제자였다고 했습니다. 마가가 증거하기를 요셉이 하나님 나라를 기다리는 사람으로 당시 산헤드린 공회의 유력한 회원 중 하나였다고 했습니다. 요한도 요셉이 주님의 제자였다는 사실은 부인하지 않았습니다. 그런데 요한은 재미있는 정보 하나를 제공합니다. 요셉이 주님의 제자이기는 했지만 그 사실을 숨기고 있다가 주님이 돌아가신 후에야 제자인 것이 드러났다고 말이지요. 그가 산헤드린 공회의 회원이었다면 지금으로는 국회의원쯤 된다고 말할 수 있습니다. 아니, 그들에게 주어진 권세를 생각하면 국회의원보다 권세있는 자리였다고 보는 것이 맞을 것 같습니다.

산헤드린 공회의 회원이 되는 것은 결코 쉬운 일이 아니었습니다. 높은 학문과 좋은 배경에 의해 요셉은 모든 사람이 존경받는 위치에 오를 수 있었습니다. 그는 또한 부자였습니다. 마태는 특히 요셉을 소개하면서 "아리마대 부자 요셉"이라고 하였는데, 그는 아리마대 지방에서는 알아주는 부자였던 것 같습니다. 마가는 요셉이 산헤드린 공회의 회원들 중에서도 아주 영향력 있는 회원이었다고 그를 소개합니다. 뭐 하나 부족할 것이 없을 만큼 부와 명예와 권세를 소유한 그에게 정말 상상하기 어려운 일이 일어났습니다. 갈릴리에서 온 촌스럽기 이를 데 없는 한 사람의 말에 깊은 감동을 받은 것입니다. 적어도 그가 가지고 있는 지식과 양심에서는 예수님이 하시는 말씀 중에 반박할 수 있는 것이 없었습니다.

요셉은 어느 날 마침내 예수님이 메시아임을 인정했습니다. 그가 언제 주님을 찾아가 그런 고백을 한 적이 있는지는 모르겠습니다. 기록은 없지만 그랬을지도 모릅니다. 하지만 그는 자신이 인격적으로 예수님을 구주로 영접했다는 사실을 드러내지 않았음은 분명합니다. 왜 그랬을까요? 왜 자신의 신앙 고백을 공공연히 하지 않았을까요? 성격 때문일까요? 자신이 없어서였을까요? 신앙이란 너무 거창하게 드러내지 말아야 할 내면적인 것이라는 신학적인 입장 때문이었을까요?

요한은 본문에서 특이하게도 그가 유대인을 두려워해서 그랬다고 했습니다. 요한복음 9장에서 나면서 시각 장애인인 사람을 예수가 고쳤을 때 유대인들을 두려워했던 부모와, 자신을 고친 분이 메시아라고 담대하게 말했던 장애인의 대조를 기억하실 것입니다. 유대인들을 두려워했다는 말이 무슨 말입니까? 그가 현재 누리고 있는 명성, 권세, 부귀를 잃어버릴까 봐 두려워서 마음으로는 믿으면서도 그 사실을 감추었다는 말입니다. 여러분은 그래도 요셉이 괜찮은 신앙인이라고 생각하시겠습니까? 예수를 메시아로 인정하면서도 기존의 위치와 소유를 잃을까 두려워 타협하고 있는 모습으로 보이지는 않습니까?

저는 그 상황에서의 포기와 양보가 얼마나 어렵고 망설여지는 일인지 압니다. 그래서 한편으로 그런 요셉을 이해하는 마음도 있습니다. 주님이 돌아가시기 전까지는 그랬지만 주님이 돌아가신 후, 그 시체가 그냥 구덩이에 던져져 새들의 밥이 될 뻔한 것을 그래도 용기 있게 나섰기 때문에 주님의 장례도 치를 수 있었던 것이 아니냐고 말씀하는 분들도 계실 것입니다. 하지만 요셉의 이 행위는 여전히 주님의 제자임을 사람들에게 알리지 않은 채, 자신의 비겁함으로 인한 죄책감에서 벗어나려고 취한 행동으로 보일 수도 있습니다. 주님의 시체를 두고 도망갔던 제자들에 비하면 말미에 가장 용기 있는 제자였다고 평할 수도 있지만 모든 것을 다

뒤로하고 주님을 따라다니며 동고동락했던 제자들의 입장에서 보면 너무 안일하고 쉽게 주님을 믿으면서 헌신된 제자도를 돈으로 적당히 대신하려는 것으로 보일 수 있습니다. 적어도 요한은 어느 정도 못마땅하게 본 것 같습니다. 이는 당시 핍박받고 있던 교회로서는 상당히 심각한 도전이었음이 틀림없습니다.

요한복음 12장을 보면 예수님이 많은 표적을 행하셨지만 믿지 않는 사람이 많았고 심지어 믿는 사람들도 용기 있게 주님의 편에 서지 못했다고 했습니다.

> 관리 중에도 그를 믿는 자가 많되 바리새인들 때문에 드러나게 말하지 못하니 이는 출교를 당할까 두려워함이라(12:42).

이 사실에 대해 요한은 이해하는 입장이 아닌 아쉬워하는 입장을 취했습니다.

> 그들은 사람의 영광을 하나님의 영광보다 더 사랑하였더라(12:43).

예수를 믿지만 출교나 손해가 두려워서 앞에 나서지 못하고 밤이 되어야 주님을 찾아와 질문하고 낮에는 믿는 사람이 아닌 것처럼 행동하던 니고데모와 같은 관원들을 못마땅하게 생각한 요한은 그 아쉬운 마음을 본문 말씀에서도 은근히 표현하는 듯합니다.

> 아리마대 사람 요셉은 예수의 제자이나 유대인이 두려워 그것을 숨기더

니 이 일 후에 빌라도에게 예수의 시체를 가져가기를 구하매 빌라도가
허락하는지라 이에 가서 예수의 시체를 가져가니라 일찍이 예수께 밤에
찾아왔던 니고데모도 몰약과 침향 섞은 것을 백 리트라쯤 가지고 온지
라(19:38, 39).

요한은 니고데모나 요셉이 제자임을 부인하지는 않지만 그들을 또 다
른 형태의 제자의 모습으로 소개하지는 않습니다.

비겁한 제자도

여러분은 어떻게 생각하십니까? 생업과 목숨이 달려 있는 일이니 쉽게
판단해서 말할 것은 아니지만 아무것도 포기하지 않고 적당히 믿으며
하나님 나라와 세상을 동시에 얻으려는 사람들이 갈수록 많아지는 요즘
에는 아쉬운 모습으로 보이지 않을까 싶습니다.

어느 분이 직장 상사에 관해 이런 말을 했습니다. 20년 동안 같은 직
장에서 일했는데 그분이 교회를 다니는 분인지 전혀 몰랐다는 것입니다.
만일 그분의 의도가 굳이 요란스럽게 말하지 않더라도 삶의 모습을 통해
조용히 주님의 향기가 나타나도록 하겠다는 것이었다면 아마 대단히 헌
신적인 모습이었는지도 모릅니다. 하지만 그렇더라도 20년 동안 한 번도
주님을 말한 적이 없다면, 그의 성실하고 모범이 되는 삶을 보면서 주변
에 있는 사람들은 그를 칭찬했을지 몰라도 그리스도를 향한 신앙에 관
심을 갖지는 않았을 것입니다. 하지만 더 안타까운 경우는 하나님을 믿
으면서도 20년 동안 아무도 모르게 한 이유가, 믿는다는 것이 창피해서

이거나 믿는다는 것을 알려서 당할 수 있는 불이익이 싫어서이거나, 행동을 더 조심해야 하고 더 관용을 보여야 하는 것이 부담스러워서 숨기는 경우입니다. 그러면서 그리스도인이기에 더 조롱받을지 모른다는 것이 두려워서 사람들 앞에서 기도도 하지 않고 찬송도 부르지 않은 것이지요. 즉 교회에 다니는 티를 낸 적이 없는 경우입니다. 여러분은 이 모습을 신사적인 신앙인의 모습이라고 생각하십니까?

지금 이 시대에 믿는 것을 너무 티 내고 요란을 떠는 것도 문제지만 10년을 함께 있어도 믿는지 안 믿는지 아무도 모를 만큼 차이가 없어 보이고 그리스도의 흔적이 보이지 않는 것도 문제가 아닐까요? 믿는 티를 너무 내지는 않아도 믿는 흔적은 나타나야 하는 것 아닙니까? 특히 요셉처럼 유대인들이 두려워서, 출교가 두려워서, 명성과 권세를 잃을까 두려워서 혼자 속으로만 믿으며 아무런 희생도, 헌신도 하지 않으려고 하는 사람을 점잖은 신자라고 말하기에는 그리스도인들이 이 세상에서 드러내야 할 그리스도의 향기는 너무 크고 당연한 것 아닙니까?

오해하지 마시기 바랍니다. 저는 그리스도를 드러내는 최선의 방법이 무엇인가를 말하는 것이 아닙니다. 압도적일 수밖에 없는 제자도에 관해 말하는 것입니다. 알렉산더 맥클라렌이라는 설교가는 요셉과 니고데모에 관해 이렇게 말했습니다.

> 인정하고 고백할 수 있는 기회가 있었는데도 너무 소심하고 비겁하게 주님을 인정할 수 없었던 그들은 주님의 시신에 눈물과 존경을 보내는 것이 너무 늦었다는 것을 알았을 때에야 주님 앞에 나아올 수 있었다.

주님을 믿고 주님을 위해 무언가를 하고 싶은 마음이 있더라도 지금 당장의 편리와 이익을 잃어버리는 것이 두려워서 마냥 시간만 보내는 사람이 얼마나 많습니까? 아리마대 사람 요셉이 그리 생각했다고 보지는 않지만 주님의 시신에 향품을 제공하는 것으로 주님과의 마지막을 장식해야 했다면 얼마나 후회스러웠을까요? 평소에는 사람들이 두려워 찬송 한 번 제대로 부르지도 못하다가, 주님 앞에 나아가 주님의 말씀 한 번 제대로 경청하지 못하다가, 주님과 사랑스러운 대화 한 번 제대로 나눠 보지 못하다가 주님이 돌아가시고 난 다음에 무덤을 제공하면 그의 비겁함과 욕심이 모두 정당화될 수 있는 겁니까?

저는 오늘날 교회의 문제는 많은 교인이 교회에서는 교인이기를 자처하지만 교회 밖에서는 교인이기를 감추려 한다는 데 있다고 생각합니다. 물론 이런 현상은 이미 말씀드린 것처럼 몹시 극성스러운 교인들에 대한 반작용으로 생긴 것일 수 있습니다. 믿어도 조용히 믿고 싶다는 점잖음에서 비롯된 것일 수 있습니다. 하지만 어쩌면 그렇게 극성스러운 교인들의 모습이 너무 싫다는 말이 사실은 헌신과 손해 보는 것이 싫은 상태를 미화시키기 위한 구실은 아닐지 냉정하게 자신을 살펴 보아야 합니다. 만일 그렇다면 우리의 문제는 우리가 처음부터 아리마대 사람 요셉과 같은 제자가 되기를 자처하고 있다는 것입니다.

감추어진 제자입니까?

3년간 주님을 따라다닌 요한의 입장에서는 핍박과 불이익이 두려워서 제자들과의 교제를 꺼리고, 예배에도 참석하지 않고, 마음속으로만 예수를 믿는다고 말하는 사람들이 섭섭했습니다. 자기들이 불이익을 당할 때 나서지 않았습니다. 예수님이 유대 지도자들에 의해 어려움을 겪을 때 희생을 각오하고 말 한마디라도 주님의 편에서 거들어 주었더라면 정말 큰 힘이 되었을 텐데, 전혀 그러지 않으니 그가 주님의 제자인 줄 아무도 몰랐습니다.

유대인들이 두렵기는 주님과 함께 다니던 제자들도 마찬가지였을 텐데 주님과 함께하던 제자들이 두려움에 밤잠을 못 이루고 피곤과 배고픔에 힘들어하고 있을 때, 요셉은 전혀 아무런 부족함도 느끼지 않은 채 편안하게 지냈습니다(심적인 갈등이 얼마나 컸는지는 모르겠지만요). 3년 동안 주님을 따라다니며 군중의 반응이 너무 조석지변이라서 사역의 의미를 찾지 못하고 낙심할 때, 요셉은 한 번도 "나도 주님을 믿습니다"라는 말로 제자들에게 용기를 준 적이 없었습니다. 그는 마음속으로만 제자였습니다. 그는 혼자만 경건한 신자였습니다. 그가 혼자 있을 때 주님의 말씀을 얼마나 묵상하며 살았는지는 모르지만, 다른 사람은 아무도 그와 영적인 교제를 나누지 못했습니다. 왜 그랬을까요? 두려웠기 때문입니다. 주님을 사랑했지만 상처가 두려웠고, 손해가 두려웠고, 불편함이 두려웠고, 불이익이 두려웠습니다.

어쩌면 저는 이 설교를 통해서 아리마대 사람 요셉에 관해 말하고 싶은 건 아니었는지 모릅니다. 솔직히 그가 어떤 사람이었는지는 잘 모르니까요. 하지만 만일 요한이 말한 대로 요셉은 두려움 때문에 몰래 예수님을 흠모했다면 저는 그의 행태에서 개인주의가 극에 달해 편리함과 안락함을 놓치지 않으려고 애를 쓰는 현대인들을 봅니다. 거의 불가지론적인 입장에서 믿음 생활을 하는 듯 보이는 그들의 안일함을 자꾸만 합리화하는 것은 아닐지, 안타까운 마음으로 현대인들에게 호소하고 싶고 경고하고 싶었던 것 같습니다.

　개인적인 믿음의 스타일일 수도 있고, 너무 요란한 것에 대한 반작용일 수도 있지만, 안일함과 편리함, 소유와 위치에 끼칠 수 있는 불이익 때문에 감추어진 제자로 사는 건 아닌지 여러분과 저의 마음에 묻고 싶었습니다. 저는 요셉이 제자였음을 의심하지 않지만 주님의 사후에 정체를 드러냈다면 주님의 생전에 함께 누릴 수 있었던 좋은 것을 너무 많이 잃었다고 생각합니다. 특히 우리가 살아가는 이 시대에는 감추어진 제자보다는 드러나 존경받는 제자가 필요합니다. "나는 주님의 제자입니다"라고 말하며, 주님의 제자이기 때문에 다르게 사는 모습을 보이는 제자가 필요합니다. 넘어져도 좋으니까, 약해도 좋으니까 저 사람의 삶을 주도하는 힘은 출세도, 명예도, 돈도 아닌 다른 것 같아서 부럽다는 말을 듣는 제자가 곳곳에 필요합니다. 주님의 나라와 영광을 위해서라면 부족하지만 희생과 헌신도 기꺼이 감당하겠다는 고백으로 세상을 살아가는, 드러나 있는 사람이 필요합니다. 주님을 믿는다면 주님의 시신에 눈물을 흘리려 하지 말고 지금 눈물을 흘리십시오. 찬양할 수 있는 지금 찬양하시기 바랍니다. 주님을 인정할 수 있는 지금 주님을 인정하시기 바랍니다.

요한복음 19장 38-42절

38 아리마대 사람 요셉은 예수의 제자이나 유대인이 두려워 그것을 숨기더니 이 일 후에 빌라도에게 예수의 시체를 가져가기를 구하매 빌라도가 허락하는지라 이에 가서 예수의 시체를 가져가니라 39 일찍이 예수께 밤에 찾아왔던 니고데모도 몰약과 침향 섞은 것을 백 리트라쯤 가지고 온지라 40 이에 예수의 시체를 가져다가 유대인의 장례 법대로 그 향품과 함께 세마포로 쌌더라 41 예수께서 십자가에 못 박히신 곳에 동산이 있고 동산 안에 아직 사람을 장사한 일이 없는 새 무덤이 있는지라 42 이날은 유대인의 준비일이요 또 무덤이 가까운 고로 예수를 거기 두니라

35장

아리마대 사람 요셉(2)

한국에 있는 이필완이라는 감리교 목사님이 4년 동안 사역하시던 교회를 사임하셨습니다. 그분이 사임한 이유는 목사라는 것이 부끄럽고 한국 교회의 그릇된 현실에 대한 책임을 지기 위해서라고 했습니다. 세습, 분쟁, 횡령 등의 죄가 묵인되는 교회 현실에 몹시 답답함을 느껴서 아무런 힘도 없는 목사지만 그 책임을 자신이 지고 자신의 목사직을 스스로 정직시킨 것입니다. 여기서 '그가 교회의 부조리에 책임을 질 만한 위치에 있는가'라는 질문은 그리 적합해 보이지 않습니다. 교회의 일원으로서 느끼는 책임과 슬픔은 정당한 것이니까요. 저는 그분을 직접 만나 본 적은 없지만 어쩌면 농사일이나 사회사업을 하면서 조용히 일생을 보내겠다는 결심을 한 것인지도 모릅니다. 교회에 회의를 느낀 것일 수도 있고 책임감을 느낀 것일 수도 있습니다. 어쩌면 그런 극단적이고 용기 있는 행동을 통해 비폭력적인 투쟁을 감행한 것인지도 모릅니다.

부패한 교회를 보면서 안타깝게 생각하는 사람들이 취할 수 있는 행동은 여러 가지가 있을 것입니다. 우선은 그 교회를 포기하고 떠나는 사람들이 있습니다. 함께 있을수록 함께 더러워질 뿐이라는 생각이 들고 아무런 희망도 가질 수 없는 경우일 것입니다. 부패한 교회를 조금이라도 나은 교회로 만들어 보겠다고 끝까지 투쟁하는 사람들도 있을 것입니다. 엄청난 손해와 불이익을 당하지만 항상 옳은 말을 하고, 잘못된 것을 지적하고 변화를 추구하는 사람들입니다. 또 다른 한 부류가 있다면 기존 질서에 들어가 있으면서 소리 없이 때를 기다리는 사람들입니다. 함께 악을 행하지는 않지만 그렇다고 극단적인 행동을 취하는 일도 없고 기존 질서에서 최선을 다해 주어진 일을 하면서 불의를 막아 보려고 애쓰는 것이지요. 가령, 일제 강점기에도 나라를 사랑하고 걱정하던 사람들 중에는 총과 칼을 들었던 독립운동가도 있고, 모든 게 싫어서 초야에 묻혀 살던 사람도 있고, 별로 티 나지 않게 교육이나 사업에 종사하면서 사회에 조금이라도 선한 영향을 끼치려고 애썼던 사람도 있던 것과 같다고 할까요? 어느 입장에 서 있는가에 따라 한 부류가 너무 과격해 보이기도 하고, 다른 한 부류가 너무 우유부단하고 타협적으로 보이기도 합니다. 경우에 따라 조금씩은 다르겠지만 일단 문제가 생기면 선한 마음을 가졌다 하더라도 어떻게 처신하는 게 지혜롭고 의로운 것인지 판단하는 것은 어렵습니다.

불완전한 세상에서 정의로운 일은 언제나 불의의 다른 면에 있기 때문에 어떤 정의도 사실은 완전하지 않습니다. 불의와 타협하고 싶지 않다는 원칙을 붙드는 경우에도 말입니다. 교회에 문제가 생기면 싸워야 합니까, 아니면 떠나야 합니까? 아니면 기도하며 기다려야 합니까? 분쟁이 있는 교회의 목사들이 종종 떠난 사람은 적이고, 남은 사람은 내 편이라고 생각하기도 하는데 이건 심각한 오해입니다. 방관자이거나, 못마땅하지만 때를 기다리는 사람이 제법 있을 테니까요. 상황마다 다를 테니 어느 것이 정답이라고 말하기는 어렵겠지만 무엇보다 제가 안타깝게 생각하는 것은 정의를 위해 취할 수 있는 행동이 오직 하나뿐인 양, 행동을 달리하지만 같은 마음을 가지고 있는 사람들을 원수로 만드는 것입니다. 포용과 타협의 긴장이 마치 존재하지 않는 것처럼 극단화하는 것이 아쉽다는 말입니다.

경건한 사람, 요셉

여러분은 아리마대 사람 요셉이 어떤 사람이었다고 생각하십니까? 앞의 설교에는 그가 비겁한 제자였던 것 같다는 관점에서 말씀드렸습니다. 적어도 요한이 보기에 그는 비겁한 사람이었고 자신의 재물이나 사회적 지위를 잃을까 봐 두려워서 떳떳하게 신앙을 고백할 수 없던 사람이었습니다. 요한은 그런 그를 제자로 인정은 했지만 아쉬워했던 것 같습니다. 반면에 누가나 마가는 좀 더 긍정적으로 요셉을 평가합니다. 오늘은 그 관점에서 요셉을 이해해 보고 싶습니다. 요셉을 이해하는 입장에서 상상력을 동원해서 각색해 보겠습니다.

아리마대 사람 요셉은 경건한 사람이었습니다. 당시에 부패했던 지도자들과 달리 순수함이 있었고 진리를 사모하는 마음도 있었습니다. 그는 부패하고 타락한 당시 종교 지도자들의 모습을 보면서 늘 안타까운 마음이 있었지만, 그렇다고 요셉에게 그들을 바꾸거나 개혁을 주도할 만한 능력이나 열정은 없었습니다. 아니, 어쩌면 그 어떤 노력도 당시에는 계란으로 바위를 치는 격이라고 지극히 합리적으로 생각했는지도 모릅니다.

그건 그의 기질입니다. 항상 바른 말을 하려고 애썼지만 말 한마디로 공회의 입장을 바꿀 만한 영향력 있는 자리에 있지는 않았습니다. 분당을 만들고 당시 지도자들과 맞서 싸울 수도 있겠지만 현실적으로 아직은 그럴 때가 아니라고 생각했고, 성격적상 자신이 그렇게 나설 만한 인물이 되지 못하는 것을 잘 알고 있었습니다. 그렇다고 공회원 자리를 내놓고 초야에 묻히면 그런 험한 꼴은 안 볼 테니 좋겠지만 왠지 그것도 최선은 아닌 것 같았습니다. 그래서 그는 그 자리가 하나님이 주신 자리라고 생각하고 주님의 때를 기다리기로 했습니다. 주님의 날이 임하면 모든 불의한 것이 심판받을 것이라는 믿음으로 묵묵히 참으며 자기 할 일만 하기로 했습니다.

그러다가 예수님을 만났습니다. 오랫동안 기다렸던 메시아라는 확신이 들었습니다. 너무 기쁘고 좋았습니다. 하지만 특히 그의 위치 때문에라도 신중하고 조심해야 했습니다. 자칫 예수님을 더 큰 위험에 처하게 할 수도 있고 그렇다고 예수님을 위해 무엇을 할 수 있는 것도 아니었습니다. 그래서 일단은 침묵하기로 했습니다. 당시에 예수를 믿는다는 말은 출교를 의미했는데 자신의 확신을 공공연하게 말하는 것이 현명한 일인지도 확신이 서지 않았습니다. 물론 겁이 났던 것도 사실이기 때문에 마음에는 항상 갈등이 있었지만 제법 많은 사람이 그런 갈등 가운데 은밀하게 서로 교제하고 있음을 알고 있었습니다. 출교되고 불이익을 당하는 것도 겁이 났지만 왠지 지혜로운 처사 같지도 않았습니다. 어차피 예수님이 원하는 것이 그분을 믿는 모든 자가 다 그분과 함께해서 큰 무리를 이루는 것이 아니라면, 주어진 곳에서 하나님 나라를 기다리며 의롭게 살아야 할 사람들도 필요하니까요. 그러니 조용한 것이 낫겠다고 판단했습니다.

그런데 예수님에 대한 유대 종교 지도자들의 미움이 점점 심해졌습니다. 마침내 그들은 예수님을 죽이기로 중론을 모았습니다. 요셉은 그 상황에서도 가만히 있을 수는 없었습니다. 그래서 소극적이기는 했지만 증거도 없이 그분을 죽이려고 하는 것은 불의한 일이라고 말했고 그분을 따르는 군중이 너무 많아서 자칫 폭동이 일어날지도 모른다고 위협도 했습니다. 처음에는 그의 말을 듣는 것 같더니 마침내 그들은 예수님을 죽이기로 결정했습니다. 요셉은 끝까지 그들의 의견에 동조하지 않다가 미움을 받기도 했습니다.

의롭고 선한 자, 요셉

누가는 이 요셉을 이렇게 소개합니다.

> 공회 의원으로 선하고 의로운 요셉이라 하는 사람이 있으니 (그들의 결의와 행사에 찬성하지 아니한 자라) 그는 유대인의 동네 아리마대 사람이요 하나님의 나라를 기다리는 자라(눅 23:50, 51).

요셉은 공회 의원이었습니다. 어떤 사람들이 보기에는 그가 공회 의원으로 남아 있는 것 자체가 타협한 모습이고 불의한 모습으로 보였을지 모릅니다. 그런데 누가는 그에 관한 몇 가지 중요한 정보를 우리에게 제공합니다.

우선은 그가 의롭고 선한 자였다는 것입니다. 그리고 그는 하나님의 나라를 기다리는 자였습니다. 그가 언제나 소극적인 자세를 취했던 것은 아니었다고 했습니다. 결의와 행사에 가담하지 않는 것, 그리고 하나님 나라를 기다리는 것은 소극적이고 수동적으로 보이지만 그것도 저항의 한 방법이기 때문입니다. 비록 다른 제자들처럼 다 버리고 주님을 따라다니며 주님의 말씀을 듣고 사역을 했던 것은 아니지만, 그는 그에게 주어진 삶의 현장에서 주님의 제자로 성실하고자 했습니다. 그는 자신이 예수님의 제자임이 크게 드러나도록 행동하며 기득권에 저항하지는 않았지만, 그렇다고 언제나 손해를 보지 않으려고 비겁하게만 행동했다고 말할 수 없습니다. 결정적인 순간에 그는 아주 과감하고 용기 있게 행동할 수도 있었기 때문입니다.

대부분의 산헤드린 공회 회원이 예수님을 죽이자고 했을 때 반대 의견을 낼 만한 용기가 있었고, 예수님이 마침내 십자가형을 선고받고 죽임을 당하셨을 때, 그래서 그분을 믿고 따르던 사람들도 다 희망을 잃고 뿔뿔이 흩어졌을 때 담대하게 빌라도를 찾아가 예수님의 시체를 요구하고 예수님을 장사 지낼 수도 있었습니다. 그의 이런 행동은 주님의 죽음 앞에서 느낀 죄책감 때문이었다고만 말할 수 없습니다. 성경에는 기록이 없지만 그가 취한 행동은 특히 예수님의 부활로 인해 시체가 없어졌다는 소동이 일어났을 즈음에는 동료들로부터 심한 질책을 받았을 가능성이 높기 때문입니다. 그의 용기는 조용하고 차분했지만, 평소에 쌓아 놓았던 경건과 주님을 사랑하는 마음에서 비롯된 것이었다고 보는 것도 틀리지 않을 듯합니다.

물론 그는 제자들처럼 주님과 함께 고생하면서 배고픔과 피곤함을 경험하지는 않았습니다. 다른 제자들처럼 죽음의 위기를 넘긴 적도 없고, 하루하루 살얼음판을 걷는 것처럼 살지도 않았습니다. 그가 상속받은 많은 재산과 그의 사회적인 지위로 인해 풍요로운 생활을 했지만 그것을 다 팔아 가난한 자에게 나눠 주고 주님과 함께 무숙자의 생활을 하지는 않았습니다. 하지만 그것이 언제나 주님이 원하신 최고의 헌신된 모습이 아니라면 요셉은 주님을 사랑하지 않은 사람이라고 쉽게 정죄할 수 없습니다. 그의 삶에 커다란 굴곡은 없었더라도 그의 소망은 이 땅에서의 출세가 아닌, 하나님 나라에 있었습니다. 제자들이 보기에는 혹 섭섭해 보일 만큼 매우 잘살기는 했지만 그도 틀림없는 주님의 제자였습니다.

한번은 요한이 예수님에게 이런 보고를 한 적이 있습니다. "어떤 사람이 주님의 이름으로 귀신을 내어 쫓는 것을 보았습니다. 그는 우리처럼 주님을 따라다니며 주님에게 직접 명령과 능력을 받은 자도 아닌데 주님의 이름으로 귀신을 쫓아내려고 하더이다. 우리 열두 명 중에 한 명도 아닌데 귀신을 쫓아내려고 하길래, 제가 못하게 했습니다"(눅 9:49 참조). 당시만 해도 요한은 혈기가 많고 유난히 주님의 측근이라는 사실로 인한 자부심이 강했기 때문에 주님을 따라다니지도 않는 사람이 그런 기적을 행하는 것을 용납할 수 없었을 것입니다. 그런데 주님의 대답이 정말 의외였습니다.

금하지 말라 너희를 반대하지 않는 자는 너희를 위하는 자니라(눅 9:50).

"함께하지 않는다 해도, 섬기는 방식이 다르다 해도 나를 믿고 내 이름으로 행하는 자들은 다 너희의 형제"라는 말씀입니다. 예수님을 사랑하여 행하는 자들이라면 비록 지금 그분과 함께 다니지 않는다 할지라도 다 그분의 백성이라는 말씀입니다.

주님이 심어 놓은 사람

제가 드리는 말씀을 여러분이 오해하지 않으면 좋겠습니다. 적당히 헌신하는 사람도 주님의 제자이고 열심히 헌신하는 사람도 주님의 제자라는 말씀을 드리는 것이 아닙니다. 이에 대해서는 앞의 설교에서 말씀드렸습니다. 아마 누군가 아리마대 요셉을 보면서 섭섭하게 생각했다면 그것은 그가 피해와 불이익이 두려워 적당히 헌신하는 제자였다는 판단 때문일 것입니다. 만일 제가 요셉에 대해 너무 섭섭하게 생각하지 말라고 하면 그렇게 적당히 헌신할 수도 있다는 점 때문이 아니라 그가 주님을 사랑해서 섬긴 방식이 달랐다는 점 때문일 것입니다.

오래전, 아프리카에서 선교하시던 한 선교사님을 만난 적이 있는데, 그분이 이민 교회 목회자들을 심하게 비판했습니다. 자신은 아프리카에서 엄청난 고생을 하면서 사역하고 있는데 이민 교회 목회자들은 너무 편안하게 잘살고 있다는 것이었습니다. 그 마음이 주님을 향하지 않고 세속적이고 물질적이라 온전히 헌신되지 않았음을 비판한 것이라면 겸손히 들어야 합니다. 필요하다면 회개해야 합니다. 그러나 단순히 좀 더 고생스러운 것과 편리한 것에 비추어 헌신의 정도를 결정하고 선교 현장에서 고생하는 것이 최고의 헌신이라고 생각한다면 건전하지 않습니다. 헌신의 유무가 아닌 헌신의 정도에 따라 사람을 판단하려는 모습으로 보이기 때문입니다. 단순히 선교사처럼 가난과 불편함으로 살지 않고 비교적 안정된 삶을 산다는 것 때문에 이민 교회 목회자들의 아픔과 고충을 폄하할 수 있을까요?

많은 경우에 우리의 문제는 섬김의 정도나 섬김의 방식을 절대시하는데 있습니다. 교회 봉사를 많이 하는 사람은 교회 봉사를 최고의 섬김이라고 생각합니다. 심지어 교회 봉사 중에서도 자신이 속해 있는 특정한 사역을 가장 절실한 사역이라고 생각해서 사람들이 다른 일에 힘쓰는 것을 용납하지 못합니다. 기도가 필요한 것은 누구나 잘 압니다. 하지만 기도를 많이 하는 사람이 기도하는 양이나 시간에 의해서 주님을 향한 사랑의 질을 결정하려고 하면 다른 방식으로 주님을 향한 사랑을 표현하는 사람들이 다 잘못된 사람으로 보입니다. 찬양도 마찬가지고 성경 공부나 전도도 마찬가지입니다.

아리마대 사람 요셉의 제자로서의 삶은 언뜻 보아서는 대단히 소극적으로 보입니다. 하지만 누가나 마가의 평가에 의하면 그는 주님이 필요한 일을 위해 그곳에 심어 놓은 주님의 제자였습니다. 그는 주님을 따라 다니던 열두 명의 제자와 전혀 다른 삶의 방식으로 주님을 섬겼지만 틀림없이 주님을 사랑하던 사람이었습니다. 제가 주님을 섬기는 방식과 여러분이 주님을 섬기는 방식이 다릅니다.

제가 주님을 섬기고 헌신하는 방식은 시간만 나면 성경을 읽거나 성경과 관련된 책을 읽는 것이고, 아침부터 저녁까지 교회에 나와서 교회 일을 하고 교인들을 만나는 것입니다. 여러분 중에 누구도 저보다 오랜 시간 교회에 있을 수 없을 것입니다. 그러니까 제가 주님에게 가장 헌신된 사람이라고 말하면 맞을까요? 저는 이렇게 헌신하는데 다른 교인들은 도대체 왜 그렇게 교회에서 시간을 보내지 않느냐고 말하면 맞을까요? 그렇지 않습니다. 저와 여러분은 헌신의 방식이 다를 뿐입니다.

그러나 저와 여러분 모두 주어진 곳에서 주님의 제자임을 인식하고 맡겨진 일들을 하나님의 사랑으로 감당해야 합니다. 그렇게 주님에게 헌신된 삶을 살고 있다면 우리는 다른 방식을 용납할 수 있어야 합니다. 전혀 다른 방식이지만, 그 속에서 주님을 사랑하는 마음을 읽을 수 있는 열린 마음이 있어야 합니다. 열심히 기도하면 광신자라 말하고, 손을 들고 찬양하지 않으면 주님을 사랑하지 않는다 말하고, 선교에 관심을 가지면 세계를 품은 사람이라 말하고, 구제에 마음을 쏟으면 사회 복음을 지향하는 자유주의자라고 말하면 하나가 될 수 없습니다. 거기에는 서로 용납함이 없는 것입니다.

열두 제자와 같은 사람이 있으면 아리마대 사람 요셉과 같은 사람도 있는 것입니다. 다시 말씀드립니다. 제가 드리는 이 말씀은 아리마대 사람 요셉이 헌신되지 않은 비겁한 사람이 아니었다는 것을 전제하고 드리는 말씀이고 전혀 헌신되지 않은 상태를 합리화할 수 있다는 의미가 아닙니다. 빌리 그레이엄 목사님이 말씀하신 것처럼 현대인들의 가장 심각한 문제는 마약도, 전쟁도 아닌 마음의 문제일지도 모릅니다. 결국 모든 문제는 거기에서 비롯될 테니까요. 하지만 동시에 주님을 향한 정한 마음을 가졌다 하더라도 그 표현과 관심은 다양할 수 있음을 인정할 수 있는 포용력도 현대인에게는 절실하게 필요합니다. 확실한 헌신에 대한 자만심도 분열을 일으키고 상처를 주기 때문입니다. 주님을 사랑하지만 아리마대 사람 요셉과 같은 사람도 있고 열두 제자와 같은 사람도 있다는 말이 잘못된 말일까요? 제가 그렇게 말하면 많은 분이 기왕이면 아리마대 요셉처럼 그렇게 살지 무엇 때문에 제자들처럼 사느냐는 반응을 보일까요? 저는 안 그럴 것 같습니다. 주님을 사랑하는 마음이 있으면 각자를 향한 하나님의 부르심에 온전히 헌신된 마음과 기쁨으로 응답할 수 있을 것 같습니다.

우리가 어떻게 헌신하며 섬겨야 하는지를 생각하면 사실은 모두가 불완전합니다. 어떤 방식이나 방법이 최선이라고 말하기에 우리의 판단은 완전할 수 없습니다. 그뿐 아니라 세상에서 누릴 수 있는 많은 좋은 것이 아까워서 헌신을 유보하거나 합리화를 통해 최소화한다면 그건 문제입니다. 하지만 그것 못지않게 심각하고 큰 문제는 헌신을 자신의 의처럼 여기는 것입니다. 그 어떤 것도 완전하지 않고, 우리 마음은 언제나 갈라지고 흩어지고 섞여 있기에 우리의 헌신을 의미 있게 만드는 것은 결국 예수 그리스도의 순종뿐이라는 사실을 우리는 잊지 말아야 합니다.

십자가에 달리신 주님을 바라보면서 제자들이 옳았는가, 요셉이 옳았는가를 논하는 문제에 집중하기 보다는 우리를 위해 거기에 계시는 주님을 바라보아야 합니다. 나의 순종을 의미 있게 만들고 가능하게 만드는 것은 다른 사람과의 비교된 상태가 아니라 바로 예수 그리스도의 순종임을 우리는 놓치지 말아야 합니다. 그리할 때에 열심을 낼수록 겸손해지고, 헌신할수록 은혜가 깊어질 것입니다. 그리하지 않는다면 열심을 낼수록 불평이 생기고, 우쭐거리게 될 것입니다. 그리스도인들이 헌신에 있어서 '방법'이 다른 것을 '정도'가 다른 것으로 오해하지 않으면 좋겠습니다. 우리는 언제나 주님 때문에, 주님을 보고, 주님을 위해 사는 사람들이어야 하기 때문입니다.

요한복음 20장 1-14절

1 안식 후 첫날 일찍이 아직 어두울 때에 막달라 마리아가 무덤에 와서 돌이 무덤에서 옮겨진 것을 보고 2 시몬 베드로와 예수께서 사랑하시던 그 다른 제자에게 달려가서 말하되 사람들이 주님을 무덤에서 가져다가 어디 두었는지 우리가 알지 못하겠다 하니 3 베드로와 그 다른 제자가 나가서 무덤으로 갈새 4 둘이 같이 달음질하더니 그 다른 제자가 베드로보다 더 빨리 달려가서 먼저 무덤에 이르러 5 구부려 세마포 놓인 것을 보았으나 들어가지는 아니하였더니 6 시몬 베드로는 따라와서 무덤에 들어가 보니 세마포가 놓였고 7 또 머리를 쌌던 수건은 세마포와 함께 놓이지 않고 딴 곳에 쌌던 대로 놓여 있더라 8 그때에야 무덤에 먼저 갔던 그 다른 제자도 들어가 보고 믿더라 9 (그들은 성경에 그가 죽은 자 가운데서 다시 살아나야 하리라 하신 말씀을 아직 알지 못하더라) 10 이에 두 제자가 자기들의 집으로 돌아가니라 11 마리아는 무덤 밖에 서서 울고 있더니 울면서 구부려 무덤 안을 들여다보니 12 흰 옷 입은 두 천사가 예수의 시체 뉘었던 곳에 하나는 머리 편에, 하나는 발 편에 앉았더라 13 천사들이 이르되 여자여 어찌하여 우느냐 이르되 사람들이 내 주님을 옮겨다가 어디 두었는지 내가 알지 못함이니이다 14 이 말을 하고 뒤로 돌이켜 예수께서 서 계신 것을 보았으나 예수이신 줄은 알지 못하더라

36장

빈 무덤

성탄절이 다가오면 사람들은 가족이나 지인들에게 줄 선물을 사기 위해 쇼핑을 합니다. 하지만 대부분은 크리스마스 쇼핑에 적지 않은 부담을 느낍니다. 그 이유 중 하나는 재정적인 출혈이 너무 크기 때문이고, 또 다른 하나는 뭘 사면 좋을지 몰라서 망설이느라 시간을 너무 많이 소비하기 때문입니다. 기왕이면 받는 사람이 좋아할 만한 선물을 사는 것은 그렇게 어렵지 않습니다. 사람들은 대체로 선물받는 것 자체를 좋아하니까 뭘 선물하든 대체로 좋아할 것입니다. 하지만 받는 사람이 '가장' 좋아할 만한 것을 찾자면 그건 쉽지 않습니다. 받는 사람도 뭐가 자신에게 가장 좋은지 모르기 때문입니다(좋아 보이는 것은 있을지 몰라도요). 가령 아내가 저에게 이번 크리스마스 선물로 뭘 사 주느냐고 물으면 겉으로는 사긴 뭘 사느냐고, 그냥 생략하고 지내자고 말하면서도 속으로는 뭐가 가장 좋을까 생각하느라 머리가 복잡해집니다. 그런데 딱히 떠오르는 게 없습니다(너무 많이 떠올라서 문제인 경우도 있지만요).

우스운 이야기를 하나 해드리겠습니다. 어떤 부부에게 천사가 나타나서 소원을 들어 줄 테니까 세 가지 소원을 말하라고 했답니다. 한참을 고민하다가 부인이 소시지가 먹고 싶다고 했습니다. 이를 듣고 남편은 아내가 너무 하찮은 소원을 말한 데 화가 난 나머지, 그 소시지가 마누라 코에 붙으라고 말했답니다. 진짜 소시지가 마누라 코에 붙자, 세 번째 소원으로 마누라 코에서 소시지가 떨어지도록 빌었다고 합니다.

사람들에게 가장 갖고 싶은 것을 물어도 확실하게 대답할 수 없는 이유는 사람마다 다를 수 있습니다. 제가 생각하는 두 가지 이유를 말씀드리면 하나는 욕심 때문입니다. 모든 걸 다 갖고 싶기 때문에 하나를 말하자니 다른 게 아쉽고 또 다른 걸 말하자니 말하지 않은 게 더 커 보여서 망설이게 되는 것이지요. 두 번째는 정말 뭐가 최선인지를 모르기 때문입니다. 무조건 건강한 게 최선인 것 같지도 않고, 돈만 많아서 되는 것 같지도 않고, 자식이 출세한다고 문제가 없는 것은 아닌 듯합니다. 우리에게 부족한 것이 생길 때 그것이 불행과 슬픔의 원인이라는 것은 알 수 있지만, 정작 우리를 행복하고 기쁘게 해줄 것이 무엇인지는 알지 못합니다. 그러니까 무엇이 최선인지도 모른 채, 무엇이 우리를 행복하게 해 줄지, 무엇이 불행하게 해 줄지 모른 채 그냥 눈에 보기에 좋아 보이면 기뻐하고 안 좋아 보이면 슬퍼하는 게 우리의 모습인지도 모릅니다. 이렇게 사는 것이 그렇게 현명하지 않다는 것을 설명한 고사성어가 '새옹지마'입니다.

정작 무엇이 우리에게 좋은지 모른 채 보기에 좋아 보이는 것을 좋다고 말할 수밖에 없는 시야의 한계, 화가 복이 되기도 하고, 복이 화가 되기도 하기 때문에 인생의 끝자락을 볼 때까지는 아무것도 알 수가 없다는, 시야의 한계라는 평범한 지혜에 관해서는 성경도 말하고 있습니다. 성경도 눈에 보이는 것만으로 마치 모든 것을 잃어버린 것처럼 슬퍼할 이유가 없다고 말합니다. 비록 아무것도 가진 것이 없는 것 같고 크게 실패한 듯해도 낙심할 필요가 없다고 말합니다.

물론 반대로 모든 것을 가졌다고 해서 안심하거나 좋아할 일만은 아님을 가르칩니다. 하지만 성경은 단순히 인생이란 복이 화가 되고 화가 복이 되어 변화가 끝이 없고 그 깊이를 헤아릴 수 없는 것이기 때문에 눈에 보이는 이해득실로 울다 웃다 할 이유가 없다고 말하지 않습니다. 그보다는 선하신 하나님이 그 사랑하시는 자에게 모든 것이 합력하여 선을 이루게 하신다는 믿음 때문에 우리가 이 세상에 살면서 경험하는 모든 일에 긍정적인 의미를 부여해야 한다고 가르칩니다. 물론 합력하여 이루시는 선이 언제나 세상에서의 형통과 성공을 의미하지는 않습니다. 그러니까 어려운 일이 있을 때 우리는 막연히 잘될 수도 있을 것이라는 기대로 희망을 가지고 사는 것이 아니라, 전능하신 하나님이 우리를 향한 선하신 계획이 있어서 우리를 인도하고 계신다는 확신으로 기대를 가지고 살아가야 합니다.

시체가 사라지다

저는 이번 본문을 통해서 한 사건에 대한 인간적인 관점과 하나님의 관점에 얼마나 큰 차이가 있는지 생각해 보고 싶습니다.

정말 허무하게 주님이 돌아가셨습니다. 제자들로서는 너무 갑작스럽게 당한 일입니다. 어제 저녁까지만 해도 함께 식사하며 천국에 관한 강론을 하시고 많은 사람에게 희망을 주시던 주님에게 하룻밤 사이에 체포, 재판, 처형이 이루어졌습니다. 사고로 인해 하루아침에 운명을 달리하는 경우는 있지만 이렇게 급하게 일처리가 되어서 재판 당일에 처형을 당한 경우는 없습니다. 그나마 아리마대 사람 요셉의 도움으로 무덤을 찾아 장사를 지낼 수 있었던 것만으로도 다행이었습니다.

요한복음에서는 막달라 마리아만 언급되어 있습니다만, 다른 복음서에 의하면 주님의 어머니 마리아를 포함한 몇 명의 여인이 주님의 무덤을 찾았습니다. 그들은 거기서 주님의 시체가 사라진 것을 발견했습니다. 혹 다른 제자들이 주님의 시체를 다른 곳으로 옮겨 놓은 것은 아닐까요? 안식일이 임박해서 너무 급하게 장사를 지내느라 골고다 언덕에 있는 무덤에 모셨는데 혹 다른 좋은 곳이 있어서 벌써 그리로 모셔 갔을까요? 하지만 그 전날 저녁까지도 제자들은 아무 이야기가 없었고 여인들은 아주 이른 새벽부터 움직였기 때문에 사실 그럴 가능성은 희박합니다. 그렇다면 유대 지도자들이 잔인의 극치를 보인 것임이 틀림없습니다. 너무 놀란 막달라 마리아는 제자들이 있는 곳으로 달려갔습니다. 그러고는 주님의 시체가 없어졌다고 했습니다. 베드로와 요한도 놀라서 무덤으로 달려갔습니다. 그리고 시체가 없어진 것을 확인했습니다.

제자들도 시체를 치우지 않았음이 분명합니다. 그렇다면 도대체 누가 시체를 치운 겁니까? 요한이 말한 것처럼 이 상황에서 제자들 중 누구도 "내가 다시 살아나야 하리라"라고 하신 주님의 말씀을 기억해 낸 사람도, 기대한 사람도 없었습니다. 주님을 사랑했고 주님을 믿었지만 부활하리라고 한 주님의 말씀을 그대로 믿은 사람은 아무도 없었습니다. 당연합니다. 아직 그들이 한 번도 경험한 일이 아니니까요. 그들은 당장 주님의 시체를 찾을 수 없다는 것이 너무 답답하고 안타까울 뿐이었습니다. 주님이 죽으신 후에 막달라 마리아는 말할 수 없이 슬펐지만 그 슬픔을 더욱 크게 만들고, 마지막 남은 위로의 기회마저 빼앗아 버린 사건이 일어났습니다. 바로 시체의 증발이었습니다. 이미 그들의 슬픔과 당혹감은 예수님의 죽음이 아닌 시체의 증발이 되어 버렸습니다. 아마 이때쯤 막달라 마리아의 눈물은 더 이상 슬픔만이 아닌 분노의 눈물이었는지도 모릅니다. 도대체 누가 그토록 잔인한 짓을 한단 말입니까? 요한복음은 당시 막달라 마리아의 심정을 이렇게 기록합니다.

> 마리아는 무덤 밖에 서서 울고 있더니 울면서 구부려 무덤 안을 들여다보니(20:11).

막달라 마리아는 무덤을 떠나지 못하고 무덤 안을 들여다보고 무덤이 빈 것을 확인하고는 한참을 울다가 또 들여다보고 그리고 또 울기를 반복했을 겁니다.

현상의 문제가 아닌 믿음의 문제

주님의 부활을 알고 있는 여러분이 보시기에 어떻습니까? 막달라 마리아는 울지 않아도 될 일을 가지고 울고 있는 것 아닙니까? 이 일이 울 일입니까, 아니면 웃을 일입니까? 이 일이 희망으로 가슴이 설레는 일입니까, 아니면 절망할 일입니까? 틀림없이 예수님의 무덤은 비어 있었습니다. 하지만 빈 무덤 앞에서 느낀 막달라 마리아의 슬픔은 누군가 주님의 시체를 가지고 갔음을 전제했기 때문에 생긴 것이었습니다. 빈 무덤 앞에서 분노하고 통곡할 수밖에 없음은 누군가 시체를 가져갔다는 것 말고는 달리 아무 이유도 생각할 수 없었기 때문입니다.

막달라 마리아는 주님의 말씀을 기억할 수 없었습니다. 그러나 이 사건을 다 알고 있는 여러분은 어떻습니까? 예수님의 무덤이 비어 있었다는 대목을 읽을 때, 두려움이나 슬픔을 느끼는 사람은 아무도 없습니다. 아니, 오히려 울고 있는 마리아가 우스워 보이고 어리석어 보이기까지 합니다. 왜 그렇습니까? 빈 무덤은 주님의 부활을 의미한다는 것을 알기 때문입니다. 빈 무덤은 패배의 상징이 아니라 승리의 상징임을 알고 있기 때문입니다. 무덤이 비었다는 사실이 충격적인 사건임이 틀림없지만, 왜 그 무덤이 비어 있는지를 아는 것과 모르는 것에 따라서 빈 무덤을 대하는 사람들의 희비가 교차됩니다. 저는 부활을 한 번도 경험한 적이 없는 막달라 마리아가 빈 무덤 앞에서 주님이 부활하셨다고 펄쩍 뛰면서 좋아했을 리 없다고 생각합니다.

더욱이 부활하신 주님의 모습을 보고 주님의 부활이 선명해질 때까지는 빈 무덤이 부활을 의미하는지, 아니면 누군가 훔쳐 간 것을 의미하는지 알 길이 없습니다. 그러니까 혼란스러운 것도 당연합니다. 주님의 말씀을 기억해 내서 '혹시' 하는 마음을 가진다 할지라도 역시 불안하고 두렵습니다. 저는 막달라 마리아에게서 그런 기가 막히게 완벽한 믿음을 기대하는 것이 아니라 막달라 마리아가 주님의 약속들을 기억할 수 있었다면, 그리고 주님이 말씀하신 것처럼 주님이 그렇게 쉽게 패할 분이 아님을 믿을 수 있었다면 빈 무덤 앞에서 희망을 가지는 것은 당연한 일이 아니었겠는가를 말씀드리고 싶은 겁니다.

그리고 이 희망은 고난 중에 정말 큰 힘이 된다는 것을 말씀드리고 싶습니다. 주님의 빈 무덤 앞에서 막달라 마리아가 "주님이 부활하셨다"라고 감격하기를 기대한다면 지나친 요구일 수도 있습니다. 슬퍼함이 당연합니다. 혼란스러워함이 당연합니다. 그러나 눈에 보이는 현상이 아니라 주님의 약속에 집중할 수 있다면 빈 무덤이 언제나 절망적이지는 않습니다. 이미 이 사건의 결말을 아는 우리는 이 문제가 마리아에게는 믿음의 문제였음을 압니다. 주님의 약속을 기억하고 믿었다면 빈 무덤에서도 위로와 소망이 가능했음을 우리는 압니다. 결국 우리 인생의 문제는 현상의 문제가 아니라 믿음의 문제입니다. 선하고 전능하신 하나님의 주권적인 섭리를 인정한다면 말입니다.

올라가면 괜찮아

우리는 살면서 가끔씩 빈 무덤을 대하는 것과 같은 경험을 합니다. 절망의 순간에 그렇습니다. 아픔과 고통의 순간도 그렇습니다. 도대체 왜 하나님이 나에게 이런 일을 허락하시느냐고 원망함이 당연해 보이는 순간들입니다. 주님의 빈 무덤 앞에서 막달라 마리아가 느꼈던 슬픔을 이해한다면 우리는 그런 고난 앞에서 힘들어하는 분들을 충분히 이해할 수 있습니다. 하지만 동시에 빈 무덤이 무엇을 의미했는지 안다면 우리는 막달라 마리아의 경험을 보면서 빈 무덤이 꼭 그렇게 절망하고 슬퍼할 만한 일이 아니었음을 인정해야 합니다. 빈 무덤은 승리를 향한 과정이기 때문입니다. 빈 무덤은 더 나은 것을 위한 과정이기 때문입니다. 도대체 더 나은 무엇을 위한 것인지 몰라서 혼란스럽고 불안한 것은 인정하지만 그렇더라도 빈 무덤이 부활을 상징할 수 있다는 희망을 포기할 수는 없습니다. 빈 무덤이 당장에 가져다주는 것은 실망과 불안이지만 그 앞에서 깊이 생각해 보면, 부르짖다 보면 빈 무덤을 통해 나타날 하나님의 선하심을 볼 수 있습니다.

미국의 유명한 설교가였던 무디가 설교 중에 한 노인을 소개한 적이 있습니다. 그 노인은 항상 긍정적이고 밝고 명랑한 노인이었습니다. 그 노인은 병이 들어서 거동이 불편했고, 아주 낡고 허름한 아파트 가장 꼭대기인 5층에 살았지만 언제나 여유가 있었습니다. 한번은 그 노인의 친구가 아주 부자인 다른 한 친구와 함께 그 아파트를 방문했습니다. 엘리베이터가 없었기 때문에 5층까지 걸어 올라갔습니다. 2층에 왔을 때 부자 친구는 "너무 더럽고 어둡구나"라고 한탄했습니다. 그러자 같이 있던 친구가 "올라가면 괜찮아"라고 대답했습니다. 3층에 도착했습니다. 부자 친구가 말했습니다. "아까보다 더 형편없잖아." 곁에 있던 친구가 또 말했습니다. "올라가면 괜찮아." 마침내 5층에 올라가서 병상에 누워 있는 노인을 발견했습니다. 주변이 깨끗이 정리되고 화병에 꽃도 있고 병상에 누워 있는 노인의 얼굴이 밝게 빛나 처음 올라올 때보다는 마음이 많이 좋아졌지만 부자 친구가 보기에는 모든 게 너무 열악해 보였습니다. 그래서 이렇게 말했습니다. "이런 곳에서 사는 게 쉽지 않겠다. 많이 힘들고 속상하지?" 그때 누워 있던 노인이 조금도 주저함 없이 대답했습니다. 올라가면 괜찮아." 물론 이 말은 죽어서 천국에 가면 되니까 괜찮다는 말일 수 있습니다. 하지만 또한 하나님이 함께하시니까, 하나님이 당신의 선하심으로 합력해서 선을 이루실 테니까, 하나님의 관점에서 보면 괜찮다는 의미일 수 있습니다. 저는 그렇게 열악한 환경에서 마음에 평안을 유지하며 살도록 하는 하나님의 능력과 선하심에 대한 믿음을 강조하고 싶습니다.

그런데 여러분, 아십니까? 우리로 하여금 소망과 믿음을 가지고 이 세상을 살아가게 할 수 있는 유일한 근거는 예수 그리스도의 부활입니다. 빈 무덤의 절망을 기쁨으로 바꿀 수 있는 유일한 근거가 그리스도의 부활이었듯이 말입니다. 합력하여 선을 이루신다는 말은 나중에 다 잘될 것이라는 막연한 가능성이 아닙니다. 예수님이 부활하셨다는 확실한 사실에서 비롯된 생생한 현실입니다. 이 노인에게 가난과 질병은 빈 무덤이었을 것입니다. 그냥 시체가 없어졌다는 사실만으로 슬퍼할 수 있습니다. 어려움을 당했다는 사실 자체만으로도 충분히 당황스럽습니다. 그러나 하나님의 관점에서 빈 무덤을 보기 시작하면 빈 무덤이 언제나 패배를 의미하는 것은 아닙니다. 하나님의 관점에서 보면 빈 무덤은 하나님이 당신의 큰 능력을 나타내기 위한 수단일 수 있습니다. 우리가 보기에는 몹시 불안해 보이는 일도 하나님이 보시기에는 전혀 걱정할 일이 아닐 수 있습니다. 그래서 우리가 경험하는 모든 일이 "그곳에 올라가면 괜찮아"라는 고백을 가능하게 합니다. 하나님의 선하심과 능력을 믿을 때 말입니다.

약속을 기대하다

현재 여러분에게 빈 무덤은 무엇입니까? 여러분을 몹시 힘들고 슬프게 만드는 빈 무덤 앞에서 시체가 없어졌음에 당황할 수 있지만 그 시체가 없어진 것이 언제나 누군가 훔쳐간 것이라고만 전제할 이유는 없지 않을까요? 다시 말하면 그냥 운이 나빠서 그런 일을 당했다거나, 세상이 불공평해서 그런 일이 발생했다고만 생각할 이유는 없다는 말입니다. 빈 무덤 앞에서 부활의 가능성을 생각할 수는 없을까요? 지금 여러분을 힘들게 만드는 것이 하나님이 선하심을 나타내는 기회가 될 수는 없을까요? 어차피 무엇이 최선인지 모른다면 우리의 최선을 위해 주님의 선하심을 의지함이 가장 현명한 일이라고 말할 수 있지 않을까요? 눈앞에 보이는 이해득실로 울고 웃을 수밖에 없는 연약함이 우리에게 있지만 거기에만 머무르지 않으려는 노력과 그로 인한 여유가 신앙인들에게는 가능합니다.

너무 절망적이고 분노하게 만드는 빈 무덤이지만 그것은 눈에 보이는 대로 그렇게 절망적인 것이 아니라 오히려 하나님이 하나님의 일을 하고 계시다는 증거가 되었듯이 우리 삶에서 우리를 분노하게 하는 일들이 사실은 하나님이 하나님의 선하심을 드러내는 증거로 사용될 수 있지 않을까요? 물론 우리는 도대체 어떤 모양으로 하나님의 선이 드러날지 도저히 상상이 되지 않아서 혼란스럽지만 말입니다. 우리가 믿기로 한 것이 빈 무덤이라는 현상이 아니라, 살아나리라고 하신 주님의 말씀이었다면 말입니다. 우리가 그렇게 믿고 살 수 있도록 만드는, 하나님의 선하심을 보여 주는 가장 확실한 증거는 바로 부활입니다. 우리에게 빈 무덤을 의미하는 것은 여러 가지겠지만 그 모든 상황에서 우리에게 유일하고 궁극적인 소망은 예수 그리스도의 부활입니다.

빈 무덤이 부활을 의미할 수도 있다는 믿음으로 우리는 지금보다 훨씬 담대해질 수 있습니다. 막달라 마리아의 슬픔을 이해는 하지만 엄밀히 말하면 불필요한 것인 것처럼 우리의 슬픔 중 많은 것이 불필요한 것들일지도 모릅니다. 다시 말씀드립니다. 누군가가 견뎌 내야 하는 고통스러운 순간들을 가볍게 여겨서 이 말씀을 드리는 것이 아닙니다. 단순히 지금보다 편해지고 나아질 것이라는 새옹지마의 지혜 때문도 아닙니다. 예수 그리스도께서 부활하심으로 우리를 위한 부활의 첫 열매가 되셨다는 확실한 사실과 우리의 믿음은 바로 이 사실에 기인하기 때문입니다. 우리의 소망과 기쁨은 막연한 가능성에 대한 기대나 긍정적인 인생관에서 비롯되는 것이 아니라 예수 그리스도께서 부활하셨다는 사실에서 비롯되는 것입니다.

우리가 처한 곤경과 고난의 상황에서 주님의 약속을 기억해 낼 수 있다면, 그리고 그 약속의 말씀을 믿을 수 있다면 빈 무덤의 현실 앞에서 "망했다!"는 현실적인 탄식을 뛰어넘는 "다시 사셨다!"는 소망의 감격도 가능해질 것입니다. 우리 주님이 다시 사셨습니다. 빈 무덤은 슬픔이 아닌 기쁨의 자리였습니다. 우리 주님처럼 우리도 다시 살 것입니다. 지금 이 땅에서 우리가 경험하는 빈 무덤도 실패와 좌절이 아닌 하나님의 뜻을 이루는 영광의 자리가 될 것입니다. 그래서 우리는 빈 무덤 앞에서 부활의 소망을 가지고 주어진 하루하루에 최선을 다하며 그리스도와 연합된 자로 살아가야 합니다.

요한복음 20장 19-23절

19 이날 곧 안식 후 첫날 저녁 때에 제자들이 유대인들을 두려워하여 모인 곳의 문들을 닫았더니 예수께서 오사 가운데 서서 이르시되 너희에게 평강이 있을지어다 20 이 말씀을 하시고 손과 옆구리를 보이시니 제자들이 주를 보고 기뻐하더라 21 예수께서 또 이르시되 너희에게 평강이 있을지어다 아버지께서 나를 보내신 것같이 나도 너희를 보내노라 22 이 말씀을 하시고 그들을 향하사 숨을 내쉬며 이르시되 성령을 받으라 23 너희가 누구의 죄든지 사하면 사하여질 것이요 누구의 죄든지 그대로 두면 그대로 있으리라 하시니라

37장

주님의 인사

제가 지금 살고 있는 포트워스 집 근처에는 한인들이 거의 살지 않습니다. 한인 식당도 없고, 한인 가게도 없고, 집 근처에서 동양인을 본 적이 거의 없습니다. 제 아내는 아직도 수줍음이 많아서 처음 보는 사람들에게 먼저 다가가는 것을 불편해하는데, 얼마 전에 산책하는 동양인 부부를 보고 얼마나 반가웠는지 다가가서 인사할 뻔했다고 했습니다. 사람이 귀하면 저절로 아는 척을 하게 된다는 말이 맞는 것 같습니다. 동포들끼리 눈이 마주치면 웃는 얼굴로 인사하고 지나가는 것이 기분 좋은 일임은 틀림없습니다. 전혀 모르는 사람들이지만 지나가면서 "안녕하세요"라고라도 할 수 있는 여유와 긍정적인 자세도 참 소중한 것입니다.

그런데 여러분, 이런 인사는 어떻습니까? "아녀히무무스녀요." 이 말이 무슨 말인지 아십니까? 제가 학생 때 아침에 일어나서 부모님에게 했던

"안녕히 주무셨어요"라는 인사입니다. 별 다른 의미나 진심 없이, 안 하면 야단을 맞으니까 형식적으로 얼버무렸던 인사입니다. 전 이 인사 때문에 인사를 하고도 아버지에게 야단을 많이 맞았습니다. 꼭 예의와 격식을 갖추지는 않더라도 적어도 가까운 사람끼리 인사할 때는 그 인사에 마음이 담기길 원합니다. 그런데 아무리 반가워하는 인사라 할지라도 그 인사가 정말 말뿐인 인사일 때는 아무런 힘이 없어서 형식적으로 들리지 않을까 하는 생각도 듭니다.

특히 고난 중에 있는 사람을 찾아가 위로하며 건네는 인사의 경우에는 더욱 그렇습니다. 언제나 그런 것은 아니겠지만 듣는 분도 형식적으로 인사를 받을 것 같습니다. 가령 몸이 많이 아파서 힘들어 하는 분에게 "많이 아프시죠? 빨리 회복하세요"라고 인사하면 그 말이 아무런 위로도 안 되고 그냥 땅에 떨어지는 말처럼 느껴집니다.

한번은 교회에 처음 나온 분을 방문한 적이 있습니다. 실직을 하고 마음이 많이 상심되어 있을 때 찾아가서 이런저런 이야기를 나누다가 기도하고 나오면서 "계속 기도하겠습니다. 너무 걱정하지 마세요. 잘될 겁니다"라고 인사를 드렸습니다. 그러자 그분이 진심으로 고마워하면서 "목사님, 빈말이라도 고맙습니다"라고 하셨습니다. 어쩌면 가장 정직한 말이 아닐까 싶습니다. 제가 걱정하지 말라고 걱정이 안 되는 것은 아닐 테니까요. "건강하세요", "마음을 든든히 가지세요", "용기를 내세요" 이런 말을 들으면서 정말 용기가 생기고 담력이 생기고 몸에 기운이 솟는 것을 느낄 수 있다면 얼마나 좋을까요?

샬롬

수천 번도 더 들은 말인데 전혀 다른 의미로 들렸을 말이 본문에 나와 있습니다. 아니, 늘상 하시던 말이었지만 그날은 주님이 전혀 다른 의미로 했을 것 같은 말이라고 보아도 좋습니다. "샬롬"(Shalom)이라는 말입니다. 이스라엘 사람들에게 "샬롬"은 일상적인 인사입니다. 아마도 제자들이 주님이 부활하신 날 그 집에 모였을 때에도 밖에 나갔다 들어오면서 모두 샬롬이라고 인사를 했을 겁니다(물론 헬라어로는 샬롬이 아닌 '에이레이네이'입니다). 샬롬은 '평안', '평화'라는 의미의 히브리어입니다. 사실 당시 제자들은 마음이 절대로 편안하지 않았을 텐데도 집에 들어오면서 인사는 그렇게 했을 겁니다. 마치 우리가 어려움을 당하거나 힘든 일을 겪는 사람을 위로하기 위해 찾아가서, 절대로 안녕하지 않음을 잘 알면서도 무의식중에 "안녕하세요"라고 인사하는 경우처럼 말입니다. 상대는 속으로 "안녕치 못해서 댁이 찾아온 거 아니유?"라고 말하고 싶으면서도 그냥 "네"라고 대답을 하지요.

제자들끼리도 아마 그날 집에 들어오면서 "샬롬"이라고 인사하기는 했지만 결코 마음이 편치 않았을 것입니다. 그들의 심리적인 상태를 보여주는 것 중 하나가 문을 걸어 잠근 것입니다. 그들은 유대인들이 두려워 문을 두 겹 세 겹으로 걸어 잠갔습니다. 그 상황에서 정말 유대인들이 안식일이 지나자마자 제자들을 잡아들일 것이라고 생각했다면 문을 걸어 잠가서 될 일이 아니었을 텐데, 차라리 다른 곳으로 도망가는 게 나았을 텐데 그들은 다른 곳으로 도망도 가지 못한 채 방 안에 갇혀 있었습니다.

사실 그날이 제자들에게는 너무 긴 하루였습니다. 해도 뜨기 전에 이른 새벽부터 여자들이 잠을 깨웠습니다. 주님의 시체가 없어졌다고 했습니다. 놀라서 무덤까지 다녀 온 베드로와 요한도 정말 시체가 없어졌다고 했습니다. 그런데 조금 있다가 여자들이 집으로 와서는 천사들을 만났는데 주님이 부활하셨다고 하더라는 말을 전했습니다. 여러분은 믿을 수 있습니까? 너무 충격을 받아서 헛것을 보았다고 생각하지 않겠습니까? 그리고 두 제자는 일어나 엠마오로 갔습니다. 얼마 있다가 막달라 마리아가 허겁지겁 집으로 뛰어 들어왔습니다. 그러고는 살아나신 주님을 만났다고 했습니다. 그리고 잠시 후 베드로가 밖에 나갔다 들어오더니 똑같은 말을 합니다. 그도 부활하신 주님을 만났다는 겁니다. 너무 힘들고 충격을 받아서 모두 제정신이 아닌 듯했습니다. 저녁에는 엠마오로 갔던 두 제자가 돌아와서는 가는 길에 부활하신 주님을 만난 것 같다고 했습니다. 주님과 함께 식사도 했다고 했습니다. 사람들이 이런 말을 할수록 제자들은 더 마음이 어수선하고 불안해졌습니다. 만에 하나 이런 말이 당시 종교 지도자들의 귀에 들어가면 그들이 가만있지 않을 것이기 때문입니다. 그러니까 부활에 관한 이야기가 나올수록 제자들은 더 불안해졌을 것입니다.

다른 제자들이 생각하기에는 막달라 마리아나 다른 여인들은 귀신에게 홀린 것이 틀림없어 보였습니다. 아직 아무도 확실하게 주님의 부활을 증언하지는 않았습니다. 엠마오로 가던 두 제자는 처음에는 주님인 줄 몰랐는데 나중에 생각해 보니까 주님 같았더라고만 했습니다. 막달라 마리아도 정말 주님인가 싶어 만지려고 했더니 만지지 못하게 해서 확인하지는 못했다고 했습니다. 엠마오로 가던 두 제자는 잘못 본 것일 수도 있습니다. 막달라 마리아는 너무 슬퍼하다가 헛것을 보았거나 아니면 정말 그가 본 것이 주님의 영혼이거나 천사였을 수도 있습니다.

여러분, 제자들이 얼마나 불안하고 혼란스러웠을지 짐작이 되십니까? 비록 증언이 있기는 했지만 확인되지 않은 주님의 부활에 관한 말들은 오히려 제자들을 더욱 으스스하게 만들었을 것입니다. 그런데도 그들은 들어오고 나가며 "샬롬"이라고 인사했을 것입니다. "평안할지어다." 당시 제자들에게 이것보다 의미 없고 형식적인 인사는 없었을 것입니다. 차라리 그 인사에 의미를 부여했더라면 어떻게 평안할 수 있느냐고 따지기라도 했을 텐데 어차피 그 말은 아무 생명력이 없는 말입니다.

주님의 인사에 담긴 의미

그렇게 문을 걸어 잠그고 두려움에 떨고 있는 제자들에게 부활하신 주님이 나타나셨습니다. 그리고 주님이 말씀하신 첫 마디가 "너희에게 평강이 있을지어다"였습니다. 이 말은 그냥 의미 없는 인사로 들었을 수 있습니다. 지금 그들을 놀라게 하고 당황하게 만드는 것은 부활하신 주님의 모습일 테니까 그 인사에 아무런 의미도 부여할 수 없었을 것입니다. 하지만 주님은 이 인사말을 의미 없이 하지 않으셨습니다. 제가 그렇게 생각하는 이유는 두 가지입니다. 첫 번째는 요한이 이 말씀을 강조한 것처럼 보이기 때문입니다. 20절 말씀입니다.

이 말씀을 하시고 손과 옆구리를 보이시니 제자들이 주를 보고 기뻐하더라.

사흘 만에 제자들이 처음으로 기뻐하고 처음으로 웃었습니다. 주님은 그냥 빈 인사말로 하신 것이 아니라는 듯 제자들에게 손과 옆구리를 보여 주셨습니다. 평안해야 할 이유가 있습니다. 이제 마음을 진정시킬 수 있는 충분한 이유가 있습니다. 평안하라는 주님의 이 인사는 아무것도 해줄 수 없지만 어차피 슬퍼한다고 안 될 게 되는 것도 아니니까 마음을 편하게 갖는 게 좋다는, 제가 여러분에게 하는 인사와는 전혀 다른 것입니다. 이제는 더 이상 불안해하거나 슬퍼할 이유가 없도록 해주신 주님이 하신 말씀입니다. 그래서 손과 옆구리를 보여 주셨습니다. 주님은 정말로 살아나신 것입니다.

두 번째로 만일 이 말이 그냥 인사말이었다면 그 말을 두 번이나 하지는 않았을 것입니다. 21절에 이렇게 기록되어 있습니다.

> 예수께서 또 이르시되 너희에게 평강이 있을지어다 아버지께서 나를 보내신 것같이 나도 너희를 보내노라.

주님은 이제 더 이상 슬퍼할 이유가 없을 뿐만 아니라 담대하게 나가서 그리스도의 복음을 전할 충분한 이유를 주셨기 때문에 주님은 제자들을 보내시면서 또 한 번 "평안할지어다"라는 말씀을 하셨습니다. 평안하라는 말씀은 아무 의미가 없는 인사말이 아닙니다. 물론 그렇다고 평안하라는 말씀이 더 이상은 어렵고 힘든 일이 없도록 해줄 테니 평화스러운 마음의 상태를 유지하라는 말씀도 아닙니다. 평안이란, 단순히 마음 상태를 가리키는 것이 아니라 관계적인 확신을 의미합니다. "내가 너를 세상으로 보내노니 너는 평안할지어다"라고 말씀하셨다면 이 말씀은 그분을 믿는 자들에게 하나님의 자녀가 되는 권세를 주시는 구원의 역사가 완성되었으니 이제 괜찮다는 의미입니다. 혹 심리적 평안이 있다면 그것 역시 그리스도를 통한 구원에 근거한 것이어야 합니다.

저는 주님이 제자들에게 평안하라고 하신 말씀이 단순한 인사나 특별한 감정 상태를 말씀하신 게 아니었다면 제자들에게 어떤 삶을 요구하시는 것일까를 생각해 보았습니다. 주님이 말씀하신 평강의 의미를 이해하기 위해서 존 번연의 「천로역정」에 나오는 이야기를 패러디하면 이런 겁니다. 여러분이 아시다시피 저는 개를 너무 무서워합니다. 제가 어느집에 심방을 갔더니 사납게 생긴 개 두 마리가 문 양쪽에 묶여 있었다고 가정해 보겠습니다. 저를 보자마자 개들이 사납게 짖기 시작합니다. 주인이 야단을 치자 개들이 잠잠해졌습니다. 하지만 개들은 여전히 저를 보고 으르렁거립니다(왜 개들은 저를 싫어하는지 이해를 못하겠습니다). 저는 그 사이를 지나서 집 안으로 들어가야 합니다. 센스가 있는 주인이라면 저를 위해서 개들을 잠시 안 보이는 곳에 가 있도록 할 텐데, 묶여 있는 개를 무서워하는 저를 그저 이해할 수 없다는 듯이 쳐다보면서 괜찮으니 어서들어오라고 합니다.

여러분, 이럴 때는 어떻게 해야 합니까? 그 개들이 아무리 사납더라도 절대로 제게 공격할 수 없도록 단단히 묶여 있고, 주인이 집 안에 서서 개들이 짖지 못하도록 야단치고, 이제 괜찮으니까 들어오라고 하면 정말 괜찮은 것입니까? 그런데 대부분은 그런 상황이라도, 묶여 있는 개를 아무렇지도 않게 지나쳐 집 안으로 들어갈 여유를 가지지 못합니다. 괜찮을 것 같은데도 무섭고 불안합니다. 룰루랄라 웃으면서 개 코 앞에 얼굴을 내밀고 오히려 개들을 놀리며 아무렇지도 않게 들어갈 수 없습니다.

심지어 발을 못 떼고 있는 저를 보고 주인이 나와서 제 손을 붙잡고 데리고 들어가더라도 가슴이 떨리고 발이 쉽게 떨어지지 않습니다.

개를 무서워하지 않는 분들은 이런 저를 이해하실 수 없겠지만 이것은 정말 힘든 상황입니다. 정 이해가 안 되시면 「천로역정」에서 존 번연이 예로 든 것처럼 문 앞에 묶여 있는 사자를 상상하셔도 좋습니다. 주님의 평안하라는 말씀이 전혀 두려움이 없는 마음 상태를 의미한다면 설령 부활하신 주님의 손과 발을 만져 보았다 하더라도 이는 감당하기 힘든 명령입니다. 그런 체험을 했다고 해도 그들이 살아가야 하는 세상에서 당하게 될 핍박과 환난은 그들로서는 감당하기 어려운 것들이니까요. 물 위에 서 있는 기적을 경험하면서도 바람이 불고 파도가 치면 빠질 것 같아 겁이 나고 무서운 게 당연하니까요. 그런 상황에서 물 위에서 "하하 호호" 웃을 수 있는 사람은 물 위를 걸어 다닌 경험이나 노하우가 있어서 노련한 사람들뿐일 겁니다.

하지만 주님의 말씀이 두려움 중에도 멈추지 말고 포기하지 말라는 것이라면 마음으로는 너무 불안하고 두렵더라도 움직일 수 있습니다. 주님이 괜찮으니까 오라고 하시면 떨리기는 하지만 발을 뗄 수는 있습니다. 그런데 그렇게 부활하신 주님을 보았다 하더라도 주님이 맡기신 사명을 감당하기에는 제자들이 너무 연약하다는 것을 아신 주님은 그 손을 붙잡아 주시고 절대로 혼자 가게 두시는 법이 없습니다. 보혜사 성령이 항상 너희와 함께할 것이니 두려워 말고 가라고 하십니다. 저는 22, 23절 말씀을 그렇게 이해했습니다.

이 말씀을 하시고 그들을 향하사 숨을 내쉬며 이르시되 성령을 받으라 너희가 누구의 죄든지 사하면 사하여질 것이요 누구의 죄든지 그대로 두면 그대로 있으리라 하시니라.

주님이 성령을 약속하시고 성령을 주신 것은 주님이 친히 그들과 동행하시며 그들을 통한 하나님의 계획을 이루시겠다는 약속이고 그들을 홀로 두지 않으시겠다는 약속입니다. 적어도 요한이 기록한 바에 의하면 이 말씀은 누가가 기록한 오순절 다락방에서 경험한 성령의 임재에 준하는 말씀입니다. 누가가 성령의 강림을 교회론적으로 접근하고 있다면 요한은 제자도와 연관시키고 있다고 볼 수 있습니다. 주님은 숨을 내쉬며 성령을 받으라고 하셨습니다. 주님이 숨을 쉴 때 성령이 입김처럼 나온다는 의미가 아닐 겁니다. 여기서 숨은 생명을 의미합니다. 따라서 성령이 생명의 영이고 생명을 주는 영이라는 상징적인 의미가 주님의 행동에 담겨 있습니다. 주님은 요한복음을 통해 누누이 약속하신 대로 보혜사 성령을 주셔서 주님의 동행하심을 알도록 하시고 그들에게 맡기신 일을 주님의 능력으로 감당하게 하셨습니다.

너희에게 평강이 있을지어다

이제 정리를 하겠습니다. 부활하신 주님이 평안하라고 하신 말씀은 그냥 의미 없는 인사가 아닌, 참 위로의 말씀이고 능력의 말씀이었습니다. 제자들이 처한 상황에서 주님의 인사는 절대로 빈말로 들을 수 없었습니다. 그들은 너무 두려웠고 어찌할 바를 모르고 있었습니다. 그들을 향해 주님은 평안하라고 하셨습니다. 특히 이 단어가 메시아적 구원에 근거한 평화, 혹은 하나님과의 관계에서 확신에 근거한 평화의 의미로 사용된 경우가 아주 많은 것을 염두에 두고 본다면 평안하라는 이 말씀은 예수 그리스도께서 메시아적 예언을 다 이루셨으니 괜찮다는 의미입니다.

그리스도의 죽음과 부활을 통해 제자들이 하나님의 자녀가 되는 권세가 확정되었으니 두려워 말라는 말씀입니다. 그리고 나서 주님은 제자들에게 손과 옆구리를 보여 주셨습니다. 말로만 하신 것이 아니라 평안해야 할 이유를 보여 주신 것입니다. 평안의 근거는 주님의 부활입니다. 하나님이 세상을 이처럼 사랑하사 독생자를 주셔서 그 독생자와의 관계를 통해 하나님의 자녀가 되는 권세를 얻을 수 있도록 하신 이 엄청난 복음을 온 세상에 전해야 하는 근거는 그리스도의 부활입니다. 하나님과의 관계가 회복됨으로 이제 다른 사람들로 하여금 하나님과 화목할 수 있도록, 피스메이커로 세상에서 사명을 감당할 수 있도록 보냄을 받게 하는 근거도 그리스도의 부활입니다.

그렇다면 주님이 두 번째 평안하라고 하신 것은 담대함입니다. 주님은 또다시 평안하라고 하신 후에 "이제 내가 너희를 세상으로 보내겠다"고 하셨으니까요. 어려움과 핍박이 심하더라도 낙심치 말고 그분이 맡긴 사명을 잘 감당하라는 말씀입니다. 그리고 이번에는 부활하신 몸을 다시 보여 주신 것이 아니라 제자들에게 성령을 주셨습니다. 약속하셨던 성령이 이제 제자들과 함께함으로 그들의 능력이 아닌 주님의 능력으로 그들에게 주신 일을 감당하도록 하신 것입니다.

주님이 저와 여러분에게 오늘 "너희에게 평강이 있을지어다"라고 말씀하십니다. 하지만 주님의 이 말씀은 그냥 단순한 주님의 바람이나 인사말이 아닙니다. 이 말씀의 앞과 뒤에는 주님의 부활이 있고 주님이 보내신 성령님이 계십니다. 그런데 주님의 이 말씀이 현대 신앙인들에게는 그냥 인사말 정도로만 들리나 봅니다. 주님이 못 자국 난 손이라도 보여 주셔야 하는 겁니까? 그럴까 봐 주님은 도마에게 "나를 보지 못하고 믿는 자들은 복되다"(20:29 참조)라고 하셨습니다. 요한이 이 사건을 기록하고 있는 이유는 비록 보지 못했지만 부활과 성령으로 인한 위로와 평강은 당시의 제자들이나 오늘날 우리에게나 같아야 한다는 의미입니다. 여러분, 오늘 여러분을 향한 주님의 인사를 다시 한 번 들어보시기 바랍니다. "평안할지어다."

예수 그리스도의 부활과, 또한 바울이 증언한 것처럼 부활하신 그리스도의 살아 계신 영이신 성령을 통해 이 평안은 단순히 위로가 될 뿐 아니라 사명이 되기도 합니다. 수만 번도 더 들었을 인사이지만 부활하신 주님이 하신 인사는 달랐습니다. 요한은 부활하신 주님이 떠나시고 수십 년이 흐른 후에 핍박과 환난 가운데 두려워하는 교회를 향해 주님의 이 인사를 전하고 있습니다. 바로 이 부활 때문에 우리는 오늘도 "평안할지어다"라는 주님의 인사에서 말할 수 없는 위로와 용기를 경험합니다. 부활하신 주님이 정말 다양한 삶의 자리에서 믿음으로 살아 내고 있는 저와 여러분을 향해 주님이 하신 이 말씀을 들어 보시기 바랍니다. "평안할지어다."

요한복음 20장 24-29절

24 열두 제자 중의 하나로서 디두모라 불리는 도마는 예수께서 오셨을 때에 함께 있지 아니한지라 25 다른 제자들이 그에게 이르되 우리가 주를 보았노라 하니 도마가 이르되 내가 그의 손의 못 자국을 보며 내 손가락을 그 못 자국에 넣으며 내 손을 그 옆구리에 넣어 보지 않고는 믿지 아니하겠노라 하니라 26 여드레를 지나서 제자들이 다시 집 안에 있을 때에 도마도 함께 있고 문들이 닫혔는데 예수께서 오사 가운데 서서 이르시되 너희에게 평강이 있을지어다 하시고 27 도마에게 이르시되 네 손가락을 이리 내밀어 내 손을 보고 네 손을 내밀어 내 옆구리에 넣어 보라 그리하여 믿음 없는 자가 되지 말고 믿는 자가 되라 28 도마가 대답하여 이르되 나의 주님이시요 나의 하나님이시니이다 29 예수께서 이르시되 너는 나를 본 고로 믿느냐 보지 못하고 믿는 자들은 복되도다 하시니라

38장

나의 주, 나의 하나님

만일 어느 교인이 느닷없이 저에게 "목사님, 저 믿으시죠?" 하고 말한다면 저는 "그럼요. 믿지요"라고 대답을 하면서도 내심 불안할 것 같습니다. '왜 저런 말씀을 하실까? 보증을 서 달라는 말을 하려고 하나? 부부 싸움을 하시고 억울해서 나에게 호소하시려는 건가? 아니면 혹시 나의 비밀을 알고 있으니 자기를 믿고 그 비밀을 자백하라는 말인가?' 가령 어떤 분이 제게 돈을 꿔 달라고 부탁하고 싶어서 "목사님, 저 믿으시죠?"라고 물으며 제 대답을 강요한다면 "그럼요. 믿지요"라고 말했어도 아마 제가 생각하고 있던 믿음과 그분이 생각하고 있던 믿음의 내용은 많이 다를 것입니다. 그분은 믿는다고 할 때 "목사님은 제게 돈을 꾸어 주실 줄 믿습니다"라는 의미이고, 저는 "돈을 꿔 달라는 부탁은 안 하실 줄을 믿습니다"라는 의미입니다. 그러니까 누가 믿는다고 말한다고 액면 그대로 다 믿으면 안 되는 것입니다.

일반적으로 사람들이 말하는 믿음이란 자신의 것을 맡길 수 있는 만큼의 확신으로 신뢰함을 의미합니다. 그러니까 믿음에는 항상 위험 부담이 있기 때문에 사람을 믿을 때는 이 위험 부담을 감안하고 믿어야 합니다. 제가 또 너무 복잡한 이야기를 하지요? 예를 들면 이런 겁니다. 제가 어느 교인에게 돈을 꿔 달라고 부탁했다고 가정해 보지요. 교인이 난색을 표하면 제가 이렇게 말합니다. "저를 못 믿으세요? 일 년 안에 꼭 갚을게요." 이럴 때 믿는다고 해야 합니까, 못 믿는다고 해야 합니까? 믿을 수 없다면 "에이, 목사를 어떻게 믿어요? 목사를 믿느니 지나가는 사람을 믿지요"라고 말하거나 "나는 사람을 안 믿습니다"라고 말하면 맞을 겁니다. 믿을 수 있어도 아마 이렇게 말하는 게 가장 정확한 답일 겁니다. "물론 목사님의 인격과 정직함은 믿지요. 하지만 사람 일을 어떻게 압니까?" 믿는다고 할 때 사람의 인간성을 믿는 것과 그 사람의 능력이나 인간사의 현상을 믿는 것은 별개의 것인데, 사람들은 이 둘을 묶어서 생각합니다.

아무리 좋은 사람이라도 능력이 안 되어서 약속을 못 지킬 수 있고, 갑작스러운 환경 변화로 지키지 못할 수 있습니다. 이건 그 사람의 인간성을 믿는 것과 별개의 것입니다. 그러니까 은행에서는 그 사람이 좋은 사람이라고 인정해도 능력을 믿지 않기 때문에 갚을 만큼의 능력을 증명하거나 손해를 보지 않을 만큼의 담보가 없으면 절대로 대출을 해 주지 않습니다. 인간성만 믿고 대출해 주면 지난 몇 년 동안 홍역을 치렀던 서브프라임 모기지 사태(상환 능력에 대한 엄격한 검증 없이 대출이 시행되어 발생한 미국의 금융 위기 사건)와 같은 현상이 나타날 것입니다. 그러니까 인격을 믿어서 돈을 꿔 준다면 불가피한 상황에 의해서 돈 값을 능력이 안 될 수도 있다는 것을 전제하고 꿔 주어야 합니다.

가끔 교인들끼리의 돈거래에 관한 질문을 받습니다. 저는 교인들끼리 돈거래를 해도 좋다고 생각합니다. 정말 돈이 필요한 사람이 있다면 빌려 주는 것이 참 큰 힘이 됩니다. 다만 참 좋은 사람이고 돈을 떼먹을 사람이 아니라는 확신이 있더라도, 능력이 안 되거나 상황이 안 좋아져서 못 값을 수도 있다는 위험 부담을 수용할 수 있어야 합니다. 절대로 그럴 사람은 아니지만 받지 못할 수도 있다는 것을 인정하면 교인들끼리 돈거래를 해도 좋다는 말입니다. 그것이 아니라면 돈거래는 가급적 하지 마시기 바랍니다. 꼭 받겠다는 생각이라면 아무리 좋은 사람이라도 능력이 될 때만 빌려 주어야 하는데 그 능력은 아무도 보장할 수 없습니다. 저는 목회를 하면서 유학생들이 차를 사거나 아파트를 구할 때 보증을 서 준 적이 여러 번 있습니다. 하지만 그때는 언제나 제가 상환할 능력 안에서만 보증을 섰습니다. 그리고 보증을 설 때는 만일 값을 여건이 안 된다면 제가 대신 값아 줄 수 있다는 마음으로 보증을 섰습니다.

그리스도의 부활의 목격

"정말 믿지만 믿을 수 없습니다"라는 역설은 가능합니다. 이 역설은 하나님에 관한 입장에도 적용됩니다. 많은 교인은 인격적으로 하나님을 믿으면서도 하나님을 믿을 수 없다고 말합니다. 하나님의 존재를 의심해서가 아니라 내가 지금 믿고 있는 것이 맞게 믿는 것인가도 자신이 없고, 믿는다고 하면서도 전혀 달라지지 않는 것 같은 자신의 상태에 대한 회의가 있고, 하나님이 구체적으로 어떻게 인도하시는가에 대한 확신이 없기 때문입니다. 그래서 어느 때는 하나님의 존재와 성품에 관해서는 전혀 의심이 없으면서도, 하나님을 한 번만 볼 수 있으면 제대로 믿을 것 같다는 생각을 합니다. 사도 바울처럼 부활하신 주님을 한 번 경험하면 확실하게 주님을 위해 살 수 있을 것 같습니다. 정말 부활이 가능할까 하는 이성적 의문이 생겨서가 아니라 부활을 믿는다고 하면서도 여전히 욕심을 버리지 못하고 미움과 질투에 사로잡히는 자신의 모습을 보면 주님과의 동행을 생생하게 느끼지 못해서인 것 같습니다. 부활하신 주님의 옆구리에 실제로 제 손가락을 넣어 보면 제대로 주님을 따르지 않을까 싶은 안타까운 마음 때문입니다. 그러니까 그것은 주님을 못 믿어서가 아니라 좀 더 주님을 위해 살고 싶은 믿음이 있기 때문에 부활을 확인하고 싶은 것입니다. 초대 교회에도 그런 교인들이 있었나 봅니다. 예수 그리스도의 부활을 실제로 목격한 마지막 세대와 새롭게 믿음 생활을 시작하는 사람들 사이의 차별화가 존재한다면, 다시 말해서 앞서 간 세대가 목숨을 걸고 믿음 생활을 할 수 있었던 이유가 그리스도의 부활을 목격했기 때문이라고 생각한다면 무슨 말을 해야 할까요?

여러분은 도마를 어떻게 생각하십니까? 도마에게 주어진 '의심 많은 제자'라는 오명이 억울하겠다는 생각을 해 보지 않으셨습니까? 예수님이 십자가에 못 박히신 후 이틀이 지났지만 제자들은 아직도 그 충격에서 벗어나지 못하고 있었습니다. 주님이 운명하시고 몇 시간 후에 안식일이 시작되었고, 안식일에는 아무것도 할 수 없었기 때문에 그날은 대체로 조용했습니다. 다만 안식일을 제대로 지키지 않았다고 주님을 비난하던 대제사장과 바리새인만 그날 빌라도를 찾아가 예수님의 무덤을 지킬 군인들을 보내 달라고 청했을 뿐입니다.

그렇게 안식일이 끝난 다음날, 그러니까 주일 저녁에 제자들은 한집에 모여 문을 단단히 걸어 잠그고 있었습니다. 정말 끔찍하게 처형당하는 주님을 멀리서 지켜 보았던 제자들은 이제 다음 차례가 자기들인 것 같아서 두려움에 가득 차서 함께 모여 있었는데 그곳에 부활하신 주님이 나타나신 것입니다. 주님이 부활하셔서 그들에게 나타나셨지만 환상을 보는 줄 알았을 것입니다. 믿을 수가 없어서 구석에 모여 벌벌 떨기만 하고 있었나 봅니다. 주님은 그들에게 다가가 손과 옆구리를 보여 주었습니다. 그제야 제자들은 자기들 앞에 계신 분이 부활하신 주님인 줄을 알았습니다. 당시 거기에 모여 있던 제자들에게는 말로 형용할 수 없는 감동과 충격의 경험이었습니다.

그런데 그 자리에 도마가 없었습니다. 나중에 도마를 만난 제자들은 한결같이 마치 새사람이 된 것처럼 흥분과 감동을 주체하지 못하고 그들이 본 부활하신 주님을 묘사했습니다. 이때 열 사람이 흥분할수록 도마가 얼마나 소외감을 느끼고 속상했을지를 여러분은 짐작할 수 있으십니까? 만일 주님이 다시 그에게도 나타나지 않으셨다면 도마는 부활하신 주님을 보지 않고도 믿을 수 있어서 가장 큰 복을 받는 사람이 되기보다는 심한 열등감과 분노로 낙오자가 되기 쉬웠을 겁니다. 주님을 보았다는 친구들의 증언에 당혹해하던 도마가 마침내 입을 열었습니다.

> 내가 그의 손의 못 자국을 보며 내 손가락을 그 못 자국에 넣으며 내 손을 그 옆구리에 넣어 보지 않고는 믿지 아니하겠노라(20:25).

부활하신 주님의 손과 옆구리를 보았다는 제자들의 흥분된 증언에 한술 더 떠서 자기는 직접 손을 넣어 보지 않고는 못 믿겠다고 했습니다. 그들이 보았다는 것을 부정하는 것이 아니라 그들이 헛것을 보았을지 모른다고 말하는 것입니다. 도마가 유달리 의심이 많은 사람입니까? 손가락을 못 자국에 넣어 보아야 믿겠다는, 철저하게 증명되고 체험된 것이 아니면 안 믿는 합리주의자를 대변한다고 볼 수 있을까요? 저는 도마가 유난히 합리적이거나 체험적인 사람은 아니었다고 생각합니다.

옆구리에 손을 넣어 보지 않고는

예수님의 제자들 중에 주님의 부활을 믿기 때문에 부활하신 몸을 보고도 시큰둥한 반응을 보일 수 있는 사람은 아무도 없었습니다. 주님이 직접 나타나시기 전까지 엠마오로 가던 두 제자도 주님을 만났지만 주님이라고 생각할 수 없었고, 베드로와 요한도 무덤이 비어 있는 것을 눈으로 목격했지만 부활하셨다고는 믿을 수 없었습니다. 그런 그들이 흥분한 것은 주님이 부활하신 몸을 제자들에게 보여 주셨기 때문입니다. 제자들 중에 도마만 주님을 만나지 못했습니다. 직접 옆구리에 손을 넣어 보지 않고는 믿지 않겠다는 말은 단순히 다른 제자들을 의심해서 한 말도 아니고 다른 사람들보다 의심이 많고 이성적이어서도 아닐 것입니다. 그 위기의 상황에서 제자들의 눈빛과 목소리를 들으면 그들이 장난을 하고 있는 것인지 거짓을 말하고 있는 것인지는 누구라도 알 수 있습니다. 몇 년을 함께 살았는데 동료들의 말을 믿지 않겠습니까?

그런데 도마도 보고 싶었습니다. 도마도 부활하신 주님을 만나고 싶었습니다. 옆구리에 손을 넣어 보지 않고는 믿지 않겠다는 말은 불신의 말이 아니라 믿음의 말입니다. 주님을 사랑하고 믿기 때문에 도마도 부활하신 주님을 너무 보고 싶었던 것입니다. 보지 못해서 안 믿는 것이 아니라 주님의 사랑과 관심에서 자신이 소외되고 차별화된 것 같아서 힘들었던 것입니다. 저는 주님이 도마에게 친히 부활의 몸을 보여 주지 않으셨어도 도마는 주님을 따르고 동료들과 함께 십자가의 길을 갈 수 있었을 것이라고 믿습니다.

제자들의 증언과 그 이후에 그들의 완전히 달라진 삶을 보면서 그는 주님의 부활을 믿었을 것이고, 오순절 성령 강림 때에 도마도 다른 제자들과 함께 성령의 충만함을 받고 교회의 기초를 놓는 일을 감당할 능력을 받았을 것입니다. 제자들로 하여금 사역을 감당하도록 한 것은 부활하신 주님을 목격한 사건이 아니라 오순절 성령 강림 사건이니까요. 그 이후 제자의 길을 간 수많은 사람이 모두 부활을 목격한 것은 아니었으니까요. 이 사건 때문에 후세 사람들은 도마를 의심 많은 제자였다고 말합니다. 성경에 기록된 도마의 여러 말을 보아 논리적인 사람이었을 것이라는 짐작은 맞을지 몰라도 이 사건 때문에 그를 의심 많은 제자라고 부르는 것은 도마에게는 참 억울한 일일 거라 생각됩니다.

다른 제자들은 다 주님의 부활하신 몸을 보았는데 자기만 보지 못했다면 도마가 아니라 누구라도 소외감을 느끼고 자기도 확인해 보고 싶은 마음이 들었을 것입니다. 그도 주님을 보고 싶었던 열망을 의심이라고 해야 할까요? 기왕이면 제자들이 다 있을 때 나타나셔야지 왜 하필이면 도마가 없을 때 나타나셨는지 섭섭해하는 것이 오히려 당연하지 않습니까? 도마는 예수님을 믿지 못하는 것도 아니고, 예수님이 부활하실 수 있다는 사실은 확인하기 전에는 절대로 믿을 수 없는 일이라는 말을 하는 것도 아닙니다. 그는 한 번도 경험한 적이 없는 엄청난 사건에 관한 소식에 머리로는 도저히 이해할 수 없는 자신의 한계와 나도 부활하신 주님을 보고 싶다는 열망을 말하고 있는 것입니다.

예수님이 나타나시다

그런 도마에게 예수님이 나타나셨습니다. 그리고 부활한 몸을 보여 주실 뿐만 아니라 창에 찔린 예수님의 옆구리에 직접 손을 넣어 보라고 하셨습니다. 도마가 직접 넣어 보았는지는 정확히 알 수가 없지만 저는 넣지 않았다고 생각합니다. 성경은 그가 손을 넣었다고 기록하지도 않을 뿐더러 그는 주님이 부활하신 사건을 이성적으로 믿을 수 없어서 옆구리에 손을 넣어 보아야 믿을 수 있다고 말한 것이 아니었기 때문입니다. 주님을 보자 도마는 고백했습니다. "나의 주, 나의 하나님!" 그리고 예수님은 도마에게 말씀하셨습니다.

너는 나를 본 고로 믿느냐 보지 못하고 믿는 자들은 복되도다(20:29).

도마의 이 사건은 아주 특별한 교훈을 주고 있습니다. "나의 주 나의 하나님"이라는 고백은 부활한 몸을 눈으로 보고 손으로 만져 볼 수 있을 때 하는 것이 아닙니다. 주님의 다른 제자들도 부활하신 주님의 몸을 보았기 때문에 목숨을 바쳐 충성할 수 있었고, 도마도 마침내 주님의 부활하신 몸을 볼 수 있었기 때문에 "나의 주 나의 하나님"이라고 고백할 수 있었던 것이 아닙니다. 만일 그렇다면 주님의 부활한 몸을 볼 수 없어서 믿을 수 없다는 사람들의 고백은 정당한 것이 됩니다. 주님은 생전에 제자들을 가르치시고 제자들에게 유언을 남기실 때에도 그들이 사도로서의 사명을 감당하기 위해서 부활한 몸을 보여 주겠다고 말씀하신 적이 없었습니다.

주님의 부활하신 몸을 목격한 것은 그들이 그 이후에 신앙생활을 제대로 하게 된 원인이 아닙니다. 오히려 주님은 보혜사 성령의 강림을 말씀하셨습니다. 도마도 그때 비로소 "나의 주 나의 하나님"이라는 고백을 할 수 있었던 것이 아닙니다. 부활한 몸을 보았든지 보지 않았든지 도마에게도 예수님은 주님이고 하나님이셨습니다. 다만, 그는 제자들이 보았다는 것을 자기도 보기 전에는 제자들의 말을 믿을 수 없다는 말을 했을 뿐입니다. "나의 주 나의 하나님"이라는 고백은 현상에 대한 반응이 아니라 신뢰할 수 있는 대상에 대한 인격적인 반응입니다. 보지 않고 믿는 자가 복되다는 말씀은 단순히 도마에게만 하신 말씀이 아니라 그 이후 교회에 하신 말씀입니다.

우리 중 누구도 주님의 부활하신 몸을 목격한 사람이 없습니다. 사실 주님은 그렇게 승천하신 후에 단 한 번도 교회에 그 부활하신 몸을 보여 주시지 않았습니다. 하지만 우리는 모두 예수님의 부활을 분명히 믿습니다. 우리는 보아서 믿는 게 아닙니다. 성령의 주권적인 역사로 예수 그리스도를 하나님으로, 우리의 구주로 인격적으로 신뢰할 수 있기 때문에 믿는 것입니다. 그런데도 우리는 옆구리에 손을 넣어 보아야 믿겠다는 도마의 말을 충분히 공감합니다. 그 말은 예수님을 인격적으로 신뢰할 수 없다는 말이 아니라 믿는데도 여전히 불안하고 여전히 혼란스러워 확인하고 싶다는 말이기 때문입니다. 예수님이 부활하신 구원의 주님이심을 믿는데 어느 때는 너무 답답하고, 어느 때는 너무 불안하고, 어느 때는 너무 죄송합니다. 주님의 부활이 안 믿어져서 그런 게 아니라 믿는데도 믿는 것처럼 살지 못하는 우리의 한계와 우리의 문제, 그리고 하루 앞을 알 수 없는 세상의 혼탁함 때문에 그렇습니다.

보지 않고 믿는 자가 복되다

우리의 심정도 귀신 들린 아들을 예수님 앞에 데리고 와서 믿는 자에게는 능히 하지 못할 일이 없다는 주님의 말씀을 듣고 "내가 믿나이다. 나의 믿음 없음을 도와주소서"(막 9:24 참조)라고 부르짖던 아버지의 심정과 크게 다르지 않습니다. 틀림없이 믿는데 두렵습니다. 그 부활하신 몸을 보여 주지 않아도 부활을 믿을 수 있는데 믿음으로 사는 게 힘이 듭니다. 그래서 마치 현상이나 체험이 부족해서 그런 건 아닌가 싶고, 무엇이라도 보지 않으면 못 믿을 것 같다는 생각이 들기도 합니다. 그런 우리에게 주님이 말씀하십니다. "보지 않고 믿는 자가 복되다." 가시적인 현상이나 또 다른 확실한 증거가 부족해서 그런 것이 아니니 나를 사랑하고 신뢰하는 그 믿음의 고백을 붙들라는 말씀입니다. 그러니까 우리도 부활의 몸을 목격해서가 아니라 정말 예수님을 인격적으로 신뢰할 수 있기 때문에 "나의 주, 나의 하나님!"이라는 고백을 붙들어야 하고 그 고백을 회복해야 한다는 말씀입니다. 저도 현상을 보고 싶습니다. 저도 증거를 보고 싶습니다.

저는 제게 투시력이 있고 영안이 열려서 지나다니는 귀신들도 보고 천사들도 볼 수 있으면 좋겠습니다. 그런데 그런 것이 없어서 주님을 믿지 못하고 주님을 잘 섬길 수가 없다는 말은 못하겠습니다. 주님이 저에게 하신 약속의 말씀과 지금까지 보여 주신 신실함으로도 저는 주님을 믿는다 말할 수 있고, 행동하지 않음을 핑계 댈 수 없습니다.

비록 제가 너무 약하고 악해서 주님이 원하시는 대로 살지 못하는 경우는 허다해도 증거가 부족해서 믿기 어려워 헌신적으로 살지 못하겠다는 핑계는 댈 수 없다는 말입니다. "옆구리에 내 손을 넣어 보지 않고는 못 믿겠다"고 말하고 싶을 만큼 제가 너무 부족하고, 믿음이 없고, 세상이 너무 강력한 것을 자주 경험합니다. 여러분도 그렇지 않습니까? 그러나 답답해서 그런 생각이 들기는 하지만, 본다고 제가 달라지지 않을 것임을 저는 압니다. 체험과 증거가 부족해서가 아니라 아직도 세상의 미련을 버리지 못해서, 아직도 제가 인생의 중심이 되어서 기적과 체험의 부족을 탓하며 살 때가 많음을 인정하지 않을 수 없습니다.

저의 문제는 증거가 부족한 것이 아니라 스스로 인생의 주인이 되려는 죄성 때문입니다. 안 믿어져서 힘든 게 아니라 믿어지는데 믿는 대로 살 수 없어서 힘든 것이고 그래서 뭐든 보고 만지면 지금보다는 나을 것 같지만 결코 그렇지 않습니다. 보지 않고 믿는 자가 복되다는 말씀은 오히려 고백을 붙들고 그 고백에 자기를 쳐서 복종시키라는 말씀입니다. 그래서 저는 고백의 진실성에 호소하고 싶습니다. 여러분의 능력을 묻는 게 아니라 여러분의 마음을 묻는 것입니다. 여러분은 예수 그리스도가 여러분의 주님이신 것을 믿습니까? 여러분은 예수 그리스도가 여러분을 사랑하셔서 십자가의 길을 가신 것을 믿으십니까? 여러분은 예수님이 부활의 첫 열매가 되신 것을 믿으십니까? 틀림없이 믿어지시나요? 그렇다면 그건 틀림없는 은혜입니다. 이것이 은혜임을 알기에 우리는 주님을 볼 수 없는 상황에서도, 믿는다고 말하지만 그 믿음을 온전히 드러낼 수 없는 죄성 중에도 우리는 "나의 주, 나의 하나님!"이라는 이 고백을 오늘도 붙들고 삽니다. 부활하신 몸의 옆구리에 손가락을 넣어 보고 싶을 만큼 목이 마르지만 그래서 부활을 못 믿고 주님을 못 믿는 것이 아니기에 우리는 오늘도 우리가 "나의 주, 나의 하나님!"이라는 그 고백을 진실하게 할 수 있다는 사실로 감사할 수 있습니다.

다시 말씀드립니다. 우리의 답답함이 체험이 부족해서나 부활을 인정할 수 없기 때문이 아니라 죄성 때문이라면, 반복되는 실패와 세상의 험난함 때문에 못 자국에 손을 넣어 보고 싶다는 충동이 생길 때, "나의 주, 나의 하나님!", "주는 그리스도시요, 살아 계신 하나님의 아들이시니이다"라는 고백을 붙들어야 합니다. 우리는 진실로 그렇게 믿기 때문입니다.

"못 자국에 내 손을 넣어 보아야 믿겠다"고 한 도마의 말이 증거를 요구하는 믿음이 아니라 정말 주님을 보고 싶고 믿고 싶어서 한 말이라면, 때로는 우리도 그렇게 말하고 싶을 만큼 뭔가 손에 잡히는 것이 있으면 좋겠다는 마음이 간절하지만 성령께서 우리로 거듭나게 하심으로 고백할 수 있는 그 말, "나의 주, 나의 하나님"을 붙들고 살아 내야 합니다.

John
요한복음

요한복음 21장 1-6절

1 그 후에 예수께서 디베랴 호수에서 또 제자들에게 자기를 나타내셨으니 나타내신 일은 이러하니라 2 시몬 베드로와 디두모라 하는 도마와 갈릴리 가나 사람 나다나엘과 세베대의 아들들과 또 다른 제자 둘이 함께 있더니 3 시몬 베드로가 나는 물고기 잡으러 가노라 하니 그들이 우리도 함께 가 겠다 하고 나가서 배에 올랐으나 그날 밤에 아무것도 잡지 못하였더니 4 날 이 새어갈 때에 예수께서 바닷가에 서셨으나 제자들이 예수이신 줄 알지 못하는지라 5 예수께서 이르시되 얘들아 너희에게 고기가 있느냐 대답하 되 없나이다 6 이르시되 그물을 배 오른편에 던지라 그리하면 잡으리라 하 시니 이에 던졌더니 물고기가 많아 그물을 들 수 없더라

39장

갈릴리로 간 제자들

　여러분은 드라마나 영화를 즐겨 보시나요? 저도, 아내도 드라마나 영화를 즐겨 봅니다. 제가 드라마를 보면서 아내에게 감탄하는 것 중 하나는 한 번 본 것은 거의 다 기억한다는 것입니다. 저는 아주 최근에 본 것조차도 기억이 나지 않아서 몇 번을 보아도 늘 처음 보는 것 같습니다. 단순히 나이가 들고 기억력이 감퇴해서 발생하는 문제는 아닙니다. 청년 때부터 그랬으니까요. 어떤 분은 제게 창작력이 있어서 영화를 보면서도 영화에 집중하기보다는 자기만의 스토리를 만들기 때문이라고 했는데, 그것은 좋게 말해 준 것이고 제가 생각하는 저의 문제는 보고 싶은 장면만 보려 하는 것입니다. 스토리를 따라가려고 하기보다는 제가 보고 싶은 장면을 기대하고 몰두하는 것이지요. 가령 법정 드라마를 보면서는 어떻게 반전되는가만 보려고 하고, 범죄 영화를 보면서는 주인공이 얼마나 잘 싸우는가만 보려고 합니다. 전체 스토리가 어떻게 전개되는지, 주고자 하는 메시지가 무엇인지에는 별로 관심이 없습니다.

제가 드라마나 영화를 보면서 기대하는 것은 카타르시스를 느끼는 것이기 때문에 몇 번을 본 영화라도 그 감정을 느낄 수 있는 영화라면 지루하지 않습니다. 가령 〈변호인〉(2013), 〈한반도〉(2006), 〈국가대표〉(2009)와 같은 영화는 열 번은 족히 봤을 텐데 여전히 스토리는 기억이 나지 않지만 카타르시스를 느꼈던 장면들에 대한 기억은 남아 있어서 몇 번이고 다시 볼 수 있습니다. 순간적인 감정 해소가 있으니까요. 그런데 이런 영화나 드라마의 문제는 긴장과 문제가 해소되고 나면 마지막 부분이 너무 허무하고 시시하다는 것입니다. 긴장감이 넘치는 드라마일수록 끝은 허전합니다. 극적인 드라마치고 끝이 허무하지 않았던 경우는 거의 없습니다. 감정의 절정이 지나갔으니까요. 그러니까 이런 드라마나 영화가 다시 새로운 기대감을 가지도록 하려면 끝부분에서 후편을 기대하도록 해 주어야 합니다. 악당이 죽지 않고 사라졌다든지, 다 끝났는데도 주인공의 얼굴이 편치 않아 보인다든지, 아니면 주인공이 다음 단계로의 도전을 준비하고 있다든지 한다면, 자연스럽게 후편을 기대하게 됩니다. 하지만 이런 경우와 달리 그 영화나 드라마가 의도했던 것을 마지막 장면에서 노골적으로 드러낼 때도 있습니다. 대체로 해피엔딩의 경우입니다. 저는 일단 문제가 해결되고 나면 영화든 드라마든 다 끝났다고 생각하지만 전달하고자 하는 메시지가 있는 작가에게는 결론 부분이 대단히 중요합니다. 메시지가 전달될 때까지는 끝나도 끝난 게 아니니까요.

요한복음 21장은 오랫동안 논란이 되어 왔던 장입니다. 그 이유는 요한복음 전체의 결론은 요한복음 20장일 거라 생각될 만큼 20장에서 끝나는 것 같기 때문입니다. 특히 20장 31절은 책의 마지막 문장으로 너무나 완벽합니다.

> 오직 이것을 기록함은 너희로 예수께서 하나님의 아들 그리스도이심을 믿게 하려 함이요 또 너희로 믿고 그 이름을 힘입어 생명을 얻게 하려 함이니라.

지금까지 요한복음은 결국 이 결론을 말하기 위한 이야기들이었습니다. 요한복음 3장 16절이 복음을 가장 정확하게 요약한 탁월한 구절이라면, 요한복음 20장 31절은 바로 그 말을 하고 싶었던 요한의 의도를 가장 확실하게 표현한 구절이라고 볼 수 있습니다. 결국 도마의 입에서 "나의 주님이시요 나의 하나님이시니이다"(20:28)라고 고백하게 함으로 제자들이 예수가 하나님의 아들 그리스도이심을 믿고 생명을 얻게 하신 사건을 소개하면서 교회에 예수 그리스도를 주님이자 그리스도로 믿고 생명을 얻어야 할 것이라는 요한의 의도를 전하는 것으로 완벽하게 마무리했습니다. 이렇게 끝나면 아주 깔끔합니다.

그런데 21장이 또 나옵니다. 그래서 어떤 학자들은 21장은 요한이 아닌 다른 사람이 붙인 내용이라고 말하기도 합니다. 저는 상당히 일리 있는 주장이라고 생각합니다. 요한복음 20장 31절이 너무 완벽한 결론이기 때문입니다. 하지만 그런 주장이 일리 있는 것은 사실이지만 동의하지는 않습니다. 그 이유는 작가가 이야기 끝에 덧붙여 하고 싶은 말이 있다고 해서 그 부분은 원래 작가의 글이 아니라고 말할 수 없기 때문입니다. 악당이 죽으면 드라마는 끝나지만 악당이 죽은 후에 정리하고 해결되어야 할 것들이나, 적어도 그 결과로 인한 해피엔딩은 전체 이야기와 상관없이도 넣을 수 있는 부분입니다.

그렇게 본다면 21장은 에필로그로서 매우 중요한 장입니다. 그렇게 영생을 얻은 제자들에게 주어진 사명이 무엇인지를 말하고 있기 때문입니다. 그리스도를 주로 믿어 생명을 얻는 일이 그 무엇보다 중요한 일이지만 그렇게 생명을 얻은 사람들이 이제 어떻게 살아야 하는지를 간단히 언급한 것은 마치 후편을 기대해도 좋을 것 같은 여백을 남겨 둡니다. 요한복음을 기록하면서 요한이 의도한 바는 아니지만 갈릴리에서 주님을 만났던 제자들이 다시 예루살렘으로 돌아가 오순절 성령 강림을 경험하고 교회를 세워 가는 사도행전으로 자연스럽게 이어지는 것처럼 말입니다.

여전히 존재하는 혼란 가운데서

요한복음 21장을 보면 주님이 갈릴리의 제자들을 다시 찾아가십니다. 저는 본문의 이 사건에서 두 가지만 생각해 보고 싶습니다. 하나는 제자들이 왜 갈릴리로 갔는가 하는 것이고, 다른 하나는 제자들이 어떻게 순종할 수 있었는가 하는 것입니다.

제자들은 왜 갈릴리로 갔을까요? 사실 누가와 요한이 강조하는 점이 다르기 때문에 시간적으로 사건을 나열하는 것이 그리 쉬운 일은 아니지만 이번 본문의 사건은 아마도 사도행전 1장에 나오는 사건 이전에 발생한 일이라고 보는 것이 맞을 듯합니다. 그러니까 주님이 부활하신 후에 제자들을 만나셨고, 그 후에 그들이 갈릴리로 돌아가서 주님을 만난 일을 요한은 다루고 있고, 제자들이 갈릴리에서 예루살렘으로 돌아와서 부활하신 주님을 다시 만난 일을 누가는 사도행전에서 다루고 있다고 볼 수 있는 것입니다. 그렇다면 요한복음이 기록하고 있는 당시 제자들은 부활하신 주님을 만난 감격과 충격이 있었지만 여전히 혼란 가운데 있었습니다. 아무리 충격적인 사건을 경험해도 그 경험이 현실적인 문제들을 모두 해결해 주지는 않습니다. 평생을 시각 장애인으로 살던 사람이 눈을 뜨게 되었어도 먹고살아야 하는 현실적인 문제는 여전히 남아 있고, 나사로가 죽었다가 살아나는 엄청난 경험을 했어도 계속 공중에 붕 떠 있는 기분으로 살 수는 없는 겁니다.

제자들은 주님의 부활하신 몸을 목격했습니다. 주님이 살아나셨습니다. 하지만 그래서 주님이 그들과 함께 계신 것은 아니었습니다. 주님이 계신 곳을 알아서 그들이 원할 때 주님을 찾아갈 수 있는 것도 아니었습니다. 살아나심이 충격적인 경험임은 틀림없지만 현실적인 문제를 해결해 주는 것은 아닙니다. 만일 그들이 그런 경험을 하고 난 후에 평생 그 경험을 세상 사람들에게 알리는 사명을 가지고 살겠다든지, 가진 것을 다 팔아서 가난한 사람들에게 주고 산 속에서 금욕적인 삶을 살겠다든지, 아니면 목사가 되어서 교회를 개척하겠다든지 하는 구체적인 계획을 세우고 실천하지 않는 한 현실의 문제 앞에서 그런 경험의 충격은 오래 가지도 않고, 삶에 큰 변화를 가져다주지도 않을 것입니다.

그들은 아직 구체적으로 어떻게 살아야 하는지를 몰랐습니다. 직업을 포기하고 예루살렘으로 이사를 와야 하는지 그냥 고향에 남아서 주님을 그리워하면서 살아야 하는지 몰랐습니다. 부활하신 주님이 그들에게 무엇을 원하시는지도 몰랐습니다. 증인으로 살라거나, 교회를 세우라는 구체적인 지시를 받기 전이었고, 오순절 성령 강림을 경험하기 전이었으니까요. 그래서 제자들 중 일곱 명이 갈릴리로 돌아갔습니다. 그들이 돌아간 것에 대해서도 의견이 분분합니다. 먹고사는 것이 걱정이 되어서 다시 세상으로 간 것이라고 말하는 사람도 있고, 부활하신 후 예수님이 마리아를 통해 제자들에게 갈릴리에서 만나자고 하셨다는 말을 기억하고 주님을 만나러 간 것이라고 말하는 사람도 있습니다.

저는 개인적으로 후자에 동의를 하지만 먹고살아야 하는 문제로 갈릴리로 갔다고 해도 문제 될 것은 없다고 생각합니다. 아직 구체적으로 사명을 확인하기 전이었고 마냥 예루살렘에 머물 수는 없었을 테니까요. 아마도 제자들은 주님의 말씀을 기억하고 갈릴리로 갔을 것입니다. 하지만 갈릴리에 갔어도 주님은 거기에 계시지 않았습니다. 만날 수 있는 길도 없이 막연히 기다릴 수만 없어서 베드로가 먼저 고기를 잡으러 가겠다고 했고 다른 제자들도 함께하겠다고 했습니다. 이걸 세상의 미련을 못 버리고 다시 세상으로 돌아가려고 한 것이라고 보는 것은 비약입니다. 그들은 주님을 만나고 싶었습니다. 전에는 너무 충격적이라 아무것도 물을 수 없었지만 이번에 다시 만난다면 정말 묻고 싶은 게 많습니다. 하지만 무엇보다 이제 그들은 무엇을 하며 어떻게 살아야 하는지 묻고 싶었을 것입니다.

예수 그리스도의 죽으심과 부활을 목격하고 무엇을 위해 살아야 하는지 확실해졌다고 해도 어떻게 살아야 하는지를 알게 되는 것은 아니니까요. 우리도 그렇지 않나요? 이제는 우리 인생의 주인이 우리 자신이 아니라 그리스도라는 고백이 분명해도, 우리에게 주어진 부르심이 무엇인지를 언제나 확실히 알 수 있는 것은 아닙니다. 그뿐만 아니라 먹고사는 현실적인 문제가 눈앞에 있어서 그 문제를 어떻게 해결하며 살아야 하는지도 중요하니까요. 그래서 저는 이 사건에 특별한 의미를 부여하고 싶지 않습니다. 그냥 제자들의 일상을 묘사하고, 주님의 부활을 목격한 후의 혼란스러움과 목마름을 보여 주고 있다고 생각합니다. 얼마나 답답하고 혼란스러웠겠습니까? 동시에 틀림없이 주님이 살아 계신 것을 보았으니 얼마나 더 보고 싶었겠습니까?

주님이 나타나시다

그곳에 주님이 나타나셨습니다. 제자들은 그렇게 보고 싶어 했으면서도 주님을 알아볼 수 없었습니다. 변장했기 때문이거나, 부활하신 육체의 신비함 때문이거나, 제자들이 고기 잡는 일에 너무 마음이 빼앗겼기 때문에 주님을 알아볼 수 없었다고 말할 수 없습니다. 형체를 분명히 볼 수 없는 새벽녘이고 해변에서 제법 떨어진 거리에 배가 있었기 때문에 알아보지 못하는 것은 당연합니다. 주님이 제자들에게 물으셨습니다. "얘들아 너희에게 고기가 있느냐?" 어머니를 "여자여"라고 부르신 것이나, 제자들을 "얘들아"라고 부르신 것, 혹은 그렇게 번역한 것이 그리 편하지 않은 분들도 계실 것입니다.

여기 사용된 "얘들아"라는 단어도 어린아이들을 가리키는 단어였으니까요. 미국에서 저보다 나이가 그리 많아 보이지 않는 여자분이 제게 '허니', '보이', 혹은 '베이비'라고 부를 때 친근감을 주기 위한 것임을 알기 때문에 그리 마음이 상하지 않지만 적합한 호칭은 아닙니다. 이미 나이가 제법 많았던 요한이 당시의 교회 지도자들을 염두에 두고 그렇게 친근하게 부른 것이라는 주장도 있고, 예수님의 주 되심을 보여 주는 호칭이라고 보는 주장도 있지만 당시 문화에서 이런 호칭이 어떻게 받아들여졌는지는 잘 모르겠습니다. 아무튼 그들은 새벽녘까지 고기를 잡지 못했습니다. 그리고 주님이 말씀하셨습니다. "배 오른편에 그물을 던지라." 제자들은 시키는 대로 했습니다. 그리고 그들은 놀라운 경험을 하게 됩니다.

여러분은 이 상황이 이해되십니까? 오랜 시간 동안 고기를 잡았던 어부들이 낯선 사람이 지시하는 대로 할 수 있을까요? 그들이 밤새도록 고기를 잡으면서 오른쪽에는 그물을 던져 보지 않았겠습니까? 그래도 바다에서 잔뼈가 굵은 어부들의 자존심이 있지, 어떻게 생판 모르는 사람의 말을 따라서 그물을 던질 수 있단 말입니까? 그들은 비록 예수님인지 몰랐지만 부지중에라도 순종함으로 주님의 능력을 경험할 수 있게 된 것이라고 볼 수 있을까요? 그에게 명하는 분이 누구인지 아직 잘 몰라도 순종할 때 하나님의 능력을 경험하게 된다는 것이 과연 본문의 교훈일까요? 글쎄요. 어쩌면 사람들은 낯선 사람의 말은 절대로 듣지 않는다는 선입관 때문이 아닐까요? 순종한다 한들 그들이 주님인 줄 모르는 상태에서 했다면 그걸 신앙의 규범으로 삼아야 할 것도 아닙니다. "얘들아"라는 호칭에서 볼 수 있듯이 그냥 연배가 높은 분이 멀리서 하는 말이라고 생각했을 수도 있습니다. 밤늦도록 고기를 잡지 못했으니 너무 낙심이 되어서 시키는 대로 한번 던져나 보자는 마음이었을지도 모릅니다. 제가 이렇게 말씀드리는 것은 이 대화는 그냥 일상에서 사람들이 경험할 수 있는 대화이기 때문에 특별한 의미를 부여하지 않아도 된다는 말씀을 드리고 싶어서입니다.

이제 주님이 기뻐하시는 일을 하자

제 아내는 이케아 제품을 좋아합니다. 그곳 제품은 대체로 조립을 해야 하는데 저는 수년 동안 조립했는데도 어느 때는 잘 안 될 때가 있습니다. 잘 안 되어서 끙끙거릴 때, 제 아들이 "아빠, 이쪽부터 먼저 맞춰 봐요"라고 말한다면 일단 시키는 대로(혹은 제안한 대로) 해 보지 자존심 상한다고 절대로 아들의 말을 듣지 않거나 "내가 경험이 더 많은데 감히 아빠를 가르치려고 해"라며 경험을 앞세우지 않습니다. 낯선 사람이 제안한 것을 어부들의 강한 자존심 때문에 절대로 듣지 않았을 거라고 생각해서, 본문을 기적적인 순종이라고 해석하는 것은 그야말로 편견입니다.

이 사건은 제자들의 순종을 강조하고 있지 않습니다. 제자들이 순종했더니 기적을 체험했다는 것보다는 예수님이 버거워하는 제자들을 찾아오셨음을 보여 주는 사건입니다. 낙심과 혼란 중에 있던 제자들을 주님이 찾아오셔서 만나 주신 것입니다. 그리고 그들에게 앞으로 어떻게 살아야 하는지 사명을 주신 것입니다. 부활한 몸을 보이신 주님이 그 후에는 그 모습을 보여 주지 않았지만 주님은 틀림없이 제자들과 함께 계셨고, 제자들을 향한 계획을 가지고 계셨습니다. 제자들이 순종함으로 풍요로움을 누리게 된 것이 아닙니다.

많은 고기를 잡았다는 것은 그만큼 복을 받았다는 말이 아니라 그분이 주님임을 나타내 주셨다는 말입니다. 요한복음을 통해서 지속적으로 나타나는 주제이지만 우리가 주목해야 하는 것은 표적이 아니라, 표적을 통한 그리스도의 주 되심, 메시아 되심입니다. 지난번 예루살렘에서 주님이 나타나신 것은 부활하셨음을 보여 주기 위함이었다면 이번에 갈릴리에 나타나신 것은 다시 제자들을 예루살렘으로 보내기 위함입니다. 이제 증인으로 살아야 할 사명을 감당할 수 있도록 준비시키기 위함입니다. 한 편의 드라마가 끝난 후에 후기로 다루기에는 매우 적합한 주제입니다.

요한은 교회에 말하고 싶었습니다. 우리가 그리스도를 통해 생명을 얻었으니 이제 주님이 기뻐하시는 일을 하자고 말입니다. 그리고 그 일 중 하나가 서로를 사랑하고 섬기는 아름다운 공동체로서 그리스도의 몸 된 교회를 세워 나가는 것이라고 말입니다. 사도행전과 달리 요한복음의 결론은 선교적이라기보다는 공동체적입니다. 예수님이 십자가 죽음을 당하기 전날 행하신 일도 제자들의 발을 씻기시며 서로 사랑하라는 것이었고, 마지막 대제사장의 기도도 결국 서로 하나가 되라는 것이었고, 요한이 요한일이삼서에서 강조한 것도 서로 사랑하라는 것이었습니다.

조직체가 되고 성장하지만 형제들 안에 분파가 생기고 벽이 생기는 것을 안타깝게 여긴 요한이 당시 교회들에 마지막으로 강조하고 싶었던 것은 교회의 공동체적 사명을 기억하라는 것이었습니다. 어느 것이 더 중요한가를 논할 것은 아닙니다. 하지만 이 시대가 교회의 공동체적 사명에 소홀하고 있다면 우리는 21장을 특히 주목해 봐야 할 것입니다. 세상에 있으나 세상에 속하지 않은 주님의 제자들이 이 땅에서 믿음을 지키며 살아감에 하나 된 공동체는 절대적으로 필요한 것입니다.

요한복음 20장까지 그리스도가 누구인가, 제자들이 누구인가를 말했다면 이제 부활 사건 후, 제자들이 그들의 삶의 현장에서 어떻게 살아야 하는지를 말하기 위해서 부활하신 주님은 갈릴리 고기 잡는 현장에서 제자들을 만나 주셨습니다.

John
요한복음

요한복음 21장 15-17절

15 그들이 조반 먹은 후에 예수께서 시몬 베드로에게 이르시되 요한의 아들 시몬아 네가 이 사람들보다 나를 더 사랑하느냐 하시니 이르되 주님 그러하나이다 내가 주님을 사랑하는 줄 주님께서 아시나이다 이르시되 내 어린양을 먹이라 하시고 16 또 두 번째 이르시되 요한의 아들 시몬아 네가 나를 사랑하느냐 하시니 이르되 주님 그러하나이다 내가 주님을 사랑하는 줄 주님께서 아시나이다 이르시되 내 양을 치라 하시고 17 세 번째 이르시되 요한의 아들 시몬아 네가 나를 사랑하느냐 하시니 주께서 세 번째 네가 나를 사랑하느냐 하시므로 베드로가 근심하여 이르되 주님 모든 것을 아시오매 내가 주님을 사랑하는 줄을 주님께서 아시나이다 예수께서 이르시되 내 양을 먹이라

꽤 오래전부터 느낀 것이지만, 한국의 예능 프로그램을 보면 예능인이나 예술인들이 그 일을 하는 이유가 마치 돈을 벌기 위한 것인 양 거침없이 말하는 것을 종종 듣게 됩니다. 그 일이 좋아서 한다는 이상적인 발언보디는 먹고살기 위해서 한다는 현실적인 빌인이 솔직해 보이기도 하고, 그런 현실적인 상황을 대중이 충분히 공감하고 이해한다고 생각하기 때문에 그렇게 공공연하게 말하는 것 같습니다. 배가 고파도 연기가 좋아서 연기를 한다는 말이 정답으로 들렸던 때가 있었는데 긴 무명 생활과 극빈 생활을 거치고 나면 잘사는 사람들이 부럽고 이름을 알리고 싶다는 마음이 생기는 건 인지상정일 겁니다. 저도 충분히 이해는 합니다. 하지만 왠지 배우는 연기 자체가 좋아서 연기를 해야 할 것 같고, 음악가는 음악에 대한 소신이 있어서 연주를 해야 할 것 같은데, 재물과 인기를 얻으려고 그 일을 하는 것처럼 보이면 마땅치 않다는 생각이 제 마음에 있습니다.

물론 많은 분이 저의 이런 생각을 지나친 양극화라고 말할지도 모릅니다. 돈 때문에 예능을 한다고 말하는 사람들도 돈만 좇는다는 의미가 아니라 돈도 중요하다는 의미라고 말할 것이고, 이상과 현실을 언제나 그렇게 칼로 베듯이 나눌 수 있는 것은 아니라고 말할 겁니다. 저는 충분히 인정합니다. 그런데도 아쉽다고 느껴지는 이유는 요즘 제 마음 속에 맴도는 합리화에 대한 생각 때문일 겁니다.

현대 그리스도인들이 어쩔 수 없다는 이유로, 현실이 쉽지 않다는 이유로 타락과 변질을 합리화하고 있는 건 아닐까 하는 고민이 요즘 부쩍 늘었습니다. 이상과 현실의 경계가 모호하기 때문에, 그리고 돈과 명예의 유혹은 사람들이 생각하는 것보다 훨씬 크기 때문에 소리 없는 변질이 얼마나 가능한지 더욱 절실하게 느낀다는 말입니다. 현대인들의 문제는 돈을 너무 소중히 여기는 것이 아니라 돈을 너무 가볍게 여기는 것이라는 말에 점점 동의가 됩니다. 다시 말씀드리면 사람들이 너무 돈을 좋아해서 문제가 되는 것이 아니라 돈의 유혹을 너무 가볍게 여기고 경계하지 않아서 자신도 모르게 유혹에 빠져들어 서서히 돈이 궁극적인 것이 되어가는 것조차 모르게 된다는 것이 문제라는 말이지요.

아직은 요즘 연예인들처럼 공공연하게 말하지는 않지만 비슷한 고민이 목회자들에게도 있습니다. 돈 때문에 목회를 한다고 말하는 사람은 없습니다. 그건 연예인들도 마찬가지입니다. 하지만 돈을 안 줘도 목회를 하겠느냐고 하면 그래야 한다고 말해야 할 것 같은데 현실은 그렇지가 않습니다. 그것 역시 연예인들도 마찬가지입니다. 다만 차이는 연예인들은 현실적인 고민을 공공연하게 말해도 크게 문제가 없지만 아직 목회자들은 그렇게 현실적이면 삯꾼 혹은 속물로 보인다는 것입니다. 제가 요즘 연예인들에게 실망하는 것은 생계를 위한 현실적인 문제에 대한 솔직한 표현 때문이 아닙니다. 예능과 예술이 그저 좋아서 그 일을 시작했던 그 초심을 지켜 내고자 하는 치열함을 포기한 것처럼 보이기 때문입니다.

저는 목회자라 할지라도 생계의 현실적인 문제를 무시할 수 없음을 인정합니다. 그런 현실적인 문제들을 솔직하게 표현하고 관계 개선을 요구하는 것도 정당하다고 생각합니다. 하지만 그건 목회자로 소명을 받고 목사가 되었던 우선적인 이유도, 궁극적인 이유도 아닙니다. 이상과 현실의 괴리로 인한 갈등과 고민이 삶의 자리에 여전히 남아 있기는 하지만 교회가 성장하고, 생활이 안정되고, 큰 교회 목사가 되어 사람들에게 인정받으면 성공했다 여기면 안 됩니다. 그렇게 주어진 것들을 축복과 은혜, 혹은 보상이라는 명목으로 누리고 있으면서도 두려움과 조심스러움이 없어서는 안 된다는 말입니다.

세 번째 나타나심

본문은 주님이 부활하신 후 세 번째 나타나심에 대한 기록입니다. 부활하신 후, 두 번 주님이 나타나셨을 때는 제자들에게 부활의 실체를 보여 주셨을 뿐입니다. 얼마나 오랫동안 제자들과 함께 시간을 보내셨는지는 확실히 알 수 없지만 첫 번째와 두 번째 나타나셨을 때는 주님의 부활이 사실임을 증명하기 위해서였기 때문에 그리 오래 머물지 않으셨을 거라 짐작합니다. 하지만 세 번째 나타나셨을 때는 제법 긴 시간을 제자들과 함께 보내셨습니다. 제자들과 함께 아침 식사까지 하셨으니까요.

저는 그때 제자들이 어떤 심정이었을지, 그 식탁에서 어떤 대화를 나누었을지 몹시 궁금합니다. 주님의 부활하신 몸에 너무 압도되어서 아무 말도 할 수 없었을까요? 유월절 저녁 식사가 마지막이 될 줄 알았는데 다시는 못 볼 줄 알았던 주님과 함께 식사를 하고 있음에 너무 감격해서 눈물을 참느라 제대로 식사를 하지 못했을까요? 죽었다 살아난 분과의 첫 식사는 어떤 기분이었을까요? 아직은 제자들이 아무것도 물을 수 없었을 겁니다. 요한이 아무도 "당신은 정말로 누구냐?"(21:12 참조)라고 감히 물을 수 없었다고 한 것으로 보아서 꿈인지 생시인지 분간도 못할 만큼 혼란스러운 상태였을 것입니다. 어쩌면 누구도 말하지 않고 주님의 임재에 압도된 채 식사만 했을 것 같기도 합니다. 압도적인 임재 앞에서의 경건한 침묵이지요.

식사를 마치신 후에 마침내 주님이 베드로와 대화를 나누십니다. 너무나 유명한 장면입니다. 하지만 이 장면에 대해서는 모두가 동의하는 답을 찾기가 쉽지 않은 질문이 많습니다. 예를 들면, 이런 것들입니다. 예수님은 공식 석상에서 베드로에게 이 질문을 하셨을까요, 아니면 베드로와 따로 산책하시면서 이 질문을 하셨을까요? 예수님은 왜 베드로를 주님이 지어 주신 이름인 '베드로'라고 부르지 않고 원래 이름인 '요한의 아들 시몬'이라고 하셨을까요? 예수님이 "네가 나를 사랑하느냐?"라고 물으시고 베드로가 "내가 주를 사랑하나이다"라고 대답했는데 이때 사랑을 가리키는 헬라어가 다릅니다. 왜 예수님은 '아가페'로 물으시고 베드로는 '필레오'로 답했을까요? 여기에 어떤 의미가 있는 걸까요? 아니면 원래 헬라어에서는 두 단어의 호환이 자연스러운 걸까요? 개역개정 성경에는 "네가 이 사람들보다 나를 더 사랑하느냐"라고 번역되었지만, 'these'라는 복수형 지시 대명사는 원래 사람을 가리킬 수도 있고 사물을 가리킬 수도 있습니다. 그러니까 이 물고기보다(즉 생업보다) 나를 더 사랑하느냐는 말도 될 수 있고, 모든 사람보다 나를 더 사랑하느냐는 말도 될 수 있습니다. 또한 해석상 '이 사람들이 나를 사랑하는 것보다 더 사랑하느냐'는 의미일 수도 있고, '이 사람들보다 나를 더 사랑하느냐'는 의미일 수도 있습니다. 사랑한다고 고백하는 베드로에게 처음에는 "내 양을 먹이라"고 말씀하시고, 두 번째는 "내 양을 치라"고 하시고, 세 번째는 "내 양을 먹이라"고 말씀하셨습니다. 먹이는 것과 치는 것의 차이를 강조해서 의미를 부여할 수도 있습니다.

생각보다 복잡하죠? 사실 이 모든 질문이 설교의 강조점과 방향을 바꾸어 놓을 만한 중요한 질문이 되기 때문에 쉽게 간과할 수 있는 것들이 아닙니다. 다시 말하자면 이 본문만으로도 여러 편의 설교를 따로 할 수 있을 만큼 해석과 적용이 변화무쌍합니다. 각기 다른 각도에서 다룬 설교들을 다 해 보고 싶은 유혹이 생기기는 하지만, 절제하고 한 가지만 강조하도록 하겠습니다. 그 과정에서 의견을 달리 할 수 있는 부분들을 다른 설명 없이 제가 생각하는 전제로 말씀드린다 해도 이해해 주시기 바랍니다.

나를 사랑하느냐?

저는 베드로의 고백에 주목해 보고 싶습니다. 당시에 고기를 잡으러 가자고 먼저 말한 사람은 베드로였고(생업 때문이 아니라 주님이 보고 싶어서, 갈릴리로 가겠다는 주님의 약속을 따라 간 것이라고 보입니다) 주님을 가장 먼저 알아본 것은 요한이었지만 고기를 잡다가 주님이라는 말을 듣고 바다로 뛰어내려 가장 먼저 주님에게 다가온 사람은 베드로였습니다. 하지만 애석하게도 그때 베드로가 주님에게 무슨 말을 했는지는 기록이 없습니다. 아무 말도 못했을 겁니다. 무슨 말이라도 하고 싶은 생각이 몹시 들었겠지만, 예루살렘에서 두 번 주님이 나타나셨을 때도 베드로는 주님의 얼굴을 똑바로 쳐다 볼 수 없었을지도 모릅니다. 그가 주님의 눈을 마지막으로 보았던 때는 주님을 강력하게 부인하고 난 후였으니까요. 다른 사람은 다 주님을 떠나도 자기는 절대로 주님을 부인하는 일이 없을 거라고 장담했는데 공공연히 주님을 모른다고 했으니까요.

용서해 달라는 말조차 꺼낼 수 없을 만큼 수치심과 죄송함으로 고개를 들 수 없었던 베드로에게 드디어 주님이 먼저 말을 건네셨습니다. 그런데 그 질문이 베드로에게는 정곡을 찌르는, 너무 가슴 아픈 질문이었습니다. "네가 나를 사랑하느냐?" 뭐라고 대답해야 합니까? 주님을 부인한 후 부활하신 주님과 처음 나누는 대화라면 베드로는 뭐라고 말해야 합니까? 잘못했다고 해야 하나요? 변명이라도 해야 하나요? 아니, 베드로가 "내가 주를 사랑합니다"라는 말을 어떻게 감히 할 수 있다는 말입니까? 아직 용서를 구하지도 않았으면서, 아직 용서를 받았다는 확신도 없으면서 어떻게 아직도 주를 사랑한다고 대답할 수 있습니까? 무슨 염치로 용서를 구하고 용서를 받기도 전에 사랑한다는 말을 감히 할 수 있느냐는 말입니다. 불륜을 행한 사람에게 배우자가 "당신 나 사랑해?"라고 물으면 "그럼, 사랑하지"라는 말을 어떻게 감히 할 수 있느냐는 말입니다. 주님은 똑같은 질문을 세 번이나 반복하십니다. 가혹한 책망으로 들릴 수도 있는 상황입니다.

저는 베드로가 주님을 세 번 부인했기 때문에 세 번 질문을 통해서 회복시키려 하신다는 주장에 크게 이의가 없습니다. 세 번 부인했으니까 세 번 인정하면 문제가 해결되는 것은 아니지만 베드로를 회복시키는 공식적인 절차로 볼 수는 있을 것입니다. 하지만 베드로가 세 번 사랑한다고 고백했으니까 세 번 부인했던 죄책과 수치에서 자유해졌다고 생각하는 것은 마땅치 않습니다. 용서를 받았다고 수치심이 사라지지는 않습니다.

아가페와 필레오

저는 앞의 설교에서 요한복음 21장의 목적은 제자들의 삶에서 부활을 목격한 다음 단계를 보여 주고 있다고 말씀드렸습니다. 그러니까 요한복음 20장이 제자들의 구원을 위한 그리스도의 죽음과 부활의 결론임은 틀림없지만 21장이 마치 부록처럼 기록된 것은 그렇게 주님의 부활을 목격한 제자들이 이제 무엇을 하며 어떻게 살아야 하는가를 보여 준다는 점에서 또 다른 결론이라고 볼 수 있다고 말씀드렸습니다. 그러니까 요한복음 21장은 마치 마태복음 28장 19, 20절과 같은 역할을 하는 셈입니다.

그러므로 너희는 가서 모든 민족을 제자로 삼아 아버지와 아들과 성령의 이름으로 세례를 베풀고 내가 너희에게 분부한 모든 것을 가르쳐 지키게 하라 볼지어다 내가 세상 끝날까지 너희와 항상 함께 있으리라 하시니라.

따라서 주님과 베드로의 대화의 핵심 역시 비록 부족하고 허물이 많았지만 그리스도의 부활을 목격한 베드로가 이제 어떤 마음으로 어떤 사역을 해야 할 것인가를 가르치는 데 초점을 맞추고 있다고 볼 수 있습니다.

양을 먹이는 것이 가르치는 것이고 양을 치는 것이 목양이라면 결국 주님이 베드로에게 명하신 것은 교회를 지키라는 것입니다. 교회에 주어진 본질적인 사명을 감당하기 위해서 설교를 통해 전도와 양육을 하고 교인들을 잘 돌보아 그들이 믿음을 지키며 살아 낼 수 있도록 목양하라는 것입니다.

그런데 이 본문이 제게는 불편했습니다. "네가 여기 있는 누구보다 나를 더 사랑하느냐"라고 물으시고 베드로가 그렇다고 대답할 때 내 양을 먹이라고 주님이 말씀하신 것이 제게는 불편했다는 말입니다. 물론 이 말씀이 사역의 동기는 사랑이어야 함을 말한다는 것에는 동의합니다. 돈이어서도 안 되고 남들에게 인정받음이어서도 안 됩니다. '네가 나를 사랑한다면 사역을 감당하라'는 말씀이 너무 당연하기는 한데 솔직히 그렇다면 저는 사역을 지속할 수 없겠다는 생각이 들어서 불편했습니다. 주님을 향한 저의 사랑은 솔직히 그리 대단하지 않기 때문입니다. 아마도 그래서 어떤 학자들은 여기서 주님은 무조건적인 사랑을 가리키는 '아가페'로 질문하시고 자신이 없었던 베드로는 아가페로 답하지 못하고 인간적인 사랑 혹은 우정을 가리키는 '필레오'로 답한 것이라고 주장하는지도 모릅니다. 베드로는 주님이 말씀하시는 그런 사랑으로 주님을 사랑할 자신은 없었다는 의미겠지요.

그래서 주님이 같은 질문을 세 번째 하셨을 때에는 필레오로 물으시고 베드로는 세 번째 질문 때문에, 아니면 주님이 단어를 바꾸셨기 때문에 근심하면서 "주님은 모든 것을 아시오매 내가 주를 사랑하는 줄을 주께서 아시나이다"라고 대답했습니다. 주님은 완전한 사랑의 헌신이 아니더라도 괜찮다는 의미로 말씀하셨다고 이해할 수 있습니다.

사실은 이런 해석이 저에게는 너무 위로가 됩니다. 주님이 저를 사랑하신 것처럼 그렇게 사랑할 수는 없지만 그래도 저의 연약함과 허물 중에도 할 수 있는 만큼 최선을 다하면 된다는 의미로 본다면 저에게는 너무나도 필요한 말입니다. 주님이 저를 사랑하신 것처럼 그렇게 사랑할 수는 없으니까요. 물론 필레오의 사랑도 저에게는 역부족이지만 말입니다. 저는 이런 해석이 요한복음 전체의 흐름으로 볼 때는 가능하다고 생각합니다. 하지만 동사를 바꾸어 사용하는 것이 일반적이지 않더라도 아가페와 필레오가 호환해서 사용될 수 있는 단어라는 증거가 성경에 제법 있기 때문에 단순히 다른 동사의 사용만으로 주님이 완전하지 않아도 괜찮다는 의미로 말씀하셨다고 해석하는 것은 비약이라는 주장도 설득력이 있습니다.

주님의 사랑을 확인하는 음성

저는 이 말씀을 조금 다르게 접근해 보고 싶습니다. 주님을 배신하고 수치심과 죄책감을 가지고 있던 베드로에게 주님이 찾아오셔서 "너는 나를 얼마나 사랑하니?"라고 묻는다면 이는 더욱 큰 죄책감과 수치심을 통한 헌신의 요구일 수 있습니다. 용서는 헌신의 올무가 될 수 있습니다. 용서가 헌신의 동기가 된다는 말과 헌신의 올무가 된다는 말은 전혀 다른 것입니다. 다시 말하자면, 주님을 사랑하는 동기조차도 우리의 사랑과 결단에서 비롯되지 않는다는 말입니다.

　너무 복잡하죠? 조금 정리해서 설명을 드리겠습니다. 하나님은 우리를 사랑하셔서 독생자 예수님을 보내 주셨습니다. 그리고 하나님의 아들 예수님이 우리의 죄와 허물을 용서하시고 우리로 다시 하나님의 자녀가 되는 권세를 얻도록 십자가 죽음의 길을 가시고 사흘 만에 부활하셨습니다. 그 과정에 제자들은 주님을 믿었지만 혼란스러워하기도 하고, 길을 잃기도 하고, 베드로처럼 주님을 부인하기도 했습니다. 그들은 주님을 믿었지만 그 믿음은 온전하다고 할 수 있는 것이 아니었다는 말입니다. 그러다 마침내 주님이 떠나시고 낙심과 좌절에 빠진 제자들에게 주님이 다시 찾아오신 겁니다. 그리고 주님이 물으셨습니다. "너 나 사랑하니?" 이 말이 여러분에게는 어떻게 들리시는지 모르겠습니다. "이 한심한 녀석아! 부활한 나를 보니 이제 다시 사랑할 마음이 생기니?"라는 말로 들릴 수 있을 것 같습니다. "이제 네가 이 모든 사람보다 나를 더 사랑하느냐?"라는 주님의 말씀이 그런 의미였다면 저는 베드로가 어떻게 아직도 "주님을 사랑합니다"라고 대답할 수 있었는지 정말 모르겠습니다.

　제게는 이 말이 우리의 사랑의 요구가 아닌 주님의 사랑의 확인으로 들립니다. "너 나 사랑하니?"라는 이 말이 제게는 "내가 너를 얼마나 사랑하는지 알겠니?"라는 말로 들린다는 말입니다. "내가 너를 위해 죽었다"는 말로 들리고 "내가 너를 위해 살았다"라는 말로 들린다는 말입니다. 수치심과 죄책감에 고개도 들 수 없는 베드로를 찾아오셔서 "나는 아직도 너를 사랑한다. 나는 끝까지 너를 사랑할거야"라는 말로 주님의 사랑을 확인하는 음성으로 들린다는 말입니다. 바로 이 사랑을 알았기에 베드로는 주님을 사랑한다고 반응할 수 있었습니다. 그것이 필레오였든 아가페였든 그의 고백은 주님의 십자가와 부활에 대한 반응입니다.

헌신의 근거

"네가 나를 이 모든 사람보다 더 많이 사랑한다면 내 양을 먹이라"라는 주님의 말씀은 "네가 여기 있는 사람들 중 최고로 나를 사랑한다면 내 양을 먹이라"는 말이 아닙니다. "내가 너를 사랑하는 줄을 네가 여기 있는 누구보다 확신한다면 내 양을 먹이라"는 말입니다.

헌신의 근거는 주를 향한 나의 사랑이 아니라, 나를 향한 주의 사랑입니다. 허물 많은 죄인인 우리가 이 땅에서 살아가면서 놓치지 말아야 하는 질문은 '내가 주를 얼마나 사랑하는가'가 아니라 '주님이 나를 얼마나 사랑하시는가'입니다. 사실 믿음으로 치열하게 살수록 우리는 우리가 얼마나 형편없는지 잘 압니다. 조그마한 시련 앞에서도 흔들리고 사람들에 대한 실망과 배신감은 순식간에 무력감을 가져다줍니다. 몸이 아프면 우울해지고 열매가 없으면 위축됩니다. 이런 우리에게 얼마나 주님을 사랑하느냐고 물으면 사랑한다는 고백이 위선으로 들릴 만큼 우리는 아무것도 아닙니다. 그런데 우리는 주님을 사랑한다고 고백합니다. 다른 사람들이 사랑한다고 고백하는 것만큼 우리도 사랑한다고 고백합니다. 죄인임에도, 부인했음에도, 실패했음에도 그렇게 고백합니다. 주님을 사랑한다는 고백은 결국 주님의 사랑을 안다는 고백이고, 의지한다는 고백이고, 그 사랑 없이는 우리가 아무것도 아니라는 고백이기 때문에 우리가 주를 사랑한다는 고백이 여전히 유효한 것입니다. 그렇지 않다면 우리가 주를 사랑한다는 고백은 뻔뻔함의 표현일 뿐이고 위선의 극치를 보여 줄 뿐입니다. 아닌가요? 그래서 혹 여러분 중에는 주님을 사랑한다는 고백을 감히 못하고 있는 분들도 계시지 않나요?

우리는 사람의 인정 때문에 헌신하지 않습니다. 우리는 헌신으로 인한 열매와 보상 때문에 헌신하지 않습니다. 더욱이 우리는 우리 자신의 순수한 마음과 하나님을 향한 열정 때문에 헌신하지도 않습니다. 우리는 주님을 사랑하기 때문에 헌신합니다. 아니, 조금 더 정확히 말해야겠지요. 우리는 주님의 사랑을 알기 때문에 헌신합니다. 자주 흔들리고 방황하기도 하지만 그럼에도 감히 주님을 사랑한다 고백하고, 근심하면서도 "주님, 모든 것을 아시오매 내가 주님을 사랑하는 줄을 주님께서 아시나이다"라고 말합니다.

저만 그런 것인지 모르겠습니다. 믿음 생활을 오래할수록 주를 향한 저의 사랑이 정말 너무 아무것도 아니라는 생각이 강하게 듭니다. 젊었을 때는 "주님을 얼마나 사랑하십니까?", "여러분, 주님을 사랑하세요"라는 설교를 들으면 "제가 아골 골짜기까지 가겠나이다", "제가 주를 위해 헌신하겠습니다"라고 반응했습니다. 그런데 요즘은 그렇게 말하는 저 자신에게서 위선의 냄새가 납니다. 제가 제대로 헌신하며 살지 못해서 그럴 겁니다. 그래서 "주님을 얼마나 사랑하십니까?"라는 질문을 받으면 저는 위축이 됩니다. 이런 저를 다시 일으키는 질문은 "주님이 당신을 얼마나 사랑하는지 아십니까?"라는 질문입니다. 제가 오늘도 이 자리에 있음은 세 번, 아니 열 번 주님을 부인했어도 주님이 저를 버리지 않고 찾아오셔서 사랑하느냐고 물으시는 그 사랑 때문입니다.

여러분, 지치셨습니까? 실망하셨습니까? 화가 나십니까? 다 허무하다는 생각이 드십니까? 저는 여러분에게 "주님은 여러분을 위해 죽으셨는데 도대체 왜 아직도 그것밖에 사랑하지 못하느냐"라고 묻기 이전에 혹시 주님이 여러분을 얼마나 사랑하는지 잊으신 건 아닌지를 묻고 싶습니다. 십자가에서 죽으시고 부활하셔서 오히려 주님의 그 부활 때문에 더 몸 둘 바를 모르겠고, 주님을 너무 보고 싶은데 주님을 찾아갈 수 없었던 베드로를 찾아오신 주님을 묵상하시기 바랍니다. 그리고 "네가 나를 사랑하느냐"라는 질문으로 베드로와의 관계를 회복하시고 그를 향한 변함없는 주님의 사랑을 확인하는 아름다운 모습을 묵상해 보시기 바랍니다. 반복된 실패와 좌절에도 다시 일어나야 하는 이유입니다.

주님이 여러분을 찾아와 물으십니다. "네가 이 사람들보다 나를 더 사랑하느냐?" 베드로의 대답은 더 이상 자신감과 의욕이 가득 찬 자기 사랑이 아니라, 죽으시고 부활하신 주님의 사랑에 대한 겸손하고 진실한 반응이기에 위선이나 허세처럼 들리지 않습니다. 여러분, 주님이 여러분을 얼마나 사랑하시는지, 그래서 무엇을 하셨는지 잊지 마십시오. 베드로가 세 번을 대 놓고 공공연하게 주님을 부인했어도 주님은 베드로를 찾아오셔서 "너 나 사랑하니?"라는 말로 "내가 너를 사랑한다"라고 말씀하십니다. 저를 일으키고 여러분을 일으키는 것은 주님을 향한 우리의 사랑이 아니라 우리를 향한 주님의 사랑입니다.

요한복음 21장 18-23절

18 내가 진실로 진실로 네게 이르노니 네가 젊어서는 스스로 띠 띠고 원하는 곳으로 다녔거니와 늙어서는 네 팔을 벌리리니 남이 네게 띠 띠우고 원하지 아니하는 곳으로 데려가리라 19 이 말씀을 하심은 베드로가 어떠한 죽음으로 하나님께 영광을 돌릴 것을 가리키심이러라 이 말씀을 하시고 베드로에게 이르시되 나를 따르라 하시니 20 베드로가 돌이켜 예수께서 사랑하시는 그 제자가 따르는 것을 보니 그는 만찬석에서 예수의 품에 의지하여 주님 주님을 파는 자가 누구오니이까 묻던 자더라 21 이에 베드로가 그를 보고 예수께 여짜오되 주님 이 사람은 어떻게 되겠사옵나이까 22 예수께서 이르시되 내가 올 때까지 그를 머물게 하고자 할지라도 네게 무슨 상관이냐 너는 나를 따르라 하시더라 23 이 말씀이 형제들에게 나가서 그 제자는 죽지 아니하겠다 하였으나 예수의 말씀은 그가 죽지 않겠다 하신 것이 아니라 내가 올 때까지 그를 머물게 하고자 할지라도 네게 무슨 상관이냐 하신 것이러라

41장

공동체를 향한 심각한 경고

〈행복은 성적순이 아니잖아요〉(1989)라는 오래된 영화가 있습니다. 이 말에 크게 반론을 제기하기는 어렵지만 인생을 어느 정도 사신 분들은 행복은 성적순이 아니라는 말이 얼마나 감상적이고 비현실적인지 잘 아실 겁니다. 사람들은 모든 일에 성적을 매기고 싶어 합니다. 여러분이 현재 자신의 인생에 점수를 준다면 몇 점 정도 주시겠습니까? 아주 높은 점수를 줄 만큼 완벽하고 흠이 없다고 말할 사람은 없겠지만, 그래도 남에게 큰 피해를 주지 않고 나름 열심히 살았다면 낙제점은 아닐 거라고 말할 수 있는 분이 제법 있을지도 모릅니다. 하지만 사실 잘 살았는가 아닌가를 말하는 것이 모호하기 때문에 대체로 주변 사람들에게 물어 보라고 말합니다. 배우자나, 자식들 혹은 부모에게 물어 보라고 합니다. 자신의 주관적인 판단보다는 다른 사람들의 객관적인 판단이 신빙성 있다고 생각하기 때문입니다. 그렇다고 이번 설교 후에 가족들에게 "나는 몇 점 정도 되는가?"라고 묻지 마시기 바랍니다. 살아 보니까 모르는 게 약인 경우가 제법 많습니다.

하지만 다른 사람들의 평가도 온전히 객관적이라고 보기 어렵습니다. 그 이유는 그것도 분명한 기준이 없어서 누군가와 비교를 통해서 평가해야 하는 정도이기 때문입니다. 그러니까 결과에 따라 성적순으로 평가를 하는 것이 객관적이라고 생각하지만 결국 그것도 상대적인 것입니다. 가령 누가 공부를 잘한다고 말할 때 그 말은 그 사람이 가지고 있는 고유의 능력과 성실함 자체에 대한 평가보다는 비교에 의한 평가를 의미합니다. "그 사람이 머리는 좋은데 공부 쪽은 별로예요. 그 사람이 참 성실하고 이해는 빠른데 공부는 잘 못해요." 이런 말들은 공부의 결과인 성적이 그나마 인정받을 수 있는 객관적인 평가라는 의미이기도 하고, 성실하고 머리가 좋다는 말은 인정받을 수 있는 객관적 기준이 될 수 없다는 의미이기도 합니다.

제가 한국에서 고등학교를 다닐 때 한 달에 한 번씩 모의고사라는 것을 보았습니다. 시험이 끝나면 결과를 전교생이 볼 수 있도록 복도 벽에 붙였습니다. 1등부터 500등까지 멀리에서도 보이도록 큰 글씨로 써서 담벼락에 붙였습니다. 아마도 그런 영향 때문인지 모르겠지만 저는 신앙생활을 시작하고 목사가 되겠다고 헌신한 후에 열심히 전도도 하고 기도도 하고 성경도 읽고 봉사도 하면서 늘 마음속에는 만일 심판 날 주님 앞에 선다면 나는 몇 등일까를 상상했습니다(이는 어쩌면 천국에 들어가기 전에 상급을 받는데 심판대 앞에 줄을 서서 상급이 결정될 것이라는 부흥사들의 설교 때문인 것 같습니다. 생각해 보면 그 시간이 참 잔인한 시간이었을 텐데 말입니다). 봉사 자체에 의미를 부여하기보다는 내가 다른 사람들보다 얼마나 봉사를 많이 하는가에 의미를 부여한 셈입니다.

정말 선의의 경쟁일까?

신학교에 가서도 누가 더 공부를 잘하나, 누가 더 설교를 잘하나, 그 학생들 중 나는 몇 등 정도일까를 늘 생각했습니다. 목회를 하면서는 우리 교회가 몇 번째로 큰 교회일까를 생각했고, 네 번째라면 네 번째인 이유를 찾으려고 했습니다. 제가 가장 어리다느니, 교회의 위치가 외지다느니, 아직 충분히 알려지지 않았다느니, 교인 구성원이 초신자들이라 그렇다느니 등등 여러 이유를 들어서 제 능력이 모자라는 것이 아니라는 위안을 삼으려고 했습니다. "내가 잘하는가" 하는 질문은 언제나 은연중에라도 "다른 사람보다"라는 말을 전제했습니다.

이런 비교 의식을 합리화하기 위해서 자주 사용하는 말이 "선의의 경쟁"이라는 말입니다. 정말 선의의 경쟁이라는 것이 있을까요? 성공주의나 성과주의 사회에서는 선의의 경쟁이라는 말이 가능할 겁니다. 중요한 것은 결과이고 좋은 결과를 위한 수단은 정당화될 수 있다고 볼 테니까요. 원하는 결과만 얻을 수 있다면 과정이 지나치다 해도 용납될 수 있는 것이 성공주의 사회입니다. 그렇지만 과정을 중요하게 여기고 행위 자체에 의미를 부여하는 사회에서는 경쟁이라는 개념 자체가 이미 합당하지 않습니다.

제가 목회를 잘하지 못했다고 생각하는 이유도 목회는 결과가 아닌 과정이 중요하다고 생각하기 때문입니다. 저는 나름 열심히 목회했습니다. 그런데 제가 열심을 내도록 동기를 부여했던 것은 거의 모든 경우에 비교였습니다. 그러니까 제가 목회를 하면서 관심을 보이고 경쟁하려고 했던 것은 세상이 아니라 교회들이었습니다. 세상에서 어떻게 교회가 빛이 될 수 있는가보다는 어떻게 제가 목회하는 교회가 다른 교회들보다 나은 교회가 될 수 있는가에 관심이 있었다는 말입니다. 제가 관심을 가졌던 사람들은 세상에서 아직 복음을 듣지 못한 사람들이 아니라 다른 교회에 다니고 있는 사람들이거나, 타주에서 이사 온 준비된 교인들이었습니다. 다들 그렇게 했고, '그래도 나는 비교적 그런 경쟁심을 자제하려고 했으니 괜찮게 목회를 한 것'이라고 말한다면 그건 합리화에 불과할 겁니다. 정말 교회들끼리의 경쟁을 선의의 경쟁이라고 보아도 될까요? 교인들이 서로 경쟁하듯이 전도한다면 결과적으로 교회가 성장했으니까 괜찮다고 말할 수 있을까요? 의도의 불순함도 문제가 되겠지만 이것은 하나님의 주권적 섭리에 대한 거부나 도전이 될 수도 있습니다. 각자를 향한 하나님의 계획이 있다면, 그리고 주어진 책임과 사명이 다르다면 선의의 경쟁이라는 이름으로 비교함으로 위축되거나 패배감을 경험해야 하는 사람도 많을 것이기 때문입니다.

바로 이 비교 의식 때문에 우리는 하나님이 공평하지 않다고 생각합니다. 하나님이 적어도 분배에 있어서는 공평하지 않으셨으니까요. 하나님이 어떤 사람에게는 많이 주시고 어떤 사람에게는 적게 주십니다. 하나님이 어떤 사람에게는 좋은 머리와 좋은 환경을 주시고 어떤 사람에게는 그리 명석하지 않은 두뇌와 학업에 전념할 수 없는 어려운 환경을 허락하셨습니다. 아닌가요? 최선을 다하기를 원하시는 하나님은 우리가 최고가 되기를 기대하지는 않기 때문에 공평하신 것입니다. 밤새도록 공부해도 무슨 말인지 모르겠고, 외워도 돌아서면 잊어버리는 보통의 사람이, 한 번만 읽어도 외워지고, 이해가 되는 사람을 무슨 재주로 이길 수 있겠습니까? 설령 그래서 이겼다고 해도, 그래서 '인간 승리'라고 신문에 보도가 되도 그런 사람이 되는 것이 우리의 사명은 아니지 않습니까? 각자를 향한 하나님의 계획이 다르기에 각자에게 주신 은사와 사역도 다릅니다.

교만과 낙심의 이유

요한이 보았던 당시 교회의 문제는 비교였겠다 싶은 구절이 본문에 나옵니다. 사실은 모든 공동체의 연합을 깨뜨리고 교회를 어렵게 만드는 것이 비교입니다. 나름대로 열심을 내지만 결과적으로는 질투하게 만들고, 낙심하게 만드는 것이 바로 비교입니다. 죄성을 가진 인간으로서 비교 의식은 어쩔 수 없는 것이라고 말할 수도 있겠지만, 그렇기에 그것은 묵인해야 할 의식이 아니라 치열하게 싸워야 할 의식입니다. 의롭다 함을 받아 하나님의 백성이 된 사람들이 이 세상에 사는 동안 해야 할 일은 하나님의 뜻에 합당하게 살려는 치열한 영적인 싸움이고, 그 과정이 바로 성화이기 때문입니다.

당시 예수님의 제자들 중 유일하게 생존한 사도는 요한이었습니다. 유력하기는 하지만 전설적인 내용도 많아서 확실하게 말할 수는 없지만 대부분의 사도는 복음을 전하다가 순교했습니다. 특히 베드로의 경우는 분명히 일찍 죽임을 당했습니다. 적어도 당시 생존해 있던 요한에 비한다면 삽자가 처형이라는 끔찍한 형벌을 받았고, 요한보다 훨씬 일찍 사역을 마감한 셈입니다. 복음을 위해서 순교한 게 더 훌륭한가요, 아니면 오래 살아서 사역을 이어 가는 게 더 훌륭한가요? 전혀 다른 맥락이기는 하지만 한 교회에서 오래 목회를 하는 게 더 바람직한가요, 아니면 오래 있지 않고 사역의 자리를 옮기는 게 더 바람직한가요? (어떤 목사님이 신학교에 다닐 때 목회 중에 세 번만 교회를 옮기게 해달라고 기도했답니다. 30대에 한 교회에 부임해서 많은 시행착오를 경험했답니다. 그리고 40대에 다른 교회에 담임 목사로 부임했는데 교회가 성장해서 1,500명까지 되었답니다. 그런데 교인이 많아지니까 영혼에 대한 간절함이 없어지고 목양을 한다는 생각이 들지 않더랍니다. 그래서 사임을 하고 50대에 100명이 모이는 교회로 가기로 했습니다. 동기는 순수할지라도, 그래서 그게 언제나 더 바람직하다고 말할 수는 없을 겁니다. 한 곳을 지켜야 하는 경우도 있을 테니까요.) 왕성하게 사역해서 교회가 눈에 띄게 부흥하는 것을 보는 게 더 성공한 목회인가요, 아니면 교회가 성장하지 않지만 꾸준하고 성실하게 사역하는 것이 더 성공한 목회인가요? 탁월한 언변과 실력으로 사람들에게 많은 영향을 끼치는 것이 더 바람직한가요, 아니면 학벌도 실력도 부족해서 알려지지는 않지만 나름 성실하게 말씀과 씨름하는 것이 더 바람직한가요? 이번 본문의 설교 의도를 눈치 챈 분들은 아마도 그것은 비교의 대상이 아니라고 말씀하실 겁니다. 그런데 현실에서 사람을 교만하게 만들고 낙심하게 만드는 것은 바로 이 비교의 대상도 아닌 것들의 비교입니다.

네가 무슨 상관이냐

앞의 설교에서 말씀드린 대로 주님은 베드로를 찾아오셔서 사랑의 관계를 확인하신 후에 양을 먹이라는 사명을 주셨습니다. 그런데 이제 베드로가 맡은 사명을 감당하기 위해서는 엄청난 희생을 각오해야 합니다. 주님이 말씀하십니다.

> 내가 진실로 진실로 네게 이르노니 네가 젊어서는 스스로 띠 띠고 원하는 곳으로 다녔거니와 늙어서는 네 팔을 벌리리니 남이 네게 띠 띠우고 원하지 아니하는 곳으로 데려가리라(21:18).

　결과를 알고 있는 우리는 짐작이 가는 말씀이지만 당시 베드로에게는 굉장히 난해한 말이었을 겁니다. 삶이 쉽지 않고 고난이 많겠다는 것을 짐작할 수 있을 뿐이었습니다. 이 말씀의 뜻이 무엇이었는지를 요한은 친절하게 설명해 주었습니다.
　주님의 말씀은 베드로가 나이 들었을 때 순교하게 된다는 것이었습니다. 주님의 말씀이 순교를 의미한다는 것을 베드로도 이해했는지는 잘 모르겠지만 영광의 길이 아닌 고난의 길을 가야 한다는 것과 젊었을 때는 자기 뜻대로 할 수 있었지만 나중에는 자기 뜻대로 할 수 없다는 것은 알았습니다. 물론 베드로는 어떤 희생이라도 감당할 수 있을 만큼 주님과의 관계가 회복되었습니다. 그렇기 때문에 주님이 베드로가 순교할 것이라고 말씀하시고 나를 따르라고 말씀하셨을 때 베드로의 헌신에는 거리낌이 없었을 것입니다.
　그런데 그다음 말이 재미있습니다. 베드로는 예수님과 자신을 뒤따르고 있던 요한을 돌아본 후 예수님에게 물었습니다. "주님, 이 사람은 어떻게 되겠습니까?" 베드로가 왜 이런 것을 물었는지 궁금하지 않습니까?

뭐가 궁금했을까요? 요한이 어떤 삶을 살게 될 것인지가 왜 궁금했을까요? 베드로와 요한은 어쩔 수 없는 경쟁 관계인 겁니까? 자신이 그리스도를 위해 고난받는 것은 당연히 기쁨으로 받을 수 있는데 요한은 고난받지 않고 자기만 고난받는다면 그게 억울하다는 말인가요? 아니면 반대로 자기가 순교의 길을 가게 되었으니 요한보다 낫다는 자부심을 가질 수 있다는 말인가요? 그냥 호기심일 수도 있겠지요. 요한은 어떻게 될지가 궁금했을 테니까요. 그래도 다른 여섯 명의 제자들이 함께 있었는데 특히 요한에 관해서만 베드로가 물었던 것도 재미있습니다. 다른 제자들도 궁금했지만 요한이 가장 가까이 따라왔기 때문일 수도 있습니다. 저는 이 부분에서 지나친 상상을 하고 싶지는 않습니다. 하지만 요한복음의 마무리 부분에 이 사건이 기록되어 있음은 당시 교회에는 분명한 의미가 있었기 때문에 의도된 것임이 틀림없다고 생각합니다.

제가 정말로 궁금한 것은 베드로가 어떤 의미에서 이 말을 했을까보다는 요한은 왜 이 사건을 요한복음 마지막 결론 부분에 언급하고 있는가입니다. 특히 사랑의 동기보다는 다른 동기에 의한 헌신이 자리를 굳히고, 진실한 믿음의 고백보다는 조직의 일원이 되는 것을 교인의 조건으로 생각하는 현상이 보이기 시작했던 당시 공동체에 요한을 통해 하나님이 말씀하고 싶으셨던 것은 무엇일까요? 저는 그것이 궁금합니다. 베드로에게 요한과의 경쟁심이 여전히 자리 잡고 있었다고 볼 수는 없지만 베드로가 가지고 있던 궁금증을 통해서 사도 요한이 당시 공동체에 하고 싶었던 말은 무엇이었을까요? 헌신을 다짐하고 주님의 무조건적인 사랑에 대한 반응으로 주님을 사랑하여 목양의 사명을 받은 베드로처럼, "이 모든 사람보다 주를 더 사랑합니다"라고 고백하는 당시 교회의 교인들에게 요한이 하고 싶었던 말은 무엇이었을까요? 그것은 상관하지 말라는 것입니다. 다르게 말하자면 비교하지 말라는 것입니다. 그 이유는 각자를 향한 하나님의 주권적 섭리와 계획이 다르기 때문입니다. 베드로는 베드로의 길을 가고, 요한은 요한의 길을 갈 것입니다. 동일하게 사랑을 입은 주님의 제자들이지만 베드로는 십자가 죽음의 길을 갈 것이고 요한은 밧모 섬 귀양의 길을 갈 것입니다. 주님은 베드로에게 말씀하십니다.

> 내가 올 때까지 그를 머물게 하고자 할지라도 네게 무슨 상관이냐 너는 나를 따르라(21:22).

이 말씀을 들은 제자들은 주님의 말씀을 오해했습니다. 그래서 교회에 요한은 죽지 않을 것이라는 소문이 돌았습니다. 유일하게 마지막까지 생존하던 요한에 대해 그는 죽지 않을 것이라고 주님이 말씀하셨다는 소문이 돌았던 것이지요. 어떻게 주님의 말씀을 그렇게 오해할 수 있을까요? 참 의아스럽습니다. 하지만 듣고 싶은 말만 들으려고 한다면 이렇게 오해하는 것은 충분히 가능합니다. 게다가 실제로 요한은 베드로보다 훨씬 오래 살았으니까요. 아마도 당시 교인들은 요한이 주님의 사랑을 빈은 제자였으니까 가장 오래 살고 있다고 생각했는지도 모르겠습니다.

그 어쩔 수 없음과의 싸움

주님의 말씀은 그런 뜻이 아니었습니다. 그 말씀의 의미가 요한복음의 대미를 장식합니다. "내가 올 때까지 그를 머물게 하고자 할지라도 네게 무슨 상관이냐?" 여러분은 이 말씀이 어떻게 들리십니까? 베드로에게 말씀하신 것처럼 "각자를 향한 나의 계획이 있으니 너는 나를 따르라"라는 말로 들리지 않으십니까? 부자가 될 수도 있고 가난할 수도 있습니다. 유명한 사람이 될 수도 있고 무명한 사람이 될 수도 있습니다. 비교적 편안한 삶을 살 수도 있고 고난의 삶을 살 수도 있습니다. 큰 교회 목사가 될 수도 있고 작은 교회 목사가 될 수도 있습니다. "네게 무슨 상관이냐"라는 말씀은 그건 우리에게 속한 일이 아니라는 의미입니다. 그러나 나를 따르라는 말씀은 주님이 각자에게 맡기신 일을 감당하는 것이 우리에게 속한 일이라는 의미입니다.

유명하고 부자인 사람이 무명하고 가난한 사람을 무시하고 판단하려는 것은 "네게 무슨 상관이냐"라고 하신 주님의 말씀을 거역하는 것이고, 나를 따르라는 주님의 명령에 대한 불순종입니다. 마찬가지로 무명하고 가난한 목사가 유명하고 실력 있는 목사를 부러워하고 원망하며 위축되어 패배감에 시달리는 것도 "네게 무슨 상관이냐"라고 하신 주님의 말씀에 대한 거역이고, 나를 따르라고 하신 주님의 명령에 대한 불순종입니다. 우리에게 주신 명령은 "남들보다"가 아니라 "상관하지 말고" 나를 따르라는 것입니다.

사도 바울이 디모데에게 권한 말을 기억하십니까?

> 큰 집에는 금 그릇과 은그릇뿐 아니라 나무 그릇과 질그릇도 있어 귀하게 쓰는 것도 있고 천하게 쓰는 것도 있나니 그러므로 누구든지 이런 것에서 자기를 깨끗하게 하면 귀히 쓰는 그릇이 되어 거룩하고 주인의 쓰심에 합당하며 모든 선한 일에 준비함이 되리라(딤후 2:21, 22).

금 그릇은 귀하게 쓰이고 나무 그릇은 천하게 쓰이지만, 어떤 재질로 만들어졌든지 진리를 분별하고 하나님 앞에 합당하게 살아 냄으로 자신을 깨끗하게 하면 귀한 그릇이 된다는 말씀입니다. "내가 너를 어떻게 사용하든지 너는 나를 따르라"라는 주님의 말씀과 일맥상통한다고 볼 수 있습니다.

저의 경우를 생각해 보면 사실 불편함이 있기는 하지만 현재의 모습에 충분히 감사할 수 있음에도 다른 사람과 비교하는 순간 불편이 불행으로 바뀌기도 합니다. 가난해서 불행하다고 생각하지는 않지만 불편합니다. 장애인이라서 불행하다고 생각하지는 않지만 불편합니다. 물론 어떤 경우에는 불편함이 생각보다 훨씬 고통스러워서 위축되게 만들기도 하고 낙심하게 만들기도 합니다. 하지만 이에 못지않게 많은 경우에 그건 불편함일 뿐인데 비교하기 시작하면서 불행이 되기도 합니다. 어제까지 사랑스러웠던 교인이 건강하게 자리를 잡은 동창 목회자의 교회에 다녀온 사실을 알게 된다면, 그날부터 그 교인은 원망의 대상이 되기도 합니다.

각자 처한 상황과 조건이 달라서 헌신의 방법이 달라질 수 있음에도 모든 것을 획일화해서 비교함으로 사람들을 위축되게 만들고 교만하게 만듭니다. 예수 그리스도의 복음의 은혜로 개인의 삶에서 하나님의 나스림을 회복한 사람이라면, 그리고 그러한 사람들이 모인 교회라면 각자를 향한 하나님의 주권적 섭리를 존중하고 인정해야 함에도 불구하고 비교에 의해서 다른 사람을 평가하고 자신의 인생을 평가하려고 합니다. 그것은 마지막 날 산과 골짜기가 모두 평지가 될 하나님 나라에 속한 사람들에게 전혀 합당하지 않은 모습입니다. 압니다. 눈에 보이는 것으로 비교하게 되는 것은 어쩔 수 없습니다. 잘 나가는 사람을 보면 위축되는 것은 당연하고, 내가 잘 나갈 때 다른 사람들보다 낫다고 생각되는 것이 어쩔 수 없습니다. 그러나 그리스도인은 분명히 알아야 합니다. 교회도 분명히 알아야 합니다. 그 어쩔 수 없음과의 싸움이 성화입니다. 내 이웃, 내 형제가 선한 경쟁의 대상이 아니라, 바로 그런 죄성이 우리가 피 흘리기까지 싸워야 할 싸움의 대상인 것입니다.

상관하지 말고 주님을 따르라

형제, 이웃과의 경쟁으로 얻은 결과를 즐거워할 것이 아니라 그 경쟁에서 상처받은 사람들로 인해 아파하고 미안해해야 하는 겁니다. 우리가 요한의 삶과 베드로의 삶이 비교의 대상이 아님을 안다면 우리의 삶과 다른 사람의 삶도 비교의 대상이 아님을 알아야 합니다. 세상은 바로 그 비교에 의해서 성공과 실패를 말하지만 우리는 그런 흉내조차 내면 안 됩니다. 그래야 교회인 것입니다.

사도 요한이 주님의 이 말씀으로 요한복음을 마감한다면 우리는 이것이 얼마나 중요한 영적 싸움의 본질인지 인식할 수 있어야 합니다. 요한복음에서, 그리고 요한의 서신에서 지속적으로 강조하고 있는 "서로 사랑하라" 하신 주님의 명령에 순종하기 위해서 철저하게 경계해야 할 것은 바로 비교입니다. 섬김의 동기는 그런 비교에서 비롯된 것이 아니라 절대적인 예수 그리스도의 사랑에서 비롯된 것이어야 합니다. 살아가는 이유도 "네가 나를 사랑하느냐?"라는 주님과의 관계에서 비롯된 것이어야지 다른 사람들과의 비교에서 비롯된 것이 되어서는 안 됩니다. 열심도, 용서도, 전도도 절대적인 그리스도의 사랑에서 비롯된 것이어야 합니다. 선의라는 말로 포장된 비교와 경쟁에서 비롯된 것이 되어서는 안 됩니다. 그것이 예수 안에 있는 사람들의 합당한 모습이기 때문입니다.

오늘날 교회의 문제는 이런 비교 의식이 여전히 존재한다는 데 있는 것이 아니라, 이 비교 의식을 미화시키고 합리화해서 치열하게 감당해야 할 영적인 싸움을 포기한 것처럼 보인다는 데 있습니다. 여러분, 낙심하지 마십시오. 잘 할 수 있을까 두려워하지도 마십시오. 여러분의 사역과 삶은 주님의 마음에 있고 주님의 손에 있습니다. 다른 사람들보다 낫다고, 많은 재능과 은사가 있다고 교만하지 마시기 바랍니다. 다섯 받은 사람이 다섯을 만드는 것은 당연한 일입니다. 둘 가진 사람이 최선을 다해도 넷 이상을 못 만든다고 실패한 사람이라 생각하지 마시기 바랍니다. 상관하지 말고 주님을 따르면 됩니다.

물론 상관하지 말라는 말은 관심을 가지지 말라는 말이 아님을 여러분은 잘 아실 것입니다. 다른 사람을 배려해서 서로 사랑하는 것이 주님을 따르는 것임을 요한복음과 그의 서신서들을 통해 잘 알 수 있으니까요. 각자에게 주신 주님의 다양한 방식과 인도하심을 겸허히 인정하고 끝까지 주님을 따라가시기 바랍니다. 여러분 옆에 있는 사람들은 주어진 것들과 가야할 길들이 다르지만 위축되거나 무시힐 경쟁 상대가 아니라 동료이고, 형제자매이고, 그리스도 안에서 회복된 거룩한 하나님의 형상인 것을 잊지 마시기 바랍니다.

나가는 글

요한복음의 관점은 공관복음의 관점과 다릅니다. 이 관점의 차이는 청중의 차이에서 비롯되었다고 볼 수 있지만 시대의 차이에서 비롯되었다고도 볼 수 있습니다. 수십 년이 흘러 교회가 어느덧 틀을 갖추어서 지도자들을 세우는 과정을 만들고, 신앙 고백을 통해 교인이 되는 형식을 갖추었을 때 교회가 직면했던 문제는 기독교 신앙의 정형화, 구조적 갈등으로 인한 힘겨루기, 형식적인 신앙 고백이었습니다. 형식과 형태는 중요한 것임에도 자칫 원래의 목적을 상실해서 그 안에 담긴 내용보다 큰 의미가 부여되는 것은 어느 시대에나 가능한 일입니다. 기독교 신앙을 가진다는 것이 대단한 사회적 특권을 의미하지는 않았지만 적어도 교회라는 공동체 안에서는 나름 특권 의식이 생길 만하니까, 내용보다 형식에 큰 의미를 부여하는 것은 가능했습니다.

저는 요한복음을 그 관점에서 읽고 싶었습니다. 요한이 나중에 복음서를 기록한 이유는(물론 성령 하나님의 주권적인 계획 안에서 이루어진 일임을 믿지만) 단순히 예수님의 생애나 말씀에 관하여 공관복음이 기록하지 못한 여백을 채우기 위해서가 아니라 공관복음이 세운 틀에 본래의 의미를 부여하고 확인하기 위해서라고 봅니다. 다시 말하면, 다른 복음서가 잘못되었기 때문에 바른 관점에서 복음서를 기록하려는 의도는 없었지만, 요한은 시대가 변하면서 자칫 간과할 수 있는 것들을 다시 상기시키기 위해서 다른 복음서와는 다른 관점에서 기록한 것이지요. 그렇기 때문에 단순히 예수가 누구인가를 소개하기보다는 그 당시 교회를 향해 예수가 누구인가를 말해 주는 것으로 보았습니다. 요한은 마지막까지 생존했던 사도로서 복음서를 통해 교회가 놓치지 말아야 할 본질이 무엇인지를 말하고 싶었던 것입니다.

저는 요한복음을 교회론적이면서도 기독론적으로 접근했습니다. 현대교회가 예수가 누구인가에 피상적인 관심을 가짐으로 혹시 예수에 대한 교회의 고백이 너무 형식적이 되거나 복음을 구조적인 틀에 가두고 있는 것은 아닌가 싶었기 때문입니다. 요한이 당시 교회를 향해 한 말들이 이 시대 교회에도 매우 유효합니다.

요한은 의도적으로 열두 사도의 이름을 언급하지 않고 일곱 명의 사도의 이름만 언급합니다. 물론 요한은 사도라는 단어도 사용하지 않았습니다. "주는 그리스도시요, 살아 계신 하나님의 아들입니다"라는 고백을 사도였던 베드로의 입이 아닌, 나사로를 먼저 보내고 슬퍼하던 마르다의 입을 통해서 전합니다. 예수께서 돌아가시기 전날 밤에 행하신 만찬 자리에서 제정하신 성찬 예식보다는 주님이 제자들의 발을 씻기신 사건을 기록함으로 당시 교회가 어떻게 서로 사랑해야 할 것인가에 주목하도록 했습니다. 요한복음에서는 예수께서 일곱 번의 기적을 행하시는데, 이 모든 기적은 예수가 누구인가를 소개할 뿐만 아니라 예수를 만난 제자들에 대해서도 설명합니다. 요한복음에 나오는 제자들은 모두 인격적으로 주님을 만나고 고백한 사람들입니다. 흔들리고, 오해하고, 세상의 유혹에서 완전히 자유하지 못했지만 그럼에도 그들의 고백은 진실했습니다. 다시 말하면, 그들은 그저 교회라는 공동체에서 자리매김을 하고 직분이나 위치를 얻음으로써 제자가 된 사람들이 아니라 주님과의 인격적인 교제를 통해, 진실한 고백을 통해 제자가 된 사람들입니다.

탈진리 시대를 살아가는 현대인들에게 길이요, 진리요, 생명이 되시는 예수를 고백하고 예배하는 일은 상당한 용기가 필요합니다. 하지만 이 시대에 교회는 예수의 주 되심을 통해서만 진검 승부해야 합니다. 복음주의 교회에서는 그리스도의 주 되심을 고백하고 증언하는 일에 타협이 없었다고 말할 수 있지만, 그 고백의 피상성은 예수 없는 예수 교회, 예수 없는 기독교라는 말이 이상하게 들리지 않게 만들었습니다. 그러니까 고백이 없는 것이 문제가 아니라 고백에 진실함과 진지함이 없는 것이 문제라는 것입니다. 달리 말하면, 오늘날 교회의 문제는 교회론의 문제라고 말하지만 어쩌면 보다 근본적으로 고백의 피상성에서 비롯된 기독론의 문제라는 것이지요.

그리스도의 주 되심을 인정하면서도 하나가 되지 못하는 교회의 모습, 그리스도와 동행하고 싶은 진실한 마음보다는 서로 비교해서 남보다 낫다는 우월 의식이나 남보다 못하다는 열등 의식에 흔들리는 교회의 모습, 세상에 있으나 세상에 속하지 않은 정체성으로 힘겹지만 믿음을 지켜 내는 저항의 흔적을 잃어버린 교회의 모습, 고난의 현실 앞에서 세상의 관점이 아닌 하늘의 관점으로 자신의 삶을 바라보고 온전히 그리스도를 바라보려는 열망을 잃어버린 교회의 모습, 세상적인 성공을 말하고 그 성공에 안주하려는 교회의 모습……. 요한복음에서 이런 교회의 모습들을 보았습니다. 그리고 요한이 이런 교회에 주는 답은 다시 기독론이었습니다. 예수가 누구였는지 주목하자는 것입니다. 그분은 세상의 빛이요, 생명의 떡이며, 길이요, 진리요, 생명이며 부활입니다. 그분은 양의 문이며 선한 목자이고, 세상 죄를 지고 가는 어린양이며, 물을 포도주로 만드시고 성전을 청결케 하심으로 친히 성전이 되신 메시아입니다. 포도나무에 가지가 붙어 있듯이 포도나무이신 예수께 붙어 있을 때에만 가지에 생명이 있습니다. 교회는 오직 그리스도에게 붙어 있을 때에만 생명이 있습니다. 우리 모두 요한복음을 통해 우리의 주님이신 예수 그리스도를 주목하기를 소망합니다.

읽는 설교 요한복음 3

초판 발행 2023년 3월 30일
지은이   노진준
발행인   손창남
발행처   (주)죠이북스(등록 2022. 12. 27. 제2022-000070호)
주소   02576 서울시 동대문구 왕산로19바길 33, 1층
전화   (02) 925-0451 (대표 전화)
            (02) 929-3655 (영업팀)
팩스   (02) 923-3016
인쇄소   송현문화
판권소유   ⓒ(주)죠이북스
ISBN   979-11-981996-6-9   03230